Bernd A. Mertz

Die Praxis der Handanalyse

Weitere Bücher von Bernd A. Mertz im Ariston Verlag:

Das Grundwissen der Astrologie
Persönlichkeit – Lebensplan – Partnerschaft – Zukunft

Das Handbuch der Astromedizin
Gesundheit im Horoskop

Die Kunst wahrzusagen
Punkte, die ihr Leben bestimmen

Bernd A. Mertz

Die Praxis der Handanalyse

Eine Methode,
um sich und andere zu erkennen

Ariston Verlag

Die Deutsche Bibliothek – CIP-Einheitsaufnahme

MERTZ, BERND A.:
Die Praxis der Handanalyse :
eine Methode, um sich und andere zu erkennen /
Bernd A. Mertz. – 3. Aufl. – Kreuzlingen ;
München : Ariston Verlag, 1996
ISBN 3-7205-1563-X

Gestaltung des Einbandes:
Egon Meichtry, Zürich
Illustration: Claus Knézy, Zürich

Montage: RSM, Reutte/Tirol
Gesamtherstellung: Wiener Verlag, Himberg bei Wien

Erstauflage August 1989
Zweite Auflage 1992
Dritte Auflage 1996
Printed in Austria 1996

ISBN 3-7205-1563-X

Inhaltsverzeichnis

IV. Teil

Die Linien in der Hand ______ 197

V. Teil

Beispiel einer Kurzanalyse ______ 323

Wozu dieses Buch

Menschenkenntnis ist eine der wichtigsten Lebenshilfen, die wir kennen. Wer die Gabe hat, sein Gegenüber, seine Freunde, seine Feinde, seine Partner, Kollegen, Lebensbegleiter, Lehrer, Schüler, Vorgesetzte oder Angestellte schnell und richtig zu beurteilen, der kann sich glücklich schätzen. Er wird sein Lebensschiff besser als andere durch die Wogen der Ereignisse und der Lebensabläufe steuern.

Wenn auch Menschenkenntnis eine Gabe, ein Talent ist, so ist sie doch erlernbar. Ein Weg dazu führt über das Studium der Hand. Wer in den Händen anderer zu lesen vermag, der wird sich leichter auf diese einstellen können, denn er weiß bereits viel von diesen Menschen, und er wird sie daher klüger und besser behandeln können.

Die Hand ist die Visitenkarte des einzelnen, und zwar eine, die nicht verdeckt werden kann, weil ja zumindest die äußere Hand für jeden sichtbar ist. (Es sei denn, die ganze Hand wird versteckt, was wiederum schnelle Schlüsse zuläßt.) Zudem gibt es unkomplizierte Möglichkeiten, um auch einen intensiven Blick in die innere Hand zu werfen. Man setze sich nur in einen rechten Winkel zu diesem Menschen und betrachte, wie er ißt oder seine Tasse Kaffee zum Mund führt.

Handlesen ist erlernbar!

Wer sich intensiv mit den Händen beschäftigt, dem fällt ein Schlüssel zu, mit dem sich manche Lebenstür leichter als durchschnittlich öffnen läßt, oder er verschließt eine Tür, weil ihn Hände gewarnt haben.

Das Grundwissen zu dieser Menschen- und Lebenskunst vermittelt dieses Buch, und es bedarf vorerst zum Studium der Hand kaum weiterer Literatur oder anderer Hilfsmittel als vielleicht einer Lupe, etwas Wasserfarbe, Papier und einer kleinen Rolle, um sich Innenhandabdrücke zu verschaffen.

Eines sei gleich vorausgeschickt: Bei der Handdeutung handelt es sich nicht um irgendeine Geheimwissenschaft, die nicht von jedem erlernt werden könnte. Nein – die Handdeutung steht jedem offen, wenn auch Fleiß und echtes Studium schon Voraussetzung sind, um es darin zu einer gewissen Meisterschaft zu bringen – aber dies kann *jedem* gelingen.

I. Teil

Unsere Hand – unsere Visitenkarte

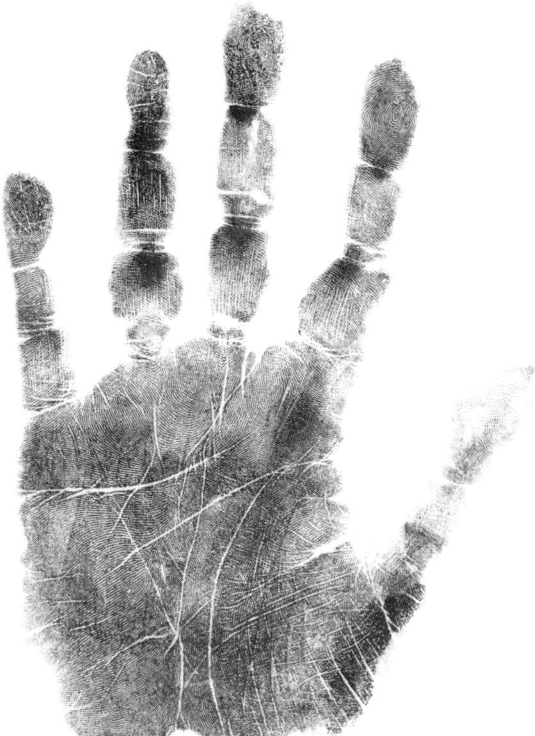

In der deutschen Sprache hängen die Worte „Hand“ und „Handeln“ eng zusammen, sie entstammen der gleichen Wortwurzel. Aus dem Wort „Hand“ hat sich der Begriff „Handeln“ – im Sinne von etwas tun – entwickelt. Und in der Tat: Die Hand setzt in der Regel jedes Wollen erst um.

Ein besonderer Unterschied des Menschen zum Tier ist seine normalerweise bewegliche Hand. Körperlich zeigt sich gerade in diesem Punkt der Mensch dem Tier überlegen. Sicher, der Mensch kann denken, ohne die Hand zu gebrauchen, aber zur Umsetzung, zur Realisierung seines Denkens benötigt er seine Hand oder die Hand anderer. Er will etwa das Gedachte skizzieren, aufzeichnen, niederschreiben – dazu wird die Hand benötigt. Zwar könnte heute jeder seine Gedanken auf ein Gerät sprechen, aber schon zur Betätigung dieses Gerätes sind Handgriffe notwendig, ob von einem selbst oder von einem Helfer.

Selbst wenn jemand Erdachtes nur ausspricht, unterstreicht seine Hand das Gesagte mehr oder weniger. Und geschieht dies nicht, haben wir es auch bereits mit einer beachtlichen Aussage zu tun. Die Handgesten bei Rednern oder Schauspielern machen meist einen großen Teil ihrer Suggestion aus, ja entscheiden oft über Beliebtheit und Erfolg. Und unterstreicht keine Geste das Gesagte, dann handelt es sich hier um einen bewußten Steuerungsvorgang, da sich die Hand „normalerweise“ beim Sprechen und Reden bewegt. Das „Wie“ dieser Bewegung verrät viel über Temperament, Motorik und Charakter eines Menschen.

Der Mensch hat sich durch Jahrtausende von Generation zu Generation entwickelt, was sich auch in der Hand niedergeschlagen hat, vergleichen wir nur die Hand eines Affen mit der eines Menschen. Im heutigen Sprachgebrauch reden wir bei der Betrachtung gewisser Merkmale noch von einer Affenfurche oder zum Beispiel bei sehr behaarten Händen gar scherzhaft von einer Affenhand, womit oft die Hand eines noch elementaren Menschen gemeint ist.

Da der Mensch durch oder mittels seiner Hand „handelt“, wird in seiner Hand sein tiefstes Denken, sein ursprüngliches Wollen für den Kenner sichtbar. Damit bekommt jedoch jedermann auch die Chance, den „anderen“ an seiner Hand kennenzulernen, denn wer die Hand eines Menschen betrachtet, der bekommt einen Eindruck von dessen Grundpsyche und Grundveranlagung.

Die Handlesekunst selbst ist uralt. Die Babylonier kannten sie und die Ägypter legten großen Wert auf diese „ER“-Kenntnisse. Aus der alten griechischen Sprache stammt das Fachwort für Handlesen: „Chiromantie“. Chiro bedeutet Hand und Mantik heißt Sehen. Wir wissen ferner, daß alle alten Kulturvölker aus der Hand gelesen haben, die Chinesen wie die Inder, die Chaldäer wie die Assyrer, die Araber und die Hebräer, die Hindus und die Europäer. Lassen wir einen großen Geist für viele sprechen. Aristoteles schrieb:

„Die Linien sind nicht ohne Grund in die menschliche Hand eingeschrieben, sie stammen von himmlischen Einflüssen *und* der eigenen Individualität des Menschen.“

Ferner sagte er:

„Die Hand gleicht der Seele, denn wie die Hand das Werkzeug aller Werkzeuge ist, so ist der Geist die Form aller Formen und die Wahrnehmung die Form alles Wahrnehmbaren."
Die Griechen hatten in ihren Mythen eine eigene Gottheit für die „heilende" Hand, die dem Kentaur Chiron zugeteilt war. Ein um Jahrtausende später lebender Philosoph, Immanuel Kant, definierte unsere Hand als äußeres Gehirn.
Die Hand faszinierte also stets, und sie verlockte so auch zum Studium, zum Lesen aus der Hand. Uns aber geht es in diesem Buch weniger um das „aus der Hand lesen", sondern mehr um die **Chirologie.** In diesem Wort verbinden sich die Begriffe Chiro = Hand und Logos = Lehre, was soviel wie die Lehre von der Hand bedeutet. Demzufolge sagen wir auch zu Anfang ganz deutlich, was wir in einer Hand erschauen können: nicht Voraussagen, sondern Tendenzen. Tendenzen, die sich aus dem Charakter, aus der Grundveranlagung ergeben, was wiederum auf eine Grundtypisierung schließen läßt. Der Volksmund weiß: „Ein Mensch ohne Hand ist ein Stümper!" Stümper sind lebensuntauglich, da sie ohne Hände nichts bewerkstelligen können. Heute wird dieser Satz für diejenigen gebraucht, die mit ihren Händen nichts Richtiges anzufangen wissen.
Es muß vor Jahrtausenden für die Menschen ein Urerlebnis gewesen sein, als sie bewußt erkannten, wozu die Hand alles taugt, was man mit seiner Hand vermag. Diese Erkenntnis bedeutete die Tatsache, daß der Gebrauch der Hände zu schulen ist, daß also jedermann mehr vermag, als ihm angeboren ist. Dies war schließlich – neben dem Denkenkönnen – wohl das Entscheidende; so erst konnte sich der Mensch zum Beherrscher der Erde und damit zum Herrscher erheben. Es war dann ein verhältnismäßig kurzer Weg zu entdecken, daß sich jeder vom anderen auch durch seine Hand und deren Gebrauch unterschied, daß es also eine Individualität gab. Diese zeigte sich nicht nur in Form und Gestalt einer Hand, sondern auch in den Linien, was Aristoteles dazu anregte, ein Lehrbuch über die Hand zu schreiben.
Das Studium der Hände führte auch zu der Erkenntnis, daß jeder Mensch einzig war und ist. Eine ungeheure, das Selbstbewußtsein stärkende Erkenntnis! Die Gewißheit dieser Einzigartigkeit – ein Gottes- oder Satansgeschenk, wie viele meinen – war also in die Hand geschrieben. So wurde die Hand zum Symbol des Persönlichen, weil man auch sah, daß Priester oder Herrscher in der Regel eine andere Hand besaßen als Steinmetze oder Fellachen, Denker eine andere Hand aufwiesen als Männer, die das Schwert führten, Schreiber eine andere Hand trugen als Lastenträger. In der Hand war also auch eine Grundrichtung des Lebenslaufes angegeben. Wurde dies mißachtet, dann erfüllte der Mensch mit Sicherheit nicht die Aufgaben, die ihm das Leben stellte.
Wie bei allen Erfahrungswissenschaften, liegt die Herkunft des Handstudiums im Dunklen. Sicher ist, daß sich schon babylonische Priester ebenso intensiv mit den Grundzügen der Hände beschäftigt haben wie andere Völker des nahen

und fernen Ostens. Es waren die gleichen Priester, die sich auch der Sterndeutungskunde zugewendet hatten. In Indien gab es die „Hastirika", die Kunde von den Händen. Über Persien, Assyrien und Ägypten kam die Kunst – wie schon erwähnt – nach Griechenland. Hier reservierten die Priester ihren Göttern bestimmte Handbezirke als göttliche Bereiche, in der Annahme, daß die Götter durch diese Handbereiche den Menschen nicht nur etwas mitteilen, sondern ihnen auch Kräfte zuteilen wollten. Die Römer übernahmen dieses inzwischen durch Erfahrungen bestätigte Wissen, gaben zwar den Göttern andere Namen, aber änderten nicht deren Kräfte und Zuteilungen. Im Grunde haben sich diese Einteilungen bis heute gehalten.

Ein weiterer Fortschritt in der Handlehre stellte sich dann ein, als die Hände der Neugeborenen untersucht wurden, man schon Linien erkannte, die bewiesen, daß das Schicksal in der Hand geschrieben steht, wenn sich auch Linien im Lauf des Lebens verändern mochten, aber nie alle Linien und nie der Grundeindruck einer Hand.

Der Grundcharakter ist zu ersehen, und jeder gestaltet sein Schicksal mit seinem Charakter, wie auch der Charakter vom Schicksal geformt wird. Das Schicksal steht also in der Hand! Aber nicht im fatalistischen Sinn, sondern bestensfalls in seinen Grundzügen als Form des Lebens. Jede Form kann und muß jedoch persönlich ausgefüllt werden.

Jeder, der nun seine Hände – je jünger, um so besser – betrachtet, der sollte seine Anlagen erkennen, um diese zu nutzen, aber er sollte auch seine Grenzen wahrnehmen, um nicht uferlosen Träumen nachzuhängen.

Hände offenbaren den Menschen. Augen mögen viel verraten, Hände verraten mit Sicherheit das Vielfache. Menschenkenntnis fängt bei der Betrachtung der Hände an, wenn sich auch viele Hand-Eindrücke gar nicht – oder oft nur schwer – in Worte fassen lassen, aber Hände *trügen nicht*. Dies weiß auch das Unterbewußtsein eines jeden, denn – hat er etwas zu verbergen – dann verbirgt der Mensch meist zuerst unbewußt automatisch seine Hand. Achten Sie einmal darauf, und Sie bekommen Freude an der Betrachtung der Hände und ihrer Verhaltensweisen, die ja in der Regel nicht vom Verstand her zu steuern sind. Aber auch das Gegenteil kann zutreffen! Wer etwas verbergen will, der versucht andere abzulenken; das geschieht meist, indem er sehr mit seinen Händen herumfuchtelt. Beides sind sichere Anzeichen dafür, daß etwas nicht stimmt. Und was als Teil zutrifft, das gilt für das Ganze. Die Hand verrät den Plan für das Leben eines Menschen, sie zeigt uns nicht nur welche Möglichkeiten in ihm stecken, sondern auch mit welchem Temperament, mit welcher Motorik diese umgesetzt werden oder an welchen Gaben und Talenten wir vorbeigelebt haben, weil wir sie nicht zu nutzen vermochten.

Sicher ist die Lehre von der Hand umstritten, noch mehr aber das Handlesen. Denn die Wissenschaft der Handlehre zählt nicht zu den Naturwissenschaften. Trotzdem – schon der Volksmund weiß um die Bedeutung der Hand, wenn er Wahrheiten formuliert, die uns bereits in der Bibel begegnen. So können wir lesen oder hören: Der Herr zieht seine Hand von ihm ab; oder: Ohne die Hand des Herrn sind wir verloren. So ist es oft auch im täglichen Leben ein harter Schicksalsschlag, wenn die Mutter oder der Vater, der Chef oder ein Gönner die schützende Hand von ihren Kindern oder Anvertrauten zurückziehen. Uralt ist ferner die Beschwörung, daß einer dem anderen *den Daumen hält,* oder daß *eine Hand die andere wäscht,* aber *beide Hände waschen erst das Gesicht.* Was einer *nicht in der Hand hat,* kann er nicht halten. Will man sich binden, *bittet man um die Hand.* Erfolgreiche Damen oder Herren protzen oft mit der Tatsache, daß sie *an jedem Finger zehn* haben, wie auch die Angst, jemanden *in die Hände zu fallen,* uralt ist. Der Händedruck ist wichtig, um zu zeigen, daß die Hand waffenlos ist, wie sich andere ihre *Hand in Unschuld waschen* wollen. Wieviel Menschenkunde liegt in diesen Ausdrücken!

Die Sprache der Hand mag auf den ersten Blick nicht gerade klar und deutlich erscheinen, aber es handelt sich um eine Sprache, die man lernen kann und die nicht lügt. Auf die Sprache der Hand kann sich jeder verlassen, wenn er sie erst einmal beherrscht. Daher haben sich auch die Menschen stets auf den Handschlag des anderen verlassen, obwohl man sich durchaus andere Zeremonien der Besiegelung vorstellen könnte. Jeder vermag beispielsweise sein Mienenspiel ziemlich gut unter Kontrolle zu halten – nicht aber seine Hände. Und wenn es einer tut, dann wirkt er so unnatürlich und verkrampft, daß dies schon wieder Bände spricht. Die Ausdrucksbewegungen einer Hand sind dem Bewußtsein nicht unterworfen, sondern ihm entzogen. Die Hand arbeitet aus dem Unterbewußtsein heraus, das ist das Entscheidende!

Betrachten wir die Hände anderer, um zu schauen, ob sich uns jemand offen nähert oder ob er sich nicht öffnen will. Spüren wir, ob jemand uns zaghaft, ja ängstlich die Hand reicht oder ob er unsere Hand so drückt, als wolle er sie nicht mehr loslassen. Vertrauen wir auf die uralte Chirologie, die die Erfahrung immer wieder bestätigt hat. Gerade der Mensch von heute, der viel zu stark aus dem Bewußtsein heraus lebt, der den Verstand als „Oberstes" viel zu häufig überschätzt und damit Hybris auf sich lädt, der sollte seine (und andere) Hände anschauen, um für sich und (vielleicht) für andere, den richtigen Weg zu finden. Die Frage: Wer bin ich – Wer bist du?, ist aus der Hand *mit* (nicht allein) herauslesbar. Immer wieder hört man, die Hand sei ein Spiegel des Menschen. Sicher kann dies richtig sein, wenn dabei bedacht wird, daß kein Spiegel alles offenbaren kann. Daher sollte ein Mensch nie *nur* nach seiner Hand beurteilt werden – aber stets auch *mit* seiner Hand.

Sicher ist es auch wichtig, etwas über das Niveau eines Menschen zu wissen, etwas über seine Herkunft, sein Elternhaus und vielleicht auch etwas über seinen Sonnenstand oder gar über sein Geburtsbild, also sein Horoskop. Hier ist zusätzlich zu erkennen, was nicht in der Hand steht. In diesem Buch soll nun nicht nur die Form einer Hand analysiert werden, nicht nur die Linien gedeutet, sondern vor allem die Hand als ein Ganzes betrachtet werden. Es geht also nach den einzelnen analytischen Vorgängen schließlich wieder um die Synthese, um die Zusammenfassung. Neben den Gesten ist darauf zu schauen, wie der Daumen beschaffen ist, ob der kleine Finger tiefer oder höher angesetzt erscheint oder ob sich die Innenhandflächen der linken und der rechten Hand sehr unterscheiden. In erster Linie aber geht es darum, wie sich eine Hand, wie sich Hände verhalten. Dies sagt oft viel mehr aus als Linien oder Berge, oder ob die Knöchel hier sichtbarer sind als anderswo. Dabei sollen selbstverständlich die uralten, bewährten Deutungshinweise nicht außer acht gelassen werden – im Gegenteil, nur wollen wir auch auf neuere psychologische Erkenntnisse nicht verzichten. Das heißt, die Befragung einer Hand, und darum handelt es sich ja letztlich, soll so umfassend wie möglich sein, wobei nicht *ein* Merkmal besonders betont oder überbewertet werden darf. Es geht also nicht um einzelne Symptome, sondern stets um das Ganze: um den Gebrauch der Hand, um ihre Linien, Formen, Berge und um die Grundgestalt.

In diesem Sinn wollen wir uns nun dem Studium der Hand intensiv zuwenden.

Die Hände sind so abgebildet, wie der Leser sie betrachtet.

Der Händedruck

Der Händedruck vermittelt den ersten wichtigen Eindruck. Daher sollte jeder auf den Händedruck sensibel reagieren. „Gib mir deine Hand – und ich weiß, wie du zu mir stehst", dies besagt eine alte Weisheit aus dem Mittelalter. Als erstes unterscheidet man, ob der Händedruck flüchtig, so leichthin, wie nebenbei gegeben wird oder ob jemand den Händedruck bewußt in sein Handeln einsetzt. Mancher Händedruck wirbt um Vertrauen, andere sollen täuschen, da wird eine Herzlichkeit vorgespielt, die nicht existiert, und es gibt Händedrucke, die sogar Verachtung ausdrücken. Es ist also gar nicht so einfach, diese Handgeste zu analysieren. Hier kommt es sehr auf das Gespür an, weil ja jeder bei einer Begrüßung dem Gegenüber in die Augen – aber nicht auf die Hände – schaut. Daher übe jeder, den Händedruck „blind" zu erkennen, wobei es eines gewissen Trainings bedarf. Der erste Eindruck ist dabei stets wichtig und auch oft richtig. Man unterscheidet mehrere Kategorien. Der Händedruck, beziehungsweise die Hand, wird einem gegeben:
zaghaft – eher zögernd und fast ängstlich, nicht wollend;
vorsichtig – eher abwartend und tastend, fast skeptisch;
absichtslos – entwürdigend, so im Vorübergehen, weil es eben sein muß;
sehr bewußt – eher zupackend, alle Konzentration auf sich ziehend;
warm – eher herzlich, fest und geschmeidig, zugleich nicht loslassend;
fest – vertrauenerheischend; immer bittend: Übersieh mich nicht.

Dieses sind die Hauptvariationen, aus denen sich selbstverständlich Nuancen ableiten, oft ist der Druck auch warm und fest oder bewußt absichtslos, also kränkend. Hier übe jeder ab jetzt, ohne auf die Hände selbst zu schauen, und präge sich seine *persönlichen* Empfindungen ein. Dies ist nicht so wichtig, um den Charakter des anderen Menschen zu erkennen, sondern um seine momentanen Motive und Stimmungen zu erkunden. Wichtig ist nämlich, wie sich der Händedruck im Laufe einer Beziehung verändert, was anzeigt, daß sich das Verhalten zweier Menschen zueinander geändert haben kann. Dazu gehört natürlich auch zu registrieren, ob einem jemand überhaupt die Hand geben will oder ob jemand grundsätzlich versucht, dieser Zeremonie aus dem Wege zu gehen. Letzteres kann einmal ein Charakterzug allgemeiner Art sein, was darauf hindeutet, diese Menschen wollen alles vereinfachen, keinen vor den Kopf stoßen und möglichst schnell, was sein muß, hinter sich bringen. Wenn jemand einem nicht die Hand reichen will, oder jemand die gereichte Hand nicht annimmt, dann verbirgt sich dahinter eine Abwehr, die einmal Ablehnung, seltener nur Scheu als Grundmotiv aufzeigen kann. Unbewußt registrieren wir solche Vorgänge ja täglich, aber da der

Mensch die Eigenschaft hat, unangenehme Dinge möglichst schnell zu verdrängen, müssen wir uns darin schulen, uns diese Eindrücke bewußt zu machen. Dadurch wird auch unsere Menschenkenntnis mit der Zeit erweitert. Und Menschenbeobachtung ist ja eine wichtige Voraussetzung für eine urteilssichere Menschenkenntnis. Hierbei müssen wir dann auch sehr unterscheiden, ob ein Bekannter uns die Hand reicht oder jemand, dem wir zum ersten Mal begegnen. Gerade bei Bekannten oder Freunden ist es möglich, nur durch den Händedruck zu erraten, wie im Moment die Einstellung zu uns ist, ob sie etwas wollen oder ob sie sich freuen, ob sie Angst in sich tragen oder voll froher Erwartung sind. Dies alles sind erste Übungen, die man aber tagtäglich betreiben sollte wie seine Frühgymnastik.
Empfinden wir, ob jemand uns die ganze Hand darbietet oder ob er uns nur mit „spitzen" Fingern berühren will. Dabei ist es jedoch stets wichtig, sich selbst zu einer Neutralität im Händegeben zu erziehen, was übrigens auch eine gute Lebensschule darstellt.

Spitzer Händedruck

Bei diesem Händedruck werden gerade die Finger gereicht. Meist geschieht dies, indem die betreffende Person ihre Hand noch schnell zurückzieht, oder sie winkelt die Finger so an, daß der andere nur die Finger greifen kann. Ob dieser Händedruck snobistisches Verhalten ausdrückt oder Ängstlichkeit, das muß man am Gesamtverhalten einschätzen. Auf jeden Fall heißt es hier auf der Hut sein. (Abbildung oben.)
In einem größeren Kreis ist es oft interessant zu beobachten, wie jemand mehrere Personen nacheinander begrüßt, etwa ein Spätankömmling auf einer Party. Hier ist es interessant, ihm dabei auf die Hände zu schauen. Gibt eine Frau beispielsweise allen nur die Spitzen ihrer Finger, dann will sie sich außerhalb des Kreises stellen – ob nun bewußt oder nicht. Meist ist dies eine Art, um Aufmerksamkeit auf sich zu lenken, gerade wenn diese Dame etwa die Schüchterne spielt. Also stets unterscheiden: Ist der spitze Fingerdruck eine Masche oder ist dies persönlich auf jemanden gemünzt. Letzteres ist vielschichtiger zu bewerten.

Hände umschlingen einander

Diese Hände scheinen sich förmlich ineinander zu verkrallen. Fest packt die Hand zu, reißt die andere Hand fast zu sich und fordert geradezu auf, genauso zuzupacken. Jetzt ist es interessant zu sehen: Zuckt der andere zurück oder beantwortet er den festen Druck? Diese Menschen wollen ihre Kraft offenbaren, ihr Zutrauen, sie wollen aber den anderen auch an sich ziehen, ihm dabei zugleich deutlich machen: Mit mir spielt man nicht. Während in der Regel die Menschen, die nur die Spitzen reichen, karg und eher zurückhaltend sind, zeigen sich die fest zupackenden Menschen von einer gewissen Großzügigkeit. Ist man selbst am Händedruck nicht beteiligt, wird man leicht feststellen können, daß die Menschen, die die Hand des anderen fest ergreifen, diesen meist auch mit den Augen fixieren, während die Zaghaften eher beiseite schauen. Ein zaghafter Druck wird in der Regel sehr schnell aufgelöst, ein fester Druck dauert länger, wobei es aufschlußreich ist zu sehen, wer die Hand festhält.

Auf diese Weise sind erste Eindrücke schnell gewonnen, wobei die Empfindungen sensibel aufgenommen werden müssen. So ist beispielsweise ein Händedruck, der Mißachtung ausdrückt, bildlich schwer darzustellen, man muß ihn erfühlen. Der Ablauf zeigt sich meist darin, daß die flüchtig dargereichte und im selben Moment zurückgezogene Hand nicht mit dem Blick des Handreichers konform geht, dessen Blick ist meist schon beim nächsten Partner oder er blickt gelangweilt irgendwohin. Hier ist oft eine gefährliche Menschenverachtung zu erkennen, die zeigt: Für eine Persönlichkeit halte ich dich nicht! Es kann auch heißen: Du interessierst mich überhaupt nicht.

Der sehr bewußte Händedruck scheint das Gegenteil auszudrücken. Aber Vorsicht, denn hinter einem sehr festen zupackenden Händedruck kann sich Absicht verbergen. Dies ist schnell zu erkennen, wenn man derartige Menschen anderen vorführt und beobachtet, wie ihr Händedruck allgemein ausfällt. Darauf kommt es nämlich sehr an. Wie ist der Händedruck, die Handhinreichung einer Person in der Regel? Es gibt Menschen, die stets fest zupacken, andere, die immer nur so „von oben herab“ die Hand geben.

Herrschaftsgeste

Hier sieht man eine eingeübte Herrschaftsgeste, die übernommen wurde. Sie hat heute mit der Stellung dieser Menschen im Leben meist nichts zu tun. Aber es ist eine Geste, die entlarvt. Hier wird der Händedruck – ob nun eingeübt oder nicht – bereits *zu* bewußt gegeben, man erkennt daran jedoch in erster Linie, wie sich die Person selbst einschätzt oder wie sie eingeschätzt werden möchte. Wenn Angehörige einer Loge oder einer Vereinigung nicht wissen, ob das Gegenüber zu ihrem Geheimbund gehört, reichen sie dem vermeintlichen Bruder, der vermeintlichen Schwester die Hand mit einer bestimmten Fingerstellung. Der Händedruck also als Erkennungszeichen, wobei auch oft eine bestimmte Bewegung eines Fingers schließlich deutliche Signale gibt. Dies zeigt schon ein sehr bewußtes Händegeben, das unnatürlich erscheinen mag. Der natürliche Händedruck kommt dagegen wie von selbst, ist warm, zupackend, aber nicht zu lang. Meist blicken einen dabei die Augen freundlich an, die Hand ist geschlossen und nicht verkrampft.

Immerhin will ein fester Händedruck sagen: Wir werden Freunde, ich bin dazu bereit, wir wollen gut miteinander auskommen. Ist jedoch der Händedruck zu fest, sprechen wir von einem übertriebenen Zupacken. Da könnte jemand den anderen einfach einvernehmen wollen. Dies geschieht alles sehr unbewußt.

Da wir es beim Händedruck mit zwei Partnern zu tun haben, hängt der Druck des einen auch vom anderen ab, sonst könnten wir von einem recht diffizilen Händedruck sprechen, wenn ein Partner oder eine Partnerin einfach nicht mitspielt. Dies deutet dann schon darauf hin, daß zwischen diesen beiden Menschen etwas nicht stimmt oder später kaum stimmen dürfte. Auch wollen wir hier sehr unterscheiden zwischen einem unbeobachteten Händedruck oder einem „Show“-Händedruck, den Politiker so gerne vor der Fernsehkamera praktizieren.

Show-Händedruck

Oft nimmt dieser Händedruck kein Ende – oder erst dann, wenn die Kamera abgestellt ist. So begrüßen sich auch Kontrahenten in der Öffentlichkeit, etwa zwei Bewerber um einen Vereinsvorsitz, um ja zu dokumentieren, wir sind ein Herz und eine Seele. Aber jedes „Zuviel“ verrät die Diskrepanz, die hier bestehen kann, so daß Skepsis angebracht ist, zumal sich kaum einer dieser Partner getraut, seine Hand als erster zurückzuziehen.

Anders der Händedruck, der einer persönlichen, nicht öffentlichen Umarmung vorangeht. Dieser Händedruck ist warm, freundschaftlich. Oft ist eine gewisse Scheu zu spüren, ob man es wagen kann, den anderen zu umarmen. Normalerweise (so umstritten dieser Ausdruck auch sein mag) umarmt man sich ja spontan, läuft mit ausgebreiteten Armen auf den anderen zu. Geschieht dies nicht,

ist eine Unsicherheit vorhanden, die differenziert beurteilt werden muß.
Völlig anders fällt ein Händedruck nach einer Versöhnung aus, wenn damit ein Streit als beigelegt besiegelt werden soll. Man spürt selbst beim Zureden genau, wer sich dabei in seiner Haut wohler fühlt und wer – vermeintlich – hier das größere Opfer gebracht hat; dessen Handschlag fällt eher knapper aus, auch wenn es sich nur um eine Spur handelt.
Völlig anders wieder der förmliche Handschlag zwischen einem Vorgesetzten und einem Mitarbeiter oder zwischen einem Lehrer und einer Schülerin, die sich nicht besonders mögen. Hier ist der Druck kurz, kalt, förmlich. Reicht einem so der Chef oft die Hand, sollte man beginnen, sich nach einer neuen Stellung umzusehen.
Natürlich sei vor der Gefahr gewarnt, zuviel in einen Händedruck hineinzusehen, aber noch schlimmer wäre es meist, auf die Art, wie einem die Hand gereicht wird, nicht zu achten. Dies wird besonders deutlich, wenn jemand mit einem Anliegen zu einer Beratung kommt – ob juristisch, medizinisch oder psychologisch, welcher Art auch immer. Es ist wichtig, daß der Ratgeber neutral und gelassen reagiert. Es geht darum, schnell Vertrauen zu schaffen. Gerade wenn der Händedruck schwach und ängstlich erfolgt, heißt dies: Dieser Mensch ist in einer Situation, die ihn ängstigt. Aber ja nicht daraus schließen, daß wir es hier mit einem allgemein ängstlichen Menschen zu tun haben. Es erscheint jedoch wichtig – dies kann man überprüfen –, ob derjenige, dem man die Hand reicht, nicht nachgreift, ob er sich nicht plötzlich eines Besseren zu besinnen scheint. Oft wird nachgefaßt, beziehungsweise dann wird die Hand besonders heftig gedrückt. Das ist oft so, als habe der andere plötzlich Mut gefaßt, oder er will etwas gutmachen. Fast alle kommen mit einer berechtigten Skepsis, wenn auch voller Hoffnung. Entscheidend ist nun: Wird sich das Vertrauensklima positiv oder negativ entwickeln? Es gibt Berater, vom Anwalt bis zum Psychologen, die erst nach dem Abschiedshändedruck um einen Anruf für einen neuen Termin bitten oder meinen, vielleicht ließe sich ein neuer Termin doch schon innerhalb von 14 Tagen einschieben.
Oft kommen Menschen, die einen überrennen wollen, sie packen die andere Hand derart fest und lang, um keinen Zweifel aufkommen zu lassen, daß sie nicht eher gehen, bis sie ihr Ziel erreicht haben. Ein bekannter Anwalt wirft in einem solchen Fall seiner Vorzimmerdame einen vielsagenden Blick zu, die daraufhin die ankommenden Telefonanrufe durchstellt. So gewinnt der Anwalt Distanz.
Es ist also stets zu unterscheiden: Gilt der Händedruck dem Menschen oder der Sache, die durch diesen Menschen vertreten wird? Hier muß man lernen, zu differenzieren. Jeder Mensch besitzt ja seine ganz persönliche, individuelle Prägung. Außerdem muß man Unterscheidungen treffen zwischen dem Handgeben und dem sonstigen Verhalten. Verhält sich jemand sehr zurückhaltend, fast karg, abwartend, ergreift aber die Hand bei der Begrüßung oder beim Abschied als hänge von diesem Menschen die Seligkeit der Welt ab, dann sei man vorsichtig.

Auch umgekehrt wird ein Schuh daraus. Wenn jemand einen immer zunickend anschaut, möglichst mit warmen Augen, aber sein Abschiedsgruß der Hand ist kalt und kurz, dann erinnere sich jeder lieber an den Abschiedsgruß als an die warmen Augen während des Gespräches.

Es gibt kaum einen Menschen, der das nicht schon für sich erlebt hat. Da gibt es eine Personalversammlung, viele mittlere Vorgesetzte hacken auf einem herum und der Chef nickt stumm mit dem Kopf, als gäbe er diesen Menschen Recht. Doch der warme Händedruck, den er dem Betroffenen gibt, verrät: Verlaß dich auf mich, ich mache das schon, hier konnte ich mich nur abwartend verhalten. Es ist also gut, sich das Handgeben jeweils bewußt zu machen, gerade weil dies oft unbewußt geschieht. An der Art, wie einem einst jemand die Hand gab, wie er es heute tut, ist besser als an vielem anderen abzumessen, ob sich das Verhältnis positiv oder negativ verändert hat. Dazu gehört auch zu erkennen, warum manche Menschen einem (oder so gut wie allen) nicht die Hand geben wollen, noch interessanter schließlich, welche Ausreden sie dafür gebrauchen. Wer ungern die Hand gibt, der bemüht sich meist, eine Tarnung nicht abzulegen, was oft einem Täuschungseffekt gleichkommt, so daß es gut ist, diese Menschen unter die prüfende Lupe zu nehmen, ihnen zumindest nicht zu leicht zu vertrauen.

Die Handgesten

Auch die Gesten, die die Hand ausführt, verraten viel über den Handeigner. Sie geschehen in der Regel unbewußt, wenn es auch einige einstudierte Gesten gibt. Bevor jemand sich eine Hand näher anschaut, sollte er die Bewegungen, die der Handeigner mit seinen Händen ausführt, beobachtet und registriert haben. Hierbei ist schnell zu erkennen, ob jemand ein belehrendes Wesen hat oder ob ein anderer Mensch sich sehr sparsam, eher karg äußert. Wir hören oft von *sprechenden Händen,* und der Ausdruck: *„Der redet mit Händen und Füßen",* ist jedem von uns bekannt. Es geht hier aber nicht in erster Linie um das Temperament, wenn dieses auch wichtig erscheint, wichtiger sind andere Beobachtungen. Ob nämlich etwa ein Widerspruch zwischen Temperament und Gestik zu bemerken ist. Wenn ein an und für sich recht temperamentvoller Mensch seine Hände wenig einsetzt, dann wird man bei allem Temperament doch auf einen eher festen, ja starren Lebenskern schließen können. Reden weniger temperamentvolle Menschen viel mit den Händen, dann wollen sie etwas unterstreichen. Oder jemand möchte sein Phlegma bewußt überspielen, beziehungsweise er will Eindruck machen und traut seiner Persönlichkeit nicht sehr. Wer einmal in den Ländern rund um das Mittelmeer war, der weiß, daß gerade die Basarhändler viel mit den Händen reden. Sie wollen von der Ware ablenken, wollen den vermutlichen Käufer ganz in ihren Bann ziehen. Insofern sprechen Hände oft mehr als Worte. Wer auf sein Wort vertraut, der gebraucht beim Reden die Hände selten. Je mehr uns also Gesten auffallen, um so genauer sollten wir hören, was ein Mensch uns zu sagen hat. Auch hier also stets zunächst auf Widersprüche achten. Nun gibt es Gesten, die immer wieder auffallen, einige wollen wir vorstellen und erläutern.

Da spricht jemand, wie sehr er stets und ohne Eigennutz bemüht ist, an-

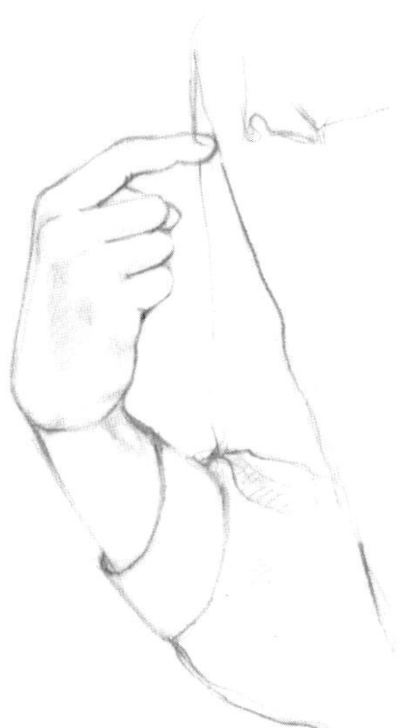

Ich-Betonung

deren Menschen zu helfen. Seine Hand zeigt aber nach innen, auf sich. Daran wird deutlich, daß dieser Mensch in erster Linie an sich denkt. Er mag zwar „auch" etwas für andere tun, aber er denkt dabei doch gravierend an sich. Man spürt die Eitelkeit, die oft Prominente an den Tag legen, wenn sie sich für eine „sozial gute" Sache einzusetzen scheinen. Meist fällt dabei auch für sie etwas Ruhm ab.
Andere sprechen von expansiven Plänen, denen sie sich unterwerfen würden. Ist die Hand dabei überwiegend nach innen gerichtet, ist Vorsicht geboten. Hier tritt demnach oft eine unbewußte Eitelkeit hervor. Oder es handelt sich um Wachträumer, nämlich dann, wenn von großen Ideen gesprochen wird, aber die Gesten eng bleiben und die Hände auf sich gerichtet sind.
Die großen Maler und Künstler wußten durchaus etwas von der Wichtigkeit der Gesten und Handbewegungen. Aber es gibt auch ein gegenteiliges Verhalten. Da bekennt sich jemand – in vielen Filmen kann man dies nachverfolgen – für schuldig, nimmt alle Fehler auf sich. Sind seine Händflächen aber dabei nach außen gekehrt, springen sie das Gegenüber fast verkrampft an, dann kann man fast sicher sein: Hier ist Taktik im Spiel, im Grunde nimmt dieser Mensch die Schuld nicht an. Im Gegenteil, er wird die Außenwelt für alle seine Taten verantwortlich machen und nie in sich gehen oder die Schuld wirklich bei sich suchen.

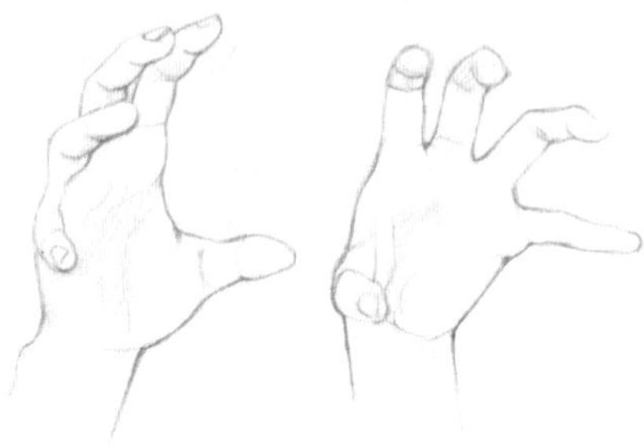

Angriff nach außen

Diese Gesten sieht man immer wieder bei Gesprächen. Scheinbar nimmt der Ratsuchende alles auf sich, aber seine Gesten verraten, daß er dies nur tut, um in diesem Moment einen guten Eindruck zu hinterlassen. In diesem Fall muß der Partner wissen, daß er noch viel Arbeit zu leisten hat, denn der andere sucht noch zuviel äußere Entschuldigungen für sein Handeln. Auch ein Personalchef sollte sich diese Gesten einprägen, um schnell zu erkennen, ob er es mit jemandem zu tun hat, der auch Einsichtigkeit zu zeigen vermag.

Eine ganz besonders deutliche Geste ist die des Versteckens. Wenn jemand seine Hände nicht zeigen will, sie hinter einer Tasche oder einer Zeitung verbirgt oder am Schreibtisch sitzend, sie unter den Tisch hält. Diese Menschen wollen entweder ihr Handeln nicht verraten, oder sie wissen mit ihrem Handeln noch nichts anzufangen.
Anders sieht es aus, wenn ein Vorgesetzter etwa um Hilfe gebeten wird, dieser aber die Hände nicht nur in seinen Hosentaschen hält, sondern sie auch darin beläßt. Man kann sicher

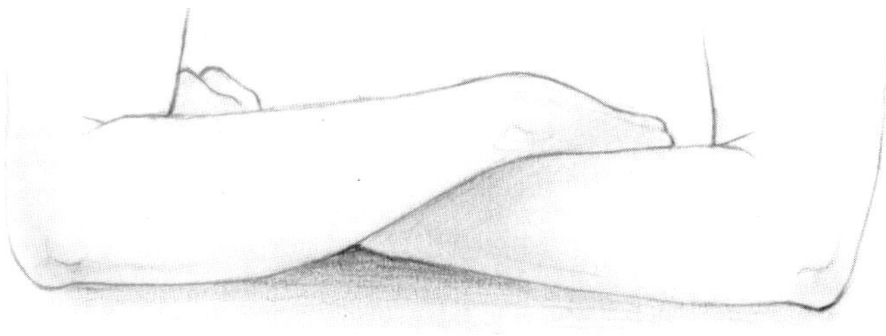

Hand wird verborgen

sein, daß hier jede Bitte abschlägig beschieden wird. Dies ist meist auch der Fall, wenn die Hände auf den Rücken gehalten werden. Diese Menschen sind nicht bereit, für andere zu handeln. Daher ist es für Schauspieler so ungemein wichtig, die Sprache der Hand zu erlernen. Jedes Publikum erkennt sofort, ob ein Mime in seine Rolle geschlüpft ist, nämlich dann, wenn seine Hände *nicht* auffallen. Kann ein Schauspieler mit seinen Händen nichts anfangen, dann steht er neben der Rolle. Würde die Rolle ihm wie eine zweite Haut passen, wären die Hände nicht mehr störend. So ist es auch im Leben. Weiß ein Mensch nichts mit seinen Händen anzufangen, dann weiß er in der Regel auch nicht zu handeln. Fragende sprechen mehr mit den Händen als Wissende. Daher ist es sicher für einen Schauspieler wichtig, bestimmte Gesten für bestimmte Rollen förmlich einzuüben, von seinen eigenen Bewegungen wegzukommen und die Bewegungen desjenigen anzunehmen, den er darstellen will.

Haben wir es im Gespräch mit einem Bittenden, einem Fragenden zu tun, der mit seinen Händen unbeholfen umgeht, der sie hin und wieder versteckt, dann falsch benutzt, gilt es als erstes, ihm Sicherheit zu vermitteln. Hände verraten mehr als alles andere ein Minderwertigkeitsgefühl, zum Beispiel, wenn ein Bewerber einen Bleistift fassen will, der ihm aber sofort aus den Händen fällt: Das ist kein Zufall! –

Es gibt eine aufschlußreiche Geschichte aus Afrika. Ein Jüngling soll am nächsten Morgen eine wichtige Aufgabe erfüllen. Aber bevor er losmarschiert, stolpert er mehrmals; darauf entzieht ihm der Medizinmann die Aufgabe, wohl wissend, daß in dem Jüngling eine tiefe Unsicherheit steckt, die ihn stolpern läßt. Dies gilt auch für die Hand. Ein kluger Verhandlungspartner weiß genau, ob er schnell und sicher eine Unterschrift bekommt, wenn er nur schaut, ob jemand unsicher einen Fragebogen ausfüllt oder ob er eben das Schreibgerät aus den Händen fallen läßt. Diese Menschen wollen nicht unterschreiben, nur wissen sie es nicht.

Oft sieht man an einer kleinen Bewegung der Hand, ob es noch einen Sinn hat, überhaupt weiterzusprechen. Wer von uns kennt nicht den Ausspruch: „Dann hat er mir mit seiner Hand das Wort im Munde abgeschnitten." Heute, da sich ja die Chefs toleranter und aufgeschlossener als früher geben, da Mitbestimmung wichtig ist, kann dies immer wieder studiert werden. Wer entscheidet, ist oft gezwungen, sich viele Meinungen anzuhören. An seiner Hand könnten die Diskutanten erkennen, ob es Zweck hat, weiter zu sprechen. Eine kleine Querbewegung eines Fingers zeigt an, dieser Mensch (ob Frau oder Mann) hat sein Resultat gezogen, er ist zu einem Schlußergebnis gekommen. Hier allerdings kommt es weniger auf den Finger als auf die Hand an (auf die Finger kommen wir noch). Doch es wird deutlich geworden sein, wie viel Zeit zu ersparen wäre, würden wir uns nur gegenseitig mehr *auf die Hände schauen* (dies ist auch ein Ausspruch des Volksmundes, wenn er auch auf anderes gemünzt war).

Verhältnismäßig leicht läßt sich an den Handbewegungen und Gesten die Verfassung eines Menschen beurteilen. Man studiere dies nur einmal im Wartezimmer eines Arztes oder im Aufnahmeraum eines Krankenhauses. Die meisten Menschen haben Angst, aber sie wollen dies nicht verraten, ja sie geben sich, um sich so selbst zu überzeugen, äußerlich hoffnungsfroh. Manche also sind lauter als sonst, andere besonnener in ihrem Verhalten. Aber wer Angst hat, der hält seine Hände nicht hoch, sondern tief, die Gesten weisen eher nach unten, oft sind die Finger, wenn nicht mit der anderen Hand verschlungen, nach unten gerichtet. Man erkennt dies ganz besonders deutlich dann, wenn ein Kranker neben einem Geheilten sitzt, der sich nur noch einmal dem Arzt vorstellen soll. Die Hände des Geheilten sind mehr nach oben gerichtet. Sicher, dies besagt mehr eine momentane Grundverfassung als etwas Charakterliches. Hier ist es wichtig zu beobachten, wie sehr sich diese Gesten während eines Prozesses verändern. Wird einem Menschen bestätigt, daß er krank ist, kann man oft sehen, wie er seine Hände zusammenzieht, eher geschlossen hält.

Damit kommen wir zu einem weiteren, wichtigen Merkmal. Viele Menschen sprechen mehr mit einer ge-

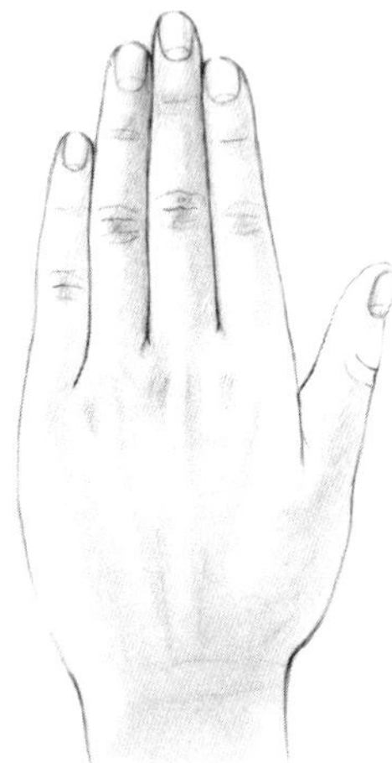

Geschlossene Hand

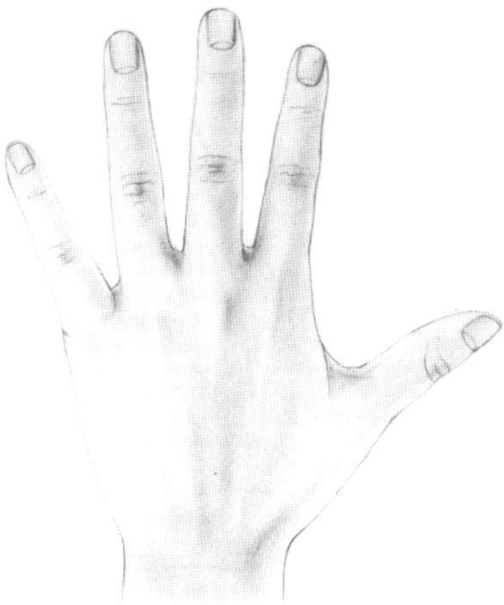

Gespreizte Hand

spreizten Hand (also mit gespreizten Fingern), andere mehr mit einer geschlossenen Hand, womit nicht die Faust gemeint ist. In der Regel läßt sich sagen: Wer mit gespreizter Hand spricht, ist vielfältiger, aufgeschlossener, aber auch ablenkbarer, zumindest in jungen Jahren meist auf der Suche nach seiner Mitte. Diese Menschen machen sich selbst gerne etwas vor; dies bedeutet jedoch auch, daß sie anderen etwas vormachen. Weiter läßt sich sagen, daß – um es profan, aber deutlich auszudrücken – eine gespreizte Hand leichter verführbar ist (bis hin zur schnellen Liebe) als eine geschlossene Hand.
Wer eine geschlossene Hand (immer im Durchschnitt betrachtet) an den Tag legt, der ist meist in sich geschlossener. Das kann jedoch auch heißen: verkrampfter. Hier haben wir beide Pole in einem Symbol. Von der verkrampft geschlossenen Hand entwickeln sich die Menschen auf dem Weg zu ihrer Mitte zur locker geschlossenen Hand. Umgekehrt von der extrem gespreizten Hand zur gelöst gespreizten Hand – je nach innerem Stadium. Geschlossene Hände von Menschen, die sich noch nicht trauen, die unsicher sind, wirken eher verkrampft. Wer seine Mitte gefunden hat, zeigt dagegen zwar auch eine geschlossene Hand, das bedeutet, die Finger liegen meist beieinander, aber die Hand wirkt in sich lockerer und ungezwungen. Gerade innerlich nervöse Menschen zeigen viel öfters eine gespreizte Hand als in sich ruhende Personen. So kann auch ein Mensch mit gespreizter Hand eher von einer Sache, einer Tendenz, einer Richtigkeit überzeugt werden, als jemand, der meist seine Finger geschlossen hält. Dies sind die ersten Überblicke, die von der Gebärdenrichtung aufgenommen werden sollten.
Die Gebärdenbeurteilung ist meist schwieriger, wenn die Hand auch das Gesagte – so oder so – unterstreicht. So oder so deswegen, weil manche Gebärden sehr eindeutig sind, andere aber widersprechend erscheinen. Erfahrene Detektive achten beispielsweise durchaus darauf (auch Richter tun dies), ob eine Gebärde dem Gesagten widerspricht oder das Gesagte unterstreicht. Hier liegt die Intuition vieler Menschen, die bewundert werden, weil sie stets sehr schnell jemandem auf die Schliche kommen können. Ein Beispiel mag dies verdeutlichen. Da spricht je-

mand davon, nun seine Karten endlich offen auf den Tisch legen zu wollen. Ab jetzt habe er nichts mehr zu verbergen, er würde nun nichts mehr verheimlichen. Dies wird durch starkes Gestikulieren mit den Händen unterstrichen. Aber während er dies alles sagt, zeigt er dem Gesprächspartner nicht ein einziges Mal seine Innenhand. Diese ist nach unten oder nach innen gerichtet. Was heißt das?
Dieser Mensch redet nur davon, offen zu sein, er denkt nicht im Traum daran! Menschen, die sich gerne offenbaren wollen, unterstreichen dies unbewußt, indem sie andere in ihre Innenhand schauen lassen. In Ehe- oder Liebesauseinandersetzungen läßt sich dies gut beobachten. Da sind beide vom Willen getragen, offen zu sprechen, man sieht ihre Innenhand. Aber in dem Moment, da sie doch etwas verbergen, drehen sie die Hand, zeigen sie mehr die Außenhand. In der Außenhand ist ja viel zu erkennen, aber nicht das Differenzierte, was uns die Innenhand zeigt. Dies weiß die Seele. Dieses unbewußte Wissen läßt jeden seine Hände im Moment „richtig" halten, egal, was er gerade beteuert oder mit Schwüren belegt. „Ich liebe dich" zu sagen, und die Hände sind zum eigenen Körper gerichtet, das ist eine Farce. Wer wirklich Liebe meint, wenn er eine Liebeserklärung abgibt, der reicht dem Partner seine Hände offen hin, seine Innenhand.

So können wir also feststellen: Außenhände sind eine Schale und ein Schutz. Das sagt sehr viel aus, aber die Innenhände verraten den Kern, offenbaren das wahre Wesen. Wenn jemand also in einem wichtigen Gespräch mit einem anderen so gut wie gar nicht dessen Innenhand sehen kann, dann sei er zumindest davor gewarnt, sich einzubilden, mit dem Menschen käme er schon klar. Nichts ist! Dafür kennt er sein Gegenüber viel zu wenig. Das Dumme ist nur, wir können nicht ständig auf die Hände des anderen starren. Doch wir können uns dazu erziehen, bei Begegnungen auch die Hand mit unseren Blicken aufzunehmen.

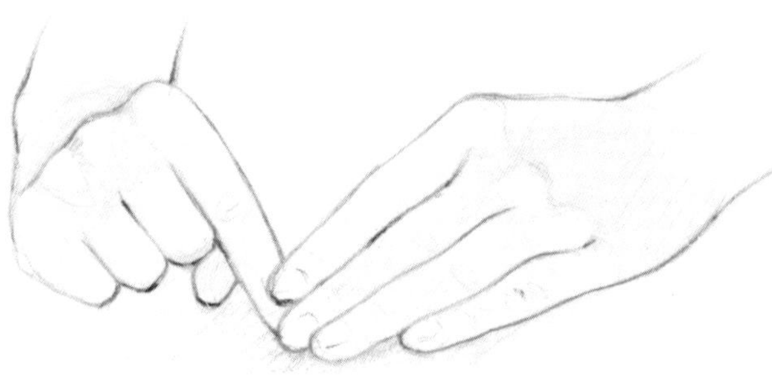

Innenhand wird verborgen

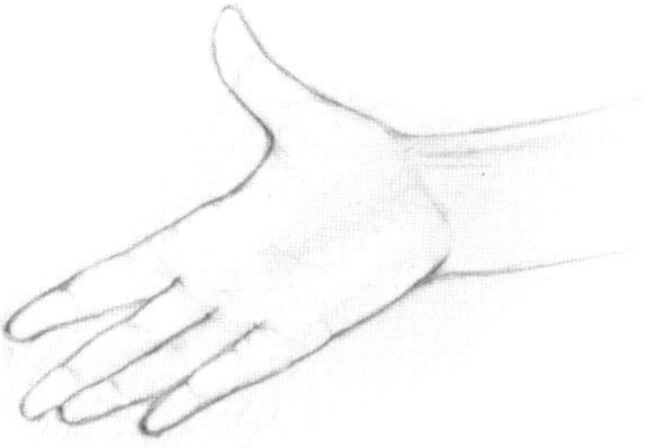

Handreichen mit Innenhand

Nach Abschluß eines Gespräches reichen sich viele die Hand. Es ist sehr auffallend, daß manche dies mehr mit der Innenhand, manche mehr mit der Außenhand nach oben tun. Nun kommt es natürlich auf die Ausnahme der Regel an. Etwa ob der Chef eines Betriebes im Durchschnitt mehr mit der Innenhand die Hand reicht oder mehr mit der Außenhand. Wichtig ist, wenn dies einmal *anders* geschieht. Wenn viele bei solchen Beobachtungen von Gewohnheiten sprechen, dann täusche man sich nicht. Das Unterbewußtsein kennt sicher solche Gewohnheiten, das kann nicht geleugnet werden, aber bei wichtigen Angelegenheiten ist das Unterbewußtsein hellwach, dann kommt es darauf an, wie nun reagiert wird.

Bei Freude zeigt man sich offener, was durch die mehr zu sehende Innenhand dokumentiert wird. Bei Trauer, man beobachte einmal die Händedrücke nach einer Beerdigung, sieht man fast nur gereichte Außenhände. Eine Ausnahme bilden hier Begegnungen mit nahen Freunden, die man braucht, für deren Hilfe und Beistand man sehr empfänglich und dankbar ist, da wird schon mehr die offenere Innenhand gereicht.

So können wir folgern: Sieht man mehr die Innenhand, dann zeigt sich diese Frau, dieser Mann offener. Egal, ob dies nun die Regel ist oder ob dies für einen Augenblick, für eine Stimmung zutrifft. Hat man also öfters mit einem Menschen zu tun, dann sollte man seine Gebärden studieren, so werden Veränderungen am schnellsten deutlich. Dies gilt

Handreichen mit Außenhand

auch für Gespräche. In heftigen Gesprächen agieren die Hände mehr als sonst, gerade wenn Diskussionen lebhafter werden. Herrlich zu beobachten, wie manche Gebärden sich zu Wort melden, obwohl der Mund noch verschlossen ist! Spricht jemand viel mit den Händen, dann sehen wir einmal seine Außen-, einmal seine Innenhand. Hier darf nun ja nicht der Fehler gemacht werden, zu folgern: Zeigt er die Innenhand, ist er ehrlich, zeigt er später die Außenhand, will er gerade jetzt etwas verbergen. Das ist natürlich Unsinn. Es kommt allein auf die Gebärden in einem bestimmten Moment an. Stutzig sollte machen, wenn Wort und Geste im Widerspruch stehen, ohne daß jedes Wort auf die Goldwaage gelegt werden darf. Aber sagt eine Frau beispielsweise: „Jetzt will ich ganz offen sein", und sie verbirgt ihre Hände, oder sie zeigt auf sich, dann stimmt da mit aller Wahrscheinlichkeit etwas nicht. Wer sich auf die Brust schlägt und dabei etwas für andere verspricht, der ist in einem tiefen Widerspruch in sich selbst verwikkelt. So können wir also sehr gut unsere eigenen Gebärden beobachten und auch erkennen lernen, wann wir etwas ganz ehrlich meinen, wann nicht. Jede Menschenkunde muß ja bei sich selbst anfangen. Auf die eigene Hand zu achten, das ist leicht, denn man braucht auf die Hand nicht zu schauen, um zu wissen, wie man sie hält. Wir sollten uns nur darüber klar werden, was unser Inneres damit impulsiv ausdrückt. – Wird man also aus dem Unterbewußtsein verleitet, große Gesten zu machen – wem passiert das nicht –, dann sollte man sich selbst schnell ins Gebet nehmen.

Drei Richtungen ...

Nicht ohne Grund galt einst vor Gericht ein Schwur als nicht geleistet, wenn ein Finger der Schwurhand nach unten zeigte. Hier hieß es klugerweise, dieser Mensch halte sich einen Ausweg offen. Die Minister, die vereidigt werden, heben ihre Hand, zeigen die Innenseite, um zu bekunden, daß sie für ihre Aufgabe offen sind. Es ist ein besonderes Charakteristikum zu sehen, ob bei einem Menschen die Finger der Hand sich mehr nach innen neigen, wenn die Hand aufrecht steht, oder gerade in den Himmel weisen beziehungsweise sich nach außen zu biegen scheinen.

Wenn jemand die Finger eher nach innen gebeugt hält, also zur Handfläche, heißt dies, die Zurückwendung zu sich selbst ist sehr stark. Diese Menschen beziehen fast alles immer zu allererst auf sich.

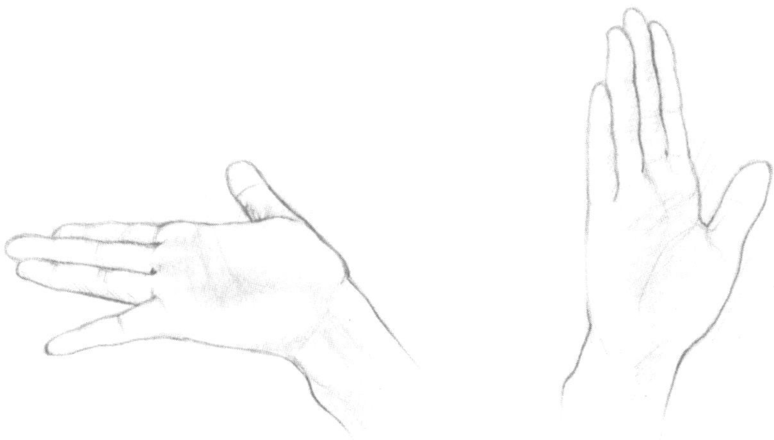

... der gestreckten Hand

Zeigen sich dagegen die Finger mehr nach außen gebeugt, also von der Handinnenfläche weg, verweist dies auf eine Lösung von sich selbst. Das kann auch zu große Anpassung oder Ausrichtung nach anderen Meinungen ausdrücken. Also besteht die Wahrscheinlichkeit, daß diese Menschen sich eher zerstreuen wollen, meist aus Angst, sich mit sich selbst beschäftigen zu müssen.
Gerade Finger zeigen im allgemeinen ein Gleichgewicht zwischen beiden Tendenzen an. Und dies muß unser Stichwort sein: Gleichgewicht. Wenn in Gebärden und Gestik die Außenhand überwiegt, was meist der Fall ist, dann ist der Mensch mehr auf sich bezogen, als umgekehrt, wenn mehr der Anblick der Innenhand überwiegt. Sicher sind die Menschen meistens – ob man das nun beklagt oder nicht – Egozentriker. Sie denken in erster Linie an sich. Idealisten mögen hier die Ausnahme sein, aber wann gab es die je zahlreich. Liebe kann auch etwas verändern, aber fast immer denkt jeder erst einmal an sich, schützt sich, das muß uns klar sein. Nur darf eben zwischen Handeln und Hand, zwischen Wort und Gestik keine Diskrepanz zu Tage treten.

Theatralische Geste

Diese Diskrepanz soll noch an einem anderen Beispiel verdeutlicht werden. Menschen reden ja nicht nur mit den Händen, oft auch mit den Armen. Breitet jemand seine Arme weit aus, so als wolle er seine Brust, sein Herz offen darlegen, aber die Hände sind zusammengezogen, fast zur Faust geballt, dann ist Vorsicht geboten. Die Theatralik ist hier nicht zu übersehen.

Da steht jemand vor einem Richter, spielt den reuigen Sünder. Die Arme sind eng an den Körper gepreßt, als wolle er sich ganz dünn machen, der Kopf ist etwas gebeugt, was ihn kleiner ausschauen läßt. Alles sieht nach tiefer Reue aus. Aber die Fäuste sind geballt. Liegt der Daumen dabei über den Fingern (darauf kommen wir noch), dann ist sogar böser Trotz zu spüren, Widerspruch, der nur mühsam zurückgehalten wird. Dies kann den Richter oder andere warnen. Hält dagegen ein reuiger Sünder seinen Daumen in der geballten Faust, dann ist er zwar auch voller Wut, aber er weiß, daß er ohnmächtig ist (siehe Daumen). Faltet er dagegen seine Hände, dann bittet er um Gnade. Liegen die gefalteten Hände auf dem Rücken, heißt dies Demut und freiwillige Wehrlosigkeit, liegen die gefalteten Hände vorne, dann bittet er, es möge alles schnell vorübergehen. Natürlich sind dies – wenn auch maßgebende – Hinweise, sie ersetzen aber nie eine Gesamtbeurteilung, können jedoch eine gewisse Kontrolle geben.

Zu beobachten ist ferner, ob sich Hände leicht und spielerisch, ja tänzerisch, oder zögernder, schwerfälliger bewegen. Flinke, lockere Bewegungen zeigen eine innere Beweglichkeit, langsamer und steifer ausgeführte Gesten lassen auf eine innere Schwere, aber auch auf Bodenständigkeit schließen.

Diese Beobachtungen sind aufschlußreich für die Beurteilung des inneren Alters. Sind bei einem Älteren die Gesten noch flink und schnell, natürlich je nach Temperament, dann läßt dies auf eine innere Jugendlichkeit schließen, werden die Gesten früh schwer und langsam, dann ist der innere Alterungsprozeß doch schon fortgeschrittener.

Es stellt sich auch die Frage, welche

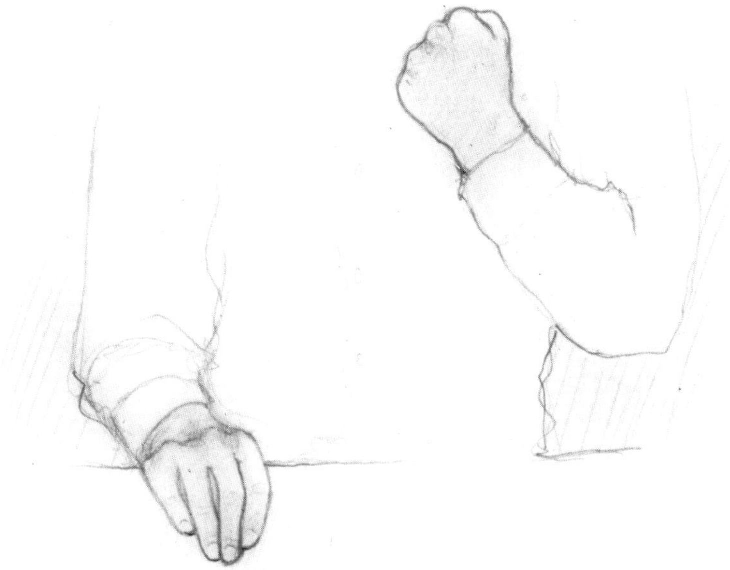

Betonte Handgeste links

Hand mehr Gesten ausführt. Sicher ist dies überwiegend die rechte Hand. Und wenn diese Hand in ihren Gesten auch vom Unterbewußtsein gesteuert wird, noch mehr Unbewußtes verrät uns die linke Hand. Gebärdet sich diese Hand sehr stark, dann ist das Unterbewußtsein äußerst angeregt, dann meint sich dieser Mensch in einer Situation zu befinden, die ihm an die Nieren geht. Hier fühlt er sich psychisch angesprochen – meist verletzt. Es kann sich jedoch auch um eine tiefe seelische Freude handeln. Normalerweise legen wir unsere rechte Hand auf das Herz, wenn wir etwas beteuern wollen. Fährt aber die linke Hand zum Herzen, dann fühlt sich dieser Handeigner in einer sehr brenzlichen Situation, die ihm gar nicht so bewußt sein muß. Es kann jedoch auch ein überraschender Freudenschreck sein. Je mehr wir also die linke Hand einsetzen, um so engagierter zeigen wir uns aus der Tiefe heraus (sicher gilt dies in erster Linie für Rechtshänder).

Meistens ruht die linke Hand. Entweder hält sie das Manuskript oder sie steckt in einer Hosentasche, oder jemand hält sich damit am Pult fest. Auch dies ein Beweis der unbewußten Konzentration, damit der Redner nicht zu emotional reagiert. Kommen aber leidenschaftliche Höhepunkte oder ein Zornesausbruch, dann wird doch die linke Hand eingesetzt – wenn auch meist zusammen mit der rechten. Das Emotionale, auch das Gemüthafte ist mehr über die linke Hand zu erkennen, während die rechte Hand die bewußten Argumente unterstreicht. Dies ist auch im Leben so. Bei Bundestagsdebatten kann man dies hervorragend studieren und für sich daraus Schlußfolgerungen ziehen. Jeder weiß ja, daß einem ein bisher sympathischer Mensch durch seine Gesten und Gebärden unsympathisch werden kann.

Untersuchen wir nun einzelne typische Gebärden und Gesten. Da wäre zunächst das Händefalten. Der Leser beobachte sich nur einmal selbst, wie oft er unbewußt seine Hände faltet. Manche tun es in Minuten der Besinnung, andere vor dem Einschlafen, und dann gibt es Personen, die über das Falten der Hände zur Entspannung finden. Oft ist das Händefalten eine erste Reaktion auf eine Schreckensnachricht, Ausdruck einer Angst oder Ausdruck einer Ergebenheit.

Nun ist es durchaus nicht gleichgültig, ob beim Falten der Hände der rechte oder der linke Daumen oben liegt. Schon die Indianer haben die Menschen danach in zwei Abteilungen eingeordnet.

Meist legt jeder Mensch entweder den rechten oder den linken Daumen nach oben, aber da es keine Regel ohne Ausnahme gibt, kann dies auch verschieden sein, das heißt sich abwechseln. Der Daumen ist hier nur als Symbol anzusehen, denn wenn der linke Daumen über dem rechten liegt, dann liegt auch der linke Zeigefinger über dem der rechten Hand und so fort über den Mittel- und Ringfinger. So ist also deutlich abzusehen, ob das Linke über dem Rechten liegt oder umgekehrt oder das Unterbewußte über dem Bewußten regiert, beziehungsweise das Bewußte wichtiger als das Unterbewußte genommen wird. Wenn das Linke oben liegt, das Linke also herrscht, wenn man es so ausdrücken will, dann geht es mehr um psychische Dinge. Das ist auch ein Grund, warum manche Menschen ihre Hände einmal so und einmal so falten. Aber allgemein – jeder kann es schnell bei sich ausprobieren – faltet ein Mensch immer in der gleichen Weise seine Hände. Herrscht das Rechte, dann geht es mehr um Bewußtes, ja man kann sagen, um reale Dinge. Dies läßt sogar Schlüsse auf das Gebet zu. Beide Handfaltungsarten kommen zwar aus dem Unterbewußten, aber wenn das Linke herrscht, kommt das Unterbewußte doch mehr zum Vorschein. Wer die linken Finger oben hat, ergibt sich auch mehr seinem Schicksal, der will es nicht unbedingt meistern, wie dies bei Menschen der Fall ist, die die rechten Glieder der Hand über die linken legen. Ihnen fehlt das Vertrauen in den Schicksalsablauf, wenn sie auch schon zweifeln mögen, denn sonst würden sie die Hände nicht falten.

Bei Beerdigungen sieht man viele Trauergäste, die nur die Hände übereinanderlegen, als schämten sie sich, die Hände zu falten. Oder sie wollen nicht den Eindruck eines Betenden erwecken. Aber jeder Mensch, der in eine innere Not gekommen ist, oder sich dankbar voller Glück fühlt, der faltet die Hände, so als würde ihm in diesem Moment wieder eine große Angst oder ein bedeutendes Glück bewußt. Wesentlich ist, ob die Finger sich eng verbun-

Handfaltung rechts

den zeigen oder nur spielerisch ineinander falten. Je enger die Finger sich verknoten, im wahrsten Sinn des Wortes, um so mehr ist dieser Mensch berührt, um so mehr bewegt ihn, um so stärker fühlt er sich in diesem Moment betroffen. Daher ist es bei einem Zuhörenden ein Zeichen von Unkonzentration, wenn er die Hände sehr hin- und herbewegt. Er ist mit sich beschäftigt, faltet die Hände, spielt mit ihnen herum. Ein Merkmal für Ablenkbarkeit und mangelndes Interesse. Es ist meist gut, dann ein Gespräch, eine Verhandlung abzubrechen. Diese Menschen sind nicht mit ihrem Herzen, mit ihrem Verstand bei der Sache, sondern sie sind meist gelangweilt, und leider verbietet es in der Regel nur der Anstand, nun aufzustehen und zu gehen. Das gleiche gilt für die Tatsache, wenn einer immer mit einem Bleistift herumspielt oder sonstwie sich mit Büroklammern oder anderem Gerät beschäftigt. Dasselbe sagt aus, wenn jemand seine Zigarette stets von einer Hand in die andere wandern läßt oder mit dem Feuerzeug herumspielt. All das sind Signale, die Warnzeichen sein sollten. Hinterher wird man auch häufig feststellen müssen, dieses Gespräch war umsonst, das brachte nichts ein. Schade um die Zeit, und dabei hatten einen doch die Hände des anderen gewarnt! Beendet man aber das Gespräch, werden die Hände des anderen sofort ruhig. Oft lächelt nun unser Gegenüber, fühlt sich erlöst und nicht durchschaut und vergißt, daß seine Hände ihn längst verraten haben. Nur ist immer daran zu denken, daß wir nicht nur die Hand der anderen beobachten sollten, sondern auch unsere eigenen, damit wir nicht nur uns selbst kennenlernen (damit fängt ja jede Menschenkenntnis an), sondern um uns auch bewußt zu machen, was in uns vorgeht. Es ist kaum glaublich, wieviel eigene Fehler beziehungsweise Fehlreaktionen wir dadurch vermeiden können! Dies alles wird noch deutlicher, wenn wir nun aufmerksam die Gesten und Gebärden der einzelnen Finger untersuchen, ohne daß wir hier der Grunddeutung, die wir jeweils aus den Fin-

gern ziehen können, vorweggreifen.
Besonders auffallend ist die **Haltung des Daumens!**
Es ist schon darauf aufmerksam gemacht worden, daß es entscheidend ist, ob bei einer Faust der Daumen „in“ oder „über“ der Hand liegt. Der Daumen – abgeleitet von dem Wort domare = zwingen, beherrschen – zeigt uns den Willen, die Durchsetzungskraft an. Doch muß dies immer im Verhältnis zur ganzen Hand gesehen werden.
Ist der Wille schwächer, äußert er sich vielleicht nur vorsichtig, ist der Wille eher lebensuntüchtig, was das praktische Leben betrifft, dann wird der Daumen in der Hand versteckt, so wie alle Säuglinge noch ihre Daumen stets in die Hand legen. Im Schlaf geschieht es uns auch meist, daß der Daumen in der Hand liegt, da hat der Wille Ruhe!
Man beobachte Kirchenbesucher, natürlich nur die wirklich Gläubigen, oder andächtige Konzert- oder Theatergäste. Geben sie sich dem Gebotenen hin, und ziehen sie ihre Hand zu einer Faust zusammen, dann verschwindet der Daumen, sie haben im Moment keinen Willen.
Auch Sterbende sollen oft ihren Daumen nach innen ziehen, als würde das Unterbewußtsein wissen, daß der Lebenswille erschöpft ist.
Liegt aber der Daumen über der Hand, dann wird der eigene Wille bekundet, dann herrscht der Wunsch vor, sich durchzusetzen, zum Beispiel bei Protestdemonstrationen. (Siehe Abbildung Seite 35.)
Liegt also der Daumen außen, dann deutet dies auf ein Wollen, auf ein Auftrumpfen hin. Es ist eine Warnung an die Mächtigen und an jedermann. Hier hat sich etwas aufgestaut, das heraus will, es bricht mit emotionaler Macht hervor.

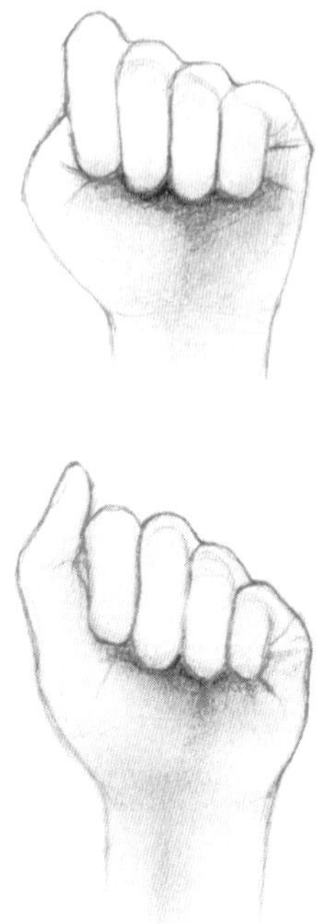

Daumen innen und außen

Wesentlich ist auch, wie jemand seinen Daumen abspreizt. Noch geht es nicht um die Tatsache, wie groß der Winkel zwischen Zeigefinger und Daumen ist, sondern um die Spreizgeste bei einem Gespräch. Je weiter der Daumen sich von der Hand abzulösen scheint, je weiter man ihn also abspreizt, um so größer ist das Unabhängigkeitsgefühl des Handeigners, um so weniger Hemmungen hat er, um so freier und unkonventioneller wird so ein Mensch versuchen, seinen Willen umzusetzen. Auch hier kann also jedermann ziemlich schnell – sozusagen auf den ersten Blick – erkennen, wie es um den Willen des anderen grundsätzlich beschaffen ist. Hand in Hand geht damit aber noch eine andere Ausdeutung, die zu dem eben Gesagten im Widerspruch zu stehen scheint – aber nur scheint. Solange nämlich noch der Daumen abgespreizt ist, solange ist noch nichts entschieden, ist der Wille noch „frei" (halbwegs). Ist der Daumen unseres Verhandlungspartners etwa noch abgespreizt, dann ist er im Willen noch beweglich, dann kann man noch auf ein Entgegenkommen rechnen. Beobachtet man sich selbst, dann wird einem schnell klar, wie sehr dies zutrifft. Schmiegt sich dagegen der Daumen an die Hand, am Zeigefinger an, dann ist die Willensentscheidung getroffen, dann ist wenig auszurichten. Hält jemand nun

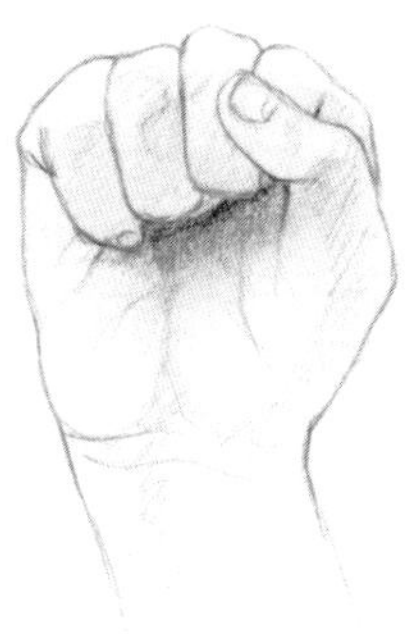

Demonstrationsfaust

grundsätzlich (wenn es auch immer auf die Situation ankommt) seinen Daumen mehr am Zeigefinger, dann läßt sich daraus schließen: Der eigene Vorteil steht im Mittelpunkt seiner Willensbildung. Da es Menschen oft unangenehm ist, wenn man sie durchschaut, hat sich folgende Eigenart herausgebildet: Der Daumen wird versteckt. Manager, Chefs oder andere Bosse verbergen gerne ihre Daumen – meist in Hosen- oder in Westentaschen –, so als solle keiner erraten, was man wolle. Eine Geste, die übrigens auch gerne in Westernfilmen inszeniert wird. (Abbildung nächste Seite.)
Lässig kommt da der Gangster oder der Sheriff daher, die Hand an der Hosentasche, den Daumen in ihr. Keiner soll wissen, was er vorhat. Dies ist eine bewährte Gebärde und Haltung, um die Zuschauer in Spannung zu versetzen, und es ist typisch, wie viele Kinobesucher diese Gebärde nachahmen, wenn sie aus dem Filmtheater kommen. Hier äffen sie etwas unbewußt nach, ohne einen eigenen Willen zu haben. Sie träumen. Die Haltung des Daumens zeigt also an, wie es im Moment um unseren persönlichen Willen steht. Ist der Daumen weggesteckt, gibt es also zwei Möglichkeiten: wir haben im Moment keinen starken Willen oder wir verbergen bewußt, was wir wollen.
So verrät uns der Daumen für eine bestimmte Situation sehr viel. Bekannt ist das Daumendrehen. „Er dreht Däumchen", sagt der Volksmund, wenn es sich jemand recht gemütlich macht oder sich langweilt. Richtig! Unser Antrieb ist in diesem Moment träge und passiv. Daher ist es erstaunlich, wie wenig im Leben von diesen sichtbaren Offenbarungen eines Menschen Gebrauch gemacht wird. Gewiefte Vertreter oder Geschäftsleute, auch Vorgesetzte und Personalchefs sind auf diese Ge-

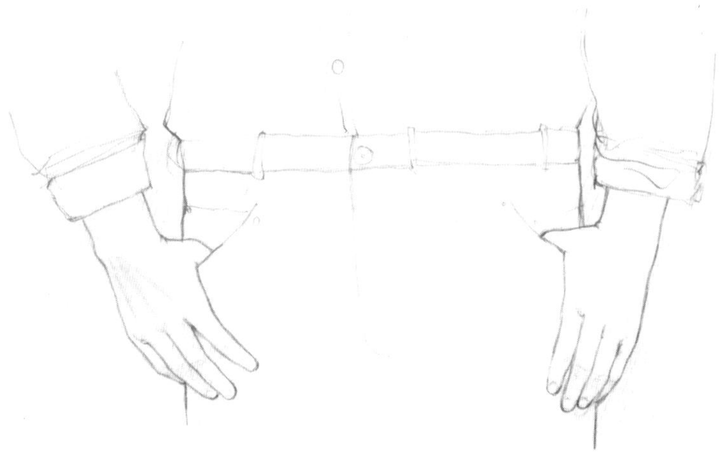

Westernpose

sten trainiert, und sie haben damit einen gewissen Wissensvorsprung, der den anderen so gut wie gar nicht bewußt ist. Um es noch einmal deutlich zu sagen: Es ist das Unbewußte, das uns verrät; die Haltung der Hand und ihrer Finger entspringt nicht dem Bewußtsein, sondern kommt aus der Tiefe der Seele. Genauso wie uns ein Stolpern, ein Versprecher offenbart, in welcher Verfassung wir uns befinden, so auch eine Geste, der wir uns nur nicht bewußt sind. Gerade die Haltung des Daumens ist ein bestechender Hinweis für andere und für sich selbst. Die Beobachtung und Deutung muß jedoch geübt werden! Wieder bieten die modernen Medien herrliche Gelegenheiten, studiert man die Bundestags- oder Landtagsdebatten! Erstaunlich, wie sich die Haltung des Daumens oft in einem bestimmten Moment verändert. Viele Politiker sprechen mit einer leicht zusammengezogenen Hand, aber der Daumen zeigt nach oben. Diese Menschen treten ruhig auf, sie haben sich emotional – so scheint es – in der Gewalt. Sie machen also den Eindruck, nun wird alles in einem sachlichen Rahmen ablaufen, wenn dieser Redner auch anzeigt, daß er Wert darauf legt, sich durchzusetzen.

Daumen nach oben

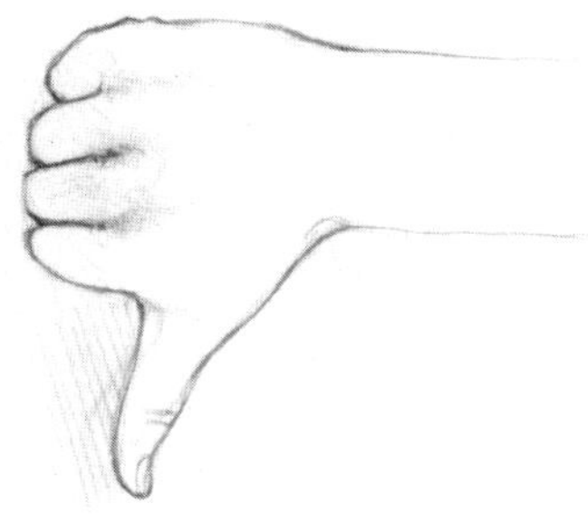

Daumen nach unten

Eine weit verbreitete Siegesgeste kennen wir aus dem alten Rom. Der Daumen nach oben deutet auf eine gute, optimistische Stimmung hin. Hielt Julius Caesar seinen Daumen nach oben, war dies nicht nur ein Zeichen für einen Sieg, sondern auch für die Freiheit des Gladiatoren. Er hatte nun das Recht über sein Leben.
Der Daumen nach unten aber besiegelte sein Leben, sein Schicksal. Dieser Gladiator mußte sterben.
Sind wir zuversichtlich, halten wir den Daumen nach oben, was ja auch heißt: Wir werden unseren Willen durchsetzen. Die Daumenhaltung nach unten zeigt an, daß alles verloren ist. Schon Kinder kommen so nach Hause, um ohne Worte anzudeuten, daß sie eine Arbeit daneben gehauen haben. Der Daumen spricht also aus, was in uns vorgeht, hier im bewußten Sinn, denn es sitzt ganz tief in uns drin, daß der Daumen etwas mit unserer Grund-Antriebskraft zu tun hat, wovon wir noch sprechen werden. So sei es auch als eine Warnung verstanden, wenn ein Mensch beide Daumen immer hochstreckt. Dies sieht man so häufig nicht, denn hier hätten wir es fast mit einer manischen Willensdurchsetzung zu tun. Diese Menschen geben kaum Ruhe, ehe sie nicht bei der Verwirklichung ihres Willens weitergekommen sind.
Sehen wir einmal von den bewußten Signalsetzungen mittels des Daumens ab, muß uns immer klar sein, daß die Daumenhaltung oder Spreizung stets unbewußt ausgeführt wird. Es ist längere Zeit hindurch nicht zu steuern, ob man den Daumen verbirgt oder nicht. Nicht einmal, ob jemand mit seinem Daumen fast in brutaler Manier die Zigarette ausdrückt. Hier spürt man *im Moment* einen Vernichtungswillen auftauchen (also nie grundsätzlich bei den Gesten urteilen), der anzeigt, wie sehr dieser Mensch auf Konfrontation aus ist. Schaut man im gleichen Augenblick auf das Kinn, wird man beobachten können, wie dieses angespannt und hart ausgeprägt ist, mag es sonst auch weich und fliehend sein.
Interessant ist es, auf die Daumen

von Journalisten zu schauen, wenn sie im Fernsehen ihre Kommentare sprechen oder verlesen. Ist der Daumen vielsagend in die Höhe gestreckt, wird er überdurchschnittlich benutzt, dann ist kaum anzunehmen, daß dieser Journalist neutral kommentiert. Vielmehr ist er von einem Durchsetzungs- und Überzeugungswillen besessen. Dies verrät sein Daumen, hier haben wir es grob gesagt mit einem Meinungsjournalisten zu tun. Oft bewegt sich der Daumen mehrmals in die Höhe, und wenn vom politischen Gegner gesprochen wird, dann senkt sich der Daumen, als wolle der Journalist diesen Mann vernichten, wobei es mehr um eine unbewußte Reaktion geht, denn nach außen versucht dieser Journalist (oder oft noch deutlicher bei Journalistinnen zu ersehen) neutral und sachlich zu erscheinen, aber der Daumen spricht dagegen. Ganz besonders wird dies beim Schlußsatz, bei der abschließenden Pointe deutlich.

Eine bewußte Daumenhaltung bringt uns zu den Gesten des Nachbarfingers, des Zeigefingers. Es ist das Siegeszeichen. Hier stoßen wir auf einen großen Unterschied:

„V" durch Daumen und Zeigefinger

Diese Spreizung zeigt an: Ich siege, dies auch im übertragenen Sinn, es geht um meinen Willen, um meine Durchsetzung.

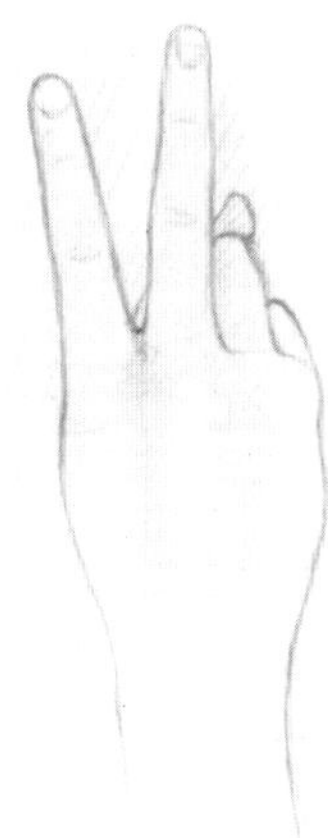

„V" durch Zeige- und Mittelfinger

Das „V" für Victoria wird vom Zeige- und mittleren Finger gebildet und ist eine bewußte Geste. Dieses V zeigt an: Wir siegen, eine gute Sache siegt.

In diesem Fall liegt auch der Daumen rückwärts in der Innenhand. Der eigene Wille ist nicht mehr so wichtig, wie die Sache, der wir zu dienen haben. Dies ist eine ganz markante Unterscheidung, die uns den Schlüssel zum Gestencode von Daumen und Zeigefinger vermittelt. Das heißt, wir müssen sehr darauf achten, ob der Daumen allein reagiert oder in Zusammenhang mit dem Zeigefinger. Auffallend ist es für jeden, wenn Daumen und Zeigefinger ringförmig verbunden sind, als wollten sie etwas einschließen oder zusammenfassen. Man spürt: Es geht um Grundsätzliches bei dieser Gebärde, und das darf nie übersehen werden.

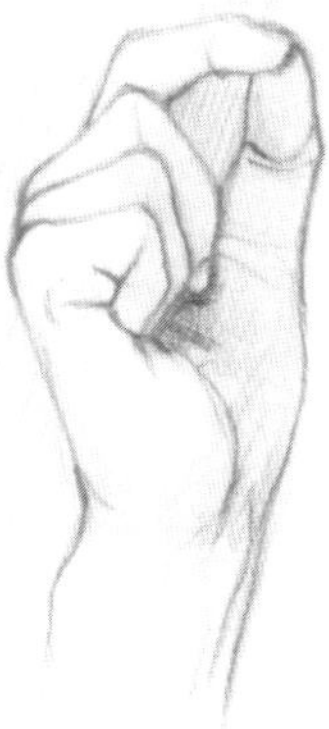

Ring mit Daumen und Zeigefinger

Diese Fingerhaltung spricht von einem starken, aber doch beherrschten Selbstbewußtsein. Wer so Daumen und Zeigefinger hält, versucht sein Wissen und Können nicht aufdringlich auszuspielen, obwohl er von seinem Können und Wissen überzeugt ist. Dies kommt auch dadurch zum Ausdruck, daß diese Menschen sich kaum verstecken, denn sie geben den Blick in die Innenhand frei. Wird jedoch der Handrücken nach außen gekehrt, dann wirkt dies gekünstelt, unecht. Die Selbstsicherheit ist zwar vorhanden, aber diese Personen sind sich ihrer doch nicht so sicher. Wer aber seine Innenhand dabei öffnet, der legt eine innere, damit offene Selbstsicherheit an den Tag, die nicht so leicht zu erschüttern sein dürfte. Diese Menschen haben es schon weniger nötig, sich in den Vordergrund zu spielen, sie halten sich ja für wen! In der Regel zeigen sie auch Geduld und die Gabe, auf Zeit zu spielen. Wille und Ziel sind harmonisiert. Nun kann man immer wieder Politiker am Fernsehschirm sehen, die mit dieser Handgeste leidenschaftlich sprechen, so sehr provozierend auf den anderen wirken. Aber es handelt sich hier so gut wie immer um eine gezielte, nüchtern kalkulierte Provokation, damit mehr um einen gespielten Emotionsausbruch, da lasse man sich nicht täuschen. Anders ist dagegen die Gebärde zu beurteilen, wenn bei wichtigen Auftritten zwischen dem Daumen und Zeigefinger ein Gegenstand gehalten wird. Dies kann – selten zwar – eine Zigarette sein, die ja mehr zwischen Zeige- und mittlerem Finger gehalten wird, meist ist es ein Feuerzeug, ein Streichholz, ein Bleistift. Hier wird der Daumen mit dem Zeigefinger künstlich verbunden, eine Brücke wird gesucht, so kann man folgern. Diese Menschen suchen noch sehr nach ihrem Weg, denn je sicherer man seinen Weg weiß, also einen Schritt über die Wil-

lensbekundung und Durchsetzung hinaus ist, um so wichtiger wird der Zeigefinger in der Geste und Gebärde.
Banal wurde der Zeigefinger einst so benannt, weil der Mensch diesen Finger in erster Linie benutzte, um auf ein Ziel zu weisen oder um dieses Ziel anderen zu verdeutlichen. Wer das Ziel nicht annimmt, auf das man mit aller Deutlichkeit hinweist, dem wird gedroht. Auch dies ist besonders häufig bei politischen Diskussionen, in Talkshows und beim Frühschoppen zu sehen.

Drohender Zeigefinger

Oft steht dieser drohende Zeigefinger in Diskrepanz zum Gesagten. Die Worte sind erstaunlich mild, der Redner gibt sich Mühe, ruhige Sachlichkeit walten zu lassen, aber der drohende Zeigefinger offenbart, was wirklich in ihm vorgeht. Man kann mit an Sicherheit grenzender Wahrscheinlichkeit dann davon ausgehen, daß gerade dieser sich ruhig gebende Redner beim ersten oder zweiten Zwischenruf platzt. Dann wird auch seine Sprache drohend.

Wir sprachen schon von der Sieges- oder Untertansgeste des Daumens. Auch mit dem Zeigefinger wird dies oft ausgeführt. Nur hier ist alles eine Spur höher zu bewerten. Zeigefinger, die nach oben gerichtet sind, sind mahnend, ja drohend, aber oft werden sie aus innerster Überzeugung hoch gehalten, es kann auch ein Symbol für Gläubigkeit sein. Jedoch nicht nur in religiöser Weise, sondern damit wird auch ein Glaube an sich selbst unterstrichen. Immerhin sollte hier ein Abhängiger, ein Schwächerer auf der Hut sein. Widerstand gegen diesen Zeigefinger ist nur angebracht, wenn man sich selbst gleich stark und überzeugend fühlt. Ist man dies nicht, wird man vom Gegenüber zertrümmert, was ja ein nach unten gehaltener Zeigefinger ausdrückt.

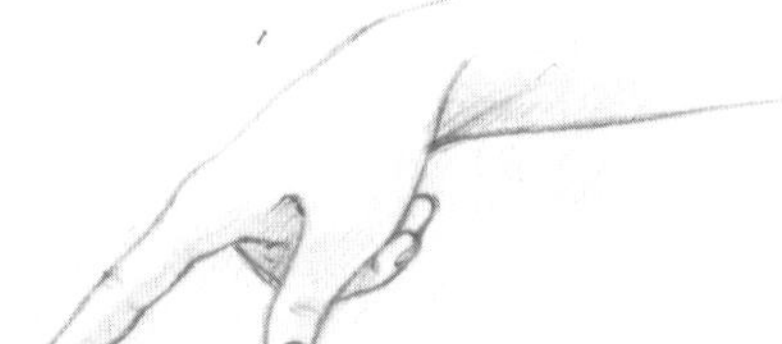

Zeigefingergeste nach unten

Hier weist die Geste eindeutig auf Unterwerfung hin. Diese Menschen sind gewohnt, daß man ihren Anordnungen folgt. Der Zeigefinger drückt also eine Machtanmaßung aus, auch eine Machtstellung, die man (über den Daumen) durch seinen Willen erreicht hat. Oft offenbart sich dies ja in unserer überwiegend materiell orientierten Welt in dem Sinn nach Repräsentation, nach Geld und Wohlstand. Von daher mag es nicht verwundern, daß die reibende Bewegung zwischen Daumenspitze und Zeigefinger ein Zeichen für ein materielles Verlangen darstellt, eine typische Bewegung, die jeder schon bei anderen (vielleicht auch bei sich) bemerkt hat. Gebrauchen einige Leute diese Bewegung sehr oft, dann sollte man schon auf der Hut sein, und mögen diese Menschen noch soviel von Idealismus und Aufopferung sprechen. Meist aber ist diese Bewegung den Ausübenden so peinlich – man starre ihnen dann nur auf die Finger –, daß sie versuchen, über diese Geste und ihr Verhalten einen Witz zu machen, der leider häufig auch noch voller Dummheit ist.

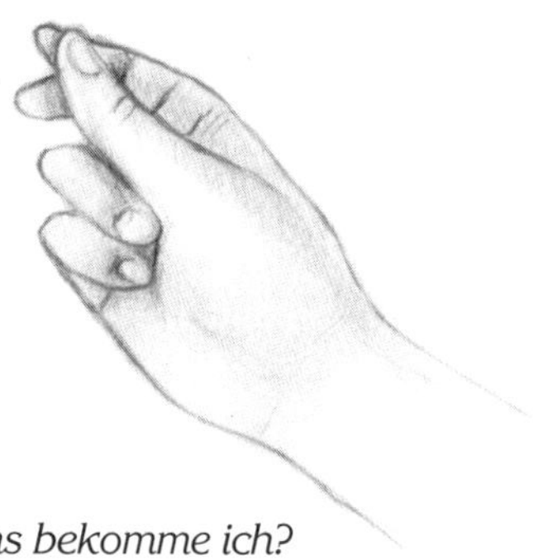

Was bekomme ich?

In der Erziehung vergangener Jahrzehnte war es verpönt, mit dem Zeigefinger auf andere Menschen zu zeigen. „Man tut dies nicht", wurde oft den Kindern gesagt, die natürlich nicht wissen konnten und können, warum man dieses nicht tut. Nun, das Zeigen mit seinem Zeigefinger ist als Symbol einer Waffe anzusehen, die sagt: „Du gehörst mir, tue was ich anordne." Es ist wie eine Waffe, die man auf jemanden richtet, und die wenig Ehrfurcht – auch vor dem Leben anderer – verrät.

In einem Buch über die Hand können wir lesen: „Der Zeigefinger zeigt – und aus dem Zeigen wird das Richten – aus dem Richten das Gericht. Ein Zeigefinger klagt an. Wer also auffallend viel mit seinem Zeigefinger auf andere zeigt, der klagt an und will Ankläger und Richter zugleich sein. Hier ist eine Anmaßung zu erkennen, die zum Nachdenken anregen sollte. Skepsis wäre also angebracht, sich gerade so einem Menschen nicht völlig zu offenbaren. Man kann außerdem sicher sein, daß diese Menschen überwiegend unkritisch gegen sich selbst sind, daß sie also an ihre Person kaum eine kritische Meßlatte anlegen werden, selbst wenn sie davon sprechen sollten."

Der Zeigefinger fällt also noch mehr auf als der Daumen. Der Daumen verrät unseren momentanen Willen, der Zeigefinger sagt etwas über unsere Entfaltungsvorstellungen aus. Beide zusammen symbolisieren etwas über unsere innere Motorik, über den inneren Elan und den in uns wohnenden Schwung, wobei der Zeigefinger uns noch mehr kundtut. Hat sich jemand – in einer Diskussion etwa – geirrt, dann merkt man das am besten daran, daß er seinen Zeigefinger zurückzieht, ja gegen seinen Mund führt. Ihm ist bewußt geworden, er hat etwas Falsches gesagt. So korrigiert er sich mit dem Zeigefinger. Denkt jemand scharf nach, dann führt er seinen Zeigefinger recht häufig an die Nasenspitze, die

ja vorwitzig aus unserem Gesicht nach vorn hervorsteht. Hier bremst also der Zeigefinger das Voranstürmen.
Wie sehr wir unserem Zeigefinger folgen, wird oft durch Kleinigkeiten klar. Wer etwas abliest oder sich einen Text einprägen will, der fährt die Textzeile mit seinem Finger entlang. Auch hier leitet uns also dieser Finger, womit wir von einem Leitfinger sprechen können. Dieser Finger unterstreicht fast alles, was wir tun. Fällt uns jemand auf die Nerven, unterstreichen wir das Wegschicken des Menschen mit dem Zeigefinger, wir weisen ihm mit diesem Finger die Tür, während wir andererseits auch mit diesem Finger andere an uns heranrufen. So ist aus diesem Finger recht deutlich die Grundexpansion eines Menschen zu erkennen, vielleicht wird er daher der Denkfinger genannt, aber mehr in dem Sinn, daß er unser Grunddenken anzeigt, nicht aber unser Nachdenken, das ist ein gewaltiger Unterschied. Dies läßt sich bestens belegen, wenn wir einen stets kritischen, damit von der Veranlagung her nörgelnden Menschen betrachten.
Je mehr ein nörgelnder Mensch seinen Zeigefinger vor das Gesicht seines Partners hält, um so aufdringlicher ist er wohl in seinem erzieherischen Wesen. Diese Menschen sind sich ihrer peniblen Kritik sehr sicher, und sie merken nicht einmal, wie wenig Distanz sie dabei halten, wie eng sie ihr Gesichtsfeld eingrenzen! So ist es also ein Unterschied, ob jemand auf weite Ziele weist (mit hoch erhobenem Zeigefinger), ob jemand mahnt (diesen Finger drohend halbhoch wedelnd hält) oder ob einer penibel kritisiert. Auch hier ist bemerkenswert, was wir schon bei der Hand, als wir ihren Seitenanblick beschrieben, sagten: Krümmt sich der Zeigefinger mehr nach innen, dann ist das Ziel des Menschen mehr auf sich selbst ausgerichtet. Das muß nichts mit Materialismus zu tun haben, aber doch mit Eigeninteressen. Hier haben wir es in der Regel mit einer eher egozentrischen Entfaltung zu tun. Richtet sich der Zeigefinger beim Geradehalten mehr nach außen, also zum Handrücken zu, dann sind hier idealistische Entfaltungen erkennbar. Ist der Zeigefinger gerade, kann man von einem Ausgleich beider Tendenzen sprechen.
Wieviel kann uns der Zeigefinger verraten, wenn wir ihn nur richtig einschätzen lernen. Auch hier ist es gut,

Nörgelnder Zeigefinger

die Unterscheidung zwischen rechts und links zu machen. Der rechte Zeigefinger ist eher bewußt – wenn er auch unbewußt geführt wird – als der linke Zeigefinger. Der rechte Zeigefinger wird naturgemäß mehr gebraucht, um so wichtiger mag es daher sein, auf den linken Zeigefinger zu achten, wenn er beim Reden, bei einer Unterhaltung eingesetzt wird. Achtung, wenn beide Zeigefinger gemeinsam mahnend, anspornend oder gebietend, ja auch nörgelnd benutzt werden, dann haben wir es mit einem Menschen zu tun, der ungewöhnlichen Wert auf sich legt, sich manchmal sogar krankhaft übersteigert in Szene setzen will. Temperament wird zur Drohgebärde.
Noch eines ist zu erkunden: Mit welchem Finger jemand an eine Tür klopft. In der Regel mit dem Zeigefinger, denn der soll die Tür öffnen. Welch tiefe Symbolik verbirgt sich hier. Allerdings nehmen einige Leute, wenn es sich dabei auch um eine Minderheit handelt, den **Mittelfinger.** Der starke Gebrauch des Mittelfingers weist immer auf die Bereitschaft zur Verantwortung hin, verbunden mit der Überzeugung von der eigenen Kraft. Hier ist das Selbstbewußtsein ruhend, nicht mehr aufgesetzt.
Der Mittelfinger führt uns auch schon in die Welt der Hintergründe. Auf einer Party lasse man nur eimal die Gäste aus Aberglauben auf Holz klopfen. Vier von fünf Gästen werden dazu den Zeigefinger nehmen. Diejenigen aber, die mit dem Mittelfinger auf Holz klopfen, die tun das weniger belanglos, die wissen, daß wir mit den tiefen Kräften der Erde verbunden sein müssen. Das Holz ist ja ein Symbol der Erde und des Baumes – des Lebensbaumes, der aus der Mutter Erde wächst. Mit der Erde will ich mich also im Einklang befinden, wenn ich diese Kräfte anrufe, indem ich sie beklopfe. Wer also meint, es sich auf keinen Fall mit einer Schicksalsmacht verderben zu dürfen, wer weiß, daß ein Mensch nicht alles kann, der greift beim Klopfen auf Holz zum Mittelfinger. Hier geht es darum, seine Mitte zu finden, sich in die Mitte einzugliedern, etwa mit der Klopfgeste des Mittelfingers auf den Tisch, wenn ein Neuankömmling eine Runde ohne Handschlag begrüßen will!

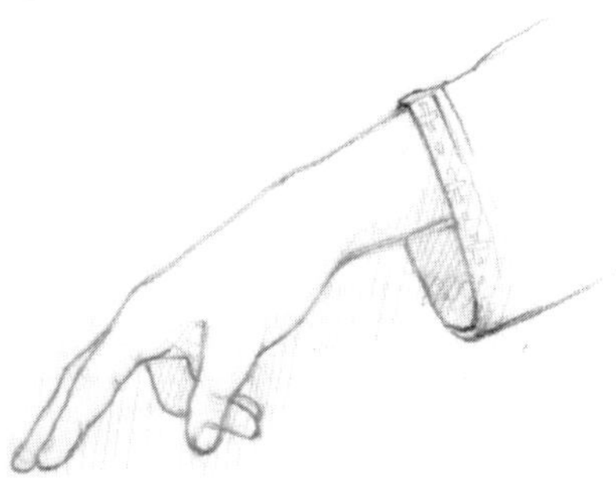

Segnende Geste

Ebenfalls bezeichnend ist es, wenn Zeige- und Mittelfinger aneinandergelehnt sind. Eine Geste, die ganz besonders beim Segnen zum Tragen kommt. Das Symbol, daß sich die Entfaltung dem Schicksal anpaßt, kommt hier zum Tragen. Nicht ohne Grund gelten deswegen diese Finger auch als die Schwurfinger, die zum Himmel erhoben werden müssen, wenn es um die Wahrheit an sich geht, auch um die Wahrheit des Handelns im Dienst einer Sache, zum Beispiel Ministervereidigung oder Eidablegung eines Soldaten. Diese

Finger liegen dann auch bei der Vereidigung einer Militärgruppe auf einer Fahne, es hat etwas mit dem Abrücken vom Ich zu tun.
Es geht jetzt also um ein Mehr als das Zeigen, das Mahnen, das Kritisieren. Es geht darum, sich als ein Teil eines Ablaufes zu sehen. Und so erscheint es nicht verwunderlich, daß viele Menschen gerade ihren Mittelfinger auffällig einrollen, als wollten sie sich dem Schicksal entziehen. Geschieht dies in einem wichtigen Gespräch, dann heißt dies unbewußt: Ich rücke schon wieder von dem ab, was ich eben gesagt habe. Daumen und Zeigefinger gehören, wie wir noch sehen werden, zum aktiven Teil der Hand, während Ring- und kleiner Finger eher das Passive einer Hand mitsymbolisieren. Der Mittelfinger bildet auch in dieser Beziehung die Mitte. Immerhin ist es eine stets eindrucksvolle Geste – die mancher leider einstudiert hat –, in entscheidenden Momenten seinen Mittelfinger sichtbar in die Höhe zu strecken. Eine Geste, die oft unvergeßlich bleibt, die aber aussagt: Moment, hier geht es um Wesentliches, um mehr als um das Ich oder das Du.
Zeige- und Mittelfinger arbeiten auch gerne zusammen. Beide Finger greifen gemeinsam zum Nasenansatz, was uns besagt, daß diese Menschen auf der Suche sind, aber meist in Richtung zur großen Linie, etwas weg vom Alltag oder den egozentrischen Bedürfnissen. Eltern können dies gut bei ihren Kindern studieren. Da hocken sie scheinbar über ihren Schularbeiten, aber Zeige- und Mittelfinger halten die Nasenspitze fest. Diese Kinder sind weit weg von der Schule. Vielleicht träumen sie gar, oder sie denken über größere Zusammenhänge nach. Dies ist auch eine Zuwendung zum Inneren, eine Suche nach dem Sinn einer Sache, des Lebens vielleicht.
Mittelfinger und **Ringfinger** sind im Gebrauch selten so vereint wie Zeige- und Mittelfinger. Wie ja überhaupt die Gebärden der letzten beiden Finger (schon des Mittelfingers) nicht mehr so deutlich sind, weil wir es jetzt mit den eher passiven Fingern zu tun haben. Der Ringfinger zeigt kaum soviel Eigenbewegung, wie die bisher vorgestellten Finger. Mit ein Grund wohl, daß hier gerne die Ringe getragen werden, obwohl diese Symbolik doch auch tiefer geht. Aber gerade aus mancher Schmuckbeladung dieses Fingers läßt sich schon sehr viel schließen. Viele Ringe an diesem Finger oder besonders protzige Arbeiten erlauben Rückschlüsse darauf, daß diese Menschen ein starkes Geltungsbedürfnis haben, sich selbst aber im Grunde keine so große Wirkung zutrauen. Diese Personen verlassen sich nicht auf ihre Schlichtheit, auf ihr Auftreten allein. Hier ist mehr als eine kokette Geste zu sehen, wenn auch Frauen, die hier viele oder eigenartige Ringe tragen, meist sehr kokett sind, eben weil sie gefallen wollen. Ein starker Ringschmuck (dies gilt selbstverständlich allgemein, aber hier prägt es sich besonders aus) läßt darauf schließen, daß diese Menschen ja nicht unterschätzt werden wollen. Das unterstreichen sie noch in dem Moment, wenn sie den Ringfinger, oft in Verbindung mit dem Mittelfinger, ans Kinn führen oder scheinbar damit das Kinn abstützen, indem der Daumen von hinten Halt gibt. Es gibt kei-

ne bessere (unbewußte) Methode, um seinen Ringschmuck zur Geltung zu bringen. Das ist unübersehbar. Und dies gilt für Frauen wie für Männer, bei Männern wirkt es sogar noch aufdringlicher oder koketter. Hier wird also Wert auf den Schein, auf den ersten Eindruck gelegt. Diese Menschen wollen – ob sie es nun zugeben oder nicht – nicht nur Aufmerksamkeit erregen, sondern auch gefallen. Dies sticht gerade dann hervor, wenn in Gesellschaften diese Menschen bei interessanten Gesprächen, denen sie meist stumm beiwohnen, weil sie in der Regel nicht soviel zu sagen haben, anfangen, mit ihrem Ringfinger zu spielen. Auch ein Zeichen des Flirts übrigens, da es heißt: Wir können, ich bin bereit!

Ringfinger in Pose

Show-Geste

Wer dagegen seinen Ringfinger einrollt, und dies geschieht ja meist mit dem Mittel- oder mit dem kleinen Finger, der ist gemütstiefer, vielleicht auch einsamer, sicher aber zurückhaltender, vielleicht jedoch mehr auf sich bezogen. Hier bedarf es beim Flirt etwa schon mehr Einsatz des Gegenübers. Diese Menschen fordern geradezu das Du heraus, auf sie zuzukommen.

Noch eines ist oft auffallend. Berühmt sind die Gesten, da Denker ihren Kopf abstützen, als wäre er ihnen zu schwer. Nun, bei der Kopfabstützung wird die Hand ja so gehalten, daß sie eher seitlich kommt. Dies bedeutet, der kleine und der Ringfinger kommen nach vorne.

Das Passive ist also sichtbar, und wahrlich, wenn der Mensch nachdenkt, kann er äußerlich nicht aktiv sein, obwohl wir das Nachdenken keinesfalls als Passivität diffamieren dürfen. Aber das tiefe Denken kommt aus der Ruhe, aus der Einsamkeit, auch aus der Schlichtheit. Läßt sich jemand – ob Frau, ob Mann – nun so porträtieren, daß er seinen Kopf aufstützt, dann achte man darauf, ob der am besten zu sehende Finger, der Ringfinger, sehr beschmückt ist. Hier können wir fast immer von einer Show sprechen, sogar von einer Theatralik. Künstler zeigen sich gerne so (unecht) nachdenklich. Wenn sich Menschen an die Stirn greifen, dann tun sie es ja meist, um ihr Entsetzen zu bekunden. Auch hier ist leicht zu unterscheiden, ob diese Gebärde echt ist, so daß man wirklich im Moment sein schmerzendes Gesicht verbergen will, oder ob nicht das Theatralische überwiegt: Schaut mal, wie sehr entsetzt ich bin. Wie unterscheidet man dies? Nun, wenn der Ringfinger so herrlich auf die Mitte der Stirn zu liegen kommt, dann ist alles klar, dann ist häufig eine – wenn auch gekonnte – Show im Spiel. Jeder Fernsehstar der Unterhaltungsbranche beherrscht dies aus dem FF heraus.

Unsere Gesten sind unbewußt gesteuert, das muß immer wieder festgehalten werden. Wenn sich Ring- und Mittelfinger aneinander anlehnen, dann lebt in diesem Menschen meist ein größerer Ernst als oft allgemein angenommen wird. Ist es wirklich ein Zufall, daß die Personen, die große Klunker am Ringfinger tragen, diesen ja bewußt vom Mittelfinger absetzen, also unbewußt die Mitte *nicht* suchen? In diesem Fall spreizt sich jedoch der Ringfinger auch meist vom **kleinen Finger** ab, der ja häufig als Kobold unter den Fingern bezeichnet wird. Aber so koboldartig er sich oft gebärdet, er verrät uns viel, weil er – ähnlich wie der Daumen – in seinen Bewegungen von anderen Fingern unabhängig ist. Es *muß* allerdings nicht der Fall sein! Es gibt durchaus Kleinfinger, die sich wenig

Kopfabstützung

selbständig bewegen. Dieser Mensch ist seiner Mitte näher, als wenn der „Kobold"-Finger aus der Reihe tanzt.
Man hört immer wieder: Der kleine Finger soll etwas über die Intelligenz eines Menschen aussagen. Richtiger ist wohl, daß bei den Menschen, die ihren Kleinfinger sehr abspreizen können, eher viele unabhängige Gedanken und Vorstellungen durch den Kopf schwirren. Diese Menschen sind bereit, sich von der Norm abzusetzen. Ja, sie fallen sogar häufiger als andere aus der Legalität heraus. Dies ist bekannt, denn gerade „feine" Damen oder solche, die sich dafür halten, spreizen unbewußt bewußt ihren kleinen Finger auffallend ab, wenn sie etwa eine Tasse Tee zu ihrem Munde führen. Geschieht dies, sollten sich die anderen darauf einstellen, daß hier nicht jedes Wort auf die Goldwaage zu legen ist; natürlich abgesehen davon, daß es Erziehung sein kann. Das dürfte also beim Halten eines Weinglases dann nicht mehr zutreffen. Wenn ja, dann will diese Person gern etwas anderes darstellen als sie ist.
Hier ist die Gefahr der Verstellung gegeben. Man meint mit Recht, daß gerade dieser Finger offenbare, wie es um das Gefühl und den Trieb dieses Menschen stehe. Spreizt sich der kleine Finger ab, kann hier fast immer von einer – zumindest gedanklichen – Problematik gesprochen werden.
Damit sind wir beim Beschauen der einzelnen Finger zum Ende gekommen und müssen uns nun wieder der Gesamthand zuwenden, denn das Geheimnis jeder Synthese, jedes Deutens liegt nicht im Analysieren einzelner Faktoren, sondern in der Beurteilung des Gesamteindrucks, also in der Kombination.
Es dürfte jetzt schon klar geworden sein, wie beredt eine Hand ist. Die Finger bewegen sich mehr oder weniger unaufhörlich, und Gesten und Gebärden wechseln sich ab. Als erstes ist also die Beobachtungskraft und Schnelligkeit zu schulen. Um dies zu lernen, konzentriere man sich auf Augenblicke, da ein Gespräch eine Wende nimmt, da eine Unterhaltung umkippt, wenn aus Scherz plötzlich Ernst wird. Wichtig sind auch die Momente, da jemand seine Meinung ändert (ob scheinbar oder nicht) oder wenn eine Krise entsteht,

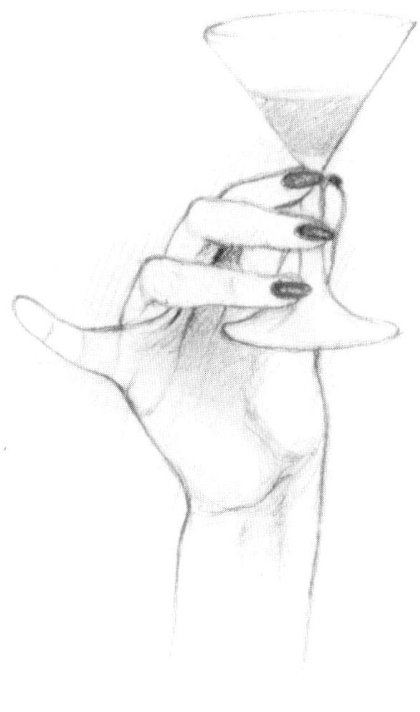

Gezierte Geste

wenn jemand also eine Unterredung abbrechen will, wenn ein Vorgesetzter plötzlich zum Telefonhörer greift, wenn einem anderen etwas aus der Hand fällt. All dies sind Hinweise darauf: In diesem Menschen geht jetzt etwas vor. Hierauf müssen wir uns einstellen. Vorher ist es aber wichtig, schon „typische" Hand- oder Fingerbewegungen aufgenommen zu haben. Das ist gar nicht so schwer. Jeder erinnert sich an ihm nahestehende Menschen, die verstorben sind. Gerade bestimmte Gesten bleiben lange in der Erinnerung haften, und Enkel wissen oft noch sehr genau, welche Gebärden für die Großmutter oder den Großvater doch so typisch waren.

All dies verlangt Übung. Aber wie? Nun, im Zeitalter des Fernsehens gibt es fast nichts einfacheres. Man betrachte Politiker, Künstler, Sportler oder Kandidaten bei Quizwettbewerben, man verfolge politische Debatten. Entscheidende Momente, da also, wo die Debatte auf dem Höhepunkt war, werden dazu in den Abendnachrichten wiederholt. Hier sind die Gesten und Gebärden aufschlußreich und aufklärend. Ferner besteht bei Fernsehspielen die Möglichkeit, Schauspieler zu betrachten, die in vielen Situationen für die Rolle typisch agieren, das schlägt auf die Handbewegung, auf die Gebärden durch. Spielt eine Schauspielerin eine nervöse, seelisch leidende Frau, dann wird sie auch versuchen, dies auf die Körper- und damit auf die Handsprache umzusetzen, was sich bei einer guten Schauspielerin unter einem guten Regisseur sowieso von allein einstellt.

Besonders Großaufnahmen von Händen sind hier aufschlußreich. Diese Großaufnahmen sollen ja etwas verdeutlichen, so kann der künftige Handbetrachter sehr viel lernen. Eine weitere Möglichkeit, Hände zu studieren, sind die Momente, da man mit Nachbarn spricht. Auch die Hände in der Familie, sie werden einem jetzt erst auffallen, sind aussagereich. Am meisten lernt man in den öffentlichen Verkehrsbetrieben, wie Bussen und Bahnen. Hier – sehr deutlich auf dem Flugplatz oder in den Wartehallen – sprechen die Hände Bände. Angst, Nervosität ist zu spüren, auch Bierruhe. Nur gewöhne man sich gleich an, auf die Hände und nicht auf das Gesicht seiner Mitfahrer zu schauen, das lenkt nur ab. Bleibt etwa ein Zug unplanmäßig stehen, und die Zeit vergeht und vergeht, dann sieht man allein an den Händen (und hier geht es stets um den Gesamteindruck), ob es Menschen eilig haben oder nicht, ob sie Vertrauen haben oder innerlich ängstlich wirken. Von den Wartezimmern haben wir schon gesprochen, aber auch Zeugen im Gericht kann man beobachten, kurz, das Handstudium ist überall und auch wie nebenbei zu betreiben, vor allem, wenn man seine eigenen Handreaktionen damit einbezieht.

Die Gesten und Gebärden zeigen uns also mehr als wir denken, sie sind der erste Schlüssel, der uns die Tür aufschließt, um dahinter den Charakter eines Menschen zu erkennen. Nun ist es noch wichtig, zwischen rechter und linker Hand zu unterscheiden, weil es hier ja oft Widersprüchliches zu lesen gibt. Allgemein wurde und wird immer wieder die These aufgestellt, daß die Linke (wobei vor allem die Linien der Innenhand gemeint sind) die Veranlagung eines Menschen anzeigt, die Rechte dagegen würde uns kundtun, was wir aus diesen Veranlagungen gemacht hätten. Dies gälte für Rechtshänder, bei Linkshändern wäre es umgekehrt.

Das ist so sicher nicht ganz richtig, denn schon das neugeborene Kind, ja das Kind im Mutterleib hat bereits Linien in der rechten und linken Hand, die typisch und unveränderbar sind. Besser ist es zu sagen – und dies gilt sowohl für Links- wie Rechtshänder (wenn auch mit gewissen Differenzierungen) –, daß die Linke uns mehr auf das Unterbewußtsein hinweist, während die Rechte stärker das Bewußtsein offenbart. Bei allen Völkern wurde stets und folgerichtig das „rechte" Tun als das bewußte Tun angesehen, wobei rechts mit Recht nur bedingt zusammenhängt. Den Umgang mit dem rechten Tun können wir lernen, während der Umgang mit dem Unterbewußten immer schwierig bleibt, daher ist auch das „linke" Tun immer ein Symbol für das Ungeschickte (was nicht mit dem Linkshänder in Zusammenhang gebracht werden darf). Links sitzt mehr das „mütterliche" Prinzip, auch mehr das Innere, was vom Herzen kommt, also unser unbewußtes Wissen und Verhalten. Rechts drückt sich mehr das Väterliche, das zeugende Prinzip aus, im Gegensatz zum empfangenden Prinzip. Von daher hat sich dann abgeleitet, daß in der Linken steht, was wir von unseren Vorfahren empfangen haben, während in der Rechten zu sehen wäre, was wir mit dem Empfangenen bewirken können. Aber das Unterbewußte ist ja viel stärker in uns ausgeprägt als es im Bewußtsein zum Vorschein kommt. So kann man fast immer links sehr viel mehr sehen als rechts, wenn auch das, was wir rechts sehen, mehr stimmt, weil dies eben das Bewußte ist.

Dies müssen wir uns bei der Gesamtbetrachtung der Hände immer vor Augen führen. So mag es oft erstaunlich erscheinen, daß man einem Menschen auf den Kopf zu sagen kann, wie sehr er sich fürchtet, sein Unterbewußtsein, seine seelische Triebkraft zu offenbaren und nur – das ist des Rätsels Lösung –, weil er seine linke Hand auffallend versteckt. Wenn aber einmal bei wichtigen Gesprächen die Linke mit „ins Spiel gebracht wird", dann ist auch

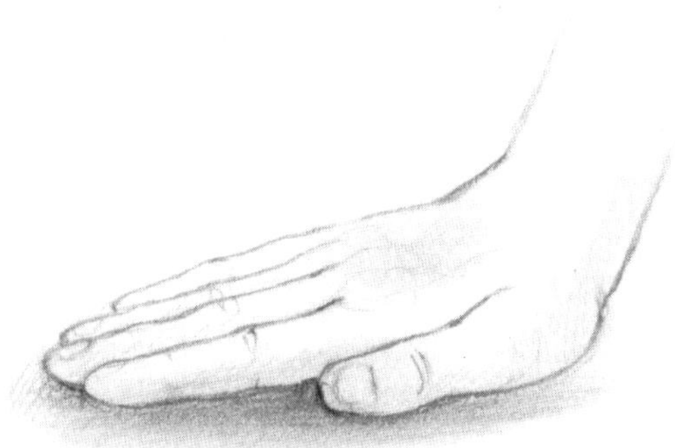

Hand flach

die Seele mit engagiert. Natürlich ist unser Bewußtsein beredter, damit auch die rechte Hand, und die Rechte argumentiert auch mehr als die Linke. Und wer sich beherrschen will, der steckt – typischerweise – seine linke Hand in die Hosen- oder Rocktasche. Wenn ein Mensch die Beherrschung verliert, sind beide Hände in Aktion. Auch dies kann bei Debatten und Diskussionen gut beobachtet werden.
Zu den Gesten und Gebärden gehört auch, wie jemand seine Hände auf den Tisch legt. Es ist kaum empfehlenswert, das Gegenüber zu dieser Geste aufzufordern, eine unbewußte Hemmung schleicht sich dann oft ein. Besser ist es, zu warten, bis dies von allein geschieht.
Wenn eine gewisse Vertrautheit erreicht ist, kann man darum bitten, die Hand auf den Tisch zu legen, wobei das Wort „bitte" ganz bewußt hier betont sein soll, weil damit viele Hemmungen wegfallen. Oft ist es besser, dem Betreffenden ein Buch zu zeigen, eine Akte oder Ähnliches, wobei er das Gegebene festhalten muß. Es geht darum, ob jemand seine Hände (oder die Hand) flach oder gewölbt auf die Unterlage legt, ob die Finger dabei mehr oder weniger gespreizt werden und wie sich der Daumen und der Kleinfinger verhalten.
Wenn die ganze Hand den Tisch berührt, dann sucht und findet dieser Mensch Vertrauen, er braucht auch ein festes Fundament. Wenn hierbei nun die Finger auch noch zusammenliegen, dann läßt dies allerdings darauf schließen, daß eine Angst besteht, aus sich herauszugehen. Diese Menschen werden in Gesprächen auch nicht viel verraten, um ja nicht entdeckt zu werden. Zudem haben sie recht feste Ansichten und auch Vorsätze. (Abbildung Seite 49.)
Spreizen sich die Finger einer flach auf den Tisch gelegten Hand eher auseinander, dann kann man – abgestuft je nach Weite – davon ausgehen, daß der Handeigner eine gewisse Großzügigkeit besitzt (vielleicht nur im Moment), daß er sich auch öffnen will. Hier ist zumindest eine gewisse Zwanglosigkeit zu erkennen.
Hände, die dagegen eher gewölbt auf den Tisch gelegt werden, erlauben Hinweise auf die Tatsache, daß diese Menschen etwas im luftleeren Raum schweben, sie lassen sich schwerer binden. Eine gewisse Vorsicht, ja Skepsis wäre typisch für sie. Diese

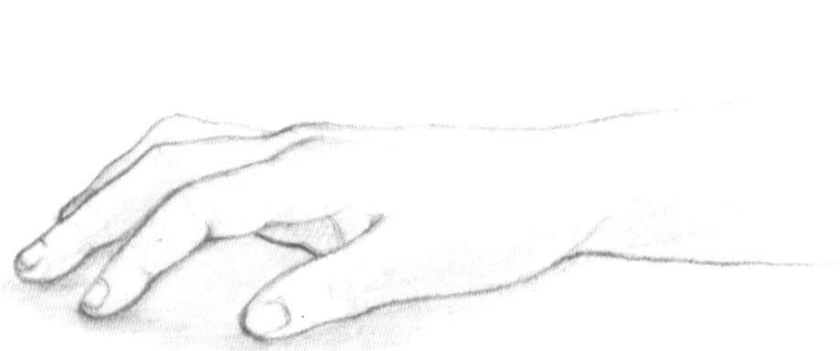

Hand gewölbt

Menschen tasten mehr, ehe sie sich festlegen.
Nun ist es oft auch nicht unwesentlich, wie die Handeigner ihre Hand wieder aufheben. Beginnen sie, wenn man bittet: „Heben Sie die Hände einmal in Zeitlupe auf", mit dem Rumpf und kommen langsam die Finger nach, dann haben sie auch eine gewisse Scheu davor, innerlich entdeckt zu werden, denn die Innenhand bleibt dem Gegenübersitzenden verborgen. Da lasse man sich nicht von Worten täuschen, die mehrmals versichern können, daß man sich ganz offen geben wolle. Dies darf mit einem gewissen Recht bezweifelt werden. Heben Menschen dagegen ihre Hand zunächst von den Fingerspitzen her ab, dann sind sie offener und zutraulicher. Dies aber kann auch eine Momentaufnahme sein und darf deshalb nicht als typischer Charakterzug gesehen werden.
Genauso eindrucksvoll ist es zu sehen, von welcher Seite her Menschen ihre Hände hinlegen. Tun sie es klar von oben oder von der Kleinfingerseite, beziehungsweise von der Daumenseite her? Wird der Daumen zuerst niedergelegt, dann verlassen sich diese Menschen in erster Beziehung auf sich selbst, wird das Niederlegen mit der Kleinfingerseite begonnen, dann wird mehr die Hilfe gesucht, die Ergänzung. Sicherheit drückt sich aus, wenn die Hand direkt von oben kommt. Dies sind alles kleine Beobachtungen, die wie ein Mosaik zusammenzuführen sind, wobei es nicht ausbleibt, daß sich manches zu widersprechen scheint, aber jeder Mensch besteht nun einmal auch aus Widersprüchen.
Man bittet also, die Hand auf den Tisch zu legen (nicht „die flache Hand"!) Dabei ist zu beachten, ob der andere dies mit der Faust oder der flachen Hand tut. Je geballter dies in Faustform geschieht, um so mehr unausgelebte Spannung lebt in diesem Menschen. Natürlich gibt es hier Abstufungen und Nuancen: Liegt der Daumen an der Hand oder spreizt er sich ab? Ist er sehr abgespreizt, können wir von einem Unabhängigkeitsbedürfnis sprechen. Aber diese Menschen sind auch abgelenkt, nicht bei der Sache, das Gespräch sagt ihnen nicht so zu. Ein nahe der Faust gelegener Daumen zeigt Konzentration an, ja diese Menschen wollen sich (meist handelt es sich, das sei bewußt wiederholt, um ein momentanes Bedürfnis) dem Gegenüber anvertrauen und nicht unabhängig von ihm sein. Daher wäre es auch ein Witz, diese Hinweise nun als Gesellschaftsspiele zu verstehen, weil sie stets im Zusammenhang mit der Situation gesehen werden müssen. Genauso darf sich niemand von Aussagen verwirren lassen, die zunächst nicht in einen harmonischen Zusammenhang gebracht werden können, denn so leicht ist es nicht, einen Menschen zu erkennen. Auch diejenigen, die sich bekennen wollen, versuchen unbewußt zu täuschen, zu verwirren, weil in jedem von uns eine Angst vor seinem wahren Wesen steckt, und das leider ja zu Recht.
In der Betrachtung der Hand werden uns noch manche Widersprüche begegnen. Diese beschränken sich nicht nur auf die Haltung der Hand, ihrer Gesten und Gebärden.
Was bisher abgehandelt wurde, sind Beobachtungen, die jeder wie neben-

bei an den eigenen und den Händen anderer machen kann. Jetzt werden wir uns den Deutungselementen zuwenden, die nur in Zusammenarbeit mit Handeignerinnen und -eignern zu machen sind. Auch hier empfiehlt es sich, sehr systematisch vorzugehen.

Wenn man zu jemandem sagt: „Zeigen Sie mir einmal Ihre Hand", und dieser Mensch ist dazu bereit, dann zeigt er sofort seine Innenhand, in der Ansicht, nur hieraus könne etwas ersehen werden. Dies ist eine große Täuschung. Gerade die Außenhand verrät sehr viel. In einer Beziehung sogar mehr als die Innenhand, weil die Außenhand uns den Grundtyp, das Auftreten, die „Persona" sozusagen offenbart, also wie der Mensch, mit dem wir es zu tun haben, auftritt (vergleichbar in der Astrologie mit dem Aszendent). Den Kern verrät uns die Innenhand, aber wann haben wir es schon im Leben mit dem Kern eines Menschen zu tun! Doch nur dann, wenn wir mit diesem Menschen nah verbunden sind. Außenhand und Innenhand sind also gleichwertig in ihren Aussagen, und in beiden Seiten erkennen wir auch die Ausprägung unserer Kräfte, die seit altersher mit den Planeten symbolisiert wurden.

Die Planeten in der Hand

Jede Erfahrungswissenschaft, die zur Menschenkunde beitrug, findet nachweisbar ihre Wurzeln in den Sternsagen, den Mythen, also in der Astrologie. Der Mensch fragte den Himmel nach dem „Woher“ und „Wohin“ und nach dem „Wie“ des Weges. Und der Himmel gab Antwort. Antwort durch die Rhythmen der Gestirne, die zum äußeren und inneren Kalender führten. Die Gestirne sind eine Weltuhr, die sich in uns als „innere Uhr“, die ja jeder spürt, widerspiegelt. Symbolisiert wurde dies durch Planetenkräfte, die nach mythischen Gottheiten benannt wurden. Jedoch nie so primitiv, wie das heute von Gegnern der Astrologie so gerne betont wird, daß ein Planet eine Gottheit darstelle. Nein, jeder Planet galt nur als Symbol einer Gottheit. Der Planet Saturn ist nicht der Gott Saturn, sondern der „Stern des Saturns“. Alle diese astrologischen Erfahrungen schlugen sich auch in anderen Disziplinen nieder. So im großen Arcana des Tarot, des Bilderbuches der Gottheit Thot (Saturn) oder auch in der Handbetrachtung. Linien, Berge, Täler und die Finger unserer Hand wurden diesen symbolischen Gottheiten zugeordnet, so daß es gut ist, sich diese Symbolnamen gleich am Beginn einzuprägen. Wer diese Symbole von der Astrologie noch nicht kennt, der lerne sie wie Vokabeln. Wir verwenden sonst keine Fremd- oder Fachwörter, die erst übersetzt werden müssen, auch nicht schwierige wissenschaftliche Begriffe; aber um die astrologischen Symbole kommen wir nicht herum. Um den symbolischen Sinn, der uns zu praktischen Deutungen führt,

Planetenzuordnung	♁ Erde	☉ Sonne	☽ Mond	☿ Merkur
♃ Jupiter	♄ Saturn	♅ Uranus	♀ Venus	♂ Mars
♆ Neptun	♇ Pluto	AC Aszendent	MC Himmelsmitte	

leichter zu verstehen, müssen wir uns ein klein wenig mit den Mythen beschäftigen, wobei wir uns überwiegend auf den „griechischen Mythos" beziehen, der ja von den ägyptischen und anderen Mythen beeinflußt wurde. Die Erde als unser Heimatplanet wurde stets als reale Lebensebene angesehen. Das Leben selbst kam allein von der Sonne, die Wärme spendete. Von der Sonne hing alles ab, daher war sie stets die oberste Gottheit, später auch das Symbol des einzigen Schöpfers.

In den Mythen aber tritt die Sonne nicht so in Erscheinung, dafür – sozusagen sinnbildlich stellvertretend – **Apollo**, der Sohn des Lichtes (der Sonne). Apollon hieß dieser Sohn des Helios in Griechenland, ist Träger des Lichtes, der Helligkeit und der Heilkraft, außerdem auch der Gott der Musen und der Orakel.

Der Gegenspieler der Sonne war der **Mond** (wenn wir heute auch den Mond als Sinnbild der Mutterschaft ansehen, des Gebärens im Gegensatz zur zeugenden Sonne). Der Mond war der Herrscher über das Wasser, das er bewegte, und als höchststrahlendes nächtliches Sternbild auch der Führer durch die Nacht, durch das Dunkel. So wurde er zum Symbol der Seele, des Gemüts, unserer Stimmungen, die ja oft, wer weiß das nicht, von Stand und Gestalt des Mondes abhängig sind. Obwohl wir *die* Sonne sagen, ist sie für uns männlich, obwohl wir *der* Mond sagen, ist er für uns weiblich.

Der Sonne am nächsten wandert am Himmel Hermes/**Merkur,** der Götterbote, der so beredt die Verbindungen zwischen Olymp und Erde schafft. In diesem Gott kann jeder seinen Verstandesführer finden, vom Dieb bis zum Staatsmann. Merkur galt stets als Adjutant der Sonne, der ihre Schöpferkraft umsetzte und den Menschen vermittelte.

Nahe beim Merkur, der Sonne am zweitnächsten, läuft der Planet **Venus,** bei den Griechen gleichgesetzt mit der Aphrodite. Venus, das Symbol der Liebe, des Gefühls, wurde stets mit Mars in Verbindung gebracht, dem ersten äußeren Planeten, der also um Erde und Sonne herumwandert, während Merkur und Venus zwischen Sonne und Erde ihre Bahn ziehen.

Ares/**Mars** galt in erster Linie als das Symbol des Kampfes, aber auch als Symbol des Frühlings. Zwei Gegenstände wurden stets mit ihm identifiziert: Schwert und Pflug. Mars ist der Antrieb, der kämpferische Impuls, das Neugeborene, das mit aller Macht hinaus in die Welt will, um diese zu erobern. Die einzige Gottheit, vor der Mars kniete, war Venus. Mars ist auch der Gegenspieler der Sonne, als Satan der Gegenspieler Gottes, weil er nur die Ordnung der Ich-Durchsetzung anerkennt.

Die höchste Gottheit in den griechischen Mythen war Zeus/**Jupiter,** der sogar über die Sonne gesetzt wurde. Jupiter ist das Symbol der Entfaltung, der Sinnsuche und der Gerechtigkeit. Dieser Gott straft, wenn andere gesündigt haben, auch andere Gottheiten. Jupiter lenkt die Marskraft in sinnvolle Bahnen, er bürgt dafür, daß ein Kampf nicht zum wütenden Morden ausartet.

Im Gegensatz zu ihm Chronos/**Saturn,** der das Bewahrende, damit die Tradition, die Konzentration, das Beständige symbolisiert. Saturn, der

seine Kinder fraß, damit sie reifen – nicht sterben –, bis Jupiter sie danach für ihre Entfaltung befreite. Saturn selbst hatte seinen Vater Ouranos / **Uranus** entmannt, der als Symbol der Plötzlichkeit, der Intuition in die Mythen eingegangen ist, da Uranus vaterlos geboren wurde, plötzlich also durch die Göttin Gaia da war. Uranus schafft aus dem Unendlichen; dieses Symbol haben wir im Meer, aber vor allem im Himmelsmeer, wo der Bruder des Zeus Poseidon / **Neptun** herrscht. Das Wasser – nach dem Feuer (Wärme) das zweite Element, welches gestattet, daß es auf der Erde Leben gibt – kommt aus dem Himmel. Dieser erschien dem Menschen in seiner Unendlichkeit zunächst als Chaos, durch das nur der Instinkt leiten kann. So wurde in der psychologischen Erkenntnis der Mythen Neptun das Symbol des Instinkts, aber auch der Hellsichtigkeit, der Inspiration.
Bleibt Hades / **Pluto,** der Herrscher der Unterwelt, der Besitzer der Schätze dieser Erde. Wer diese besitzt, der beherrscht die anderen, der hat sich durchgesetzt, wenn auch viele Schätze nur durch Gewalt ihre Besitzer wechseln; Gewalt: die härteste Durchsetzungsart.
Wichtig sind dann immer noch gewesen: die Himmelshöhe (Mitte) und der aufgehende Horizont (Aszendent), was zwar mehr in die Astrologie geht, aber da es Verbindungen von Handdeutung und Astrologie in Hülle und Fülle gibt (die wir hier nicht alle erläutern können), seien sie genannt. Der aufsteigende Grad entspricht unserem Auftreten (dem Eindruck der Außenhand also), die Himmelsmitte, das Streben zum hohen Ziel, der Richtung und Form der Finger, besonders des längsten Fingers. Halten wir also in Stichworten, die wie Vokabeln gelernt werden sollten, folgende Mythenbegriffe fest:

Planetenzuordnung:

Erde	das Reale des Lebens;
Sonne	das Licht, das Ideelle, die Musen;
Mond	die Seele, das Gemüt, die Stimmungen;
Merkur	der Verstand, das Vermittelnde;
Venus	Liebe, Gefühl, Weiblichkeit;
Mars	Kampf, Antrieb Männlichkeit;
Jupiter	Entfaltung, Sinnsuche, Gerechtigkeit;
Saturn	das Bewahrende, die Tradition, die Pflicht, die Verantwortung;
Uranus	der Einfall, die Intuition, die Schauung;
Neptun	der Instinkt, die Inspiration;
Pluto	die Durchsetzung, die Abhebung von der Masse;
Aszendent	der Auftritt, die äußere Erscheinung;
Himmelsmitte	das Ziel, die Berufung, die Vision.

II. Teil

Die Außenhand

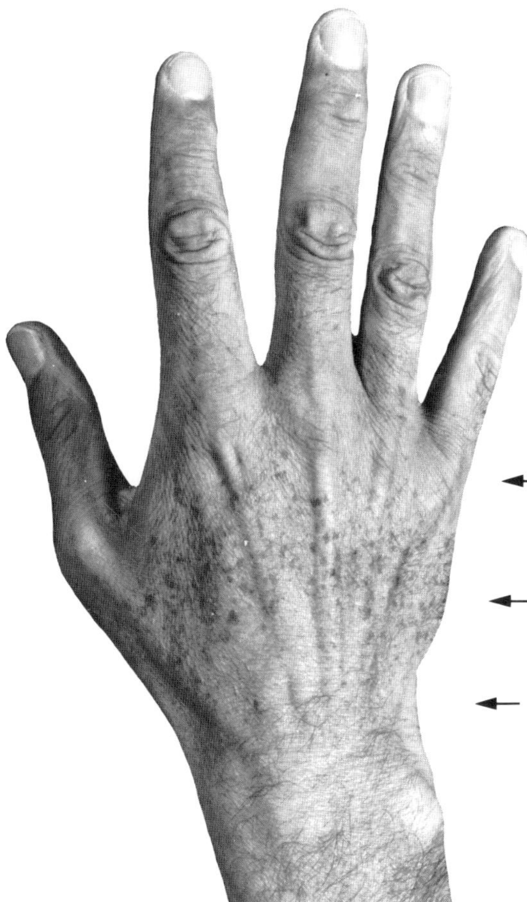

Die Außenhand zeigt uns an, wie der Mensch das Leben praktisch anpackt, wie er auftritt, wie er sich erst einmal gibt, ohne daß damit ein Kern oder das Innerste offenbar wird. An dieser Stelle sei gleich betont, daß Hinweise, wie starke oder breite, wie kleine oder schmale Hand beziehungsweise Finger, stets im Zusammenhang mit der Gesamtgestalt des Handeigners, der Handeignerin gesehen werden müssen. Daumen zweier Menschen sind kaum zu vergleichen, es kommt immer darauf an, ob ein Daumen im Hinblick auf die Hand, auf die anderen Finger stark oder schwächer wirkt.

Bedeutend ist ferner immer der erste Eindruck, der durchaus subjektiv ist und sein soll. Eine Hand wirkt auf uns sympathisch oder unsympathisch, anregend, abstoßend, schön oder häßlich. Diesen ersten Eindruck präge man sich ein, ohne ihn natürlich dem Handeigner mitzuteilen, weil er auf keinen Fall irgendwie verletzt werden darf. Es gibt Hände, die uns anziehen, andere lassen uns kalt. Männer wissen, daß die Hand einer Frau eine sehr erotische Ausstrahlung haben kann, ihre Phantasie wird durch erotische Vorstellungen und Erwartungen angeregt. Frauen schauen sogar noch viel mehr als die Männer auf die Hände ihrer männlichen Bekannten. In Hände kann man sich verlieben, aber Hände können auch jede aufkommende Beziehung ersticken. Es gibt Hände, die manchem Furcht einjagen, bei anderen wecken diese Hände Vertrauen. Hände – da weiß man, die packen das Leben praktisch an, während andere Hände anzeigen, daß diese Menschen das Leben eher wie von einem anderen Stern ansehen.

Es gibt Autoren, die Hände den traditionellen Planeten der Astrologie zuteilen. Sie meinen, daß es ausgesprochene Sonnen-, Mond- oder Jupiterhände, auch Saturn-, Mars- oder Venus- sowie merkurische Hände gibt. Das Ganze läßt sich eben schwer in eine Kategorie einordnen, während es aber keinen Zweifel geben kann, daß wir aus dem Eindruck der Außenhände schnell darauf schließen können, ob wir es mit Handeignern zu tun haben, die auf eine Führungskraft schließen lassen (Sonne), die sehr empfindsam wirken (Mond) oder die Sinnlichkeit und Genußliebe verraten (Venus). Hände können angreifend wirken (Mars), sehr verstandesbewußt und flink (Merkur) oder philosophisch (Saturn). Hände verraten eine Begabung für Intuition (Uranus) oder gar für eine ungeheure Sensibilität (Neptun), während es Hände gibt, die sofort auf die Kraft eines unbeugsamen Durchsetzungswillens hinweisen (Pluto). Es ist aber äußerst schwer, diese Merkmale in Worten oder Bildern zu beschreiben, weil hier der Gesamteindruck entscheidend ist, den wir intuitiv aufnehmen müssen. Aber wer dieses Buch durchgearbeitet hat, erkennt dann auch die Hand, die auf eine starke idealistische Ausrichtung hindeutet (Jupiter).

Wir wollen uns erst einmal mit Einteilungen, wie praktische, künstlerische oder geistige Hand usw., begnügen. Jedenfalls sollte jeder versuchen, beim Sehen der Hand dazu einen Begriff zu finden, wie zupackend, verletzend, feinfühlig oder vorsichtig; *ein* Wort nur für *eine* Hand. Dies übt

schon erheblich ein, wobei Wertungen unterbleiben sollten, soweit sich dies vermeiden läßt.
Gehen wir nun systematisch vor. Als erstes versuchen wir die Größe der Hand einzuschätzen. Das ist gar nicht so einfach, wie es klingt, denn körperlich große Menschen haben auch meist eine große, körperlich kleinere Menschen eine kleinere Hand. Entscheidend ist also das Verhältnis. Es geht darum festzustellen, ob eine Hand uns überdurchschnittlich groß oder klein erscheint. Eine in diesem Sinne große Hand hat meist auch sonnen- oder jupiterhaften Einschlag, eine kleine Hand dagegen meist eine venushafte oder neptunische, aber auch plutonische Prägung. Merkurische Hände sind eher durchschnittlich, saturnische und uranische wie marsische Gestaltung sind je nach Größe einzuordnen.
Große Hände sprechen von einem Anspruch ans Leben, von einem starken Handlungswillen, was nichts daran ändert, daß diese Menschen meist auch bestens Kleinarbeiten ausführen können. Große Hände müssen etwas tun, und sie fallen sofort auf, eher als die zu kleinen Hände. Sind die großen Hände auch noch dick und fleischig, wird schnell ein animalischer Eindruck erweckt. Schlanke große Hände gehören oft zu Spezialisten, die gewohnt sind, exakt zu arbeiten. Das finden wir häufig bei Uhrmachern oder Optikern, und die Besitzer oder Besitzerinnen dieser Hände vertragen meist schlecht Kritik.
Für Kritik prädestiniert erscheinen die Menschen mit eher kleineren Händen (stets im Verhältnis zum Körper zu sehen). Diese Menschen

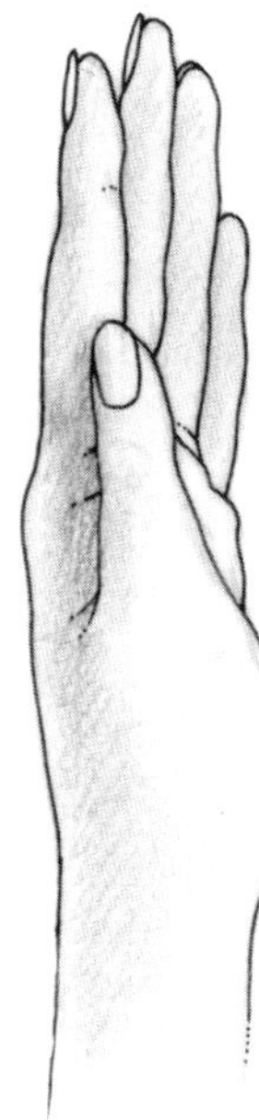

Hand dünn

sind aber durchaus nicht als innerlich klein anzusprechen, auch wenn sie oft penibel wirken. Leute mit kleinen Händen sind in sich konzentrierter, sie behalten (leider) auch meist recht, da sie eine gute Intuition haben. Häufig überschauen sie ein Lebens- oder Spezialgebiet besser als Menschen mit großen Händen.
Bisher ging es um den ersten allgemeinen Eindruck, während wir nun differenzieren müssen. Wirkt eine Hand *groß*, weil sie sehr lang und schlank oder weil sie sehr breit ist? Beide Ausdehnungen – also die in die Länge wie in die Breite – sprechen für eine Ausdehnungstendenz, wobei die *schlanke* Hand eher eine

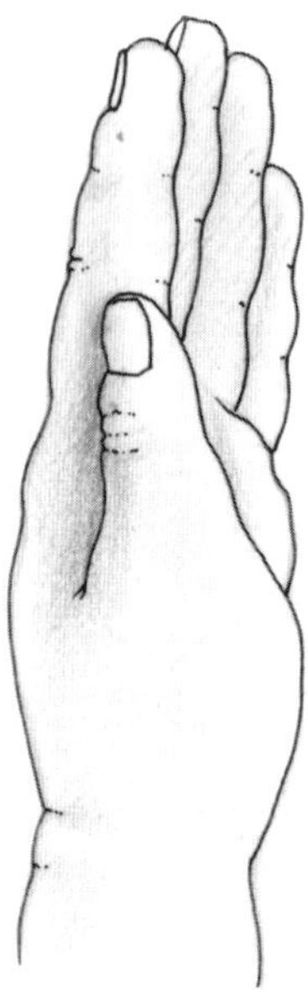

Hand dick

ideelle Ausrichtung anzeigt, da die Theorie vor der Praxis steht, das hohe Ziel vor der Realität, was auch zu rechthaberischer Einstellung führen kann, weil es für die Handeigner nie so ist, wie es sein sollte. Oft deuten diese Hände auf einen Hochmut hin, der zwar geistreich, aber doch zersetzend wirken kann. Diese Menschen vermögen sich blendend ins Licht zu stellen, sie halten sich oft für die Speerspitze einer Idee, und da dies manchmal ein Hinweis für Rechthaberei ist, wirken diese Menschen oft in sich dann doch schmal und eng.

Handeigner mit einer *breiten* Ausdehnung weiten sich mehr in der Realität aus, sie wollen viel Boden gewinnen, das Erreichte stets sichern, wobei sie aber Verständnis für die Bedürfnisse anderer zeigen, daher auch großzügig handeln. Diese Menschen sind real gesehen meist die Stärkeren, sie genießen, lassen sich kaum ausnutzen, wenn sie auch geben, aber belebende Ideen sind von ihnen nicht zu erwarten. Doch sie setzen Ideen real um und durch. Dies tun sie dann zupackend und schnell, genau richtig einschätzend, wie weit sie mit ihrem Einsatz gehen können. Meist ist der Jupiterfinger dann noch überraschend breit (davon später), wenn auch kleiner als im Durchschnitt.

Die langen, schmalen Hände gehören dagegen zu den Himmelsstürmern, wenn ihnen oft auch der Startplatz zum Flug nach oben fehlt. Die Besitzer breiterer Hände haben diesen Startplatz, aber sie wollen möglichst diese Erde nie verlassen.

Immerhin – beide, die breitere wie die schmalere große Hand zeigen Ansprüche.

Anspruchslos sind die Träger *kleiner* Hände aber auch nicht. Da begegnen wir oft der kleinen, fleischigen Hand, die starken Venuscharakter aufweist. Diese Menschen lieben in jeder Beziehung die Sinnenfreude, während sie sonst etwas zur Bequemlichkeit und Trägheit neigen können. Oft haben gerade Frauen mit diesen Händen eine laszive Ausstrahlung. Diese Menschen können sicher auch anpacken, aber sie wollen nicht auf eine Belohnung in ferner Zukunft hoffen oder warten, ihnen liegt nichts am siebten Himmel, dagegen viel mehr am irdischen Glück. Eine Bindung gibt ihnen mehr als hochfliegende, weltverbessernde Pläne und Vorstellungen. Diese

Hand wirkt um den Daumen herum sehr ausgeprägt.
Eine kleine, breite Hand, mehr um den kleinen Finger ausgeprägt, weist meist auf einen starken Empfindungs-, also vom Mond geprägten Charakter hin. Diese Menschen sind sehr anlehnungsbedürftig, lieben das Echo im Heim, suchen stets ihr Nest, wo sie sich gehen lassen können. Sie haben meist ein gutes Gespür für andere, und wer ihnen einmal etwas Gutes getan hat, für den opfern sie sich sogar manchmal auf.
Kleine und schmale Hände wirken sehr flink, aber auch spitzig. Genau dies zeigt sich oft im Charakter. Diese Menschen haben eine schnelle Auffassungskraft, sie sind spitzfindig und bohren gerne in Wunden anderer herum. Ihr Humor kann mit Bosheit durchsetzt sein, und ihr Intellekt ist wach und schnell antwortend. Sie finden stets etwas, was sich zum Aufspießen eignet. Häufig halten sie erstaunlich lange zurück, sie warten auf den Moment, da sie „es" eines Tages doch allen (oder dem-, beziehungsweise derjenigen) zeigen und beweisen können. Hier handelt es sich um Menschen mit einer aufgeschlossenen Nervosität, aber auch intellektueller Wachheit. Am besten schmeichelt man ihnen und stellt sie durch Wärme kalt, so paradox dies klingen mag! Man beachte die detektivische Begabung, die zum Vorschein kommen kann, und es erscheint oft schwierig, wenn nicht unmöglich, vor diesen „Händen" etwas verbergen zu wollen, wenn man sich mit ihren Besitzern eingelassen hat. Häufig haben wir es hier zudem mit einer merkurisch-saturnischen Charaktermischung zu tun. Nun wäre es auch noch ganz hilfreich, auf dicke und dünne Hände zu achten, aber das wird ja schnell deutlich. Betrachtet man die Hände von der Seite, erkennt man dies sofort. Wichtig ist nur, ob uns eine Hand dann besonders dick oder dünn erscheint.
Dicke Hände verraten Animalität, Kraft und Energie, dünne Hände dagegen weniger körperliche Energie als geistige und seelische Zähigkeit. Träger dicker Hände sind sicher kräftiger, aber wenn Eigner dünner Hände von einer Idee gepackt sind, bleiben sie länger am Ball, während die Besitzer dicker Hände auch ihre Ruhe und ihren Lohn brauchen, also ein gutes Essen und einen guten Tropfen.

Die Formen der Hand

Jede Außenhand teilt sich – grob gesagt – in den Finger- und den Rumpfteil, wobei oft strittig ist, wo der Rumpfteil endet, die Finger beginnen. Das mag seltsam anmuten, aber es gibt Autoren, die sagen, die Finger beginnen bei ihrem sichtbaren Ansatz, während andere meinen, die Finger würden bereits am Knöchel ihren Anfang nehmen. Beides ist indes richtig. Haben wir es vom Anblick her mit einer ausgestreckten Hand zu tun, dann nehmen wir den Rumpfteil bis zum sichtbaren Fingeransatz. Als erstes stellen wir die Frage: Haben wir es mit einer Rumpf- oder einer Fingerhand zu tun, oder halten sich Rumpf und Finger die Waage?
Meist fällt auf den ersten Blick auf, ob der Rumpf oder die Fingerpartie überwiegt. Es geht auch nicht darum,

mit einem Zentimetermaß nachzumessen, ob die Finger länger als der Rumpf sind oder sehr kurz.
Man mißt die Länge der Finger im Verhältnis zum Rumpf am besten, indem man die Finger nach innen beugt, also der Handfläche zu. Maßstab ist, wo die Spitzen der inneren Nagelglieder auf die Handfläche zu liegen kommen. Reichen sie bis etwas über die Mitte des Handtellers hinaus, dann haben wir es mit kurzen, reichen sie bis zum Ende der Hand (Armband) hin, haben wir es mit langen, und reichen sie weiter hinaus, haben wir es mit überlangen Fingern zu tun. Aber es zählt nie das Mathematische, sondern die Anschauung, wie die Hand wirkt.

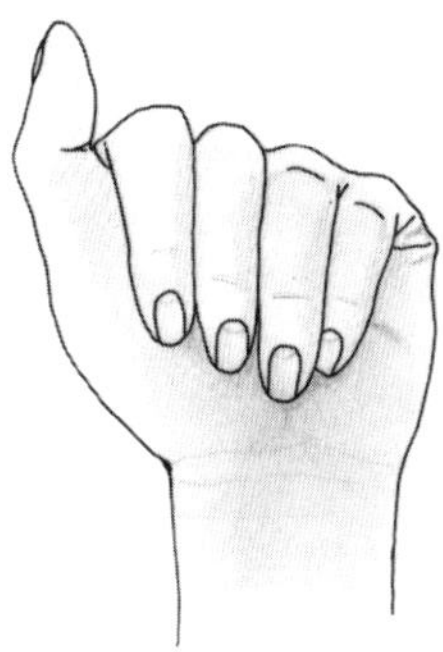

Lange Finger

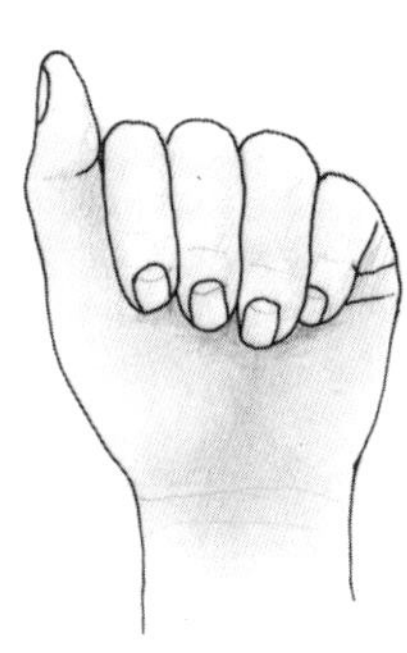

Kürzere Finger

Der Handrumpf

Der Handrumpf weist auf die Grundkraft hin, auf die ererbte Kraft, das Kollektive, das Vitale, das sich mehr auf den Körper bezieht. Man kann sogar soweit gehen und sagen, der Handrumpf zeigt uns an, woher der Mensch kommt, während die Finger darauf hinweisen, wo der Mensch hin will. Astrologisch ließe sich der Handrumpf mit dem IC, der Himmelstiefe, vergleichen, die Spitze des Mittelfingers mit dem MC, der Himmelsmitte.

Die Rumpfhand

Beim Rumpf ist nun auch schon der Armansatz wichtig und aussagekräftig. Sieht man im Arm eine Ausweitung auf die Hand hin, also kein feingliedriges Armgelenk, dann ist zu vermuten, daß der Mensch sich in seinem Dasein recht geborgen fühlt, so wie in Mutters Schoß. Ist dies in der Realität nicht vorhanden, dann besteht zumindest eine starke Neigung in diese Richtung. Man wird feststellen, daß diese Menschen sich gerne bemuttern und verwöhnen lassen.
Hände, die sich kaum erkennbar zu den Armen absetzen, lassen mehr

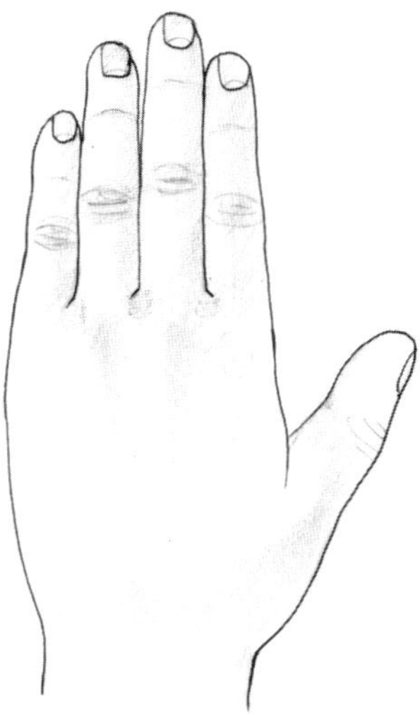

Rumpfhand

auf körperliche Kraft schließen (aber nicht in Kilogramm messen!). Sehr ausgeprägte – auch abgesetzte – Handgelenke deuten auf eine dynamische Kraft.
Je feiner, je gelenkiger der Handansatz, um so stärker zeigt sich fast immer das Geistige ausgebildet, wenn auch die Gefahr besteht, daß dieser Mensch sich zu sehr von seinen ursprünglichen Wurzeln entfernen könnte, ja weit weg von ihnen lebt. Aber eines sei gerade an dieser Stelle mit allem Nachdruck gesagt, und das gilt für alle hier beschriebenen Aussagen:
Nie allein nach einem Merkmal urteilen! Jedes Merkmal sollte durch andere Hinweise bestätigt werden, ehe man Aussagen macht!
Der Rumpf kann nicht nur durch seine Länge und Breite hervorstechen, sondern auch durch seine Mächtig-, ja Massigkeit. Je stärker der Rumpfteil einer Hand, um so stärker das Triebhafte, aber wohl auch das materiell Ausgerichtete eines Menschen, um so mehr die Sehnsucht nach Besitz, womit stets ein Stück Sicherheit gemeint ist. Eine Rumpfhand zeigt auch pragmatisches Handeln an, die Fähigkeit, praktisch tätig zu sein. Trifft ein geistig ausgerichteter Idealist auf den Besitzer einer Rumpfhand, trifft er meist auch auf Unverständnis; seine Argumente sind häufig vergebliche Liebesmüh. Hier hat das Realistische die Vorfahrt. Praktische Gegenstände sind wichtiger als Schriften. Die Gefahr, zu materialistisch ausgerichtet zu sein, ist gegeben. Ein gutes Erkennungsmerkmal ist ferner, ob die Fingerknöchel tief – eher verborgen – in einer Rumpfhand sitzen. Je tiefer, um so mehr verlassen sich diese Menschen auf ihre gemachten Erfahrungen, auch wenn sie geistig-intellektuell sehr interessiert sind, denn man darf diese Menschen ja nicht als dumm oder tölpelhaft einschätzen. Sieht man dagegen den Knöchelansatz gut, sitzt er also bildlich gesehen höher, dann besteht die Gefahr, daß sich diese Menschen zwischen Wünschen und Wollen, zwischen geistigem Streben und der Sehnsucht nach materieller Sicherheit hin und her gerissen zeigen. Dies gilt, wie gesagt, für eine Rumpfhand mit kurzen Fingern. Hier herrschen auch die Emotionen. Wichtig mag hier – vorweg eingeschoben – sein, ob sich bei einer Rumpfhand der kleine Finger tiefer im Ansatz befindet, weniger am Knöchel als am Fingeransatz zu erkennen. Hier ist mit einer Grund-

scheu zu rechnen. Das sonst so Elementare in diesem Menschen wird sich weniger deutlich äußern. Die Besitzer einer Rumpfhand zeigen sich oft auch verständnisvoll, aber wenn es um ihr ureigenes Interesse geht, bleibt jedes Verständnis auf der Strecke, da gebe man sich keinen Illusionen hin. Gegenteilige Handlungen gelten meist nur für einen bestimmten Zeitraum einer Zuneigung. Ausnahme: Das Grundniveau ist sehr hoch, oder es besteht eine tief verankerte religiöse Bindung. Kollegen mit Rumpfhänden um sich zu haben, ist sicher eine gute Sache, weil dann alles läuft und seinen gewohnten Gang geht. Bei Freundschaften muß der Wert auf gleiche Interessen gerichtet sein.

Die Fingerhand

Im Gegensatz zur Rumpfhand müssen wir die Fingerhand sehen. Hier ist die Ausrichtung eher fühlend, auch geistig, mehr nach künstlerischen Werten strebend. Diese Menschen sind äußerlich weniger robust, meist aber auch schwierig. Was das Geistige betrifft, so kommt es auch immer auf das Grundniveau an, das nicht in einer Hand allein zu sehen ist. Es herrscht der Idealismus vor, aber auch unreale Vorstellungen. Diese Menschen sind ewig auf der Suche, auch in der Liebe. Die Gefahr des inneren Hochmutes, wenn auch nur als Schutzfunktion, ist gravierend. Die Gesundheit ist anfällig, wenn auch zäh, das aber kommt auf vorhandene andere, etwa saturnische Merkmale an; davon wird jedoch später bei den Fingern selbst die Rede sein. Gehen diese Menschen Kompromisse ein, sollten sie dies gut überlegen, denn hinterher lehnen sie die gemachten Kompromisse häufig ab. Diese Handeigner sprechen gerne und viel, ohne daß sie sich vergeben. So aufgekratzt sie dabei wirken, sie ermüden öfters und brauchen in der Regel viel Schlaf. Ihr Gedächtnis ist sehr gut, so gut, daß sie sich meist im falschen Moment an ein erlittenes Unrecht (ob eingebildet oder nicht) erinnern. Der Glaube spielt häufig eine starke Rolle, nicht einmal nur religiös, auch esoterisch oder okkult. Immerhin denken diese Menschen oft an den Tod und über ihn hinaus. Je schmaler der Rumpf, um so größer die Gefahr für das Irrationale. Illusionen spielen eine große Rolle, oft sind es diejenigen, die lange ihren Wachträumen nachhängen. Je breiter der Rumpf der Hand bei langen Fingern, um so leichter ist das Reale mit in das eigene Leben einzubauen. Trifft man auf sehr lange Finger, dann bemerkt man, daß Männer wie Frauen (diese mehr) ihre Nägel gerne noch länger wachsen lassen (siehe Abschnitt Nägel). Die Nägel ragen dann weit über die Kuppen hinaus. Das zeigt eine Sensibilität an, eine Schutzsuche; aber diese Menschen gehen schnell zum Angriff über, wenn sie sich schutzlos fühlen. Lange Nägel deuten ja auf eine an den Tag gelegte Härte hin, wie wir noch sehen werden, und so können wir von wirklich sensiblen Menschen erst dann sprechen, wenn die Finger lang sind und die Nägel doch meistens mit den Kuppen enden.

Solche Finger wirken sehr beweglich, obwohl ihre Handeigner handwerklich gar nicht soviel Geschick

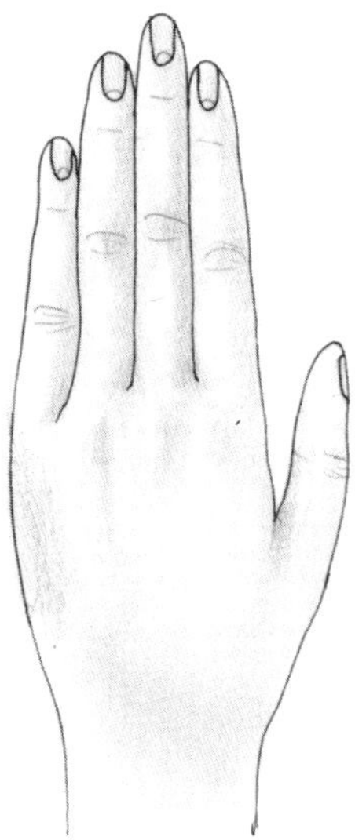

Fingerhand

zeigen, die Theorie ist meist besser ausgebildet als die Praxis. In der Partnerschaft ergänzt sich daher nicht selten eine Rumpf- mit einer Fingerhand.

Nun haben wir bisher mehr von Extremen gesprochen, die wir so häufig gar nicht antreffen. In der Regel ist das Verhältnis Rumpf-Finger ja ausgeglichen oder harmonisch. In diesem Fall liegt eine gute Mischung dessen vor, was wir einmal zur Rumpf-, zum anderen zur Fingerhand ausgeführt haben, zumal uns diese Einteilung ja erst einen Einstieg in die Beurteilung der Handformen bietet. Um die Außenhände genauer zu differenzieren, kennt die Chirologie verschiedene Varianten, die in gewissen Grundformen der Hand festgehalten wurden. Diesen Handformen wollen wir uns nun zuwenden. Wenn es auch hier jeweils Mischungen und Verwischungen gibt, so müssen wir die typischen Formen doch vorstellen und zur Diskussion bringen.

Von altersher wurden die Außenhände in mehrere Grundformen – bis zu sieben an der Zahl – gegliedert.

Diese sind:

1. die elementare, primitive Hand;
2. die eckige oder quadratische Hand;
3. die spatelförmige oder ausgreifende Hand;
4. die ovale oder eiförmige Hand;
5. die konische oder spitze Hand;
6. die knotige oder gelehrte Hand;
7. die vergeistigte oder gotische Hand.

Viele Autoren beschränken sich auf die Hände von 2 bis 6, weil sie nicht ohne Grund die Ansicht vertreten, daß die gotische Hand im Leben nicht anzutreffen ist, und die primitive Hand wohl jemandem zugeordnet werden muß, der sich nicht für Handdeutungen interessiert. Und in der Tat ist es schwer, eine primitive Hand zu finden.

Die primitive Hand

Diese Hand wirkt auch primitiv, sie hat etwas stark und überwiegend Animalisches an sich. Sie ist kräftig, wirkt roh, meist sehr behaart, die Finger sind sehr kurz, aber dick, sie muten an wie Greiforgane, haben nichts Geistiges an sich. Der Daumen ist mehr breit als lang und meist dazu recht tief angesetzt. Die Finger sind eher unbeweglich, die Hand wächst so gut wie ohne Einschnitt aus dem Arm heraus. Wenn hier fast immer eine starke Behaarung anzutreffen ist, dann heißt dies aber nicht, daß alle behaarten Hände etwas Primitives anzeigen. Vor pauschalen, schnellen Verurteilungen sei ausdrücklich gewarnt!

Die primitive Hand wirkt selten vertrauenswürdig, oft abstoßend, und dies nicht individuell, sondern allgemein. Der Eindruck ist: Wo diese Hand hinschlägt, da wächst kein Gras mehr, wo die zupackt, erstickt sie alles. Eine Hand, die man übrigens – wenn – so gut wie nur bei Männern findet. Noch ein Vorurteil sei hier ausgeräumt: Die Meinung, primitive Hände – gleich in welcher Nuancierung – würden auf primitive Arbeiten schließen lassen, ist irrig. Man darf eine primitive Hand nie mit einer abgearbeiteten Hand oder mit einer grobschlächtigen Prägung verwechseln. Oft lebt in der schon etwas differenzierten Hand eine Venus-Mond-Mischung, also sowohl eine starke Betonung des Daumen-Venus-Berges sowie des unteren Berges auf der Kleinfingerseite, was jedoch erst in der Innenhandbetrachtung deutlich wird.

Die eckige oder quadratische Hand

Der ältere Ausdruck „quadratisch" ist verwirrend, die Hand muß nicht präzise ein Quadrat darstellen, wenn sie auch so wirkt. Das Entscheidende ist das Eckige, wobei der Rumpf fast stets die Form eines Quadrates aufweist. Die Finger sind hier eher kurz und ohne allzu große Längenunterschiede, die zumindest kaum ins Gewicht fallen.
Der Daumen ist dabei meistens recht hoch angesetzt (selten gibt es Ausnahmen). Träger dieser Hände versuchen ihrem Leben eine klare Form zu geben, sie schießen nicht sehr oft über ein Ziel hinaus, ja sie können sich freiwillig beschränken, wenn es sein muß. Sie wirken vernünftig und sind es auch, was aber auch opportunistisch heißen kann, da sie das Machbare über alles setzen. Das Materielle ist diesen Handeignern wichtig, der Sinn des Lebens besteht für sie vielfach in einem klaren und überschaubaren Ablauf. Es geht also um das rechte Maß. Hier erkennt man sehr deutlich, wie Handform und Lebensauffassung zusammenspielen.
Bei der eckigen Hand ist die untere Seite des Rumpfes beim Daumenansatz genauso breit wie oben bei den Knöcheln. Das heißt, vom Urtrieb des Willens her wird der gleiche Raum eingenommen wie bei der Verwirklichung. Denn das stellen ja die Finger dar! Eine Hand ohne Finger hat so gut wie keine Verwirklichungsmöglichkeiten. Jeder, der einmal einen verletzten Finger hatte, weiß dies.
Hier haben wir es mit Menschen zu tun, die sich auch an die Normen, an die Spielregeln halten, die sich einordnen und mitarbeiten wollen. Die Hände wirken vertrauensvoll, man spürt, diese Menschen halten ihr Wort, wenn sie auch die Neigung an sich haben, zu penibel und kleinlich

Eckige Hand

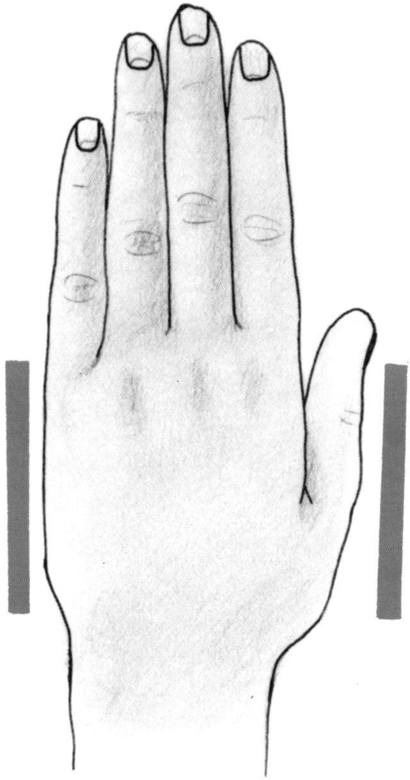

zu reagieren (kann aber durch andere Merkmale ausgeglichen werden). Das Überbewerten der Realität wirkt oft für andere etwas zermürbend; aber es befriedigt die Umwelt, daß sich diese Handeigner auch kompromißbereit zeigen und sich unter Aufgabe von Prinzipien und Überzeugungen zu arrangieren trachten. Diese Menschen brauchen Ziele und Führer, die ihnen diese Ziele (meist nur in geistiger Hinsicht) weisen, und die ihnen vielleicht einmal klarmachen, daß ein Nur-Konservatismus auch nicht das Richtige darstellt. Ihre Besonnenheit ist oft sprichwörtlich, was man auch am Autofahren erkennen kann (nicht wenn der Daumen zu groß ist). In Notlagen helfen sie auf beste Art, ob es sich um einen Arzt oder um einen Handwerksmeister handelt. Auf ihre Zuverlässigkeit kann man bauen, solange man nicht vergißt, sich zu bedanken. Diese Menschen hassen es, über das Ohr gehauen oder ausgenützt zu werden. Ihr Organisationstalent ist groß, daher sind sie im allgemeinen pünktlich und vorbereitet. Für den Lebenskampf genau richtig programmiert, klettern sie Stufe um Stufe die Lebensleiter empor.

Die spatelförmige Hand

Hier liegt die größte Breitenausdehnung etwa bei der Knöchellinie. Diese Hand kann wie ein Werkzeug aussehen, daher die Bezeichnung. Sie wird auch oft die „spachtelförmige" Hand genannt. Handwurzel wie Daumen sind kräftig ausgebildet. Es ist eine Hand, mit der sich gut arbeiten läßt. Bei Chirurgen finden wir diese Hand zum Beispiel sehr häufig. Einige Finger, die zu so einer spatelförmigen Hand gehören, sind zum Teil auch spatelförmig. Das zeigt dann selbständiges und ehrgeiziges Denken. Diese Hände gehören Trägern, die sich mit dem Durchschnittlichen kaum zufrieden geben. Was sich diese Menschen einmal vorgenommen haben, das wollen sie auch erfüllen und erreichen. Dabei werden die Kräfte selten geschont. So verges-

Spatelhand

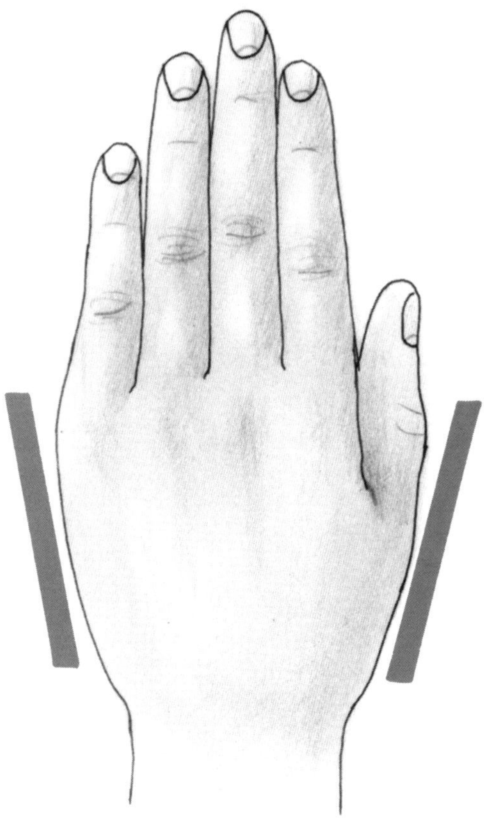

sen gerade diese Handeigner häufig, daß sich jede Batterie einmal entladen kann. Sie sind spontan, sie pakken schnell zu, man kann sie durchaus als Tatmenschen bezeichnen. Hindernisse sind da, um aus dem Weg geräumt zu werden, und oft hat diese Hand auch etwas Jupiterhaftes an sich.

Es ist nicht gut, viele Spatelhänder als Feinde zu haben, und einen Fehler darf man nie machen, diese Personen zu unterschätzen! Ihr Temperament ist feurig, meist jedoch gezügelt, auf der faulen Haut liegen sie fast nie, selbst im Urlaub strotzen sie vor Aktivität. Innerlich ungeduldig, vermögen sie sich klug zu konzentrieren, weil sie nur so nach oben kommen können, denn als Untergebene sind sie schwierig. Auf die Außenwelt wirken diese Menschen eher egozentrisch, wenn man auch allgemein ihre Leistungen bewundert. Bei Trägern dieser Hände kommt es sehr auf das Niveau an, oft fühlen sie sich als Führungspersonen, aber jede Führungsposition will ja ausgefüllt sein. Auf spirituellem Gebiet findet man diese Hände oft bei Geistheilern oder Gurus und ihre Fingernägelkuppen sind meist dick gestaltet. Wenn das Niveau nicht ausreicht (was nie aus einer Hand allein ersehen werden kann), gleiten diese Menschen manchmal in die Scharlatanerie ab. Selbstkritik und auf sich bezogener Humor fehlt ihnen, wenn sie sonst auch laut lachen können. Wille und Einsatzbereitschaft steht hier also mit an erster Stelle, so kommt es sehr auf die richtige Berufswahl und Berufsausbildung an. Diese Hand ist weniger häufig als die rechteckige Hand anzutreffen, doch insgesamt zum Glück nicht selten. So kennt jeder in seiner Umgebung Menschen, die etwas bewegen, die Spuren hinterlassen wollen, und von denen hat oft einer eine Spatelhand.

Die ovale oder eiförmige Hand

Diese Form entsteht meist dadurch, daß sich sowohl der Zeigefinger wie der Kleinfinger an ihre Nachbarfinger anlehnen. Legt sich der Ringfinger an den Mittelfinger, ist der Eindruck komplett. Der Rumpf ist oft spatelförmig, so daß die breiteste Linie auch bei den Fingerknöcheln liegt. Diese Hand gilt als das Symbol des Ehrgeizes, des Antriebes, verbunden mit einer Einordnungsbereitschaft. Das heißt, die Spatelform des Rumpfes zeigt Kraft an, eine feste Grundlage, aber die Zusammenlehnung der Finger macht deutlich, daß hier nichts mit Gewalt erreicht werden soll. Da der Daumen hier meist hoch angesetzt ist, wird zwar der Wille ebenfalls hoch hinausgehen, aber weniger materialistisch orientiert sein, sondern sich oft im Künstlerischen äußern oder in geistigen Überzeugungen. So wird hier gerne von einer künstlerischen Hand gesprochen, was aber meist auf der Verwechselung mit der konischen Hand beruht. Diese Menschen haben Phantasie, ohne den realen Boden zu verlieren. Harmonie ist ihnen wesentlich. Sie kommen den anderen mit viel Freundlichkeit entgegen.

Diese Handeigner fallen gar nicht gern auf, kleiden sich daher auch nie so auffallend, aber bevorzugen Qua-

Ovale Hand

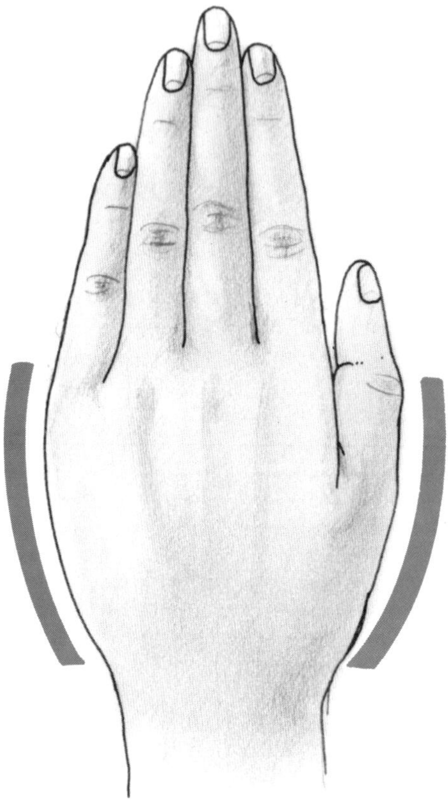

lität der Ware. Sie suchen gerne Anschluß, etwas Venus- und Jupiterhaftes zugleich haftet ihnen an. So ist die Lebensfreude wie die Sinnenlust nicht gerade gering, aber das rechte Maß – so hoch es genormt sein kann – verlieren sie kaum. Das Seelische spielt auch eine bedeutende Rolle, aber meist erst in der zweiten Lebenshälfte, wenn die Sinnen- und Lebenskraft abnimmt. Vom Du jedoch mögen diese Menschen nie erdrückt werden, sagen sie, obwohl sie genau wissen, daß das Alleinsein für sie schlechthin tödlich wäre, zumal sie auch ein schönes Heim lieben, wo sie sich und ihren Nächsten immer eine vertraute Atmosphäre schaffen wollen. Allein nämlich fühlen sie sich trotz ihres Unabhängigkeitsbedürfnisses unsicher, da verlieren sie oft den Mut. Sie brauchen – so widersprüchlich dies klingen mag – einen steten Zuspruch, weil das Bedürfnis nach Anlehnung und die Angst vor Disharmonie in ihnen sehr ausgeprägt erscheint. Dies wird oft noch durch eine Ausbuchtung an der

Kleinfingerseite in oder knapp unter der Knöchellinie unterstrichen. Unfrieden wirkt also kränkend, ja krankmachend. Sie ringen zwar gerne um eine Sache, aber weniger gern um Menschen, vielleicht läßt das ihre Eitelkeit auch nicht zu. Sie sind verführbar, wenn man sie lobt (eigentlich ihre größte Gefahr), während Kritik sie völlig lähmt. So finden sie sich auch in kritischen Situationen nicht so gut zurecht. Geht man wiederum zu gewaltsam auf diese Menschen zu, schrecken sie zurück. Diese Widersprüche werden deutlich, wenn anschließend die konische oder spitze Hand besprochen wird, denn die Träger der ovalen und eiförmigen Hand sind ja ein Mischtyp zwischen Spatelhand und konischer Form. Es ist auch eine Hand, die diplomatisches Geschick anzeigt, einfach aus dem Wunsch heraus, es möge doch alles in Frieden ablaufen. So haben diese Menschen direkt Angst, die Post aus dem Briefkasten zu holen, da sie befürchten, eine Mahnung, einen Verkehrsbußbescheid oder eine finanzamtliche Mitteilung vorzufinden. Allgemein wirkt diese Hand sympathisch, Frauen mit dieser Hand haben meist auch eine starke Anziehungskraft auf das andere Geschlecht, sicher weil sie sich anpassen können und voller Sinnenfreude sind.

Die konische oder spitze Hand

Hier scheint sich vom Handansatz an alles zuzuspitzen. Am Handrumpf oder etwas höher finden wir die breiteste Stelle der Hand, die sich bis zu den Fingerkuppen verjüngt. Wie ein Pfeil sieht diese Hand aus, die in der Literatur auch als kegelförmig bezeichnet wird. Alles orientiert sich scheinbar zur Mittelfingerspitze hin. Diese Hände werden meist im klassischen Sinn als schön angesprochen. Besonders Frauen sind darauf stolz. Man spricht von künstlerischen Händen und meint, eine starke Sensibilität zu erkennen, was sicher richtig ist. Konische oder spitze Hände deuten darauf hin, daß oft die Kräfte nicht ausreichen, um Krisen zu durchstehen.

Das Materielle scheint diesen Menschen nicht so wichtig zu sein, und sie geben sich oft großzügiger als sie sind. Es ist diesen Handeignern oft lästig, das Kleingedruckte in Verträgen zu lesen, aber mehr weil sie dazu nicht die Konzentration aufbringen. Gute juristische Berater können hier lebenserhaltend sein. Diese Personen brauchen eine Rückendeckung, denn so dünn und fein wie ihre Hand ist auch die Haut, sind sie selbst. Die Wirklichkeit wird oft einfach nicht angenommen, ja sie wollen sie nicht einmal wahrhaben, und wenn es sie zerbricht, dann muß eben das Schicksal seinen Lauf nehmen – zumindest kokettieren die meisten Handeigner mit dieser Devise. Deshalb haben sie es nicht so leicht, ihr Gleichgewicht zu finden, und die Empfindlichkeit stellt daneben noch eine starke Gefahr dar. Frauen mit diesen Händen suchen echten Schutz, sie sind kapriziös, und wenn sie Macht über jemanden haben, dann spielen sie dies recht gekonnt aus. Es handelt sich hier um Hände, die von einer sanften Gewalt sprechen. Nur sich selbst gegenüber finden sie gelegentlich die notwendige

Konische Hand

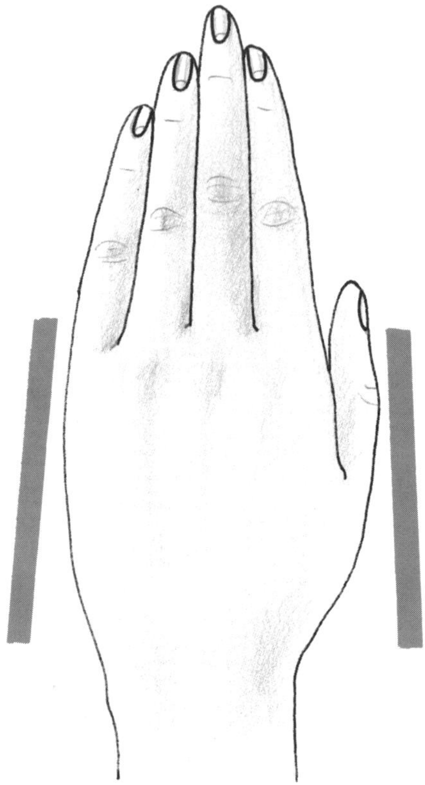

Konsequenz, auch einmal Härte zu üben. So trifft man bei diesen Menschen manch ausgeprägte Neigung zu psychosomatisch bedingten oder verstärkten Krankheiten an. Diese Hände wünschen mehr als sie selbst leisten. Sie wollen – aber sie schonen sich gern.

Dafür wird viel Wert auf das Äußere gelegt. Frauen – aber auch Männer – pflegen ihre „künstlerischen, feinen" Hände ungemein, und man erkennt recht schnell, daß diese Charaktere sich nicht gerade über Arbeiten freuen, die schmutzig machen oder beschwerlich sind. Dafür sind diese Menschen fast immer geistreich und mit einer gewissen Selbstironie ausgestattet, was aber nicht heißt, daß gegen die eigenen Fehler intensiv angegangen wird. Im Gegenteil, irgendwie halten sich diese Handträger für etwas Besseres, was ihnen nicht gerade viele Freunde zuführt. Meist haben wir es hier auch mit Spätentwicklern zu tun. Ihre Kraft besteht zum größten Teil darin, daß sie an ihr Ankommen glauben; und sie

finden deshalb allgemeinen Anklang, weil sie eben doch aus der Reihe der Norm tanzen, was ihre Umgebung an ihnen bewundert. Sie fühlen sich irgendwie losgebunden von den Pflichten dieser Welt, meinen in höheren Regionen zu schweben, und das können sie bestens – damit anziehend – darstellen. Schauspielerische Fähigkeiten haben sie allemal, ohne aber daß sie komödiantisch sind, dazu fehlt ihnen der Humor. Auch auf ihren Mangel an Realitätssinn und Stabilität bilden sie sich sogar etwas ein! So ist oft ihre Stärke, was landläufig als Schwäche gilt.
Wichtig ist nur, daß diese Hand nicht schlaff und kraftlos wirkt, weil solche Menschen dann sehr anfällig sind. Hier steigert sich die Empfindlichkeit zur Manie, und ihre Sensibilität kann sogar ihren besten Freunden so auf die Nerven gehen, daß sie sich zurückziehen. Die Besitzer dieser Hände können angetanes Leid schwer, ja kaum verzeihen, geschweige denn vergessen. Die Schmollwinkel, in die sich diese Menschen zurückziehen, müssen unzählbar sein, denn irgendwie befinden sie sich laufend in einem solchen. Sie leiden unheimlich unter menschlichen Verlusten, sind aber mit die letzten, die auf einen anderen von sich aus mit Elan zugehen. Dafür zeigen sie sich gebildet, belesen, künstlerisch interessiert, und ihre wachträumenden Höhenflüge sind auch verantwortlich für Unruhe und Nervosität in ihnen. Daß man diese Menschen für labil hält, halten sie selbst für eine Auszeichnung. Sie trumpfen oft damit auf, daß leider die wenigsten (außer ihnen) feinfühlig und taktvoll reagieren können.
Die Beurteilung dieser Hände ist deswegen schwierig, weil ihre Eigentümer lieber vielsagend lächeln als etwas zuzugeben. Sie machen gerne sich und anderen etwas vor, und man kommt nur mit viel Geduld und Liebe an den Kern dieser Menschen, deren Hochmut in erster Linie Angst und Scheu ist. Daher brauchen sie Pflichten und ein starkes nervliches Korsett, dann meistern sie ihr Leben.

In den meisten Fällen verfügen sie über einen fantastischen Spürsinn und finden immer wieder Partner – gleich welcher Art –, an die sie sich anlehnen können. Und die saugen sie auch ein wenig aus, denn soviel Hingabe sie zeigen, hingebend sind sie nicht, dazu fehlt ihnen die Kraft und das Vertrauen. Man hat diese Handeigner einmal mit Schmetterlingen verglichen, das ist richtig, denn sie haben auch etwas raupenähnliches an sich, das nur erst später zu Tage tritt. Das Schwierige in der persönlichen Begegnung ist die Tatsache, daß sich diese Handeigner meist für verkannt und für lieblos behandelt halten, und dies kann sie ein ganzes Leben lang verfolgen. Aber von ihnen geht eine Anziehungskraft aus, die manches in den Schatten stellt, so daß viel Dunkles von diesen Menschen weggenommen wird, denn sie stehen im Licht, wenn dieses auch nur schillernd wirkt.

Die knotige oder gelehrte Hand

Um es gleich vorweg zu nehmen, die knotige oder gelehrte Hand muß nicht einem Gelehrten gehören. Diese Hand fällt sofort auf, weil die Knoten an den Fingern nicht zu überse-

Knotige Hand

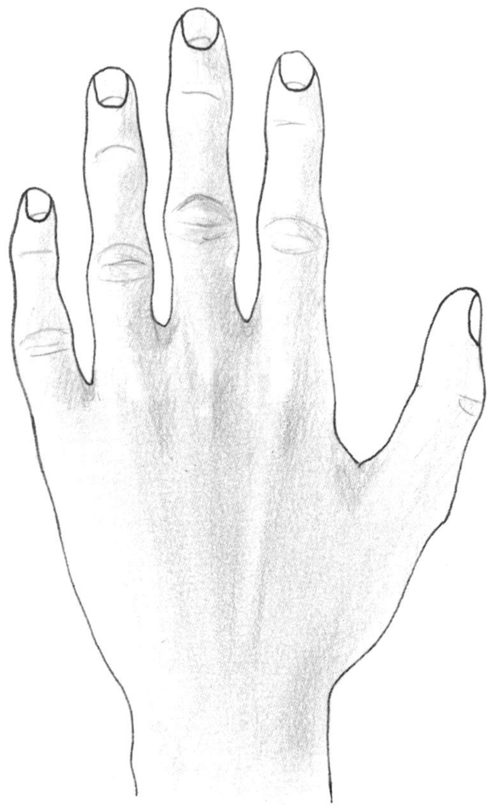

hen und schon bei jungen Menschen zu finden sind, nicht wie angenommen oder oft behauptet bei älteren Leuten. Allerdings wirken die Handeigner oft frühreif und vom Charakter her stets schon sehr ausgeprägt.
Viele Autoren übergehen diesen Handtyp, andere nennen diese Hand auch die gelehrte, die philosophische oder einfach die Denkerhand. Der letzte Ausdruck ist sicher falsch, weil angenommen werden könnte, daß man allein hier die Denker findet. Da die Finger die bedeutendsten Merkmale zeigen, beschreiben manche Autoren diese Hand auch nur in den Kapiteln über die Finger. Aber der Gesamtanblick dieser Hand ist doch so stark, daß wir sie als typisch vorstellen wollen.
Die knotigen Fingergelenke sind stärker als der übrige Finger, so können die Finger nicht an ihren gesamten Längsseiten aneinanderliegen. Hält man die Hand gegen das Licht, sieht man zwischen den Fingern wie

durch einen Spalt hindurch. Dies deutet schon auf eine Offenheit und Aufnahmefähigkeit hin.
Der Rumpf ist eher schmal als breit, die Finger meist lang, und der Daumen hoch angesetzt, wobei das zweite Glied oft tailliert erscheint (siehe Kapitel Finger).
Knoten deuten darauf hin, daß etwas gestaut wird. Gestautes verlangt, abgebaut zu werden, was mit einem Nach- oder Durchdenken anfängt. Knoten sind auch wie Schleusen, die uns auf andere Ebenen heben. In Schleusen wird gestaut, was fließt. So sind hier die Gelenke mit Schleusen zu vergleichen, da nur das durchgelassen oder weitergegeben wird, was eine Entwicklung erfahren hat. Es ist wie ein Sich-weiterbewegen in Etappen, wo nach jeder Etappe über die geleistete nach- und über die zu leistende vorgedacht wird. Diese Menschen bilanzieren stets, bevor sie weiterschreiten, das ist das Typische. So sind Leute mit knotigen Händen nie schnell vom Entschluß (die Liebe einmal ausgenommen), obwohl auch das Gefühl überdacht und sogar häufig analysiert wird. Das Sich-gehen-lassen, die Hingabe erfolgt erst, wenn man auch seiner Gedanken sicher ist. Ja diese Handbesitzer bemühen sich (fast unheimlich) objektiv, also ja nicht subjektiv, zu reagieren. Sie denken scharf nach, handeln dann danach und auch mit Konsequenz gegen sich, wenn es etwa um einen Verzicht geht!
Mehr Sein als Schein, das ist das Hervorstechende. Wenn von der Denkerhand gesprochen wurde, dann in dem Sinn, daß diese Menschen zwar denken, doch das Niveau des Denkansatzes, das ja sehr oft von der Herkunft bestimmt wird, steht nicht in der Hand.
Diese Menschen arbeiten das ganze Leben an sich, sie sind bereit, Umwege zu sich zu gehen (die dann häufig gar keine Umwege waren), und so können sie oft eine beachtliche Größe entwickeln.
Diese Vorzüge stellen sich jedoch leider oft erst in der zweiten Lebenshälfte heraus, so daß die meisten nicht gerade auf eine glückliche erste Lebenshälfte zurückblicken. Ja, man kann behaupten, in der Jugend verzichten sie allzuoft auf das spontane Glück, einschließlich der Sinnenfreude und des Genusses. Ihre Klugheit (Niveaufrage) gibt besonders den Frauen die Fähigkeit, sich auf die Partner auch auf erotischem Gebiet gut einzustellen, so daß „er" von der doch eher gehemmten Hingabe nicht viel oder gar nichts bemerkt.
Wir wollen hier schon einfügen, daß die Knoten selbst unterschiedlich beurteilt werden, ob es sich um die Knoten an den mittleren Fingergelenken oder an den oberen Gelenken handelt. Die oberen Knoten haben mehr einen philosophischen, also ernsten Charakter, die unteren Knoten – also zwischen Wurzel- und Mittelglied – weisen mehr auf materielle Gedankenbeschäftigung hin. Sicher sollte aber auch hier etwas differenziert werden, und zwar in dem Sinn, daß die oberen Knoten diese Menschen oft zum Glück daran hindern, sich zu schnell und zu früh loszulassen, zu expansieren, während die mittleren, unteren Knoten darauf hindeuten, daß es die Handeigner schwer haben, sich von Tradition und Erziehung zu lösen, was oft für sie nur unter zermürbenden Anstrengungen

vor sich geht. Meist finden wir Hände, in denen die oberen *oder* die unteren Knoten stärker ausgeprägt sind.

Die Richtung ist nun klar: Diese Menschen mäßigen sich also stets, weil sie alles vorher (manchmal auch hinterher) ergründen wollen. Oft erregen sie Mißtrauen, weil sie sich so schwer exponieren und festlegen. Alles muß scheinbar erst geprüft werden, für spontane Partner ist das ein Martyrium. Ihre kluge Freundlichkeit bewahrt sie davor, viele Freundschaften eingehen zu müssen, denn im Grunde kommen sie erst einmal recht gut an, man begegnet ihnen zwar nicht bewundernd, aber mit genügendem Respekt, und das Einhalten gegebener Worte und Versprechungen schraubt ihre Wertschätzung noch höher. Emotional sind sie so gut wie nie zu überzeugen, daran muß man sich gewöhnen, und man tut dies. Nicht etwa, daß diese Handträger keine Emotionen kennen würden, sie verlieben sich oft sogar auch spontan, aber es dauert, ehe sie Gefühle und Verliebtsein zeigen, denn es muß ja alles abgewogen und vor allem der eigene Standpunkt geprüft werden. Allerdings sind sie zu etwas fähig, was auffallend erscheint: Sie können auch ihre Meinung grundsätzlich ändern. Das geschieht nicht oft, aber es geschieht. Dann nämlich, wenn sie in eine Sackgasse geraten sind und darüber nachdenken. Andere Menschen gehen einfach aus der Sackgasse heraus, diese Menschen fragen, warum sie da hineingeraten sind, und haben sie den Grund gefunden, dann ändern sie ihre Meinungen, ihr Verhalten oft sehr drastisch und stehen nun für ihren neuen Standpunkt ein. Dieser Meinungswechsel findet jedoch nicht über Nacht statt, auch wenn es nach außen oft so scheint, sondern dahinter steht ein längerer Prozeß, ja eine Arbeit an sich selbst.

Vergangenheit ist für diese Personen wichtig, sie lernen mehr aus der Vergangenheit als in der Gegenwart und sind so trotzdem recht gut auf die Zukunft – wenn auch verhalten – ausgerichtet. Ihre Stärke liegt darin, daß sie sich bemühen, gemachte Fehler *nicht* zu wiederholen. Lassen sie sich einmal gehen und wird dies nicht erwidert, dann verzeihen sie sich das selbst äußerst schwer und tragen lange daran.

Beachtenswert ist ihre Zivilcourage auch in der Partnerschaft. Frauen mit diesen Händen nehmen noch eine Scheidung auf sich, wenn andere die Vernunft walten lassen und meinen, nun ist mir die Versorgung wichtiger. Allerdings wird die Scheidung sehr bedacht.

Einst, so hieß es, waren die Männer mit knotigen, gelehrten Händen in der Überzahl. Das stimmt zumindest heute nicht mehr. Auffallend viele Frauen haben diese Hände, vielleicht das Zeichen einer echten Emanzipation. Aber eines sei doch noch betont: Diese Knoten dürfen nicht mit gesundheitlichen Schäden verwechselt werden, also mit Gichtknoten etwa, die irrtümlich oft als Altersweisheit gedeutet werden, das wäre ein gravierender Fehlschluß, vor dem sich Handbetrachter hüten sollten!

Gotische Hand

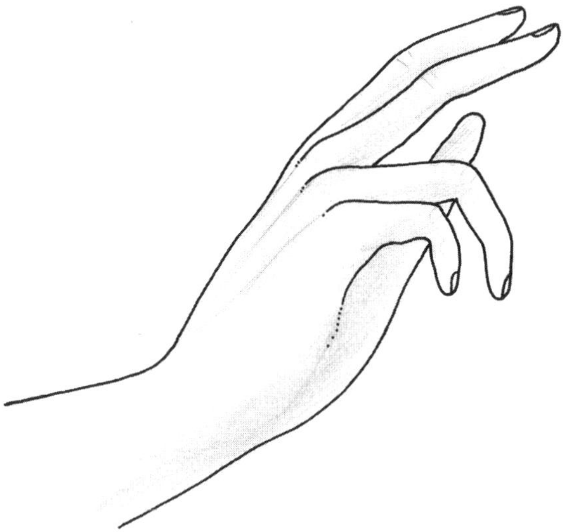

Die gotische oder vergeistigte Hand

Diese Hand wird im Grunde im Leben nicht angetroffen, dafür umsomehr auf alten Gemälden, besonders aus dem Mittelalter. Es sind Traumhände, Sehnsuchtshände, Schöpfungen von Künstlern, die besonders Engel und Madonnen mit diesen Händen ausgestattet haben. Es handelt sich hier um verfeinerte konische Hände, bei denen die Fingerpartie überdehnt erscheint, so schön diese Hände auch wirken mögen. Auch in Romanen werden solche Hände manchmal beschrieben, besonders wenn edle und über den Dingen stehende Personen geschildert werden. Hier wird etwas idealisiert, was mehr einer Flucht aus der Wirklichkeit entspricht. Diese Hand wäre im Grunde für das Anpacken in unserem praktischen Leben nicht zu gebrauchen, sie ist ein Museumsstück.

Diese Hände drücken eine Sehnsucht nach himmlischen Sphären aus. Sie wirken höchst harmonisch, wenn sie auch stets etwas Gekünsteltes an sich haben und aussehen wie ein langgezogenes Dreieck. Auf Gemälden, die den Gekreuzigten darstellen, erblickt man sie auch immer wieder. Also verraten diese Hände eine göttliche Sehnsucht, der wir im praktischen Leben real kaum begegnen werden.

Daher hat die gotische Hand spitze Fingerkuppen, die auch kunstvoll wirken.

Die Handmaus oder Daumenmaus

Die Handmaus entsteht, wenn der Daumen dicht an den Zeigefinger gelegt wird. Dann erscheint eine mehr oder weniger große Erhöhung. Diese Maus unserer Hand soll uns die Vitalität eines Menschen anzeigen. Rechts die bewußte Vitalität, also den bewußten Lebenswillen, unsere uns bewußte Kraft, links die unbewußte Grundkraft in uns, den unbewußten Lebenswillen. Die Psychologen vertreten ja die Ansicht, daß – bei einem normalen Leben, ohne Krieg oder Attentate – der Mensch erst dann – oder schon dann – stirbt, wenn seine Seele, sein Unbewußtes nicht mehr will oder mag, wenn die Seelenkraft erschöpft ist. Viele, die sich Handkenner nennen, schauen in Krankenhäusern auf diese Handmaus, um zu prüfen, wie es um die Vitalität der erkrankten Angehörigen steht. Ist nämlich diese Handmaus eingefallen, eingesackt, unkräftig, dann soll die Lebenskraft im Schwinden sein.

Pauschal trifft dies sicher nicht zu. Einmal besteht die Möglichkeit, daß sich auch die Handmaus wieder aufrichtet oder auffüllt, was oft beobachtet wurde. Andererseits gibt diese Handmaus mehr Auskunft über die dem Körper innewohnende Vitalität als über den Lebenswillen, der in Krankenhäusern auch Ärzte immer wieder in Erstaunen versetzt.

Wichtiger ist – wenn überhaupt – die Maus der linken Hand, weil hier eben doch die Seelenkraft eher zum Ausdruck kommt, und die ist vom Willen her kaum zu beeinflussen. Auch hat in der Regel die fleischige Hand eine stärkere Handmaus als eine schmale, feingliedrige Hand, was aber nichts mit der Zähigkeit, die in einem Menschen wohnen kann, zu tun hat. Vielleicht geht es hier mehr um eine biologische Substanz, die einfach immer etwas überschätzt wurde. Die Handmaus sagt eher etwas über notwendige Erholungszustände, über Regenerationszeitpunkte aus als über das Leben oder sein Ende. Hier ist häufig zu viel hineingeheimnist worden. Wenn allerdings Menschen erschöpft sind oder Ermüdungsphasen durchleben, dann scheint auch die Handmaus nicht mehr so ausgeprägt zu sein; aber wie der ganze Mensch, erholt sich auch die Handmaus. Dies sei ganz besonders betont, um nicht mit vorschnellen Aussagen gewisse Verwirrungen oder gar größeren Schaden anzurichten.

Wie wir bei der Beschreibung der gelehrten Hand besonders deutlich gesehen haben, sind für die Beobachtung und Deutung der Außenhand die Finger sehr wichtig, denn sie zeigen ja das Wesen eines Menschen an. Darum wollen wir im nächsten Kapitel einzeln darauf eingehen.

Die Finger der Außenhand

Der Mensch, so heißt es, hat an jeder Hand fünf Finger. Für den Handbetrachter sollte es präziser heißen: Der Mensch hat vier Finger und einen Daumen an jeder Hand. Finger und Daumen sind nicht gleich. Die Finger haben drei Glieder, der Daumen (ohne Venusberg) nur zwei Glieder. Der Venusberg oder der innere Daumenballen wird zwar von manchen Autoren als drittes Glied des Daumens gezählt, aber dann wären bei den Fingern (siehe Innenhand) ihre jeweiligen Berge auch als Glieder mitzuzählen.

Die Finger heißen: Daumen – Zeigefinger – Mittelfinger – Ringfinger – Kleinfinger.
In der Chirologie sind aber diese Bezeichnungen noch meist mit Planetennamen versehen, was folgende Übersicht ergibt. Jeder sollte sie sich einprägen, denn diese Namen werden ab nun öfters auftauchen.

Jeder Finger (außer dem Daumen) besitzt drei Glieder. Diese sind von oben nach unten oder von außen nach innen:
das erste Glied = das Nagelglied,
das zweite Glied = das mittlere Glied,
das dritte Glied = das Wurzelglied, auch Grundglied genannt.
Einige Autoren zählen in umgekehrter Richtung, sie bezeichnen das Wurzelglied als erstes und das Nagelglied als drittes Glied, weil alles aus dem Handrumpf herauszuwachsen scheint.

Die Fingerglieder können rund, eher eckig, weich, hart, muskulös oder tailliert sein. In der Regel – aber nicht immer – sind die untersten Glieder die stärksten, da sich der Finger nach oben verjüngt, aber auch das Mittelglied kann am stärksten ausfallen. Sind die unteren Glieder tailliert, dann zeigt dies eine Beweglichkeit an, auch eine Diplomatie, die mehr aus Einsicht in die mangelnde Grundkraft ausgebildet wurde.
Die äußeren, die ersten Glieder geben uns die Form der Finger an. Die Form kann bei jedem Finger anders sein. Also, ein Finger kann spitz zulaufen, der Nachbarfinger eckig sein.

Wir kennen – ähnlich den Handrumpfformen –:
den spatel- oder spachtelförmigen Finger,
den eckigen Finger,
den konischen oder kegeligen-kugeligen Finger,
den spitzen Finger.
Diese Fingerformen müssen nicht mit der Grundform des Handrumpfes übereinstimmen! Ist dies nicht der Fall, beginnt die Kombination, wie ja der Handbetrachter nun lernen muß, verschiedene Aussagen miteinander zu kombinieren oder in ein Verhältnis zu bringen, um so zu einer Synthese zu gelangen, was immer wieder geübt werden muß.
Was teilen uns nun die einzelnen Glieder in ihrer Grundaussage mit? Jedes Fingerglied hat ja seine eigene Aussage, die sich auf bestimmte Eigenschaften unseres Verhaltens und unseres Charakters bezieht.
Das untere, also das dritte Glied gibt uns die Grundrichtung an, die aus der Grundkraft herauswächst, wobei

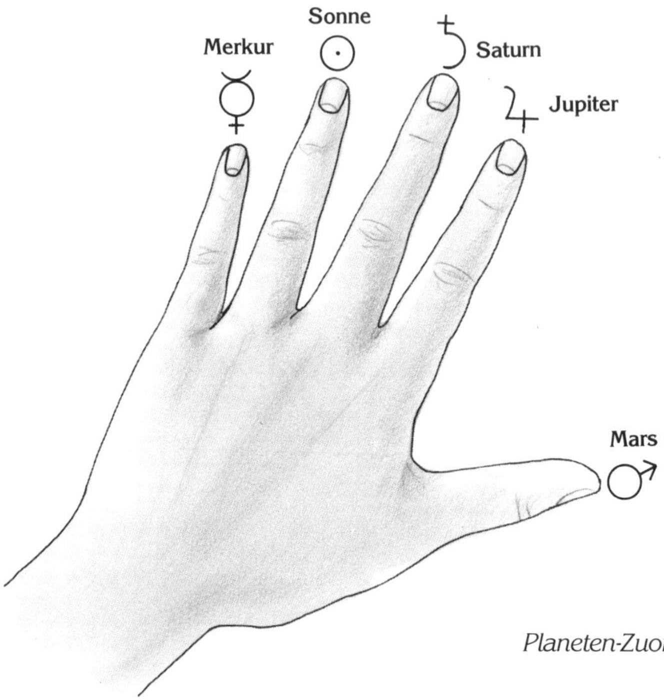

Planeten-Zuordnung

Daumen	=	Marsfinger – Marskraft symbolisierend
Zeigefinger	=	Jupiterfinger – Jupiterkraft symbolisierend
Mittelfinger	=	Saturnfinger – Saturnkraft symbolisierend
Ringfinger	=	Apollofinger – Sonnenkraft symbolisierend
Kleinfinger	=	Merkurfinger – Merkurkraft symbolisierend

es um die Verwirklichung all dessen geht, was uns der Handrumpf aussagt. Ist dieses Glied tailliert, dann besteht die Gefahr, daß sich dieser Mensch wenig auf seine Kraft verläßt, eher anpassungsfähig ist. Die positive Seite wäre, daß er nicht zu rücksichtslos gegen andere und sich mit seiner jeweiligen Grundkraft vorgeht. Es ist selbstverständlich, daß dies jeweils auf die Aussagen der einzelnen Finger zu beziehen ist, die wir

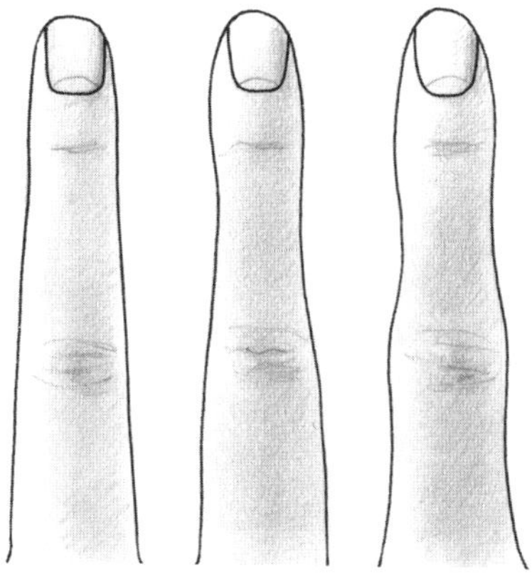

Fingerformen

daher anschließend einzeln mit ihren Bedeutungen vorstellen. Im allgemeinen empfinden wir die Menschen mit tailliertem Fingergrundglied als angenehm, weil nicht störrisch, stur oder sogar rücksichtslos. Ist das Grundglied kräftig, ist gute Kraft für die Verwirklichung der Gaben vorhanden, die uns durch den jeweiligen Finger angezeigt werden. Allerdings wird dann manchmal die betreffende Kraft schnell eingesetzt, oft ohne Rücksichtnahme, mit der Gefahr, daß man eines Tages ohne Hilfe oder Beistand dasteht. Fällt das Grundglied weich, ja schwammig aus, dann wird der Grundkraft durch Phlegma viel verloren gehen, oder diese Grundkraft wurde nie trainiert, der Genuß war oder ist wohl zu hoch angesetzt worden. Das untere oder das Wurzelglied zeigt uns also die Wurzeln und Anlagen bei der Verwirklichung unserer Kräfte an.

Das mittlere oder zweite Glied gibt uns Hinweise über die praktische Umsetzung. Das unterste Glied also zeigt das *Was* an, das möglich ist, das zweite Glied das *Wie* und das oberste, das erste Glied das *Wohin.* Selbstverständlich hängen alle drei Glieder miteinander zusammen, und es hat auch keinen Zweck, sie *zu* getrennt zu sehen. Ist das mittlere Glied tailliert, dann wird das Wollen, das Verwirklichen der Kraft mit Charme und mit Höflichkeit erfolgen, das heißt mit Rücksicht auf das, was kommen kann. Sicher ist dies nicht immer leicht, man muß oft zurückstecken, dafür findet man Freunde und Beistand.
Ist dieses Glied muskulös, fest, eckig wirkend, dann wird die Umsetzung des Wollens gut gelingen, dann sind diese Kräfte nicht zu unterdrücken oder gar zurückzustellen (auch hier kommt es wieder auf das Grundniveau an!).
Das äußere, also erste Glied, das Nagelglied zeigt uns die Richtung an. Hier finden wir die entscheidenden Aussagen. Wir wissen ja, daß die Nagelglieder echte Tastorgane sind, wenn dies auch mehr für die Innenfinger gilt, die ja Blinden oft die Augen ersetzen. Hier sind dann besonders Zeige- und Mittelfinger ausgeprägt. Das oberste Glied sagt also etwas über die Dinge, die wir sehen wollen. Hier geht es um den Standpunkt des Blickes, mit dem das Ziel anvisiert wird. Man kann auch sagen, daß hier die Berufung, die Sehnsucht nach Erfüllung zu sehen sind. Hier ist daher auch die Form sehr entscheidend. Eine Spatelform zeigt Ehrgeiz an, auch Ehrgeiz, weit über sich hinauszustoßen, das heißt, seine eigene

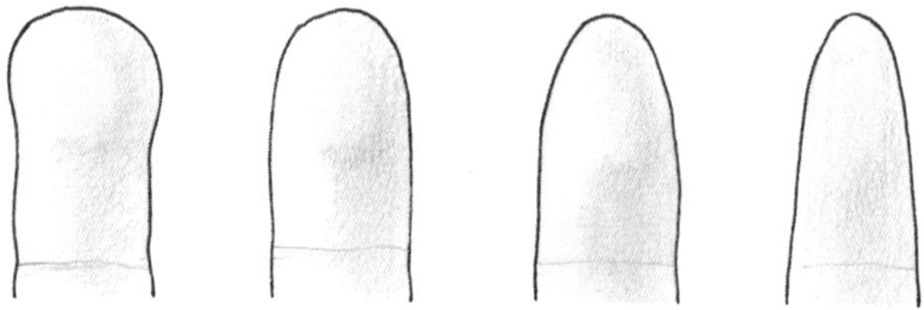

spatel *eckig* *konisch* *spitz*

Nagelgliederformen

Basis verbreitern zu wollen. Ob dies gelingt, hängt mit von der Wurzelkraft des Handrumpfes, des dritten Fingergliedes, wie auch vom Wollen ab, welches im mittleren Fingerglied gut erkannt werden kann.
Eine eckige Fingerkuppe weist darauf hin, daß erst einmal das Reale anvisiert wird. Eine kegelige, kugelige Form deutet mehr auf Vorsicht und Behutsamkeit hin, verrät aber doch den Wunsch sich durchzusetzen, wenn dies auch seine Zeit brauchen wird. Die spitz zulaufende Fingerkuppe macht sichtbar, daß das *Wohin* wie ein Pfeil, also konzentriert und einseitig anvisiert wird. Hier geht es also meist um etwas, was sich mehr in ideellen Zielen äußert, etwa auch auf künstlerischen Gebieten. Aber: Jeder Finger hat seine Kraft, die er symbolisiert; hinzu kommen noch die Gestaltungen der Nägel, auf die wir später eingehen werden. Zunächst aber müssen wir die Fingergestaltungen einzeln, dann im Zusammenhang betrachten.

Es ist ein großer Unterschied, ob etwa der Mittel-, der Saturnfinger spatelförmig ausgearbeitet ist, also der Ehrgeiz, Verantwortung zu übernehmen, ausgeprägt ist oder ob der Zeige-, der Jupiterfinger eine Spatelform aufweist. Hier ginge es um direkte Entfaltung des Ichs, ja um einen offenen Führungsanspruch. Wäre der Ring- oder Apollo-, auch Sonnenfinger spatelförmig am Nagelglied, wäre der Ehrgeiz in der Verwirklichung ideeller Ziele zu sehen. Meist sind zudem nie alle genannten drei Finger spatelförmig. Beim Klein- oder Merkurfinger (höchst selten übrigens) würde dies auf einen intellektuell ausgerichteten Ehrgeiz hindeuten, auch auf journalistischen oder materiellen Ehrgeiz. Neben spachtelförmigen Nadelgliedern findet man eckige, kugelige, spitze Formen.
Natürlich können sich – wie beim Handrumpf – auch viele Formen vermischen, aber das Vorherrschen einer Form ist doch meist gut auszumachen. In der Außenhand erkennen wir, um dies noch einmal zu wiederholen, die Kräfte, die offen zu Tage liegen, das gilt auch für die symbolischen Planetenkräfte, die auf die jeweiligen Finger bezogen werden. Das sind in diesem Fall alle sogenannten harten Kräfte, wie die Sonnen-, die Merkur-, die Saturn-, die Jupiter- und die Marskraft. Die soge-

nannten weicheren Kräfte, wie die Mond- und die Venuskraft, finden wir typischerweise in der Innenhand, sie treten auch bei einem Menschen nie so klar zu Tage. Damit nun zu den einzelnen fünf Fingern. Beginnen wir mit dem Daumen, dem wohl irgendwo wertvollsten Finger.

Der Daumen

Der Daumen verdient unser besonderes Interesse – und nicht nur, weil er aus der Hand „herausfällt". Im Daumen erkennen wir neben der Antriebskraft auch unsere egozentrische Ausrichtung, die Energie, den Willen, den vitalen Drang. Schon seine Zweiteilung erzwingt förmlich unsere Aufmerksamkeit, da der Daumen trotz seiner zwei Glieder (oder wegen?) von allen Fingern am meisten gebraucht wird. Newton soll von diesem Finger gesagt haben: „Wenn nichts anderes in der Welt, so würde mich der Daumen vom Dasein Gottes überzeugen." Der Daumen symbolisiert unsere triebhafte Persönlichkeit oder auch das unbekümmerte, das ursprüngliche Ich, das erst lernen muß, sich einzugliedern.
Die Griechen nannten diesen Finger den Anticheir, das heißt die Gegenhand. Und da der Daumen stets besonders „gegen" den Mittelfinger gesetzt wurde, geht auch die astrologische Benennung auf, da man dem Daumen die Marskraft zuschrieb, während man die Saturnkraft ja stets im Mittelfinger sah. Und in den Mythen wurde Saturn immer gegen den Mars gesetzt, die Verantwortung gegen das Egozentrische, die Prüfung gegen den Antrieb. Saturn galt stets als das bewahrende, konservative – Mars als das revolutionäre, vorwärtsdrängende Prinzip. Die Römer nannten den Daumen „Pollex", was soviel wie der Vielvermögende heißt, ja in Rom belegte man im Altertum einen Feigling mit den Worten „pollice truncatus". Das bedeutet einen Mann mit abgeschnittenem Daumen.
In der Tat schnitten sich viele Sklaven (und andere) einst den Daumen ab, um nicht in den Krieg ziehen zu müssen; so stempelten sie sich selbst nach der damaligen Auffassung zu Feiglingen. Ein Mensch ohne Daumen gilt heute noch als verstümmelt, und die alten Ägypter hackten den Gefangenen beide Daumen ab, womit diese auf „humane" Weise kampflos gestellt wurden. Wer keinen Daumen besitzt, der vermag mit dieser Hand nicht viel anzufangen. Jeder kann das üben, kann Handgriffe probieren, ohne den Daumen zu benutzen. Wenn wir hier sagen, daß man im Daumen die Egozentrik eines Menschen erkennt, dann ist damit nichts Negatives gemeint, denn Egozentrik ist ja nicht mit Egoismus zu verwechseln.

Der Daumenansatz liegt viel tiefer als der Ansatz der anderen Finger, auch im Verhältnis zum Kleinfinger. Der Daumen hat ferner den weitaus größten Nagel, alles andere wäre eine Abnormität. Unter der sogenannten Nagelwurzel finden wir übrigens eine viel deutlichere halbmondförmige weiße Fläche, die sogenannte Lunula, als an den anderen Fingern.
Der Daumen wirkt meist plumper als die anderen Finger, was ja auch der Antriebskraft des Mars entspricht, die ja meist ungestüm, ja unge-

schlacht aus den Menschen hervorbricht, oft plump in ihrer Art. Wer dies bezweifelt, der denke nur einmal daran, wie sich Menschen verhalten, wenn sie Durst oder Hunger nach Nahrung beziehungsweise Liebe haben. Dann bricht ein Selbstbehauptungswille hervor, der seine ureigene Kraft entwickelt. Die anderen Kräfte, die in der Hand symbolisiert werden (außer der Venus- und Mondkraft), stehen ja viel höher, und das nicht nur bildlich gesprochen. Man kann auch sagen: Die Marskraft war das Ursprünglichste, alle anderen Richtungen der Kräfte waren dann schon von Erfahrung durchwoben. Mars war immer der Ur-Motor, so ist auch der Daumen anzusehen. Wir können an ihm erkennen, wie dieser Ur-Motor, die Urkraft in einem Menschen geformt und ausgeprägt ist. Im Mittelhochdeutschen kennen wir das Wort *Duomen,* was sich aus dem Wort *domare* ableitet, und das heißt bezwingen. Das Wort Daumen stammt daher, was alles besagt. Entscheidend ist neben der Breite die Länge des Daumens. Wirkt er zu kurz – abgesehen davon, daß er tief, mittelhoch und recht hoch angesetzt sein kann –, dann ist es um die Willenskraft nicht so arg gut bestellt. Zu kurz ist er jedenfalls, wenn er bei Anlehnung an den Zeigefinger nicht mindestens die Hälfte des Grundgliedes dieses Fingers erreicht.

Ragt er darüber hinaus, an die obere Grenze des Grundgliedes oder höher, dann ist er als lang zu bezeichnen. Aber nicht vergessen, wie hoch sein Ansatz ist! Je höher der Daumen angesetzt ist, um so kleiner ist der Winkel, der entsteht, wenn sich der Daumen abspreizt. Als ideal wird angenommen, wenn der Daumen sich um 90 Grad nach außen abspreizen läßt, so daß er also waagerecht zur Hand liegt.

Es gibt hier kleinere und größere Winkel. Je tiefer der Daumen angesetzt ist, um so größer ist in der Regel der Winkel, den der Daumen zur Hand bilden kann, das heißt um so stärker ist wohl der Unabhängigkeitsdrang ausgebildet, aber auch eine Anpassungsfähigkeit. Je kleiner der Winkel, um so weniger variabel und flexibel zeigt sich der Mensch. Hier ist aber noch eine Überlegung wichtig. Es kommt nicht einmal darauf an, wie groß der Winkel sein kann, wenn der Daumen bewußt abgespreizt wird, sondern wie weit der Daumen bei Gesprächen oder sonst im täglichen Leben gehalten wird. Hierauf muß viel mehr geachtet werden. Je höher der Daumen angesetzt ist, um so selbstbezogener – nicht selbstsüchtiger – erscheinen diese Handeigner Außenstehenden. Hier sind auch oft Hemmungen zu erwarten, diese Menschen reagieren eher stur und starr, beharren auf ihrem Willen. Der mittelhochangesetzte Daumen läßt schon eine größere Rücksicht erwarten, auch eine größere Aufgeschlossenheit. Ist der Daumen sehr tief angesetzt, so daß er bis zu einem Winkel von 110 Grad abgespreizt werden kann, dann wird von einer Extravertiertheit gesprochen, besonders wenn der Daumen noch sehr beweglich erscheint. Die Selbstsicherheit ist recht stark, während man bei einem höher angesetzten Daumen immer mehr ein Minderwertigkeitsgefühl spürt, das oft zu vehement überspielt wird.

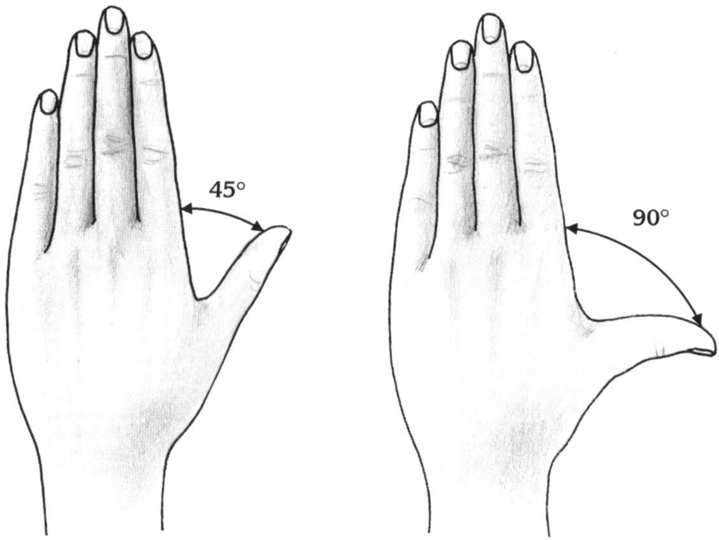

45 Grad *90 Grad*

Daumenabspreizung

Eine andere Möglichkeit, eine Grundeinstellung des Willens zu erkunden, verrät uns der Daumen auch. In der Regel mahnen wir ja unser Gegenüber mit erhobenem Zeigefinger. Wer dies jedoch mit dem Daumen tut, der ist auch gleich zum Kampf bereit, wenn diese Geste auch nicht allzu häufig anzutreffen ist, aber dann wäre gleich Vorsicht geboten. Der Daumen ist nun einmal ein Angriffszeichen. Ungebetenen Gästen weisen wir so die Tür. Und mit welchem Finger winken Anhalter an den Ausfahrten? Mit dem Daumen stoppen sie die Wagen, das Zeichen: Ich will mitgenommen werden. Dabei halten sie den Daumen noch gebieterisch halb nach unten, was ja ein Stoppzeichen ist, mit dem sie ihrem Verlangen Nachdruck verleihen. Wer so an den Ausfahrten steht, der winkt nicht fröhlich und lächelnd, sondern dessen Gesichtsausdruck ist ernst, fast herrisch. Freundliches Dreinblicken bei dieser Geste ist vom Unbewußten her nicht möglich. Wer freundlich winkt, der nimmt die ganze Hand, der bittet, der gebietet nicht fordernd. Ja, der Daumen gebietet mit seiner Geste. Eine Geste, die zwingen soll. Ein erhobener Daumen heißt eben auch, ich komme nach oben!

Nun muß davor gewarnt werden, einen großen und breiten Daumen

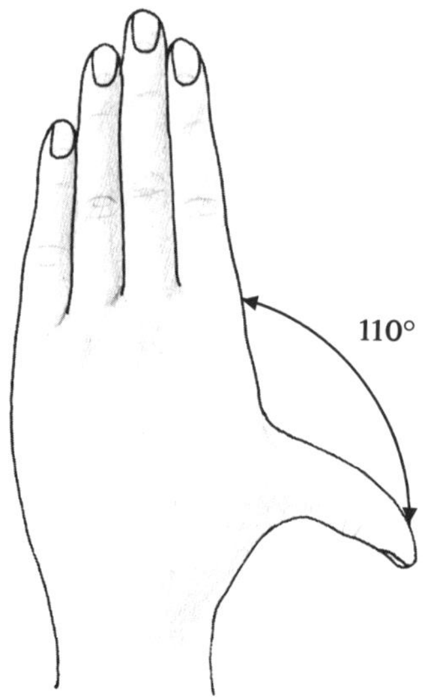

110 Grad

Daumenabspreizung

als Garantie für eine Durchsetzungskraft zu nehmen. Dafür sind noch andere Faktoren, die wir in der Hand sehen können, wichtig, aber der Daumen sagt uns schon etwas über die Ur-Antriebs- und Willenskraft, also über die marsischen Möglichkeiten und Veranlagungen. Doch mit einem großen, starken und muskulösen Daumen ist im Ernstfall einer Auseinandersetzung nicht gut Kirschen essen. Daneben spielt auch die Biegsamkeit eine große Rolle. Je biegsamer, um so offener und aufgeschlossener, so lautet die Grundregel. Nach innen gebogene Daumen sind ein Signal für Menschen, die dem Ich sehr verhaftet sind, nach außen gebogene Daumen, besonders im Nagelglied, sind der Umwelt gegenüber aufgeschlossen, ein gerader Daumen hält die Mitte. Wenn jedoch das Nagelglied fast umzukippen scheint, so als würde sich der Daumen spiralförmig nach außen drehen, dann ist doch Vorsicht geboten, denn Träger solcher Daumenglieder können leicht zur Standpunktslosigkeit verleitet werden. Sie tun dann vieles, nur um anderen, etwa einem Publikum, zu gefallen. Man findet dies oft bei Menschen aus der Showbranche.

Nicht unwichtig ist ferner das Verhältnis von Länge und Breite. Ein zu kurzer, aber breiter Daumen wird kaum die Durchsetzungskraft nach außen haben, die seiner Grundkraft entspricht. Es kommt schon auf eine Harmonie im Verhältnis Breite und Länge an. Ein kurzer Daumen zeigt eher Unentschlossenheit. Der Volksmund meint dann oft, ein Mensch, der vor Kraft nicht laufen kann, weil die Kraft nicht umzusetzen ist. Erst ein auch längerer Daumen zeigt die im Menschen wohnende Energie an, auch nach oben zu gelangen (wobei wir ja die Durchschnittshöhe des Daumens genannt haben: Die oberste Daumenspitze muß mindestens bis zum ersten Drittel des unteren Zeigefingergliedes reichen).

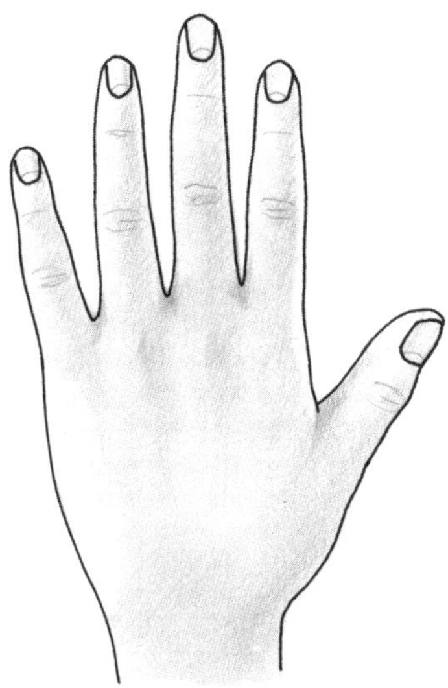

Daumennagel sichtbar

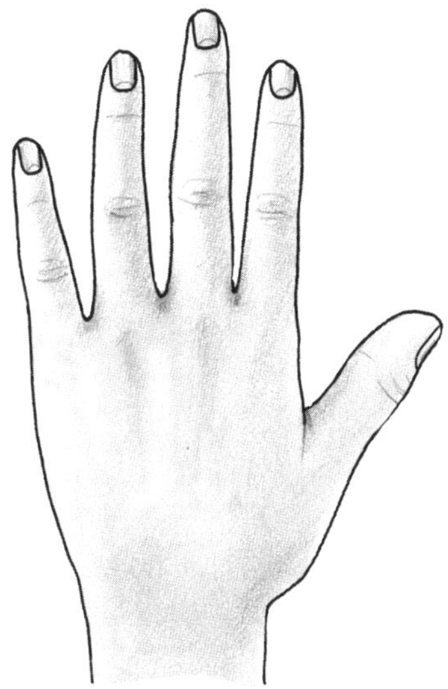

Daumennagel kaum sichtbar

Interessant ist nun noch, ob der Daumen nach außen gedreht ist oder nicht. Legt man die Hand von oben nach unten, also mit der Außenseite nach oben auf den Tisch, so ist festzustellen, ob man den Daumennagel gut, weniger gut oder gar nicht sieht.
Je mehr Daumennagel sichtbar ist, je ungehemmter geben sich die Handeigner, ist der Daumennagel dagegen gar nicht zu sehen, sind diese Menschen meist sehr gehemmt, und dann nützt auch ein sehr starker, großer Daumen wenig. Damit sind wir mit beim wichtigsten Glied des Daumens, beim Nagelglied.
Dieses Glied visiert (bildlich gesprochen) das Ziel an. Also – wie wird das Ziel angegangen, mit welcher Kraft? Ist das Glied lang und breit, dann ist die Willenskraft sehr groß. Man kann davon ausgehen, daß diese Menschen ihre Energien sehr gezielt einsetzen. Oft hören sie nicht auf andere, dafür arbeiten sie gerne und hart, wenn es sein muß, und sie werden sich schwer unterbuttern lassen.
Ein kurzes und breites Nagelglied des Daumens besagt dagegen weniger Willenskraft, die sich eher willkürlich, also sprunghaft äußert. Auseinandersetzungen weichen diese Menschen möglichst aus. Dies wird noch deutlicher, wenn das oberste Glied flach ausfällt.

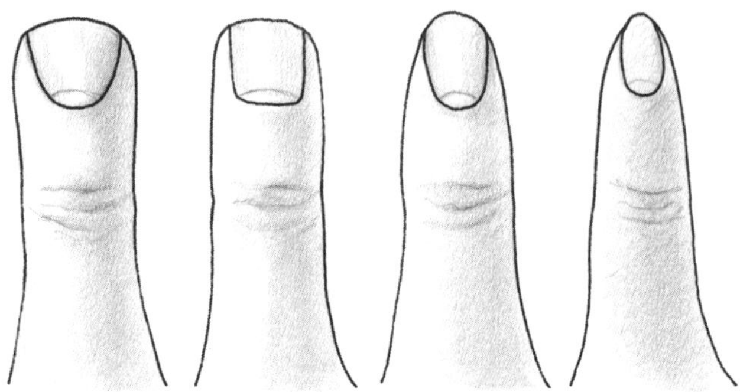

Daumennagelglieder

Man sollte das Nagelglied von der Seite her betrachten. Ein dickes rundes Nagelglied läßt auf ursprüngliche Kraft schließen. Je flacher das Glied, um so bedachter wird der Ich-Wille zum Ausdruck gebracht.
Eine schmale Hand wird kaum ein dickes Daumennagelglied haben, wenn, müßte es im Verhältnis zu dick und stark ausgeprägt sein. Ist das Nagelglied spatel- oder spachtelförmig, dann ist schöpferischer Ehrgeiz zu spüren. Bei einem dicken Nagelglied sind diese Menschen nicht aufzuhalten, bei einem dünneren zeigen sie dagegen mehr Geduld gegen sich und andere, weil sie gespürt haben, daß ihre Kraft nicht reicht, alle anderen um- oder zu überrennen.
Ein eckiges Nagelglied zeigt die reale Ausrichtung an, in der sich Ehrgeiz und Willenskraft äußern.
Ein kugeliges Daumennagelglied bedeutet, daß der Wille mit viel Gefühl getragen wird, eher emotional. Menschen also, die gegen Kritik empfindlich sind.
Ein spitzes Daumenglied, meist länger, läßt dagegen auf Launenhaftigkeit schließen, wenn etwa das Ziel nicht mit dem ersten Schuß ins Zentrum erreicht wurde.

Ein abgeflachter Daumen im Nagelglied ist so gut wie immer ein Zeichen für Nervosität. Das sind Leute, die immer etwas tun wollen, je mehr, je länger der Daumen, und sie sind förmlich gereizt, wenn sie nichts tun dürfen oder können. (Sie sind zusätzlich oft die unleidlichsten Patienten, die eine ganze Familie krank machen können. Ins Krankenhaus abgeschoben, stellen sie dieses auf den Kopf). Ist das Nagelglied zu kurz (im Verhältnis), dann wird man diesen Men-

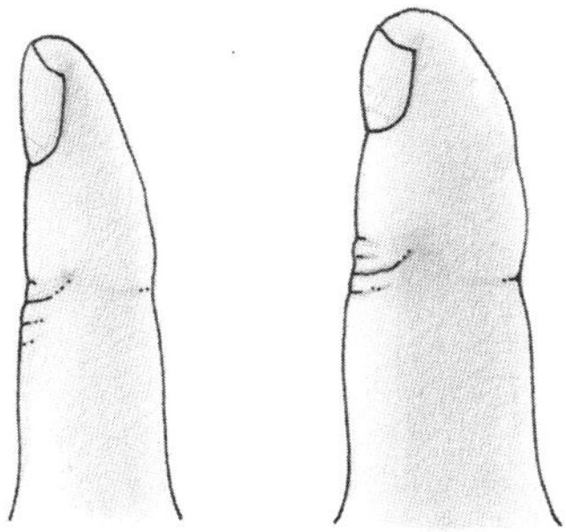

Dickes und flaches Daumennagelglied

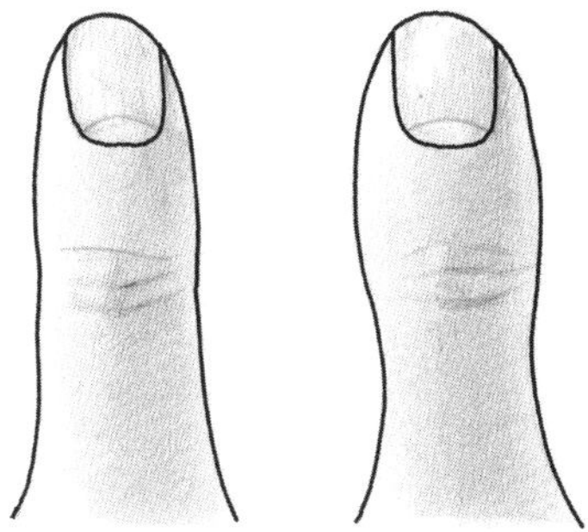

gerade *tailliert*

Daumenunterglieder

schen oft fragen müssen, ob er überhaupt weiß, was er will.
Halten wir fest: Das Daumennagelglied sagt uns etwas über die Willensumsetzung aus, mit welcher Energie, welcher Kraft und wie (nervös = abgeflacht oder in sich ruhig = dick und rund) dies vorgenommen wird.
Da die Zielanvisierung des Willens auf dem Verstand aufbaut, müssen wir beide Glieder im Zusammenhang sehen. Gibt uns das erste (oberste) Glied die Zielrichtung an, so können wir im zweiten Glied mehr die verstandesmöglichen Grundlagen ablesen. Etwa wenn dieses Glied stark und rund ist, sehr kräftig wirkt, dann kann man sagen, der Verstand, die Vernunft ist robust; sie geht einen direkten Weg nach dem Motto: Niedergeschlagen zu werden ist nicht schlimm, schlimm ist es, liegen zu bleiben.

Ein mehr tailliertes Daumenglied zeigt eine „vernünftige" Einstellung. Diese Menschen gehen eher diplomatisch vor. Leute mit tailliertem Glied können sich – und dies ist das Entscheidende – zurücknehmen, also klüger sein, sie platzen nicht so robust heraus. Sie sind taktvoller, oder hier ersetzt die Diplomatie oft die Kraft. Im Gegensatz dazu meinen die Menschen mit breitem und geradem Glied eine taktvolle Diplomatie nicht nötig zu haben. Dies gilt nun im Grunde für alle Taillierungen, die wir in den Fingerbereichen antreffen. Es geht um eine Möglichkeit der freiwilligen Einschränkung. Jeder, der aus der Hand etwas herauslesen will, muß das Bild der Hand, ihre Einzelteile und Gliederungen aufnehmen. Es muß bildlich gedacht werden, dann kommt man auf diesem Gebiet am weitesten.

Das soll am Beispiel des Daumens noch einmal zusammenfassend dargelegt werden. Der Daumen als Ganzes symbolisiert unseren egozentrischen Trieb, unsere Willenskraft, die Kraft des Wollens schlechthin. Das Nagelglied gibt uns Auskunft über das Gewünschte, also die Zielrichtung. Und nun braucht man nur mit diesem Wissen das Optische wahrzunehmen: Breitet sich das Nagelglied oben aus (Spatelform), dann ist das Ziel sehr weit, ja umfassend, das man sich vorgenommen hat. Ist das Glied eckig, dann besteht eine klare Abgrenzung, diese Menschen sehen das Reale, sie kennen ihre Grenzen. Ist das Nagelglied kugelig, dann konzentriert sich die Kraft des Willens auf bestimmte Gebiete; und sie konzentriert sich auf wenige Centren, wenn das Glied fast spitz zugeht. Letzteres heißt oft aber auch *alles oder nichts,* denn wenn hier etwas verloren geht, ist alles verloren.

Dazu kommt die Betrachtung von der Seite. Flacht das Glied nach oben ab, dann besteht eine große Nervosität, auch eine Feinfühligkeit, eine Sensibilität, aber auch eine Anfechtungsgefahr. Bleibt das Nagelglied des Daumens bis oben hin rund, dann hat dieser Mensch viel Kraft, die ihm Ruhe gibt, aber er ist weniger feinfühlig oder kann sich weniger gut an etwas herantasten.

Daher können wir dann – immer am Bilde bleibend – sagen: Je breiter das Nagelglied, je kräftiger zeigt sich der Wille; kraftvoll, aber auch plump, zupackend, doch auch alles andere wegdrückend.

Je feiner das Nagelglied, um so feiner die Zielrichtung, auch der kluge Einsatz, die Überlegung, oft gezwungenermaßen, weil es an der Grundkraft fehlt.

Damit ist noch lange nicht gesagt, wer weiterkommt. Oft sind es gerade die Menschen mit taillierten Daumen, die kugelig oder spitz am Nagelglied ausgebildet sind, und vielleicht auch abflachend. Diese Menschen müssen eben denken, müssen vorsorgen, müssen ihre Zeit gezielt nutzen. Also:

Spatelform = ausbreitend,
Eckform = begrenzt, aber vorwärtsrollend,
Kugelform = erst Konzentration, dann überrollend,
Spitzform = alles auf eine Karte setzend, wohl wissend, daß dies die einzige Möglichkeit ist, hohe Ziele anzuvisieren.

Betrachten wir das untere Daumenglied, das uns ja die Grundkraft und auch die verstandesmäßige Einsatzrichtung anzeigt. Ist dieses Glied breit und dick, dann besteht ein gesunder Wille, der sich ziemlich hemmungslos auch in Gedanken ausbreitet, der kaum gewillt ist, Rücksicht zu nehmen, ja nicht einmal daran denkt. Ist dieses Glied tailliert, dann ist dies ein Zeichen für das Zusammennehmen, für ein Durchdenken, diese Menschen nehmen auf, lassen herein, was an sie herangetragen wird.

Breitform = Kraft und Robustheit,
Taillierung = Auf- und Zurücknehmen (sich).

Es geht hier also um die Trieblogik, die zwar Vernunftszüge hat, aber nicht vom Verstand gesteuert wird, nämlich den eher animalischen Trieb, den jeder von uns kennt, wenn es – wie schon gesagt – um sogenannte Primärbedürfnisse geht, wie

Essen, Trinken und die Sexualität. Wer kennt nicht den Ausspruch: „Der Geist ist willig, aber das Fleisch ist schwach". Dieser Trieb ist hier verankert. Auch da gibt es ja jeweils mehr oder weniger starke Hemmungen, und diese sind im unteren Daumenglied zu erkennen. Ist dieses Glied rund, breit, muskulös, stark, dann sind die Hemmungen längst nicht so vorhanden, als wäre es tailliert.
Aber wenn es um tiefe Lebensbedürfnisse geht, wissen wir ja, wer der Stärkere ist: meist derjenige, der Triebhemmungen im Antriebs- und Befriedigungssinn nicht kennt. Das sind immer die ersten an der Futterkrippe. Und in einem noch so feinen Lokal ist es eine freudige Bestätigung zu sehen, wer zuerst am kalten Buffet steht, und wer als erster wieder zum Buffet geht, um sich einen Nachschlag zu holen. Es sind – mögen Ausnahmen auch die Regel bestätigen – die Menschen, die einen kräftigen Daumen aufweisen. Und es sind dieselben unter den Männern, die keine Scheu haben, Frauen, die sie kaum kennen, einen eindeutigen Antrag zu machen. Und Frauen mit einem derartigen Daumen fallen oft in einer Gesellschaft auf, weil sie so direkt und eindeutig flirten können. Damit ist natürlich nicht gesagt, daß bei diesen Menschen der Verstand nicht richtig funktioniert. Es geht ja hier nur um den Daumen, und die Beurteilung eines Menschen erfolgt nach der ganzen Hand.

Das Nagelglied visiert also, wie alle Nagelglieder, das Ziel an, das zweite Daumenglied – sonst das mittlere Glied – sagt etwas über den Weg aus, der von der uns innewohnenden Kraft bestimmt wird. Sicher kommen oft Menschen weiter, die weniger Kraftsubstanz haben, die dann aber diese ihnen mangelnde Substanz durch andere Kräfte ersetzen.

Denn ein großer Daumen sagt noch nichts über den Sieg, den ersten Platz aus; er teilt uns aber etwas über die Startchancen mit, die in jedem liegen. Meist nehmen ja Menschen mit taillierteren Daumen hohe Positionen und Stellungen ein. Aber zu kurz sind diese Daumen dann trotz allem nicht. Oft ist es gar nicht so leicht, sich an seinem eigenen Daumen zu erkennen, weil es ja sowieso schwer ist, halbwegs objektiv über sich zu urteilen. Ja viele Menschen, die man bittet, ihre Hände auf den Rücken zu legen und dann ihren Daumen zu beschreiben, kommen ganz schön ins Schwitzen, da sie diese Aufgabe nicht lösen können! Man lege seinen Daumen nur einmal auf ein Stück Papier und versuche mit einem Bleistift diesen Daumen zu ummalen. Viele werden feststellen, daß sie ihren Daumen – von oben gesehen – gar nicht so einfach auf das Papier legen können, das geht oft nur, wenn sie den Daumen am Tischrand auflegen, da nun die Hand gedreht werden kann. So lernt man dann erst einmal bewußt seinen Daumen kennen. Zieht man seine Konturen nach, wird man erstaunt sein, denn der Daumen wirkt so recht klein.
Am besten ist, man hält seinen Daumen senkrecht vor den Augen gegen ein Licht, dann wird die Form deutlich. Und man probiere hinterher, wie der Daumen sich bewegen läßt. Das lasse man auch diejenigen ausführen, deren Daumen wir deu-

ten wollen. Die Schlußfolgerungen sind hier einfach. Ein starrer Daumen verrät Starrheit, auch im Willen. Diese Menschen von ihren Entschlüssen abbringen zu wollen, ist oft verlorene Müh. Beweglicher zeigen sich die Handeigner, deren Daumen ebenfalls beweglich ist, wenn man auch nicht wünscht, daß er zu locker herumtanzt. Man hat es dann möglicherweise mit einem lockeren Vogel zu tun.

Zwischen den beiden Gliedern finden wir manchmal einen Knoten. Daraus können wir folgern, daß im Willenscharakter dieses Menschen eine Barriere, ein Hindernis, eine Chance der Besinnung besteht. Bei einem ausgeprägt starken, robusten Daumen kann das durchaus eine echte Chance sein, weil eben doch Hemmungen auftreten, weil nicht jeder Grundwille sofort nach oben herausschießt. Hier findet man im Charakter – in bezug auf den Antrieb – Hemmschwellen, die auch Denkungspausen genannt werden können. Oft zögern diese Menschen dann sich loszulassen. In der Liebe fragen da etwa besessene Männer, ob es der Partnerin auch recht wäre. Ohne Knoten würden sie sicher nicht auf den Gedanken kommen. Auch hier das Bild: Jeder Knoten muß gelöst werden, aber jede Knotenlösung führt einen weiter. Alexander der Große hatte im Daumen sicher keinen Knoten zwischen den Gliedern, deswegen nahm er sein Schwert und durchschlug den gordischen Knoten. Die Knoten am Daumen sind nicht einmal stark ausgeprägt, aber es wirkt so, als staue sich etwas in dem Daumengelenk.

Beachten müssen wir noch, daß das untere Daumenglied ja eine direkte Beziehung mit dem Daumenballen hat, mit dem Venusberg, wo also Antrieb und Gefühl zusammenstoßen. Das wird mehr bei der Innenhand zu beschreiben sein, aber wir können schon sagen, daß ein bewegliches unteres Daumenglied Beweglichkeit des Willens zum Gefühl verrät, während ein starres Glied eine gewisse Starrheit zwischen Gefühl und Trieb erkennen läßt. Ein starres unteres Daumenglied läßt fast immer auch auf Eigenbrötlerei schließen, und jeder weiß ja, wie sich das dann in einer Gefühlsverbindung auswirken kann. Sehr untersetzte Daumen also weisen schon auf eine gewisse Problematik in der Liebe hin, wobei sich die Liebe, zu der ein Mensch fähig ist, nicht in der Hand zu erkennen gibt, denn da zündet ja etwas vom Partner mit! So sind grundsätzlich alle Handeigner zur Liebe fähig – nur kämpfen eben viele in so einer Lebensbeziehung viel mit sich, was sich später in der Hand zeigen kann. Selbst starre Daumen können dadurch (bedingt) beweglicher werden.

Der Daumen sagt uns also viel, mehr als jeder andere Finger; aber er sagt uns – wie ein weiser Handdeuter einmal formulierte – mehr aus der Vorzeit der Zivilisation, die ja auch in uns lebt, wenn mancher auch meint, diesen Zustand schon überwunden zu haben. Das ist nicht der Fall, und der Daumen erinnert die Menschen stets daran. So ist es sicher gut bei der Fingeranalyse mit dem Daumen zu beginnen, weil wir da am Ursprung des Handelns sind. Der Ursprung selbst liegt in der Tiefe der Hand, das

werden wir noch erläutern, aber der Ursprung der Tat, des Tuns, der wird im Daumen sichtbar.
Auf den Antrieb folgt die Verwirklichung und Umsetzung der Kraft in der Entfaltung, die wir im Zeigefinger ersehen können.

Der Zeigefinger

Der Zeigefinger ist das Glied der Hand, welches in punkto Gebärden und Gesten unbewußt am meisten eingesetzt wird. So ist es der Zeigefinger – obwohl nicht so auffallend abgesetzt wie der Daumen –, der uns einen Eindruck des Menschen, mit dem wir es zu tun haben, vermittelt. Das Wort *Zeige*finger sagt über die Bedeutung schon Entscheidendes aus. Dieser Finger *zeigt* uns also etwas an. Was? Vielleicht welchen Standpunkt der Mensch vertritt, wenn er mahnt oder uns auf etwas hinweisen will?
Der Zeigefinger liegt nahe dem Daumen, ist also mit dem Antriebswillen nahe verwandt; nicht ohne Grund führen ja Daumen und Zeigefinger viele Gesten gemeinsam aus. Aber der Zeigefinger ist stets viel höher angesetzt als der Daumen, es geht also schon mehr um das Ziel (mehr oder weniger im Gleichklang mit den anderen Fingern). Es ist der Finger des Jupiter, der Finger unserer Entfaltung, der uns den Sinn anzeigt, die Sinnrichtung. So kann man folgendes auf einen Nenner bringen: Je stärker der Zeigefinger eines Menschen im Verhältnis zur Hand ausgebildet steht, um so stärker seine Sinnsuche oder die Sehnsucht nach Sinnerfüllung. Hier ist auch die Anerkennung zu ersehen, die jemand anstrebt, es geht also um viel mehr als nur um die Durchsetzung des Antriebes. Es geht um die Achtungssuche, um das Echo, das jeder für sich braucht. Wer seinen Zeigefinger viel hebt, der will auf seine Meinung aufmerksam machen, der glaubt anderen viel zu sagen zu haben. Und wer seinen Zeigefinger oft *erhebt*, der ist von erzieherischen Gelüsten getrieben, ob er es zugibt oder nicht.

Gott mahnt uns mit dem Zeigefinger, so empfinden wir es. Nicht selten wurde ein hoher Kirchturm oder ein anderer hoher Turm vom Volksmund mit dem Namen „Zeigefinger Gottes“ belegt. Auch auf vielen Gemälden ist Gott mit erhobenem Zeigefinger dargestellt. Gott richtet. Jupiter war in den Mythen der oberste Richter, der mit Donner und Blitz strafte. Und die Jupiterkraft symbolisiert zusätzlich zur Entfaltungskraft auch den Drang nach einer höheren Gerechtigkeit. Wie sehr dies allgemein ausgeprägt ist, geht allein aus der Tatsache hervor, daß das unterste, also das Wurzelglied des Jupiterfingers von allen Fingergliedern in der Regel das stärkste ist – vom Daumen abgesehen. Wenn nicht, ist dies ein besonders markantes Zeichen. Dann können wir nämlich gut ersehen, welche Grundkraft sonst am stärksten ausgebildet ist. Es besteht ja wohl kein Zweifel daran, daß sich dies dann auch charakterlich auswirken muß.
Der Zeigefinger mahnt, er wirkt oft lehrend oder lehrhaft (je nach Niveau der Handeigner). Er kann aber auch beschwörend eingesetzt werden. Mit ihm rufen wir andere Menschen zu

uns, wobei die Gebärde befehlend oder liebevoll sein kann. Zeus-/Jupiterstatuen waren oft mit einem (über)starken Zeigefinger ausgestattet, und nicht ohne Grund legen wir uns diesen Finger auf den Mund, wenn wir vorlaut waren oder etwas sagten, was besser nicht gesagt wäre. Oft heißt diese Geste: Ach, wenn ich doch geschwiegen hätte!
Wenn sich Daumen und Zeigefinger berühren, dann verbinden sich also die Kräfte des Antriebes mit der Entfaltung, dann wird das Ziel (von dem vielleicht gerade gesprochen wird) mit allen Willenskräften angestrebt. Der Wille findet über den Zeigefinger seinen Weg und seine Befriedigung. Über das Reiben vom Zeigefinger am Daumen, wenn Materielles im Spiel ist, sprachen wir schon, aber auch Feinschmecker gebrauchen diese Geste, um auszudrücken, daß ihnen etwas ganz besonders mundet. Diese Geste ist eine Belobigungsgeste. Andererseits die Gebärde: Bei all meinem Tun muß etwas herauskommen! Daumen und Zeigefinger sind ja völlig auf der Ich-Hand gelagert (mehr davon bei der Innenhand). Hier geht es also um das Ich in der Durchsetzung, wenn auch der Zeigefinger schon ausgleicht, indem er den Däumling unter die Kontrolle eines Sinnes, einer Entfaltungsrichtung nimmt.
Wenn wir andere beleidigen wollen, indem wir ihnen *einen Vogel zeigen,* sagen wir gleichzeitig, daß in unserem Kopf mehr enthalten ist. Aber dieser Finger weist dem Fragenden auch eine Richtung, und nicht nur im äußeren Sinn. Hinweisen ist mehr als nur die Wegrichtung anzugeben. Und wir legen unseren Zeigefinger an die Stirn, wenn uns etwas klar wird. Schießt uns ein Einfall durch den Kopf, dann hebt sich unser Zeigefinger unbewußt. Er unterbricht auch das eigene Handeln, wie das der anderen. Hier achte man einmal auf hitzige Diskussionen, denen man persönlich oder per Bildschirm beiwohnt! Und daher ist es oft auch entscheidend, wie der Zeigefinger gehalten wird. Ist er leicht zu sich nach innen gebogen, dann geht es diesen Menschen mehr um die eigene Richtung. Biegt er sich mehr nach außen, dann ist die allgemeine, unpersönliche Sinnrichtung wichtig. Ist er gerade, hält sich dies die Waage.
Zeigefinger, die in Diskussionen immer leicht nach innen gebogen erscheinen, verraten nicht nur Eigennutz (geistig wie materiell), sondern lassen auf einen inneren Hochmut schließen, denn diese Menschen sehen überwiegend ihre eigene Person als Maßstab an, es ist kaum zu erwarten, daß sie sich in ihrer Grund- Sinn-Richtung ändern dürften.

Von der *Außenhand* her betrachtet darf nie übersehen werden, ob der Zeigefinger länger als der Ringfinger wirkt. Von der *Innenhand* her ist er ja sowieso vom Anblick immer der längere Finger (Ausnahmen sind höchst selten). Ist der Zeigefinger von außen kleiner einzuschätzen als der Sonnenfinger, dann überwiegt die ideelle Grundrichtung dieses Menschen, aber wirkt der Zeigefinger auch in der Außenhand länger, dann steht das Ich recht egozentrisch im Vordergrund. So leicht werden sich diese Menschen nicht unterordnen, auch nicht in einer Liebesbindung.

Allein an diesen Beobachtungen ist also zu erkennen, wie viel durch einen flüchtigen Blick, der keinem verwehrt werden kann, an diesem Finger für die Grundveranlagung, den Charakter, für die Sinnrichtung zu erkennen ist. Und hebt etwa jemand so gut wie nie seinen Zeigefinger, dann ist er sich seiner Sache kaum je sicher, so daß er sich nicht zu melden traut.

Der Zeigefinger wird auch als Denkfinger bezeichnet, aber eine Denkkraft oder Begabung ist hier nicht zu erkennen. Doch es geht um den Wert des Nachdenkens, der in einem Menschen vorhanden ist. Wer innerlich tief nachdenkt, wer sich auch nicht schämt, dies vor anderen zu zeigen, der legt seinen Zeige-Denkfinger oft zwischen die Augen an die Stirn, weil anscheinend dort die Verbindung mit dem Denkzentrum am leichtesten aufgenommen werden kann, oft in Verbindung mit dem Mittelfinger. Für Blinde ist der Zeigefinger unentbehrlich; und auch wer nachts im Dunkeln herumtastet, benutzt ihn.

Der Menschenkenner entdeckt also über diesen Finger viel, auch ob sich jemand bei seinen Gefühlen ertappt fühlt, weil dann meist der Zeigefinger schnell auf die Nasenspitze zu liegen kommt; dies ist auch zu sehen, wenn jemand seine Gefühle zurückhält. Bei koketten Menschen (hier insbesondere bei weiblichen Wesen) findet man diese Geste oft. Das sind die Frauen, die sich viel aggressiver geben, als sie sind. Werden sie beim Wort genommen, halten sie sich zurück, indem sie mit ihrem Zeigefinger an der Nasenspitze sich selbst mahnen, nicht zu vorwitzig zu sein. Dies ist schön kokettierend in der Wirkung, weil nun jedermann, der der Zeigefingerspitze folgt, Augen und Mund dieses Menschen ins Visier nimmt. Hierbei ist es höchst interessant, daß unsere Nase ja Beziehungen zum Sexualtrieb aufweist, daß man von der Nase her auf ein jeweiliges Verhalten in dieser Beziehung schließen kann.

Wie sehr der Zeigefinger vom Menschen bei geistigen Tätigkeiten unbewußt benutzt wird, ergibt sich ferner aus der Tatsache, daß viele Menschen beim Lesen mit dem Zeigefinger die Zeilen verfolgen oder unterstreichen, hier zeigt dieser Finger wahrlich etwas an. Aus all dem geht hervor, daß der Zeigefinger in sich möglichst harmonisch wirken sollte (damit der Fingereigner), wenn er mahnend und zeigend gebraucht wird. Dieser Finger gibt nämlich auch Auskunft über die Autorität des Besitzers. Jemand mit sehr kräftigem Jupiterfinger wird sich kaum unterordnen, stattdessen möchte er sicher den Ton angeben, die erste Geige spielen. Einen auffallenden Jupiterfinger finden wir häufig bei Politikern, Lehrern und Richtern, dann auch bei Offizieren und herrschaftlichen Chauffeuren. Hier ist der Wille also nicht mehr ziellos, sondern sinnausgerichtet.

Zielstrebigkeit drückt sich hier also aus. Und Stolz! Das ist noch ein wesentlicher Punkt. Bei starken Zeigefingern ist Vorsicht geboten, den Stolz des Trägers irgendwie zu verletzen, da reagieren sonst recht humor- und gemütvolle Personen sehr empfindlich, hart und oft mit starker Abwehr. Besonders dann übrigens, wenn dieser Finger noch

mit einem Ring geschmückt ist, das allein spricht Bände. Da achte man aber nicht nur auf die Frauen, sondern auch auf Vertreter des sogenannten starken Geschlechtes.
Die Länge sagt etwas über die hohe Selbsteinschätzung aus, oft ist sie zu groß, als daß sie richtig ausgefüllt werden kann. Zu kleine Jupiterfinger lassen dagegen auf Minderwertigkeitskomplexe schließen. Gebrauchen aber gerade diese Personen den Zeigefinger sehr auffallend, dann versuchen sie ihre Minderwertigkeitskomplexe zu übertuschen, den Selbstzweifel, der sie quält, zu überspielen. Auch hier also gilt es Größe, Stärke und Gebrauch in der Kombination richtig zu erkennen, um zu einem guten Urteil zu kommen.
In allererster Linie verrät uns dieser Finger den jeweiligen *Geltungsanspruch* eines Menschen. Eine große Hilfe für Personalchefs, für Teamführer oder Direktoren, die sich eine gute rechte Hand heranziehen wollen. Graue Eminenzen haben einen durchschnittlichen Jupiterfinger, die drängt es nicht so hinaus.

Das zweite wesentliche Merkmal: die Beweglichkeit. Wie beim Daumen gilt: starrer Finger gleich starrer Entfaltungsdrang, nicht sehr beweglich, nicht flexibel. Für die gegenteiligen Eigenschaften bedarf es eines beweglichen Zeigefingers, diese Menschen nehmen Anregungen auf, verschließen sich nicht den Einsichten, und sie wissen, daß man allein nichts erreicht, sondern daß jeder von irgendwem abhängig ist, und das vergessen sie nie!
Es sei noch darauf hingewiesen, daß der Zeigefinger oft als **erster** Finger in die Literatur eingegangen ist, da man den Daumen aus der Fingerhand herausnahm.

Jupiterfinger lang und mächtig:
Machtstreben, Zielbewußtsein, Ehrgeiz, Führungsanspruch, Stolz, autoritäre Art, Unabhängigkeitsdrang.
Bei Überlänge können obige Eigenschaften ins Negative umschlagen.

Jupiterfinger kurz: (wirkt in der Außenhand kürzer als der Ringfinger).
Eher unauffälliges Streben. Autorität aus dem Hintergrund (graue Eminenzen), offene Machtkämpfe werden gescheut. Stilles Arbeiten, Auseinandersetzung mit eigenen Minderwertigkeitskomplexen.

Jupiterfinger breit:
Streben nach breiter Grundlage. Abstützung wird gesucht. Genußfreudigkeit. Oft kann diesen Menschen ein Genuß und ein bequemes Leben lieber sein als eine hohe Position, die Opfer verlangt.

Jupiterfinger schmal:
Bereitschaft zur Askese, wenn dadurch das Ziel besser anvisiert werden kann. Opferbereitschaft, wenn ein Sinn dahintersteht. Diese Menschen vermögen auch die kleinste Chance zu ergreifen, nur fehlt ihnen oft die robuste Kraft, um bestehen zu können.

Ein weiteres Merkmal ist nun, ob der Zeigefinger gerade in die Höhe strebt oder ob er sich mehr zum Daumen beziehungsweise zum Mittelfinger biegt oder anlehnt.

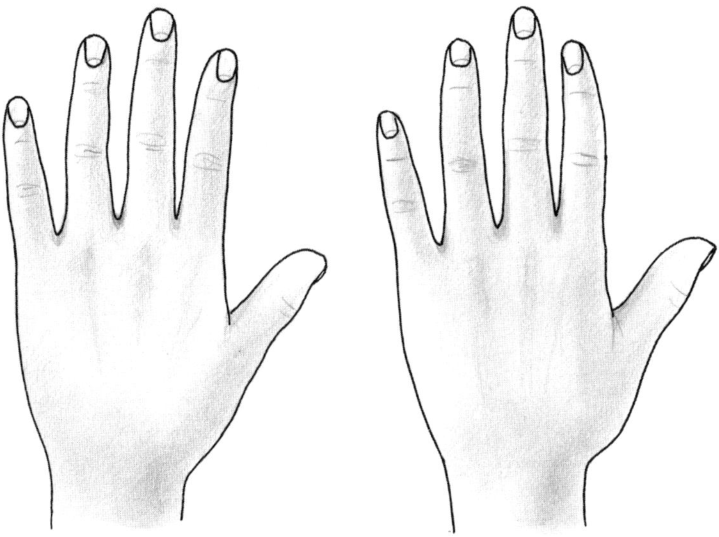

Zeigefinger nach außen und innen

Da wir bei der Handdeutung immer vom Bild ausgehen, ist auch hier die Schlußfolgerung nicht schwer zu finden.

Zeigefinger zum Daumen gerichtet:
Unabhängigkeitsstreben, Egozentrik, persönliche Ausbreitung. Eigene Vorstellungen werden (manchmal) auch rücksichtslos durchgesetzt.

Zeigefinger zum Mittelfinger gerichtet:
Verantwortungsstreben, soziales Denken. Rücksicht nehmen im Ehrgeizstreben. Pflichtgefühl, woraus dann nach Erfüllung Autorität erwächst. Ernst.

Zeigefinger gerade – nicht anlehnend:
Stolz und feste Überzeugung. Menschen, die stets den kurzen Weg wählen. Umwege sind ihnen verhaßt, schnelle Wunscherfüllung wird angestrebt.

Ein Vorurteil sei hier gleich widerlegt, das auch in modernen Handdeutungsbüchern zu finden ist: Gebogene Finger würden auf einen krummen Charakter hindeuten. Krümmungen in der Hand geben Deutungstendenzen wieder, zeigen etwas von einer Anlehnung zweier Kräfte. Nun kann einem durchaus eine Hand begegnen, da in einem Finger zwei Richtungen zu erkennen

sind. Vielleicht neigt sich der Zeigefinger erst zum Daumen, dann zum Mittelfinger. Dies heißt *nicht* krummer Weg, sondern diese Menschen haben die Neigung, zuerst einmal unabhängig sein zu wollen, um dann doch die Einsicht zum verantwortungsvollen Handeln zu bekommen. Die Veranlagung eines Menschen ist nun einmal zwiespältig. Wenn sie so klar wäre, brauchten wir keine Deutungshinweise, kein Studium der Menschenkunde, die zur Menschenkenntnis führen soll, und jeder wüßte mit jedem gut auszukommen.
Menschen mit langem Zeigefinger zeigen nun stets einen hervorstechenden Stolz, auch auf ihren langen Jupiterfinger übrigens. Dabei äußern sie sich im Urteil über andere oft sehr penibel, sehr kleinlich, weil sie wohl nur das eigene Handeln als rechtes Handeln ansehen *können.* Handeigner mit kleinerem Zeigefinger sind oft großzügiger, nehmen allerdings Einzelheiten nicht so wichtig, das macht sie sympathisch. Daher übersehen sie viel auf ihrem Weg nach oben und fallen immer wieder zurück. Alle Eigenschaften haben eben jeweils zwei Seiten, so daß es immer einen Ausgleich gibt.

Nun müssen wir uns den einzelnen Gliedern zuwenden, die ja uns weitere Differenzierungen zeigen. Ab dem Zeigefinger haben wir es mit jeweils drei Fingergliedern zu tun, wobei wir den Fingerberg, der eventuell als viertes Glied anzusehen wäre, erst bei der Beschreibung der Innenhand ausdeuten.
Erinnern wir uns: Der Handrumpf sagt uns etwas über die Grundkraft aus. Die untersten Fingerglieder nun, wie diese Grundkraft aufgegliedert ist. Jedes Grundglied gibt uns also Auskunft über die jeweilige Energie und Einsatzkraft: in punkto Zeigefinger die Energie, die für die Entfaltung zur Verfügung steht.
Das mittlere Glied zeigt uns, wie diese Kraft mit Verstand bewußt umgesetzt wird, um (beim Zeigefinger) die Entfaltung zu verwirklichen. Hier sieht man also, wie in Verbindung mit dem Wurzelglied die Gaben verwendet werden. Das Nagel- oder das obere Glied – visiert das Ziel an, klärt uns aber auch darüber auf, wieviel Kraft noch vorhanden ist, wenn das Ziel erreicht und erkämpft werden soll.
Sind die unteren beiden Glieder zwar stark, so daß wir von einer guten Grundkraft und einer Kraft des Umsetzens in eine bewußte Richtung sprechen können, kann diese Kraft am Ziel aufgebraucht sein. Hier ist also auch etwas von der Energiereserve erkennbar, die letztlich den Erfolg entscheidet, die Reserve, die es zu mobilisieren gilt, wenn es darauf ankommt. Und hier ist damit dann auch zu sehen, wie die jeweiligen Handeigner in ihre Um- und Außenwelt zu wirken vermögen.

Das Wurzel- oder Grundglied
gibt uns die Grundkraft an, damit auch die Begrenzung. Starkes Glied: starke Grundkraft. Schmales Glied: Einteilung der Grundkraft ist notwendig, da jeder Baum nur so hoch in den Himmel wachsen kann, wie es seine Wurzeln erlauben. Ist dieses Glied das stärkste aller Fingerglieder (außer dem Daumen), dann wird der Handeigner durchaus über eine gute Entfaltungskraft verfügen, da wir ja die Glieder – wie alles in der Hand –

im Verhältnis zum ganzen Körper sehen müssen. Ist aber dieses Glied etwa kleiner und schmaler als das Wurzel- und Grundglied des Saturnfingers, dann dürfte die Zähigkeit, aber auch das Festhalten an den Gegebenheiten stärker als der Entfaltungsdrang sein, dann werden sich diese Menschen wohl eher begnügen und weniger Ehrgeiz ins Weiterkommen als in die Bewahrung investieren.
Gestandene Autorität bedarf also einer Grundkraft, aber Autorität kann auch daher kommen, wenn jemand über sie hinauswächst. Ist das mittlere Glied des Zeigefingers ausgeprägter, länger, dann besteht die Möglichkeit, daß diese Handeigner mit ihrem bewußten Einsatz aus ihrem vielleicht nicht so großen Kapitel der Grundkraft viel gemacht haben. Diese Menschen können sich aber selten auf sich allein verlassen. Hierzu bedarf es eines dicken Wurzel-Grundgliedes des Jupiterfingers. Auch hier ist nicht mit dem Millimetermaß nach Länge und Breite zu messen und zu rechnen, die Fülligkeit spielt insgesamt eine Rolle, wobei wir nur vom Anblick der Außenhand sprechen.

Das Mittelglied
sollte im rechten Verhältnis zum Grundglied stehen. Viele Mittelglieder zeigen sich länger, also auf einen Ehrgeiz hinweisend mit allem Bewußtsein über sich hinauszuwachsen. Hier kommt es nun darauf an: Ist dieses Glied ausgefüllt, füllig also, oder leicht tailliert? Letzteres deutet auf Klugheit hin, seine eigenen Grenzen zu kennen, sich zurückzunehmen, und nicht wie ein Poltergeist Karriere machen zu wollen. Dieses Glied verrät, wie der Ehrgeiz verwirklicht wird. Ist das Glied lang und kräftig, dann ist der Handeigner nicht träumend, sondern waltet mit Vernunft und Verstand. Hält sich dieses Glied mit dem Grundglied die Waage, dann besteht ein gutes Verhältnis zwischen spontanem Ehrgeiz und bewußter Umsetzung. Ragt das Grundglied heraus, schluckt es sozusagen das Mittelglied, dann wird dieser Handeigner sehr an seiner bewußten Verwirklichung der Pläne und seiner Entfaltung arbeiten müssen. Es ist auch wichtig, ob dieses Mittelglied sich harmonisch der ganzen Hand anpaßt. Immer wenn etwas herausfällt – was meist auf den ersten Blick zu registrieren ist –, dann haben wir es mit einem bedeutenden Omen zu tun. Was in sich harmonisch gestaltet ist, das zeigt ein gutes Zusammenspiel von Kräften und Richtungen.
Ist das Mittelglied sehr lang, dann ist wohl zu bewußter Ehrgeiz vorhanden; diese Menschen werden schwer ihre Grenzen einsehen oder gar akzeptieren. Sie geben weniger auf die Intuition als auf das Durchdenken und können sich da im Kreise drehen, ohne den richtigen Durchbruch zu finden, den eine Idee, ein Einfall, ein Gag oft weist. Immerhin wird hier immer versucht, das Machbare zu verwirklichen, wobei Jugendideale oft vergessen oder schnell aufgegeben werden. Ist dieses Glied kurz, dann könnte es sein, daß zu wenig gedacht wird, was die Entfaltung angeht, daß die Grundkraft des Wurzelgliedes sich zu emotional äußert. Hier wird auch die Gefahr bestehen, sich vor den zu erfüllenden Pflichten

zu drücken, alles wird als Hemmschuh empfunden. Diese Menschen lehnen oft Arbeit ab, – selbst wenn sie keine haben –, weil sie nicht erkennen, daß sie das weiterbringt. Sie können sich schwer vorstellen, daß auch Umwege zum Ziel führen können, ja oft schneller als der direkte Weg. Diese Menschen wollen meist Hindernisse überspringen und nicht wegräumen. Das sind die Sportler, die – noch so begabt – lieber gar nicht trainieren als auf Sportplätzen, weil dort die Verletzungsgefahr zu groß ist. Am Ende wundern sie sich, daß sie nicht ihrer Begabung gemäß siegen, dann ist das ungerechte Schicksal schuld.

Das Nagelglied
sagt mit am meisten aus, weil hier abzusehen ist, welche Kraft dem Fingereigner letztlich zur Verfügung steht, um sein Ziel zu erreichen. Ein breites, spatelförmiges Nagelglied auf einem im Verhältnis schmalen Zeigefinger (oder Fingern allgemein) spricht für eine Endspurtkraft, die nicht unterschätzt werden darf. Diese Menschen können Reserven anlegen, das heißt ihre Kräfte gut einteilen. Ist dieses Glied harmonisch eingefügt, dann spricht dies für eine Kraft, bei der Erreichung seiner Ziele nicht zu egozentrisch vorzugehen. Ist das Glied sehr lang, spielt Ideelles eine große Rolle. Ist es sehr kurz, dann mag dies ein Anzeichen dafür sein, daß diese Fingereigner kurz vor dem Ziel vor der letzten Konsequenz zurückschrecken. Aber entscheidend ist doch die Form.
Daher noch einmal die vier Hauptformen der Nagelglieder, die nun für alle Finger gelten.

Ein spatel- oder spachtelförmiges Nagelglied verrät am meisten Endspurtkraft, das Ziel zu erreichen. Eine Ausbreitung ist zu sehen, kaum Bescheidenheit oder Genügsamkeit. Hier kann sogar von einer Streßgefahr gesprochen werden, wenn die unteren Glieder insgesamt zu dünn oder zu fein geraten erscheinen. Diese Menschen arbeiten in eigener Verantwortung, auch wenn sie angestellt sind, aber sie geben sich auch aus. Man findet solche Fingereigner oft an der Spitze eines Teams oder in anderen führenden Positionen, ihr Führungsanspruch ist nicht gerade gering zu nennen, aber sie gehen stets mit gutem Beispiel voran.

Viel elementare Kraft zeigt auch das eckige Glied (natürlich muß auch hier stets auf Mischformen geachtet werden), aber diese Menschen können sich in der Realität beschränken, um ihre Kraft nicht so ungestüm, sondern geordneter einzusetzen. Hier ist also der Ehrgeiz nicht so überschnappend, nicht so grenzenlos wie bei einem spatelförmigen Nagelglied. Ist dieses aber lang und eckig, dann haben wir die Menschen, die sehr penibel sind, die wissen, daß man keine Kleinigkeit übersehen darf, um echten Erfolg zu haben. Sie leisten Generalstabsarbeit. Dabei wahren diese Handeigner stets die Form, sie werden sich selten taktlos vergaloppieren.

Das abgerundete, eher konische Nagelglied, das eine Kugelform aufweist, deutet darauf hin, wie sehr sich diese Fingereigner anpassen können, dabei vermögen sie sich sogar zeitweise in ihren Plänen einzu-

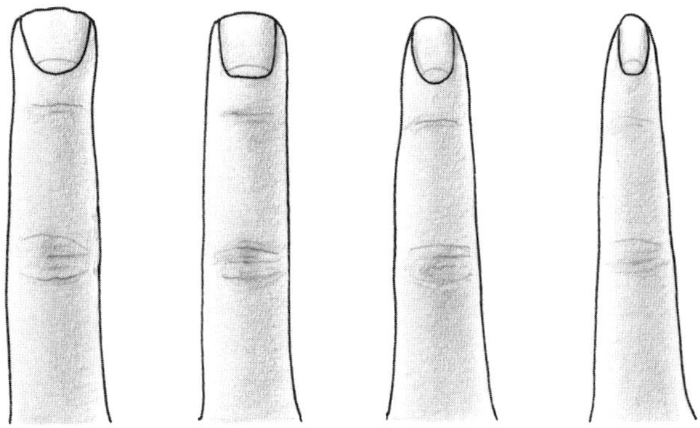

Fingerformen

schränken, aber sie verlieren ihr Ziel nicht aus den Augen. Nun wollen sie es möglichst erreichen, ohne die berühmten Ellenbogen einsetzen zu müssen, da sie um die Wichtigkeit des sozialen Verstehens wissen.

Wird das Nagelglied dann spitzer (das kann sich mehrfach abstufen), ist die Entfaltung immer mehr konzentriert, bei verhältnismäßig sehr spitzen Nagelgliedern vielleicht auf nur *ein* Ziel. Oft weiß mancher Außenstehende dann gar nicht, wo der Ehrgeiz dieses Menschen liegt, denn dessen Ehrgeizziel kann durchaus auf einem Hobbysektor liegen. Diese Handeigner haben die Fähigkeit, sich zu konzentrieren, sie teilen früh ihre Kräfte ein und lassen ihr Ziel nicht aus den Augen, nur kann man diesen Entfaltungsehrgeiz recht schwer erkennen. Bei Frauen findet man diese spitze Nagelgliedform häufiger, und hier wird meist der Partner den Ehrgeiz erfüllen müssen, wenn die Frau nicht berufstätig ist. Sie konzentriert sich nur auf ihn, um über ihn oder mit ihm zum Ziel zu kommen. Wird der Partner gebremst, reagiert sie scharf und spitz, und ein erfolgloser Mann hat es dann an ihrer Seite nicht leicht.

Bei solchen Nägeln kann es sich andererseits auch um Theoretiker männlichen und weiblichen Geschlechts handeln, wobei natürlich die ganze Hand zu Rate gezogen werden muß. Wichtig ist – das wurde schon gesagt –, wohin sich der Zeigefinger biegt, also in welche Richtung er strebt.

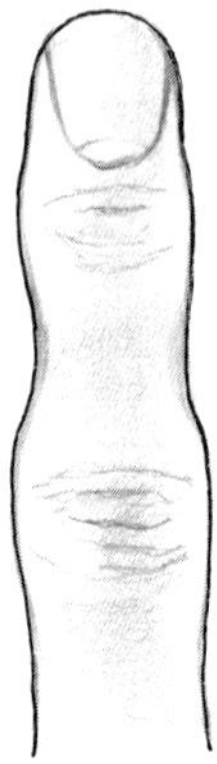

Fingerknoten

Knoten im Zeigefinger zeigen an, daß die Entfaltung sehr nachdenklich vorgenommen wird, was nicht bedeuten muß mit weniger Ehrgeiz! Sicher scheinen Knoten hier den Ehrgeizstrom zu bremsen, also der Grundaussage dieses Fingers zu widersprechen. Das ist auch richtig. Diese Menschen fühlen in sich oft ein tiefes Widerstreben, wenn es um die eigene Entfaltung geht, die immer auch theoretisch untermauert sein müßte. Der unaufhaltsame Elan fehlt hier. Dieser Ehrgeiz entwickelt sich von Etappe zu Etappe. Alles Erreichte wird sofort abgesichert.
Es handelt sich oft um Spätentwickler oder um Menschen, die vor lauter Denken (und Bedenken) alles erst schwer in die Praxis umsetzen können. Dies sind wertvolle Menschen, denen aber der jugendliche Ehrgeiz, der elanvolle Lebensschwung meist gefehlt haben mag. Dafür gehen sie sehr konzentriert vor, oft haben wir es hier mit Lehrern (womit nicht nur die Lehrenden der Schule, der Universität oder im Beruf gemeint sind) zu tun, die ihren Ehrgeiz mehr auf ihre Schützlinge verlagern. Sie wollen den Mädchen und Jungen etwas von dem großen Atem vermitteln, den sie zwar spüren, aber in sich nicht umsetzen können. Ihr Blick geht eher geradeaus als zum Himmel, was nichts mit ihrer Religionseinstellung zu tun hat. Sie mögen Utopisten und Träumer genauso wenig wie Fanatiker oder Menschen, die meinen alles zu können oder die alles auf den Kopf stellen wollen. Man kann hier von einem saturnischen Einschlag sprechen, der weiß, jede Entfaltung kommt eines Tages auf den Prüfstand.
Ist der Knoten zwischen Wurzel- und Mittelglied ausgebildet, dann braucht es seine Zeit und Reife, ehe dieser Fingerträger seine Kraft in Richtung Entfaltung umzusetzen vermag.
Ist der Knoten zwischen dem Mittel- und dem Nagelglied zu finden, dann deutet dies darauf hin, daß diese Personen könnten, aber sich scheuen, zuviel anzuvisieren. Sie wissen eben um die Verantwortung, die jede Erfüllung eines Wunsches zur Folge hat. Andere meinen später, „der hätte mehr aus sich machen können", aber diese Handeigner sind dann doch zu bescheiden gewesen, eine schöpferische Linie zu überschreiten. Es sind diejenigen, die ihre Mittel stets begrenzen, weil sie keine Zauberlehrlinge werden wollen. Und dies führt uns auch schon zum größten Bewahrer und Begrenzer der Mythen, zu Saturn.

Der Mittelfinger

Der Mittelfinger trägt seinen Namen zurecht. Durch diesen Finger geht die (gedachte) Teilung der Hand. Im Mittelfinger (und der gedachten Mittellinie durch den Handrumpf) treffen sich das Ich und das Du. Daumen und Zeigefinger sind die Ich-Finger, Ring- und Kleinfinger die Du-Glieder der Hand. Im Mittelfinger vereinigt sich dies alles, und wenn das Ich und das Du zusammenkommen, dann entsteht daraus ja eine Verantwortung. Wie ein Mensch seine Verantwortung trägt oder zu tragen bereit ist, wie er also sein Schicksal meistert, das sagt dieser Finger, von der Außenseite betrachtet, aus.

Dieser Finger ist auch der Finger des Maßes, das wir zwischen unserem Ich-Anspruch und dem Du-Anspruch der Ergänzung zu halten haben. Der Zeigefinger war noch ganz egozentrisch, zeigte unsere Ego-Grundrichtung, dazu unser persönliches Vorzeige- und Lehr- (nicht Lern-) Bedürfnis. Ein starker Zeigefinger will sich vor die Masse stellen, der Mittelfinger gibt uns Auskunft, ob dies mit der notwendigen Verantwortung getan wird. Beim Mittelfinger geht es um die Reife, um den eventuell notwendigen Verzicht, da wir unsere Gedanken, Worte und Taten auch bewahren müssen, bis sie in uns reifen. So begegnen wir dem Mythos des Saturn, der uns unsere Grenzen zeigt; wie sehr das der Fall ist, können wir meist aus der Länge dieses Fingers ersehen. In der Regel ist der Mittelfinger ja das längste Handglied. Es kommt also darauf an zu sehen, wie sehr dieser Finger die anderen überragt. Je mehr er dies tut, um so mehr herrscht das Saturnische vor. Als Regel gilt: Der Mittelfinger sollte von außen betrachtet ein halbes Nagelglied länger sein als der Zeigefinger, ist es mehr, um so größer auch die Bereitschaft, Verantwortung zu tragen.

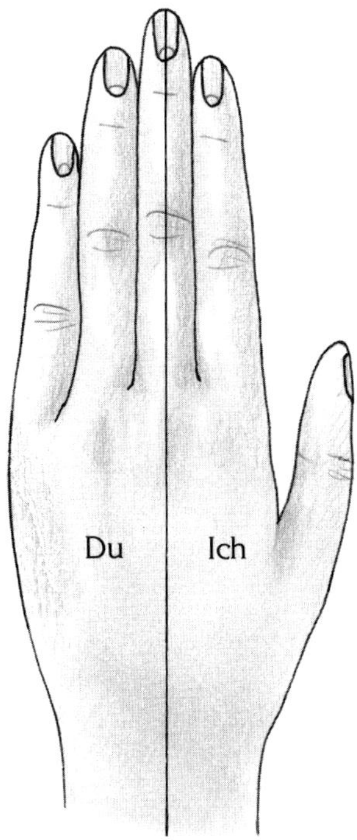

Handteilung

Was die Längenunterschiede der Finger untereinander betrifft, können diese in der linken Hand durchaus anders als in der rechten Hand sein.

Die Länge wird meist – so scheint es – durch das Mittelglied bestimmt,

denn es ist durchschnittlich das längste aller Fingerglieder. Auch dies unterstreicht, daß es hier um bewußtes Handeln geht, daß gerade bei diesem Finger die **Mitte** betont wird.
So besitzt der mittlere Finger mit dem mittleren Glied das längste Fingerglied. Ist dies nicht so, fehlt meist das Gefühl für die Mitte, ja oft die Mitte selbst, so spät sie auch jeder Mensch für sich finden mag. Saturn galt früher als der Hüter der Schwelle. Hier ist die Schwelle vom Du zum Ich zu sehen, auf die es ja im Leben ganz besonders ankommt. Dieser Finger hat sowohl Beziehung zum Apollo-/Sonnenfinger wie zum Jupiterfinger. Zusammen mit dem Jupiterfinger segnet er, schwört er; dies alles sind Momente, da sich das Ich über sich selbst erhebt, erheben muß. Es geht um die Wahrheit, die mehr darstellt als das Ich, auch um das Wissen, daß sich das Ich einzugliedern hat (das segnende Moment). Das Ich hat sich also aufzugeben, um eine Aufgabe zu erfüllen.
Dieser Finger, der alle anderen an Länge (nicht an Größe, wie es oft geschrieben steht) überragt, ist also unser wichtigster Finger im *ent*persönlichen Sinn, und er ist im täglichen Gebrauch viel unentbehrlicher als angenommen wird. Ist er einmal schwerer verletzt, fehlt der Hand die entscheidende Kraft. Sie ist zwar noch griffig, aber sie kann kaum mehr Druck ausüben. Man versuche nur einmal ohne Mittelfinger sein Auto zu starten! Sicher, es geht, aber wie schwierig ist es! In den Gesten und Gebärden dagegen fällt dieser Finger kaum auf, spielt er keine so bedeutende Rolle. Man muß schon genauer hinsehen, um zu erkennen, wo er herausragt. Zum Beispiel im Ansatz, sein Knöchel ist in der Regel am höchsten angesetzt, und er ragt auch eine Spur über die anderen Knöchel hinaus. So wagt sich dieser Finger vom Bild her am weitesten hervor, eine stete Aufforderung an uns, die Bereitschaft zur Verantwortung in die Tat umzusetzen.
Auch der mittlere Finger ist ein ausgesprochener Tastfinger. Medizinisch heißt es, daß dieser Finger der „gesündeste" ist. Das mögen Ärzte beurteilen, aber meistens liegt in jeder alten Aussage auch ein Stückchen Wahrheit. So kann man beobachten, daß sich Frostschäden wie auch rheumatische Beschwerden hier häufiger als beim Sonnen- und Jupiterfinger zeigen.
Ist dieser Finger gerade, oder neigt er sich zu einem seiner Nachbarfinger? Die Deutung fällt nun schon nicht mehr schwer. Neigt er sich zum Zeigefinger, dann zeigt dies eine starke Auseinandersetzung mit sich selbst an, was sich bis hin zu steten Schuldgefühlen äußern kann. Diese Menschen werden selten frei und fröhlich lachen, immer sehr von einem inneren Ernst behaftet sein. Neigt sich der Saturnfinger zum Apollofinger, dann wird viel Ernst dem Du gegenüber gezeigt. Das Du wird als Schicksal empfunden. Gerade Saturnfinger bilden die Waage zwischen beiden Richtungen. (Selbstverständlich kommt es, das sei wiederholt, immer auf das Grundniveau an, das nicht allein aus der Hand ersehen werden kann). Hier ist die Grundzähigkeit eines Menschen zu erkennen, sein Beharrungsvermögen, was nicht mit Sturheit verwechselt werden darf, seine Pflichttreue.

Es wurde schon davon gesprochen, wie jemand Einlaß vor einer geschlossenen Tür begehrt, ob er fordernd mit dem Zeigefinger anklopft oder vorsichtiger, bedächtiger mit dem Mittelfinger. Wer mit dem Saturnfinger anklopft, tut dies zwar ruhiger, aber in sich sicherer.

Saturnfinger lang und mächtig:
Verantwortungsbereitschaft, Pflichttreue, Konzentrationsfähigkeit, die Kraft, sich zurückzustellen, aber auch Vorsicht und Zurückhaltung.
Bei Überlänge können obige Eigenschaften extrem überstrapaziert auftreten. Vorsichtigkeit kann sich zur Ängstlichkeit wandeln, Pflichttreue steigert sich zum Selbstzweck.

Saturnfinger kurz:
Das Leben wird leicht genommen. Bereitschaft zum Arrangieren, diese Leute übernehmen nicht so gern Verantwortung, sie finden Wege und Worte, dies meistens abzulehnen. Oft ist mangelnder Lebensernst zu registrieren.

Saturnfinger breit:
Kraft zur Verantwortung. Diese Menschen können viele Probleme auf ihre Schultern laden, sie sind belastbar.

Saturnfinger schmal:
Menschen, die in punkto Verantwortung schnell überbelastet erscheinen. Sie handeln mehr theoretisch, ohne die praktischen Konsequenzen zu überdenken, dafür lehnen sie auch meist die Verantwortung ab.

Dieser Finger zeigt uns die Neigung zur Melancholie, zur inneren Traurigkeit an, wenn er etwa in seiner Schwere den Jupiterfinger oder auch den Apollofinger weit in den Schatten stellt. Dann wird das Lachen meist erst im Alter gelernt, oder es besteht die Gefahr einer Isolierung. Diese Menschen wollen andere nicht mit ihren Problemen belasten, also ziehen sie sich lieber in sich und aus der Menge zurück. Aus Angst vor Feinden machen sie sich keine Freunde. Ein deutliches Merkmal ist schließlich – meist bei einer konischen oder spitzen Hand –, daß sich sowohl Jupiter- wie Apollofinger zum Saturnfinger hinbiegen, sich also an ihn anlehnen. Dann steht der Lebensernst im Mittelpunkt dieser Menschen, die selten leichtfertig handeln werden. Ihre Fehler entstehen meist dann, wenn sie alles zu gut machen wollen.
Bei einer eckigen oder einer spatelförmigen Hand besteht dagegen oft ein Abstand zwischen den Nachbarfingern und dem Saturnfinger. Hält man die Hand gegen das Licht, schimmert es hier durch. Diese Menschen fühlen sich freier, in der Jugend zumindest unbekümmerter, aber sie haben es nicht so leicht, ihre Mitte zu finden. Noch schwerer mag es für diejenigen sein, deren Apollo- und Zeigefinger sich vom Saturnfinger wegbewegen. Ihnen fällt es ausgesprochen schwer, eine Schuld auf sich zu nehmen, ja selbst sie sich einzugestehen.
Krümmt sich der Saturnfinger zum Jupiterfinger hin, dann wird die Verantwortung erst bei einem Erfolg übernommen. Diese Menschen gestehen Fehler erst in dem Moment ein, wo sie es sich leisten können, weil sie ja anerkannt sind. Lehnt sich der Saturnfinger zum Apollofinger

hin, dieser aber biegt sich eher zum kleinen Finger, dann wird das Du sicher mit der Hauptverantwortung belastet.
Es mag seinen tieferen Grund haben, daß die Literatur über das Handlesen, die Handdeutung bisher wenig zu diesem Finger zu sagen wußte, weil er (bildlich gesprochen) dem kargen Saturn entspricht, da es auf Erfahrungen und nicht auf Hypothesen ankommt. Man muß immer davon ausgehen, daß der Mittelfinger das Saturnische in uns verkörpert, das ja stets den Gegenpol zum marsischen wie zum jupiterhaften Prinzip in uns darstellt. So sollte man gerade diesen Finger stets in ein Betrachtungsverhältnis zum Daumen und zum Zeigefinger bringen, will man einen tieferen Einblick in einen Menschen gewinnen.
Dieser Finger ist der ernste Finger, der Daumen der Trieb, Jupiter der Anzeiger und Merkur der Kobold, während der Apollofinger unsere Eitelkeit mitanzeigt. Alles kann Bluff sein, aber nicht unser Lebensernst, unsere Verantwortungsbereitschaft. Fällt einem also bei jemandem der Saturnfinger auf, egal wie, dann versuche man keine dummen Scherze, keine albernen Witze zu machen, dann stelle man um Himmelswillen diese Menschen auch nicht als Spielverderber hin. In dem Moment hat man sie sich für ewig verscherzt, und gerade in der Not könnte man sie vielleicht gebrauchen. Hintergründiger, philosophischer Humor, der kommt an, lachender Tiefgang auch, aber keine billigen Witze. Bei einer Fastnachtsfeier versuche man nicht mit mehr oder weniger lauter Gewalt diese Menschen aufzufordern, mitzuschunkeln. Es sei denn, man will, daß sie das Fest verlassen. Sie tun es!
Es ist also kein Wunder, daß gerade Komiker und Clowns einen stark ausgeprägten Saturnfinger haben. Diese Künstler schöpfen ja ihre Heiterkeit aus der Begegnung mit dem Lebensernst. Das ist das Wesentliche. Erst wer das Leben traurig findet, kann es als lächerlich bloßstellen und ernste Situationen so schildern, daß das Publikum darüber in Lachen ausbricht, so paradox dies auf den ersten Blick scheinen mag.
Eigenbrötler haben einen ausgeprägten Saturnfinger, aber auch viele Retter und Helfer in der Not, alles hat eben seinen Preis. Dies sind die Menschen, die man in Notzeiten braucht, kluge Leute sollten dies früh genug berücksichtigen. Die differenzierte Beurteilung erwächst natürlich aus der Betrachtung der einzelnen Glieder.

Das Wurzelglied
zeigt uns die Grundkraft, die aus dem Rumpf heraus in diesen Finger (bildlich) wächst. Ist es stark, dann ist auch die Grundkraft, Verantwortung zu übernehmen, stark, oft sogar aufdringlich. „Ich mache das schon", heißt es dann oft in einem Team. Auch zeigt sich meist eine Traditionseinstellung, und das Handeln in Richtung Verantwortung wird eher im traditionellen Sinn gepflegt. Es sind die Menschen, die sagen: „Also ich als Mutter, ich als Vater, ich überlasse meinen Kindern früh ihre Freiheit." Man glaube dies nicht, gerade wenn das Wurzelglied des Saturnfingers stark und kräftig ist.
Ist es tailliert, dann werden neue Überlegungen angenommen, dann

wird aber auch die Verantwortung für das Neue mitgetragen. Zwar scheinen diese Menschen nicht auf so einem festen Grund zu stehen, hier wäre eher das Bild vom Ritt über den Bodensee angebracht, aber sie zeigen sich aufgeschlossen, ja waghalsig. Ist das Glied zu kurz, dann lebt wohl nicht allzuviel Saturnisches in ihnen, also wird große Traditionspflege hier kaum anzutreffen sein. Häufig werfen gerade diese Menschen viele Vorsätze, die sie einmal gefaßt haben, schnell über Bord, dafür sind sie eher frei von Vorurteilen, für die eher ein ausgeprägtes dickes Wurzelglied des Saturnfingers spricht. Es geht also mehr um die Grundanlage, die noch nicht so bewußt gemacht ist. Das schlankere Wurzelglied spricht übrigens für einen recht fortschrittlichen Konservatismus, wobei man sehen könnte, ob dieser unbewußt (linke Hand) oder bewußt (rechte Hand) ist.

Das Mittelglied

ist das längste, damit wohl mit das wichtigste aller Fingerglieder, ohne daß wir zuviel hineingeheimnissen wollen.

Hier ist die bewußte Verantwortung zu erkennen, die bewußte Konzentration, damit aber auch die Schulungsmöglichkeit, die Lernbereitschaft. Dieses Glied sollte sich harmonisch zum Nagelglied verjüngen, um eine gute Verbindung zwischen Grundkraft und Zielsetzung anzuzeigen.

Wir haben schon gesehen: Kraft allein reicht nie aus. Es geht um die Verbindung von Kraft und Ziel und um die notwendige Umsetzung in dieser Richtung. Ist das Mittelglied sehr stark, dann tragen diese Menschen oft zuviel mit sich herum, sie leben im Grunde gegen das Saturnprinzip der Beschränkung. Hier müssen wir anders als beim Zeigefinger denken. Da war ja Fülle etwas, was dem Jupiterhaften entspricht. Aber Fülle ist nichts Saturnisches. Saturn ist die Beschränkung. In der Natur ist das Blatt eines Laubbaumes jupiterhaft, die Tannenspitze aber saturnisch. Dies sollte in der Fingergestaltung zum Ausdruck kommen.

Hat man sich das Saturnische bewußt gemacht, sollte sich auch der Finger verjüngen. Mit wenig Gepäck leben, damit man stets auf Wanderschaft gehen kann, was in erster Linie natürlich geistig gemeint ist. Bewußtseinmachung heißt also auch abzuspecken, zu unterscheiden lernen zwischen dem Wesentlichen und dem Unwesentlichen. Hier dürfte ein dickes Glied ein Zeichen dafür sein, daß diese Menschen ungern etwas verlieren, aufgeben. Die ewigen Sammler, die alles behalten wollen, selbst den Ballast. Saturn will auch bewahren, aber nur das Wesentliche. (Sicher spielen hier Grundniveau und Erziehungstradition eine große Rolle.) Wirklich freie Entscheidungen sind nur dann zu treffen, wenn ich mich entlastet fühle, wenn es nicht heißt: Was würde dies für Folgen in dieser oder jener Richtung haben, was würden die Leute sagen! Wenn wir hier von Verdünnung des Mittelgliedes sprechen, dann jedoch immer nur im Gesamtverhältnis zur ganzen Hand. Also fällt dieses Glied in punkto Breite und Rundung heraus? Letztlich heißt dies: Bei einer zu starken Belastung kann ich meiner Verantwortung nicht mehr gerecht werden, wenn es drauf ankommt; und die zeigt uns das obere Glied dieses Fingers.

Das Nagelglied
zeigt sich wieder in den vier Grundeinteilungen mit ihren Mischformen: Spatelförmig, eckig, kugelförmig oder spitz. Bei Menschen, die gerne viel Verantwortung tragen, ist das Nagelglied in Spatelform zu sehen. Sie sind bereit, ihre Schultern übervoll zu beladen. Das trifft sehr häufig zu für Psychologen, Ärzte, Chirurgen und Politiker. Aber sie müssen nicht ein spatelförmiges Nagelglied des Mittelfingers haben, um große Leistungen zu vollbringen, hier geht es mehr um das eigene Zutrauen, das dieses Nagelglied ja ausdrückt. Zu warnen ist vor einem Zuviel, wie bei allen Spachtelformen in der Hand. Diese Handeigner reden nicht um den heißen Brei herum, sie lassen sich nicht lange bitten, sie stehen zur Verfügung. Selten lassen sie sich ein X für ein U vormachen, meist erscheinen sie sehr ernst.
Auch sorgen sie sich um jeden Familienangehörigen. Diesen Personen darf man keine Verantwortung entziehen, sie würden innerlich keinen Sinn mehr im Leben finden. Wenn man ihren Wirkungskreis einschränken will, dann nur, indem man ihnen die verbliebenen Aufgaben als äußerst wichtig darstellt. Hier haben wir es also mit Personen zu tun, die sich nicht scheuen, Verantwortung zu tragen, sich nicht mit irgendeinem fadenscheinigen Moment herausreden, wenn es gilt, einfach da und eine Stütze zu sein.
Auch Menschen mit mehr oder weniger eckigen Nagelgliedern (das kann sich ja leicht zur Kugelform abstufen) sind bereit, für etwas einzustehen, aber das darf ihre Grundordnung, ihr Grundlebensprinzip nicht stören. Ausnützen lassen sich diese Leute nicht. Wenn sie jemand ein- oder zweimal geholfen haben, etwa Süchtigen, und diese wurden dann wiederholt rückfällig, dann fällt bei ihnen eine Schranke. Sie sind also bereit, Vernunft zu geben, aber erwarten auch Vernunft und keine Vorherrschaft der Emotionen. So können sie recht eisern reagieren, wenn sie meinen, es mit Schmarotzern zu tun zu haben.
Auch teilen sich diese Menschen ihre Kräfte besser ein, weil sie praktisch denken und damit auch an sich. Man sagt ihnen oft ein gutes Gedächtnis nach, das kommt von ihrer Konzentration auf das Wesentliche. Hier liegt ihre ganz große Stärke.
Das eher kugelige Nagelglied weist auf die Gabe hin, nur sehr entscheidende Pflichten zu übernehmen, allerdings auch auf die Notwendigkeit, sich einzuschränken. Meist ist ja eine eckig-kugelige Mischform vorzufinden. Je kugeliger, um so mehr treten bei diesen Handeignern Schwankungen zwischen einem Hoch und einem Tief auf. Einmal glauben sie, wer weiß wieviel tragen zu können, dann wollen sie sich völlig zurückziehen, weil der Aufgaben zuviele geworden sind. Oft geht dies Hand in Hand mit einem Schwanken zwischen Optimismus und einer drükkenden Melancholie. Diese Fingerträger nehmen einerseits das Leben gar nicht so schwer, meinen sich manche „lustige" Stunde leisten zu können, um dann gerade diese wieder zu bereuen.

Je spitzer das Nagelglied, um so weniger gern tragen diese Menschen echte Verantwortung. Hier muß man im Leben unterscheiden lernen zwischen Worten und Taten. Dann allerdings können diese Menschen *eine* Aufgabe finden, die sie fasziniert, da sie auch bereit sind, die Konsequenzen jeder Art zu tragen. Hierauf konzentrieren sie sich und auf nichts anderes, alles andere ist ihnen recht egal, da reagieren sie eher leichtlebiger. Diese Handeigner haben meist eine gute Intuition für das Notwendige, nur verdrängen sie gerade diese immer wieder gern.

Man kann also sagen: Die Spatelform symbolisiert eine Ausbreitung der Verantwortungsübernahme, diese Menschen lehnen Versager und Drückeberger vehement ab. Sicher haben sie etliches zu kompensieren, wenn sie soviel auf sich laden.

Die eckige Form ist eine Einschränkung der Kräfteausgabe, dafür werden aber die übernommenen Pflichten bestens und stets gewissenhaft ausgeführt, jedoch ist der an andere angelegte Maßstab oft recht eng.

Die kugelige, konische bis spitze Form des Nagelgliedes besagt: eine eher leichtere Lebensauffassung mit der Möglichkeit, sich auf ganz wenige schwere Aufgaben zu konzentrieren.

Alle diese Anlagen sind im positiven Sinn auszubauen, im negativen Sinn können sie ausufern. Niemals – und dies wird dem Handbetrachter meist beim Saturnfinger deutlich – kann man beim Sehen einer Hand sagen: „So ist das – und damit basta." Bei der Menschenkenntnis geht es, wie das Wort sagt, um Erkenntnis, die dazu führt, seine Anlagen zu verstehen und aus- oder abzubauen. Es handelt sich also um einen Wegweiser für das Leben und die Schicksalsbewältigung. Der mittlere Finger, der die Mitte hält als würde er der Halter einer Waage sein, ist gerade für die Grundlebensgestaltung ein guter Hinweis. Es mag kein Zufall sein, daß gerade hier viele Knotenbildungen oder Ansätze deutlich werden. Knoten entsprechen ja auch dem saturnischen Prinzip, das heißt, sie sind gerade an diesem Finger zu beachten. Hier wird das Verantwortungsprinzip durch die Knoten noch betont. Diese Menschen handeln selten übereilt oder leichtfertig, sie versprechen nichts ernsthaft, was sie nicht halten können. Allerdings haben sie oft einen sehr skurrilen, ja schwarzen Humor, der für andere schwer verständlich ist.

So sehr diese Personen alles bedenken, mangelt es ihnen dann doch an Entschlußkraft, weil sie aus dem Teufelskreis des dauernden Abwägens und Denkens nicht herauskommen. Weisheit verraten knotige Mittelfinger nicht, wie oft behauptet wird, Weisheit muß ja fließen, darf und braucht nicht zu stocken.

Ist der Knoten zwischen Wurzel- und Mittelglied zu finden, dann überprüfen diese Menschen immer ihre Möglichkeiten, wenn sie gefordert werden, sie haben eine starke Angst, zuviel zu versprechen, und damit verzichten sie dann lieber auf eine große Aufgabe, aus Angst diese nicht erfüllen zu können. Sie drehen sich sogar im Kreise. Aber wenn sie einmal „ja" gesagt haben, dann stehen sie bis zum letzten zu ihrem Wort.

Knoten zwischen Mittel- und Nagelglied zeigen eine Stockung, wenn es gilt, große Verantwortung zu übernehmen. Diese Fingerträger wollen genau das Ziel kennen, ehe sie sich engagieren. Auf Unklarheiten lassen sie sich nicht ein. Aber – und das mag dem ersten Anschein nach seltsam klingen –, so sehr diese Menschen real wissen wollen, was los ist, was sich tut, um so mehr scheinen sie sich in geradezu philosophischer Manier um okkulte Dinge zu bemühen. Sie denken über sichtbare Ziele hinaus. Diese Personen brauchen einen Sinn im Ziel, der außerhalb der Denkvorstellungen der meisten Menschen liegt.

Der Gesamteindruck des Saturnfingers ist und bleibt aber das Entscheidende. Dabei spielt es eine wohl wichtige Rolle, ob er einfach konisch angelegt ist, also vom Handansatz bis zum Nagel spitz zuläuft. Hier handelt es sich um Menschen, die das Leben nicht so schwer zu nehmen scheinen, wenigstens nach außen hin, denn wir müssen uns ja immer wieder vergegenwärtigen, daß die Außenhand und damit die Außenfingerseite uns mehr das *Auftreten* eines Menschen vermittelt, und nicht seinen *Kern,* dazu bedürfen wir der Innenhand. Wenn aber der Finger sich etwa konisch im Mittelglied verjüngt, aber im Nagelglied breiter wird, dann haben wir es mit jemandem zu tun, der sich konzentrieren, sich zurücknehmen kann, um aufzunehmen, dann aber auf eigene Verantwortung handelt.

Dieser Finger ist auch wichtig für die Beurteilung einer Partnerschaftsfähigkeit. Fällt er kaum auf, dann fehlt oft die Eigenverantwortung, das Motto *einmal ist keinmal* kann zur Lebensdevise werden. Und je spitzer der Finger, um so frivoler manche Lebenseinstellung. Der Mittelfinger führt uns ja von der Egozentrik zum Du, und wenn sich die Nachbarfinger zu ihm neigen (spitze Fingerhand), dann spricht dies für eine Auswägung im Charakter des Menschen. Eine spitze Hand können wir aber auch haben, wenn sich der Saturnfinger an den Jupiter- oder Ringfinger lehnt –, was dann doch eine nicht so gute Ausbalancierung anzeigt. Das Bild weist uns also den Weg.

Oft ist der Finger sehr gebogen, fast wie eine „S"-Kurve. Dies zeigt so gut wie immer an, daß diese Menschen ihrem Schicksal entgehen wollen, ja sie versuchen, es umzubiegen, meist nach den gegenwärtigen Umständen. Sie weichen harten Prüfungen gerne aus und reagieren nur konsequent, wenn sie schon einen Ausweg wissen. Sie trennen sich nur von jemandem, wenn ein anderer ihnen bereits die Hand reicht. Sie haben wenig Vertrauen zu sich selbst, sehen ihr Schicksal nicht als geraden Ablauf an. Manchmal weist es auf einen Kampf zwischen dem Ich-Bedürfnis und der Neigung zum Du hin.

Damit wenden wir uns dem ersten reinen Du-Symbol in der Hand zu, dem Ringfinger.

Der Ringfinger

Der Ringfinger wird auch der Gold-, aber auch der Sonnen-und Apollofinger genannt. Hier wird der Hauptschmuck getragen. Dieser Finger wurde immer mit der Kraft der Sonne, des Lichtes identifiziert. Die Sonne war für die Menschen wirklich das Gold wert, denn sie brachte das Leben. Aber das allein stellte noch nicht die Verbindung vom Material Gold zur Sonne dar, es war das Leuchten dieses Metalles, das der Sonne glich. Oft wird angenommen, das Gold würde deswegen der Sonne gleichgesetzt, weil es so selten und daher so wertvoll wäre. Aber es gibt seltenere und damit wertvollere Metalle. Nein, es ist der Schein dieses Edelmetalles, welcher der Sonne entspricht. Und dies führte zum Namen Goldfinger, ein Name mit archetypischer Tradition. Jeder archetypische Schmuck, jede goldene Krone, jedes goldene Abbild eines Pharaonen Ägyptens galt als Huldigungssymbol für die Sonne. Daher versuchten Alchimisten Blei (oder andere Stoffe) in Gold zu wandeln, um es der Sonne zuzuführen. Außerdem waren sie überzeugt, daß in jedem Stoff, in jedem Wesen ein Sonnen- und damit Goldkern wohnt, den es nur herauszufinden gilt. Wenn wir heute noch vom Schmuckfinger sprechen, dann müssen wir uns vergegenwärtigen, daß der erste Schmuck nie als Selbstzweck getragen wurde, sondern zum Zwecke der Huldigung an die Sonne.

Die Sonne nun, das ist uralte Weisheit, geht im Menschen erst richtig auf, wenn er sich von sich weg zum Du hinbewegt, also wenn es um eine Bindung geht, durch die neues Leben gezeugt werden kann, wie ja die Sonne auch zeugt. Der erste Finger der Du-Seite nach dem Mittelfinger ist also auch der Bindungsfinger, warum wir hier den Ehering angelegt finden. Die Sonne ist nicht egozentrisch, sie hat die Kraft, die bindet.

Wer die Sonnenkraft im Daumen sieht, der hat die Aufgabe, die die Sonne uns stellt, nicht nachempfunden. Sie ist das Symbol der göttlichen wie weltlichen Liebe, nicht die Venus. Venuskräfte können sich durchaus in selbstbefriedigender Erotik äußern, was aber nicht zur Liebe führt. Liebe ist ein himmliches Erlebnis, da die Menschen sich wie in einen Himmel versetzt fühlen, und dann ist erst eine Bindung voll Sonnenkraft. Diese wiederum muß neben der Saturnkraft angeordnet sein, denn der Saturn galt immer als der Gegenpol der Sonne; oder anders ausgedrückt: Nach der Überwindung des Saturnischen steht uns das Licht offen.

Als Gott des Lichtes wurde immer Apollo angesehen, und so war auch Apollo der Schutzgott der Pythien und Sibyllen an den Orakelstätten, denn hier ging es darum, die Wahrheit an den Tag zu bringen. Kein Wunder, daß stellvertretend für die Sonne dieser Finger dem Apollo zugeschrieben wurde, zumal er auch der Schutzherr der Musen war, und das Musische eines Menschen läßt sich hier mitablesen. Dieser Ring- oder Apollofinger rahmt von der Du-Seite her den Saturnfinger ein. Der Gott der Reife steht also zwischen dem Gott der Entfaltung und dem Gott des zeugenden Lichtes.

Beide Finger sind ja ziemlich gleich lang, wenigstens in der Außenhand. Oft aber ist der Apollofinger doch länger als der Jupiterfinger, was besagt, daß die Grundausrichtung eher auf das Ideelle eingeschwenkt ist, weniger auf die eigene, persönliche Entfaltung als auf eine Verbindung, aus der erst etwas wachsen kann. Die Ich-Verwirklichung bleibt hier meist hinter einer Idee, einer Du-Bindung zurück.

Der Sonnenfinger ist kaum mehr ein Tastfinger, hier geht es auch nicht mehr um das persönliche Zurechtfinden in dieser Welt, sondern um die Bindungen, die höheren Ziele. Es ist sicher kein Zufall, daß sich dieser Finger so gut wie nie allein bewegt, also kaum solitär in seinen Gesten und Gebärden. Den kleinen Finger kann man abspreizen, den Daumen sowieso, den Zeigefinger allein erheben, auch noch den Mittel-/Saturnfinger, beim Apollofinger wird jeder damit seine Schwierigkeiten haben, es sei denn, er ist ein Artist und hat dies geübt. So fällt dieser Finger zunächst gar nicht auf.

Hier drückt sich am wenigsten das Ich-Wohlergehen aus, sondern die Ideale, das Künstlerische, ja vielleicht sogar die Gnade, die sich in einer guten Lebensbindung offenbart. Man beobachte Menschen, die ihren Kopf aufstützen. Entweder liegt die ganze Hand seitlich, oder sie wird von vorn stützend an den Kopf geführt – automatisch rollen sich dabei Apollo- und Kleinfinger ein.

Vielfach lesen wir von der passiven Seite. Sicher, zunächst ist das Du in uns passiv, dann beansprucht es allerdings oft unsere größte Aktivität. Man sieht also, Zeige- und Ringfinger verkörpern zwei Gegensätze in der Hand. Ist am Zeigefinger zu erkennen, wie jemand sich im egozentrischen Sinne verhält, wie er wirken und auf andere einwirken möchte, so sagt uns der Apollo-Finger, wie wir uns im Umgang mit anderen zeigen, wenn wir unser Ich zurückstellen. Ist der Finger klein ausgebildet, dann wird das Eingehen auf das Du, das Ideelle, das Künstlerische recht klein oder weniger wichtig sein.

Aber auch ein überlanger Apollofinger hat seine Tücken. Sicher könnte dieser Finger in der Außenhand ruhig ein bis zwei Millimeter höher sein als der Jupiterfinger, aber wie gerade bei der Sonne alles schadet, was zuviel ist (man denke nur an die Sonnenglut), so auch hier. Ein übermäßig langer Apollofinger bedeutet meist, daß diese Menschen über ihren Idealen ihre Mitmenschen vergessen, ja daß sie sogar die Neigung haben, hochmütig auf andere herabzusehen.

Schaut man sich die gestreckte Hand von der Seite an, ist der Sonnenfinger derjenige, der sich mit am weitesten nach außen biegen läßt. Ein schönes Symbol für die Du-Bereitschaft.

Um so gravierender mag es daher sein, wenn der Sonnenfinger immer leicht nach innen gekrümmt gehalten wird. Das Harmloseste wäre hier, noch anzunehmen, diese Handeigner trauen ihrer Sonne wenig, so daß sie sich in sich selbst eingraben oder vergrübeln. Meist fehlt ihnen allerdings der Mut, etwas von sich aufzugeben, sich hinzugeben. Menschen, die ihren Sonnenfinger leicht nach innen (von der Spitze her) halten, sind häufig im doppelten Sinn sonnenhungrig und geben keine Wärme ab, was sich bis ins Materielle mitverfolgen läßt. Da fehlt meist auch der Frohmut, die Bereitschaft zum Lachen, die dagegen sehr bei den Personen zu finden ist, deren Sonnenfinger eher nach außen zeigt oder sich nicht schwer dahin biegen läßt, oder die ihren Sonnenfinger schnurstracks nach oben halten. Diese Menschen legen eine Selbstverständlichkeit an den Tag, die entwaff-

net. (Natürlich kann dies durch andere Hinweise in der Hand aufgewogen oder abgeschwächt werden.)
Die Gesten mit dem Apollofinger fallen kaum auf. Apollofinger rollen sich gern ein, mahnen nicht, zeigen nicht, weisen nicht. Es ist selten, daß dieser Finger hart ist, auch sollte er – sprechen wir vom Idealfinger – nicht zu starr sein. Betrachten wir nun die Größe.

Apollofinger lang und mächtig:
Ideelle, musische Einstellung. Schönheitsgefühl und Du-Sehnsucht.
Ein überlanger Apollofinger soll auf Spielernaturen hinweisen, was sicher so nicht gesagt werden kann, aber diese Menschen haben oft das Glück an den Händen kleben wie andere das Pech.
Jedoch haben viele Handeigner mit überlangem Sonnenfinger noch nie ein Spielkasino von innen gesehen. Vielleicht ist die Freude am Wagnis groß, eine gewisse Abenteuerlust, ein Sichbewährenwollen außerhalb der materiellen Welt. Wirkt der Sonnenfinger dann noch breit (stets im Verhältnis zu den anderen Fingern), dann ist wohl eine starke Lebenskraft zu erkennen (kann aber durch Hinweise aus der Innenhand relativiert werden). Aufschlußreich ist es, ob diese Finger – wir werden das bei den Gliedern sehen – tailliert wirken, was auf Geschmeidigkeit und Flexibilität hinweist. Ein langer Finger spricht auch für eine Hoffnungsfreude. Viel Fantasie kann man diesen Menschen zusprechen, die auch anderen etwas zukommen lassen wollen und auf ein positives Echo warten. Zu lange Finger weisen darauf hin, daß sich diese Leute häufig unberechtigt angegriffen fühlen.

Apollofinger kurz:
Wunsch nach Anerkennung und Erfolg, der aber meist schwer errungen werden muß. Hier ist auch in der Außenhand der Zeigefinger größer, also wird dieser Mensch mehr bewußt auf sich aufmerksam machen müssen. Der Sinn für Künstlerisches kann groß sein, aber die Fähigkeiten hierfür fehlen häufig, das Warten auf Begnadung kann zur Qual werden.

Apollofinger breit:
Starke ideelle Kraft, die aber nicht so leicht einsetzbar, weil schwer lenkbar ist. Zuviel wird auf einmal geliebt und angestrebt.

Apollofinger schmal:
Beschränkung auf das Wesentlich-Ideell-Künstlerische. Hier wird ein Mangel an Vielfalt die Chance der Konzentrierung geben. Menschen, deren Apollofinger sich an den Saturnfinger anlehnen, sind oft ernst, schwer zugänglich.
Wenn das Herz pocht, scheint das Schicksal an die Tür zu klopfen. Hier handelt es sich also nicht um Personen, die leicht lachen können. Ist dieser Finger dagegen gerade, oder biegt er sich mehr zum Kleinfinger hin, um so mehr befreites Lachen wird von diesen Handeignern zu hören sein. Menschen, deren Apollofinger zum Saturnfinger hinweist, sind im tiefsten treu, sich der Verantwortung einer Bindung sehr bewußt. Bei einer Trennung leiden sie oft recht viel.

Das Wurzelglied
sagt uns etwas über die ideelle und künstlerische Grundkraft aus. Nun darf niemand in den Irrtum verfallen, daß ein festes, rundes Wurzel- oder Grundglied starke Begabungen zum Ausdruck bringt. Diese Menschen leben zwar in einer Fülle und Vielfalt, sie scheinen stets aus dem Vollen schöpfen zu können, aber das wird ihnen oft zum Verhängnis. Ein wenig kommt hier das Wunderkindsyndrom zum Tragen: Weil soviel vorhanden ist, wird zuviel davon verpulvert. Nun ist ja dieser Finger meist nicht so rund und fleischig. Man denke nur an das Märchen von Hänsel und Gretel. Die Hexe mästet die Kinder, und mißt den Erfolg am Zeigefinger. Hänsel greift aber zu einer List und reicht der Hexe stets ein Hölzchen. Darauf fällt die Hexe herein. Für uns ist es wichtig, daß der Zeigefinger eben der Finger ist, der auch in punkto Fülle am meisten anzeigt.
So ist das Grundglied des Apollofingers im Verhältnis zum Zeigefinger zu messen. Ein überdurchschnittlich breites Grundglied wirkt wuchernd, ja auswuchernd, wenig differenziert. Und gerade bei der symbolischen Ausrichtung dieses Fingers ist es ja wichtig, wie sehr sich der Fingerträger beschränken kann. Ein taillieretes, eher schmales Grundglied gibt mehr Voraussetzung für das Hintanstellen des Ichs. Auch hier wieder das Bild, daß die Menschen mit breitem Grundglied vor lauter Ich-Kraft nicht auf das Du zulaufen können.

Das Mittelglied
ist meist länger als das Grundglied. Hier spielt in der Gabe der Zuwendung an ein Ideal, an eine künstlerische Aufgabe, an eine Du-Ergänzung bereits die Vernunft, die Umsetzungsmöglichkeit eine starke Rolle. Wirkt dieses Glied fein und schmal, ja tailliert, dann stehen diese Menschen den Dingen grundsätzlich offen gegenüber, aufgeschlossen, obwohl man hier eine eher abwartende Haltung registrieren kann.
Wenn das Glied fest und dick ist, dann ist alles vielleicht auf zu starkes Echo ausgerichtet. Ein runder, fester, leicht in sich gewölbter Apollofinger spricht schon von Eitelkeit, und das Du wird eher wegen Befriedigung dieser Eitelkeit angegangen. Verständnis für die Schwächen anderer dürfte dann kaum zu erwarten sein, obwohl ein festes rundes Glied dem anderen verrät: Ich habe Kraft für uns beide – und das mehr als genug! In einer Partnerschaft wird bestimmt ein rundes, festes Mittelglied des Apollofingers den Ton angeben wollen.

Das Nagelglied
ist wiederum das wichtigste Glied. Es bereitet nun keine Schwierigkeit mehr, dieses zu deuten. Wer ein spatelförmiges Nagelglied besitzt, der will seine Ideale ausbreiten, ihnen fast nachjagen. Die Daseinsfreude ist enorm groß, auch der Gestaltungsdrang, einschließlich der Abenteuerlust. Diese Menschen haben eine ungemeine Energie, die sie auf ihr Echo ausrichten, so daß sie das Du leicht erschöpfen können. Rücksicht auf die Kräfte anderer wird da nicht so leicht genommen. Sie haben immer neue Pläne, und sie „fressen" ihre Partner, ihre Partnerinnen mit Haut und Haaren, haben allgemein den Wunsch, geliebt zu werden. Das ist

ihnen wichtiger als anerkannt zu sein. Künstler mit einem spachtelförmigen Apollofinger haben die tiefe Sehnsucht, populär, ja Volkshelden zu werden. Oft sind ihre Erwartungen so groß, daß sie einfach nicht erfüllt werden können.

Ist das Nagelglied eckig, dann ist hier eine Begrenzung auf die praktisch umzusetzenden Möglichkeiten gegeben. Auch hier ist der Echoanspruch vorhanden, aber diese Menschen wissen sich dann doch zu bescheiden. Ihnen ist der Spatz in der Hand lieber als die Taube auf dem Dach, weil sie früh einsehen lernten, daß sie die Taube nicht zähmen können. In der Partnerschaft verzetteln sich diese Menschen nicht, sie brauchen ihre Ordnung und wollen die Bindung voll ausfüllen.

Künstlerisch gesehen handelt es sich hier um besessene Arbeiter, die üben und proben und stets an sich arbeiten. Selten warten sie auf den Kuß der Musen, denn das Warten darauf würde sie nervös machen, ja das wäre Zeitvergeudung. Also küssen sie sich lieber selbst, das heißt, sie versuchen die Inspiration aus sich selbst herauszuholen.

Handeigner mit kugeligem bis konischem und spitzem Nagelglied warten da eher auf den Musenkuß. Sie warten auch, daß das Du sich ihnen nähert. Sie sind sich nicht sicher, wie jemand auf ihren Antrag reagiert, also machen sie keinen. Je spitzer der Finger, um so weniger. Hier lassen sich diese Menschen eher treiben, sie träumen zwar viel vom Ideellen und Idealen, aber sie tun nicht soviel dafür. Das Sichverlieren fällt diesen Menschen schwer; wenn sie sich aber einmal verloren haben, dann geschieht dies sozusagen unwiderruflich; dann sind sie hilflos, wenn ihre Ergänzung sie verläßt, wenn sie allein zurückbleiben.

Groß ist allerdings das Einfühlungsvermögen dieser Handeigner, die eben selten mit der Tür ins Haus fallen, die warten können. So werden sie vielen Menschen Rat und einen guten Trost geben können.

Dem Du gegenüber wirken sie sehr sensibel, was seinen Vorteil hat, denn ihre eigene Sensibilität übersetzen sie auf den Partner, wissen, was Empfindlichkeit heißt und wollen da niemandem eine Wunde zufügen.

Im Apollofinger fließt also unsere Herzenskraft, natürlich im geistigen Sinn. Immerhin bedeutet dies auch, daß diese Kraft möglichst ungehemmt die Ergänzung erreichen sollte. Hier sind Knoten im Finger oft ein Hindernis, zumindest deuten sie auf diese Möglichkeit hin. Die Herzlichkeit fließt nicht so ungehemmt. Finden wir einen Knoten zwischen dem Wurzel- und dem Mittelglied, dann ist die Grundkraft dem Du gegenüber gehemmt, so stark der innere Trieb zur Ergänzung auch sein könnte. Spontane Liebeserklärungen sind hier kaum zu erwarten. Was die Zuneigung betrifft, so wird doch vieles erst einmal verzögernd geprüft.

Finden wir den Knoten zwischen dem Mittelglied und dem Nagelglied, dann fehlt das Spontane in der Verwirklichung. Dann folgen den Worten kaum Taten, weil vom anderen die Sicherheit der Bejahung erst drei Mal eingeholt werden muß. Dies gilt aber auch für künstlerische Neigungen. Ein Knoten zwischen Wurzel- und Mittelglied hält meist die Menschen

davor ab, ihr Talent einmal – und sei es nur für sich – zu erproben, sie scheuen die Blamage, solange sie nicht wissen, ob ihre Begabung reicht. Das erfahren sie aber nie, wenn sie nicht die Erprobung wagen. Ähnliches deutet ein Knoten zwischen Mittel- und Nagelglied an. Hier ist zwar das Wissen um die künstlerische Kraft bewußt gemacht, aber zur Erprobung vor der Öffentlichkeit fehlt der Mut. Diese Menschen treten daher auch in der Regel erst sehr spät vor das Publikum, arbeiten mehr in der Stille und der Abgeschlossenheit. Sie ziehen sich (bildlich gesehen) in ein Kloster zurück, sie begeben sich in ständige Klausur, was letztlich auch der einzig richtige Weg für sie sein dürfte.
Und doch findet man gerade bei Künstlern diese Knoten im oder am Apollofinger, gemäß dem Wort: Kunst kommt von Können, und Können kommt vom Üben, vom Proben. Für diese Berufsgattung ist es geradezu ideal, wenn jemand hier Knoten aufweist. Das ist oft ein wichtiges Element für die Berufsberatung. Wer sich einen schweren Berufsweg in ideeller oder künstlerischer Art ausgewählt hat, dem schaue man auf seinen Apollofinger, besonders auf den rechten. Sind hier Knoten im Ansatz oder stärker zu finden, sind die Glieder darüber hinaus noch tailliert, dann kann man leichter „ja" sagen als würde sich der Finger glatt und konisch zeigen. Je breiter, das sagten wir schon, um so eher wird Kunst genossen, nicht ausgeübt.
Schmale Apollofinger sind – wie fast alle etwas zu schmalen Finger – ein Zeichen von Nervosität, aber wacher, nicht kranker Nervosität. Ein schmaler Apollofinger kann durchaus etwas von einem Getriebensein anzeigen, von einer inneren Unruhe, die aber schöpferisch zu verwerten wäre. Oft steht so ein schmaler, taillierter Apollofinger im Gegensatz zu einem starken Daumen oder mächtigen Zeigefinger, dann streiten sich in der Brust dieses Menschen eben zwei Seelen, was wir aufdecken müssen. Gerade ein innerer Zwiespalt läßt sich aus der Hand recht deutlich herauslesen, und darum geht es uns ja im Grunde. Sonnenfinger suchen weniger auf der materiellen als auf der geistigen Ebene, deswegen muß hier die Untersuchung, die Analyse dieses Fingers anders vorgenommen werden als bei den anderen Fingern.

Ein spitzer schmaler Finger kann durchaus ein Hinweis sein, daß diese Menschen für Eingebungen empfindsam sind, daß sie wahrnehmen, was allgemein nicht so wahrgenommen wird. Nicht umsonst hat der oft böse Volksmund immer gesagt: Wenn jemand **einen** Finger hat, der spinnrig wirkt, dann spinnt dieser Mensch. Das ist brutal, aber für jemanden, der dem Okkulten fern steht, wirkt ja eine okkulte Ausrichtung oft so. Und genau diese ist hier am Apollofinger auch zu sehen, wenn wir uns erinnern, wieviel Apollo mit Orakeln zu tun hatte. Diese Menschen hören oft die Flöhe husten, aber das überträgt sich gelegentlich auf die Partnerschaften (was ja meist eine Niveaufrage ist), und so kann es hier verhältnismäßig oft heißen: aus dem Auge – aus dem Sinn. Aus diesem Holz sind halt auch viele Kurschatten geschnitzt, ohne daß wir jetzt sagen wollen: Vorsicht vor jemandem mit schmalem, spitzen Apollofinger, aber etwas ist dran.

Jeder Finger spiegelt seine spezielle Aussage wider, was leicht durch die praktische Erfahrung belegt werden kann, wenn wir nur bei allen Einzelhinweisen alles im Zusammenhang betrachten. Daher auch keine Einzelaussagen, sondern man schaue sich die Hand lieber in Ruhe an, mache sich einige Notizen und spreche dann im Zusammenhang, ohne zu sagen, welches Merkmal einem dieses oder jenes offenbare.
Wenn übrigens jemand meint, es sei seltsam, daß die Sonne einem Finger zugeordnet wurde, der wenig auffällt – er scheint ja ohne Schmuck der unbedeutendste Finger zu sein – dann verweise man auf die Mythen. Die Sonne wurde nie als oberste Gottheit angesehen, das war stets Jupiter, der auch in der Astrologie als obere Sonne gilt. Die Sonne verleiht allen Wesen auf der Erde eine Grundkraft, den Pflanzen, den Tieren und den Menschen. Sicher hat auch jedes Wesen seine Entfaltungs-, seine Trieb- und Beharrungskraft. Aber beim astronomischen Begleiter der Sonne, bei Merkur, entscheidet sich der Sprung vom Tier zum Menschen, da es nämlich um den Intellekt geht.

Damit kommen wir zum Klein-, auch Merkurfinger, der – wie im Himmel so auch auf der Erde – dicht bei der Sonne steht, in diesem Fall also dem Sonnenfinger benachbart sein muß.

Der Kleinfinger

Der Kleinfinger ist auch der Finger des Merkur, unseres kleinsten Planeten. Hier ist also die merkurische Veranlagung oder die merkurische Kraft zu sehen, wobei nicht *großer Finger* große Kraft oder große Veranlagung bedeutet, es geht vielmehr um die Verhältnisse in der Hand. Dieser Finger, der Kobold, der Spaßmacher, wie er genannt wird, ist durchaus ernst zu nehmen, so spielerisch er sich oft zeigt.
Der Volksmund weiß auch hier mehr als die Gebildeten, da man immer wieder hört: „Ich spüre es in meinem kleinen Finger." Er scheint der beweglichste Finger zu sein, dieser Eindruck wird durch seine Zierlichkeit im Vergleich mit den anderen Fingern erweckt. Dabei sind manche Merkurfinger gar nicht so klein, manche sind kaum kleiner als der Sonnenfinger – andere dagegen viel kleiner. Wer einen großen Merkurfinger hat, der gilt als guter Redner, das war ein Merkmal dieser Menschen im Altertum, vorausgesetzt, sie schrieben sich die Reden selbst. Immer sollte man jedoch auf diese Regel nicht bauen, aber dann, wenn das Nagelglied als größtes Glied dieses Fingers erscheint.
Wie das Reden zu Merkur gehört, so auch das Schreiben und das Denken. Aus dem Denken heraus erfolgt das Handeln, das uns zum Gebrauch der Hand führt. Beim Kleinfinger ist wie beim Daumen viel eigene Bekundung zu sehen, etwa wenn jemand bewußt seinen Merkurfinger schmückt. Wer dies tut, will auf sich aufmerksam machen, will gefallen. Das Handeln des Ichs unterliegt

mehr dem Daumen, mit dem Merkurfinger wird mehr kokettiert, aber auch Verbindung aufgenommen. Auch dies ist Volksmund: Wenn man jemanden den „kleinen" Finger gibt, dann nimmt er die ganze Hand. Dies gilt als Schelte, war ursprünglich aber keine, denn wer den kleinen Finger reichte, hoffte ja, daß seine ganze Hand genommen wurde! Ein anderes Symbol des koketten Schmukkes ist die Neigung vieler Leute den Nagel ihres kleinen Fingers überlang herauswachsen zu lassen. Ein Hinweis, daß es hier mehr um das intellektuelle Symbol geht, denn „handeln" kann dieser Finger kaum, und täte er es, stände das lange Nagelglied im Wege. Vom Abspreizen dieses Fingers haben wir schon bei den Gesten gesprochen, es sei hier nur noch einmal daran erinnert.

Der kleine Finger liegt meist nicht so nah an der Hand, ein wenig locker zeigt er seine Bereitschaft an, Kontakt aufzunehmen. Ein beliebtes Flirtmittel ist er ja stets gewesen, wie auf alten Bildern zu sehen ist, und manche Verführungsszene im Film begann – und wird auch in Zukunft – mit dem kleinen Finger beginnen. Natürlich kann man auch sagen: Da am Apollo- wie am Merkurfinger Ringe getragen werden, spalten diese den Merkurfinger etwas von der Hand ab, aber das ist sicher nur eine vordergründige Erklärung. Das gewisse Abspreizen sieht man ja schon bei kleinen Kindern, besonders bei denjenigen, die früh eigene Wege gehen wollen. Nicht ohne Grund gilt eine gewisse Distanz des Merkurfingers zur gesamten Hand als Gabe für objektives und selbständiges Denken, auch für ein Denken, das nicht der Regelnorm entsprechen muß.
Meistens sind die drei Glieder dieses Fingers ungefähr gleich groß, treten hier also Unterschiede auf, wären diese sehr wichtig. Vorher sei aber noch mit Vorurteilen ein wenig aufgeräumt. Da heißt es, ein großer Merkurfinger verrate eine große Intelligenz. Nun, man fahre nur einmal morgens mit dem Bus oder einer Bahn zur Arbeit und schaue, welche Menschen was für eine Lektüre lesen. Oft halten gerade große Merkurfinger Zeitungen in der Hand, die nicht das höchste Niveau versprechen. Ein anderes Vorurteil: Krummer Merkurfinger bedeute krummes Denken. Dieser Behauptung kann nicht heftig genug widersprochen werden. Einmal müssen wir uns die Krümmungsrichtung ansehen, wenn eine vorhanden ist: Lehnt sich der Merkurfinger zum Sonnenfinger hin an, ja krümmt er sich in diese Richtung, dann haben wir es mit Menschen zu tun, die ein starkes Anlehnungsbedürfnis haben, die aber auch eher subjektiv in ihrem Denken sein können.
Krümmt sich dagegen der Finger eher nach außen, verheißt dies ein Bemühen um Objektivität, aber auch eine Neugier auf die Welt mit der Gefahr einer Illusionsbildung. Diese Leute erhoffen sich meist von anderen, was sie von sich nicht erwarten.
Je mehr sich der Merkurfinger an die Hand anlehnt, um so stärker ist auch das Wesen dieses Menschen als geschlossen zu bezeichnen.
Nun kann es aber geschehen, daß ein Merkurfinger (meist handelt es sich nicht um beide) etwas verküm-

mert ist. Dies besagt nun nicht, daß hier auch die Intelligenz verkümmert wäre. Oft erscheinen diese Menschen sogar aufgeschlossen, schnell begreifend.
Wie lang soll ein Merkurfinger sein? Man vergleiche ihn mit dem Daumen. Beide sollten gleich lang sein, was gar nicht so leicht zu messen ist, da ihre Ansätze in der Hand meistens verschieden hoch sind.
Viele Merkurfinger sind tiefer in der Hand angesetzt als die drei mittleren Finger, so wirkt der Merkurfinger im Verhältnis kleiner als er ist. Ist er sehr tief angesetzt, kann die Du-Sehnsucht tief verwurzelt sein und außerdem das Denken sehr in der Herkunft, in der Tradition verhaftet. Ist der Finger dazu noch klein, ersticken diese Menschen manchmal unter ihrer Aufgabe, da sie immer wieder mit sich ringen müssen, um Minderwertigkeitskomplexe zu überbrükken. Meist werden sie auch noch unterschätzt, also sind ihre Startchancen wohl nicht so gut. Es ist so, als ob dieser Startblock etwas nach hinten verrückt wäre. In ihnen lebt das Gefühl, immer etwas aufholen zu müssen, das kann – muß nicht – sogar zur Hysterie führen.

Der Merkurfinger ist wie der Gott, nach dem er benannt wurde, widersprüchlich. Er gilt als der beweglichste Finger und ist doch der passivste Finger. Er wird für den praktischen Gebrauch einer Hand kaum eingesetzt. Er ist der äußerste Finger auf der Du-Seite, aber die Aktivität zum Du symbolisiert der Ring-/Apollofinger. Der Kleinfinger weist oft Unterschiede in punkto Größe und Länge auf, und er zeigt an, wie sehr sich der Mensch gegen Einflüsse von außen wappnet. Je größer, um so besser sein Schutz. Merkur ist zusätzlich ein Symbol für unser Nervensystem, denn ohne ein funktionierendes Nervensystem ist Handeln nicht möglich, ohne Nerven geht nichts. Ein zu kleiner Merkurfinger verrät die Gefahr einer Nervenschwäche, was jedoch durch die Linien der Innenhand noch einmal bestätigt werden müßte. Immerhin deutet eine Verkürzung darauf hin, daß sich diese Menschen Sorgen um ihre Gesundheit machen, wenn es auch häufig eher nervöse oder eingebildete Beschwerden sein können, die zur Plage werden. Zumindest haben wir es mit einer empfindlichen Seele zu tun, die in dieser Beziehung jedes Wort, jede Geste überbewertet, damit aber auch einen Schwachpunkt verrät. Diese Personen werden Schwierigkeiten mit ihrem Seelenleben haben, das meist zu unüberlegt reagiert, weil die Emotionen nicht genügend durch die Vernunft gefiltert werden. Sicher ist hier aber mitentscheidend, wie die Merkurlinie beschaffen ist, was wir erst aus der Innenhand erfahren können.
In der Literatur gibt es Hinweise dafür, daß ein zu kleiner Merkurfinger (das heißt zu kurz und zu dünn) aussagt, die Intuition würde nicht genügend beherrscht werden. Dies kann unterstrichen werden, weil auch hier der Verstandesfilter fehlt. Der Vorteil wäre, daß diese Intuition – eben vom Verstand nicht so belastet – zur Inspiration fähig ist.
Dieser Finger zeigt außerdem – und dafür eignet sich ja eine aufnehmende, antwortende Passivität ganz besonders hervorragend –, wie jemand

auf das Du, auf andere überhaupt ausgerichtet ist. Insofern ist bei allem, was man über den abgespreizten Merkurfinger sagen mag, dies ein Zeichen, wie sehr die Beziehung zum Du gesucht wird.

Kommen wir noch einmal darauf zurück, wo der Finger angesetzt ist: halbwegs so hoch wie der Nachbarfinger oder auffallend tiefer? Letzteres würde auch besagen, daß diese Menschen die Fähigkeit hätten, sich sehr in sich zurückzuziehen. Sie müßten also daran arbeiten, sich herauszuwagen. Ihr Blick muß als Ausgleich in die Höhe gehen. Sie dürfen sich nicht in die Kurzsichtigkeit flüchten, sondern müssen für die Weitsichtigkeit trainieren. Es besteht sonst die Gefahr, daß alles zu sehr aus der eigenen, zurückgezogenen Sicht betrachtet wird.

Ist der Finger normal, harmonisch, gut ausgeprägt, dann können wir dies als Symbol für ein gesundes Selbstbewußtsein annehmen, der Verstand, die Sprachgewandtheit sind gut entwickelt. Sicher spielt auch hier das Grundniveau eine Rolle, das nicht aus der Hand allein abzusehen ist, wie ja die Startchanchen für das jeweilige Leben durchaus verschieden sind.

Ist der Finger länger als normal (als der Daumen etwa), dann reden diese Menschen sicher viel und hören oft gar nicht auf, wenn sie einmal angefangen haben.

Eine Taillierung im kleinen Finger ist ein Hinweis auf Witz, Ironie, gute Wortwahl und auf ein intelligentes Redetalent. Besitzer gröberer Merkurfinger haben es da nicht so leicht mitzuhalten, diese Leute werden auch im taktischen Sinn weniger raffiniert reagieren, sondern direkter und offener, zutraulicher.

Ist der Merkurfinger nicht so harmonisch geformt (soviel dies auch Geschmacksache sein kann), dann werden solche Personen in sich und nach außen kaum harmonisch reagieren, wenigstens wirkt dies auf andere so!

Je länger diese kleinen Finger sind, um so stärker ist auch das Bedürfnis, seine Fühler auszustrecken. Menschen mit kürzeren Merkurfingern ruhen meist in sich, lassen sich ansprechen, reagieren mehr als sie agieren. Um ein Bild zu gebrauchen: Sie warten lieber, bis sie angerufen werden, als daß sie selbst zum Telefonhörer greifen. Wer lange Merkurfinger hat, der will wissen, was kommt, der forscht nach, man kann auch sagen, der ist hellhörig. Die Personen mit eher tief angesetzten oder kürzeren Fingern hören mehr auf die innere Stimme, die sie natürlich auch irre führen kann. Aber darum geht es hier nicht, sondern um das Grundprinzip der Reaktion. Die ist nämlich hier recht gut zu erkennen.

Merkurfinger lang und mächtig:
Starkes geistiges Interesse, starke Verstandeskraft (je nach Grundniveau), Neigung zum durchdachten wie philosophischen Handeln, Begabung für eine ausgeprägte Überredungskunst, es fehlt fast nie an Worten. Das Vorurteil, daß diese Menschen auch Begabung zum Betrügerischen haben, muß abgebaut werden, weil sicher jedes Talent seine positiven wie negativen Seiten haben kann.

Merkurfinger kurz:
Die Verstandeskraft steht nicht im Vordergrund, diese Menschen ruhen mehr in sich, schöpfen ihre Kraft aus ihrem Kern, weniger aus der äußeren Umgebung oder Atmosphäre. Das instinktive Reagieren ist ihnen wichtiger als ein stark logisch geprägtes Verhalten.

Merkurfinger breit:
Ausufernde Verstandeskraft, oft ein gewisser Mangel der Konzentration. Diese Menschen kommen gerne von einem ins andere, können sich schwer auf das Wesentliche konzentrieren und wollen recht viel auf einmal erledigen. Aber ihre Verstandeskraft ist groß, kaum einseitig orientiert.

Merkurfinger schmal:
Konzentrierte Verstandeskraft aus der Notwendigkeit der Beschränkung. Sehr agil und gewandt, immer wieder auf den ursprünglichen Weg zurückfindend, aber doch eher einals vielseitig orientiert.

Ein starrer Merkurfinger zeigt sich auch in dieser Beziehung eher starr. Diese Menschen hören nur, was sie wollen, sie sind meist für Gegenansichten nicht offen, stellen sich schwer auf andere Argumente ein als auf die, die sie schon dauernd in sich hin und her bewegt haben.
Bewegliche Merkurfinger sind vielleicht zu flexibel, geben zu schnell nach, um sich auch als beweglich und aufgeschlossen zu präsentieren. Anzutreffen bei Menschen, die ihre Argumente nach dem Wind drehen. (Hier aber ist dann immer auch der Saturnfinger mit zu Rate zu ziehen).
Ein sehr gerade Merkurfinger (den es gar nicht so häufig gibt) soll Gradlinigkeit verraten, ein krummer Finger Neigung zu krummen Touren. Dem muß hier noch einmal scharf widersprochen werden! Unglaublich, wie manches Urteil in die Banalität abgerutscht ist.
Wenn sich der Finger (insbesondere der obere Teil) zum Apollofinger hinneigt, dann ist das Denken eben auf das Ideellere oder Künstlerische ausgerichtet. Neigt sich derselbe Teil dieses Fingers nach außen, dann besteht eine große Sehnsucht nach der Ansprache, was meist einen recht flotten Redefluß zur Folge hat, nur um Kontakt aufzunehmen. Beide Krümmungen, – oft fallen die Hinneigungen der Finger so aus –, sagen aber nichts über einen ehrlichen oder unehrlichen Charakter. Diese vorschnelle Ausdeutung von krumm und gerade in Beziehung zu einem menschlichen Wesen mag ihre Ursache in den Mythen haben, da ja Merkur auch als Gott der Diebe und Lügner galt. Diese vielschillernden Beschreibungen der Gottgestaltungen sollten aber nur aufweisen, daß alles seine zwei Seiten hat, auch das Verhalten der Götter. Dies auf den Merkurfinger zu beziehen geht nicht an und bringt manchen Handbetrachter nur auf eine falsche Spur. Merkur gilt aber letztendlich als Vermittler, auch als Diplomat, was wir in die Handdeutung einbeziehen müssen. Es braucht ja oft vieler guter Worte, um eine Vermittlung zustande zu bringen, um Gegensätze auszugleichen. Hierzu bedarf es eines gewissen Durchsetzungsvermögens, also wird ein kleiner Finger, der eher Schutz zu suchen scheint, für

diese Tätigkeit keine besondere Begabung anzeigen. Auffallende Merkurfinger weisen auf Merkurmenschen. So konnte man wörtlich in einem alten Buch lesen:
„Merkurmenschen können geschickte und erbarmungslose Schwindler, aber auch treu ergebene Freunde und menschlich empfindende Glieder unserer Gemeinschaft sein."
An diesem Zitat wird deutlich, wie eine Gabe vielseitig und vielfältig gebraucht werden kann. Daher empfiehlt es sich, besonders an diesem Finger allein keine endgültigen Deutungen auszusprechen, sondern wirklich andere Merkmale mit zur Handbeurteilung heranzuziehen. Ein Daumen oder ein Zeigefinger spricht viel mehr für sich allein, als ein Kleinfinger! Und schon Daumen und Zeigefinger sollten nicht solistisch gedeutet werden. Die Gesamtwirkung des Mosaiks gibt erst das Bild.

Noch etwas kommt hinzu: Merkur- und Sonnenfinger sind in ihren Grundrichtungen gegensätzlich. Der Sonnenfinger ist ideell und künstlerisch in der Hauptrichtung, der Merkurfinger eher materialistisch. Und doch braucht das Ideelle stets auch das Materielle, umgekehrt verhält es sich leider nicht so. Von daher wäre es im Grunde genommen „richtiger", wenn sich der Merkurfinger an den Sonnenfinger anlehnte als umgekehrt. Aber was richtiger ist, muß nicht besser sein. Tragen nun Handeigner gerade an diesen beiden Fingern große Bucker und Ringe mit Steinen, dann vereinen sie diese Finger nur sehr äußerlich und auf fragwürdige Art. Im Grunde trennen sie beide, und das ist vom Psychologischen her schon recht bedeutungsvoll. Diese Menschen legen viel Wert auf den Schein, und es kommt ihnen weniger auf das Sein an. Damit soll nichts gegen das Tragen von Ringen gesagt werden, allein die Ballung der Schmuckstücke auf diesen beiden Fingern ist psychologisch wichtig, zumal wenn dies mehr an der rechten Hand geschieht, wo ja diese Ringe sogar stören!
Noch einige Bemerkungen zu den Ansätzen des Merkurfingers. Im Grunde genommen sollten Zeige- und Merkurfinger auf einer Ebene beginnen, wie auch der Saturn- mit dem Apollofinger etwa auf gleicher Ebene ihren Ausgangspunkt (ohne Knöchel) haben sollten. Ist dies der Fall, dann wird von einem harmonischen Handansatz gesprochen, ein Signal übrigens auch für Harmonie in sich, damit ein Hinweis auf Humor und eine freundliche Grundstimmung. Liegt der Ansatz eines Fingers (meist Merkur-, dann auch Zeigefinger) viel tiefer, dann ist schon eine Disharmonie im möglichen Ansatz erkennbar. Mißerfolge werden diesen Menschen erst formen, der immer wieder auf die Ausgangsbasis zurückgeschickt wird, wenn wir einmal bei diesem Bild bleiben wollen. Das könnte sich früh in einer Furchtsamkeit, einer Überempfindlichkeit äußern.
Kommen wir zu den einzelnen Gliedern, die grundsätzlich etwa gleich lang sein sollten.

Das Wurzelglied
Ist es dick und fest, ja rund (immer im Verhältnis zu den anderen Fingern, also zu der Gesamthand), dann be-

stehen gute Anlagen, sich im materiellen Sinn mit Gedankenkraft und Vernunft durchzusetzen. Allerdings mit der Gefahr, daß der Sinn für musische Entwicklungen nicht zur Wirkung kommt. Meist sagen diese Leute zwar, daß sie großes Interesse an der Kunst hätten, daß aber ihre Zeit einfach nicht dafür lange. Eine schöne logische Ausrede, die in sich so typisch ist, daß sie hier gleich als Beispiel angeführt werden kann. Runde, kräftige Wurzelglieder zeigen auch eine Geschäftsbegabung voller Ideen und Kraft.

Ist das Wurzelglied tailliert, besteht neben der materiellen Kraft eine Geistigkeit. Hier wird mehr über das Materielle nachgedacht als ihm nachgestrebt. Diese Menschen machen sich große Gedanken über reale Werte und Unwerte, über das Geldwesen, auch über die Vor- und Nachteile, die eine zu große materielle Fixierung mit sich bringen kann. Solche Personen haben außerdem oft die enorme Fähigkeit, sich in andere hineinzudenken. Auch hier ist eine Gabe des Zuhörens, des Eingehens zu sehen, wodurch oft eigene materielle Interessen zu kurz kommen können. Bei nur rundem und dann vielleicht noch kurzem Glied besteht die Gefahr, daß diesen Eignern das Materielle über den Kopf wächst, weil sie es gedanklich nicht mehr überblicken können. Auch fällt ihnen ein distanziertes Denken nicht so leicht, sie engagieren sich zu schnell. Sie sind eben da und damit basta! Bei einer Diskussion möchten sie einen Punkt nach dem anderen schnell abhaken, oder sie springen von einem Punkt zum anderen, wobei ihnen immer alles, wie sie sagen, eine Herzensangelegenheit ist, obwohl diese Dinge so gut wie nie etwas mit dem Herzen zu tun haben. Sie drehen sich dabei oft im Kreis oder kommen aus ihrem Kreis des Materiellen nicht heraus, auch nicht aus dem Kreis ihrer Gedanken.

Je feiner das Glied, um so weniger sind diese Handeigner an den Dingen persönlich engagiert. So können sie auch neutraler über Möglichkeiten eines Gewinns und eines Verlustes sprechen. Oft ist ja das Wurzelglied – besonders beim tief angesetzten kleinen Finger – weit hinter den anderen Grundkräften zurück, also entweder in Tradition oder Erziehung sehr eingebunden.

Das Mittelglied

zeigt die Umsetzung der materiellen und gedanklichen Grundansichten. Ist es feist und rund, dann wird vieles mit Kraft und Vehemenz umgesetzt. Je länger das Glied, das auch fehlen kann, um so wichtiger für diese Menschen die praktische Bewährung. Es kann dann vorkommen, daß man mit diesen Handeignern über nichts anderes als über reale, materielle Vorgänge sprechen kann. Diese Fingerträger wissen, was ihre Nachbarn oder Kollegen verdienen, sie streben einen Beruf an, der berechenbar ist, und früh – in jungen Jahren – orientieren sie sich über die Pensionsmöglichkeiten. Es besteht also die Gefahr, daß das Nur-Reale zu wichtig genommen wird. Sicher finden wir ein betontes mittleres Glied des Merkurfingers bei erfolgreichen Geschäftsleuten. Ganz Kluge dieser Art schmücken noch den kleinen Finger mit einem Ring, als wollten sie betonen (natürlich tun sie das unbewußt):

Seht mal, was ich für ein Gespür in Geldsachen habe! Man beachte einmal die Hände der Börsenmakler darauf hin. (Aber in diese Betrachtung gehört dann auch das Nagelglied.) Hier muß – wie man es etwa in der Schweiz so gern betont –, die Tageskasse stimmen. Diese Menschen sprechen sehr viel von Ideen, von Plänen, sie geben vor, Visionen zu haben, aber wenn die Tageskasse nicht stimmt, dann geben sie auf Visionen in der Realität nichts mehr. Dazu bedarf es ja einer Einschränkungsmöglichkeit, die eher durch ein schmales mittleres Glied, das auch tailliert sein kann, angezeigt wird.

Ihre Besitzer haben wirklich ein Gespür für längerfristige Anlagen. Die wollen ihrer Zeit immer voraus sein, so ahnen sie auch, wie sich ein Trend abzeichnet. (Sicher taucht stets – also auch bei den runderen Gliedern – die Niveaufrage auf, die Tradition der Erziehung.) Menschen mit tailliertem Mittelglied des kleinen Fingers können sich einer Idee wegen einschränken, ihre Vernunft weiß, daß Rom nicht an einem Tage erbaut werden konnte. So werden sie nicht gleich ungeduldig, wenn ihre Erwartungen sich nur langsam zu erfüllen scheinen. Aber da man im Merkurfinger ja die Rede- und Überredungs- auch die Sprachkunst erkennt, vermögen diese Handeigner andere für ihre Pläne zu gewinnen. Sie entwickeln ein einleuchtendes Konzept, das dann mit aller Strenge eingehalten wird. Dies gilt auch für diejenigen, deren mittleres Glied des Merkurfingers sich auffallend verjüngt. Diese Hände zeigen eine Zielanvisierung, eine Konzentration auf einen einmal für richtig erkannten Weg. Diese Menschen würden sich auch für wissenschaftliche Arbeiten und Aufgaben eignen.

Das Mittelglied kann fehlen, dann wird es um die praktische Veranlagung dieses Menschen nicht so gut bestellt sein, es kann aber auch doppelt sein, was aber nicht zu sehr als Veranlagungsmerkmal verwertet werden kann.

Das Nagelglied

Es ist das wichtigste Glied, was ja schon dadurch betont wird, daß manche Menschen diesen Nagel besonders lang wachsen lassen. Dieses Glied in spatelförmiger Gestaltung offenbart einen besitzergreifenden Anspruch. Pointiert gesagt: Diese Leute bekommen nicht genug. Sie wollen expandieren und sie werden es stets versuchen. Hier ist ein Zielanspruch, der zum Erfolg führt. Ausgreifend und verlangend sind sie, ob als Geschäftsleute oder als Intellektuelle. Sie brechen aus der Tradition aus, sie suchen immer nach neuen Wegen.

Ist das Nagelglied eckig, dann wird mehr die Form gewahrt. Hier haben wir es auch mit Erfolgreichen zu tun, aber diese Menschen wissen genau, wie weit man gehen kann, ohne den anderen etwa in die Knie zu zwingen. Hier wird auch wenig Strohfeuer angezündet, kaum ein Bluff versucht, die Traditionsschule ist maßgebend. Hinzu kommt, daß diese Leute meist bestens organisieren können und auch einen guten Überblick haben. Methodik ist zu spüren, was bei wissenschaftlichen Arbeiten oder bei intellektuellen Aufgabenstellungen wichtig erscheint. Redner mit eckigen Nagelgliedern wissen, wovon sie reden, sie haben stets ein Konzept,

auch wenn einmal der gegenteilige Eindruck entsteht.
Läuft das Nagelglied nach oben eher kugelig, kegelig oder spitzer zu, so deutet dies oft auf Menschen mit ausgefallenem Ehrgeiz, die gewöhnt sind, alles auf eine Karte zu setzen. Meist arbeiten sie ohne Netz, dafür aber sind sie anpassungsfähig und den Startschuß verschieben sie immer wieder. Hier ist Einfühlungsvermögen zu sehen sowie Hinneigung zu spirituellen Zielen. Das Okkulte kann diese Menschen anziehen, manche lassen sich gar durch Gurus oder Sekten verführen. Witz ist hier zu spüren und die Fähigkeit, anderer Weisheiten als eigene zu verkaufen. (Je spitzer dieses Glied ausfällt, um so mehr.) Immerhin – echte künstlerische Wagnisbereitschaft ist hier auch zu erkennen, wenn in der Beurteilung der Sonnenfinger mit einbezogen wird. Als Kritiker sind diese Menschen gefürchtet, denn sie spießen gerne auf, und sie können eine recht verletzliche Sprache führen. (Zusammenhang mit dem Zeigefinger.)

Zusätzlich kommt es auf die Knoten an. Knoten oder Verbreiterungen an den Gelenken dieses Fingers zeigen ja Stationen an und können hier vieles ausgleichen. Sind die Knoten allerdings zu groß und dann noch hart, dann ziehen diese Menschen zuviel Bilanz. Sie ziehen stets Bilanz, wobei es wieder auf den Beruf und das Niveau ankommt. Ein Philosoph etwa wird seine Arbeiten sehr durchdenken und wirklich – das braucht seine Zeit – seiner Welt Nachdenkenswertes vermitteln können. Geschäftsleute wagen nicht einen Pfennig, und erst wenn sie das Doppelte von dem eingenommen haben, was sie sich erhofften, sprechen sie von einem halbwegs guten Jahr. Die Knoten vom Wurzel-/Grundglied zum mittleren Glied lassen Schwierigkeiten erkennen, auch die Zeit, die alles braucht, um das Grundvermögen umzusetzen, das heißt, mit dem, was man hat, was man vermag, zu arbeiten. Wagnisse wollen bedacht sein, und bei einer Eheschließung wird wohl immer für eine Absicherung, für eine Zugewinngemeinschaft plädiert werden. Knoten erscheinen bei recht schmalen, ja dünnen Merkurfingern wichtig, weil sie Bremsen symbolisieren und manchen daran hindern, über das Ziel hinauszuschießen. Sie bedeuten ein In-sich-gehen, damit aber auch eine Prüfung vor sich selbst.
Knoten zwischen dem Mittel- und dem Nagelglied zeigen Überprüfungen an, bevor das Ziel direkt angegangen wird. Die Gefahr ist, daß hier ein Schriftsteller nie mit seiner Arbeit fertig wird, ein Redner nie seine Rede vollendet, wenn aber doch, wird diese Rede bombig.
Diese Knoten weisen übrigens auf eine phantastische Beobachtungsgabe hin, die unbewußt arbeitet, aber stets das Wesentliche erfaßt.
Einem spatelförmigen Nagelglied am kleinen Finger täte ein Knoten zwischen Mittel- und Nagelglied sehr gut. Dies würde die Originalität, die eine Spatelform hier auch zeigt, in Grenzen halten und zu einem Durchdenken zwingen. Bei einem spitzen Nagelglied wäre der Knoten zu begrüßen, denn die Einfühlung in andere würde nicht intuitiv, sondern durchdachter vorgenommen.

Unser Kleinfinger ist also ein Großfinger, zumindest so groß wie der größte und dickste unserer Finger.
Wenn man darum bittet, daß jemand seine Hand einmal locker vor sich hält, dann prüfe man, wie die Abspreizung des kleinen Fingers ausfällt. Er wird in den meisten Fällen neben dem Daumen der Finger sein, der sich bei lockerer Handhaltung am stärksten abspreizt; je mehr, um so unabhängiger das Denken. Dabei werfe man auch gleich einen Blick auf die anderen Fingerlücken, um zu sehen, wie sich hier der Abstand von einem Finger zum anderen verhält. Das hat nämlich nichts mit der Zuneigung, mit der Hinrichtung zu tun. Hier können also Widersprüche auftauchen. Etwa, daß sich der Zeigefinger zwar zum Saturnfinger neigt, zubiegt, daß aber der Merkurfinger bei der lockeren Hand sich weiter vom Apollofinger abspreizt, der sich jedoch in der Biegung mehr zum Merkurfinger zuneigt. Sicher sind das Nuancen, die nur bei einer Feindeutung später ins Gewicht fallen, aber es schult die Augen, die Aufnahmefähigkeit, und es gibt dem Handbetrachter Kombinationsanregungen.
Wir müssen uns ja immer wieder darüber klar sein, daß jeder Mensch aus Widersprüchen besteht. Erst wer um seine Widersprüche weiß, der kann sein Leben richtig einteilen und ihm einen Sinn geben. Anders gesagt, er vermeidet es mehr als andere, immer wieder dieselben Fehler zu machen, er kommt weniger ins Stolpern. Stolpern ist an sich ein Zeichen für einen inneren Widerspruch, der Grund dafür kann in der Hand und oft gut im Klein- oder im Merkurfinger erkannt werden.

Die Fingernägel

Die Fingernägel verdienen wegen ihrer Aussagekraft ein kleines Extrakapitel. Auch die Nägel können – wie die Form der Nagelglieder – von Finger zu Finger verschieden sein. Vielen Ärzten dienen sie übrigens als Indikatoren für Organ- oder Funktionsstörungen. Je verschiedener die Fingernägel in Form, Stärke, in Länge und Breite, in der Fläche oder als Kuppel, um so vielfältiger zeigt sich uns der Mensch. Es sei jedoch davor gewarnt, jeder Einzelheit zuviel Bedeutung zuzumessen. Aus lauter zu kleinen Steinchen kann sich kein passendes Bild zusammensetzen, was aus einer Distanz heraus eine Beurteilung zuläßt.
Die Nägel an den Fingern dienen zum größten Teil als Schutz. Einst waren sie Waffen, so wie sie heute noch manche Kinder, manche Frauen – weniger wohl Männer – dem Gegner im Streit das Gesicht oder die Arme und Hände aus einer Abwehr- oder Angriffsreaktion zerkratzen. Fingernägel bei Menschen sind wie bei Tieren die Krallen. Sie sind also keine Schmuckstücke, obwohl Frauen sie heute als Schmuck benutzen, wenn sie ihre „Waffen“ schwarz, lila, feuerrot oder grün färben.
Diese geschmückten Fingernägel sollen also auffallen, und wenn die Farbe nicht gerade einer Mode unterworfen ist, dann läßt sich schon hieraus einiges deuten, denn hellrote Fingernägel verraten sicher mehr Angriffslust als schwarze Nägel, die eher eine warnende Funktion anzeigen. Grüne und lilafarbene Nägel sollen zwar locken, aber gleichzeitig si-

gnalisieren, daß sich im Kampf der Geschlechter der Mann nicht zu sicher fühlen soll, während die Perlmuttfärbung wohl eher ein anschmiegsames, sanftes Wesen ankünden wird.
Die Härte der Fingernägel zeigt als erstes an, wie schutzbedürftig sich der Mensch fühlt, und es ist sicher nicht ohne Symbolik, wenn zu harte Fingernägel leicht brechen, weil sie zu spröde sind. Dies gilt für Frau und Mann und läßt offenkundige Rückschlüsse zu. Sind die Nägel dagegen geschmeidiger, weicher, dann fangen sie manchen Stoß ab, was auch auf den Menchen zu beziehen ist. Nichts ist Zufall!

Wölbt sich ein Nagel, dann will der Handeigner (im übertragenen Sinn) viel aufnehmen. Dies kann, aber muß nicht auf Drüsenstörungen hinweisen. Mit ärztlichen Diagnosen sollte jeder sehr vorsichtig sein! Gewölbte Nägel verraten sicherlich, daß diese Menschen bereit sind, ihren Schutzwall vorzuschieben. Es handelt sich um interessierte Naturen, die eher offen sind, im Gegensatz zu denen, deren Nägel (wenn wir die Mehrzahl der Nägel betrachten) zu flach anzuliegen scheinen. Da haben wir es mit sehr zurückgezogenen, eher scheuen Personen zu tun. Von Nervenschwäche wird hier gesprochen oder von Belastungen der Milz. Auch hier Vorsicht! Es gibt Nägel, die nach innen gebogen sind, die also vom Ansatz her – seitlich betrachtet – abfallen (Talform), um sich zur Kuppe hin wieder zu erheben, das soll angeblich auf Drüsenstörungen hinweisen, aber das sind nicht nachprüfbare Behauptungen!

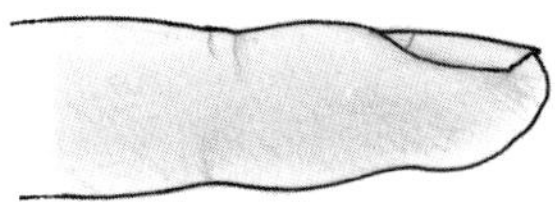

flach

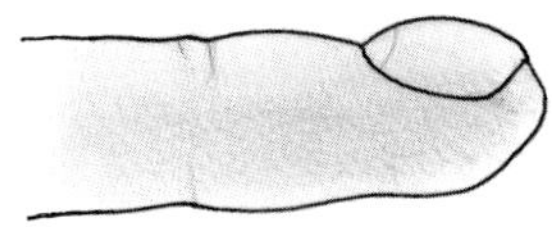

gewölbt

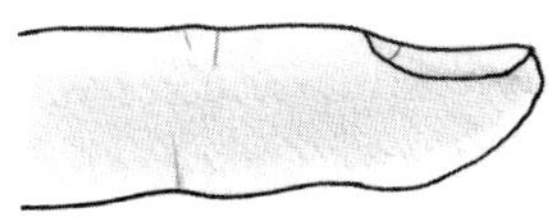

Talform

Nagelformen

Fingernägel verändern sich, weniger in der Form der Grundveranlagung als durch Rillen – quer oder längs – und durch weiße Flecken, die oft Jahre hindurch zu sehen sind. Ob es sich wirklich um einen Kalziummangel handelt, mag der Fachmann entscheiden, genauso ob es sich bei Längsrillen in den Nägeln um chronische, bei Querrillen um akute Erkrankungen handelt. Die Erfahrung zeigt, daß solche Urteile viel zu pauschal und damit auch zu voreilig abgegeben werden. Doch die Härte der Nägel erscheint wichtig, und wie der Mensch mit dieser Härte umgeht.

Wichtig ist auch, wie er die Nägel schneidet! Kurz – so daß die Fleischkuppen überstehen, oder lang, daß

die Fleischkuppen der Nagelglieder, von oben gesehen, verdeckt sind? Wachsen die Nägel über die Kuppen hinaus, oft nur an einem Finger (Daumen oder Kleinfinger), dann deutet es darauf hin, daß man nicht an der Härte dieses Menschen zweifeln soll. Hier sind die Nägel eine unbewußte Warnung an das Gegenüber: Paß nur auf, ich habe Krallen, und ich bin bereit, sie zu gebrauchen. Je länger, um so schneller! Dies gilt – wenn man vom modischen Trend absieht – in auffallender Weise mehr für die Frauen.
Menschen, die sich gern längere Nägel wachsen lassen, sind intuitiv auf abwehrende Härte eingestellt. Dies trifft auch zu, wenn sie es verneinen. Und es ist wirklich ein Zeichen echter Emanzipation, wenn Frauen immer mehr zu kürzeren Nägeln übergehen. Auch hier ist selbstverständlich das Verhältnis entscheidend. Oft jedoch handelt es sich gar nicht einmal um eine äußere Härte, nicht daß jemand befürchten muß, jetzt beißt und spuckt sie gleich; es geht vielmehr um die innere Einstellung und damit um eine innere Härte, die diese Menschen in der Regel aber nicht als Abwehr empfinden, sondern eher als Schutz vor der eigenen Schwach- und Weichheit. Nur wenn ich mich immer schützen muß, dann verhärte ich mit der Zeit auch, und was einmal Abwehr gegen Verletzlichkeit war, das wird eines Tages, wenn diese Menschen nicht gegensteuern, eine deutlich an den Tag gelegte Härte. Ja der Stolz in die eigene Härte kann wachsen. Man braucht nur an Struwwelpeter zu denken, der sich überhaupt nicht fügen wollte.
Menschen, deren Nägel kürzer geschnitten sind als die Fingerkuppen, zeigen sich offener, auch zugänglicher, weil sie weich sind und leichter zu treffen. Sie sind empfindlicher. (Sehen wir einmal davon ab, daß der Schnitt der Nägel nicht beruflich bedingt ist.) In ihnen lebt eine gesunde Kraft, und hier ist meist auch über Jahre eine Entwicklung zu sehen. Einen guten Ausgleich finden wir, wenn Menschen ihre Nägel bis an den Kuppenrand oder ein kleinwenig darüber hinaus wachsen lassen. Man muß hier natürlich sagen, daß die Wachstumszeit eines Fingernagels verschieden ist. In der Jugend wachsen die Nägel schneller als im Alter, aber auch sonst differieren diese Zeiten zwischen drei bis vier Monaten. Wer seine Nägel kurz hält, lehnt eigentlich stets eine zu harte Haltung ab, reagiert er einmal unnatürlich starr, dann aus Notwehr, aber im Grunde genommen hofft er nur darauf, daß die anderen ihm einen kleinen Fingerzeig zukommen lassen, damit er nachgeben kann.

In diesem Zusammenhang bleibt es uns nicht erspart, auch über das Problem des Nägelbeißens zu sprechen. Kinder tun dies ja, bis es ihnen abgewöhnt wird, aber Erwachsene kommen oft nicht von dieser (Un-)Sitte los. Dabei ist es nicht so, daß sie wirklich die Nägel abbeißen, aber sie können von der Geste nicht lassen. Es geht hier also um das symbolische Knabbern, das man immer wieder beobachten kann, wenn Menschen etwa über einer Arbeit hocken und nachdenken, oder wenn sie nicht wissen, wie sie sich verhalten sollen. Knabbert jemand an seinen Fingernägeln, dann setzt er sich mit seiner

Härte auseinander. Hier muß dann in einem Gespräch meist geklärt werden: Handelt es sich um die eigene Härte, die man beseitigen will, oder „beißt" man an der Härte des Menschen herum, den man liebt oder mit dem man sonstwie nah verbunden ist? Oft wird das Knabbern in der Partnerschaft sichtbar, oft im Beruf, beim Konkurrenzkampf oder wenn Menschen unter Leistungsdruck stehen. Nägel haben ja wie die Haut etwas mit dem Saturnischen in uns zu tun, das heißt mit unserer Härte und Begrenzung. Härte gegen sich selbst ist meist genauso problematisch wie Härte gegen andere.

Die Menschen, die sich zu weich fühlen, die eine Härte vorschieben und daher erst einmal immer nein sagen, die sind hier weniger gemeint. Es geht um die Menschen, die nein sagen und aus Prinzip dann nicht mehr umzustimmen sind. Hier finden wir viele Nagelbeißer, und es ist oft vielsagend, welchen Finger sie (symbolisch) anbeißen. Es kann der Apollo-, der Saturn- oder der Jupiterfinger sein. Auch der Daumen, viel seltener der Merkurfinger. Beim Daumen spielt der eigene Wille eine Rolle, beim Zeigefinger geht es um die Härte in bezug auf die eigene Entfaltung, beim Saturnfinger um die Abwehr äußerer Härte, die innere Ängste auslöst, beim Apollofinger um die eigenen Ideale und um Partnerprobleme. Es kann um das Ich, das Du, aber auch um das Ringen der eigenen Mitte gehen. Meist haben diese Menschen in einer Richtung eine Härte an den Tag gelegt, die sie bekämpfen, aber sie haben Angst, dies könnte als zu große Weichheit empfunden werden, und so stecken sie in einem Teufelskreis. Wer zum Beispiel am Saturnfinger nagt, der setzt sich mit einer erziehungsbedingten Härte auseinander, vielleicht mit der Starrheit eines Elternteiles, die man zum Teil übernommen hat, ob bewußt oder unbewußt, die man aber jedenfalls an sich als negativ erfahren hat. Beim Apollofinger geht es sehr häufig um die Härte in der Partnerschaft, und beim Zeigefinger ist es die Angst, für seine eigene Entfaltung nicht hart genug sein zu können, weil man doch das Vorwärtskommen über den Gebrauch von Ellenbogen so vehement ablehnt.

Was die psychologische Lösung so erschwert, ist die Tatsache, daß die Betroffenen ja aus dem Unbewußten heraus kauen und knabbern. Sie knabbern an etwas, was sie nicht aufbekommen, sie kauen an etwas, was sie nicht verdauen können. Und sie bemerken dabei nicht, daß in ihnen selbst ein ganz schöner Widerspruchsgeist lebt, den sie nicht wahrnehmen, weil sie immer weicher reagieren als ihnen zumute ist. Sie ärgern sich so über ihre vorgegebene Weichheit, weil sie sich nicht getrauen, ihre Härte zuzugeben. Und weil sie sich das nicht getrauen, beißen sie an ihren Nägeln herum. Ein Teufelskreis! Dieses Um-sich-drehen bringt Konflikte, die nur aus der Seele zu lösen und schwer bewußt zu machen sind. Hinter dem an und für sich harmlosen Laster des Nägelkauens verbirgt sich einmal eine starke Leidensfähigkeit und Erlittenes, aber auch ein Egoismus, das Gefühl, sich nicht aufgeben zu wollen, um sich nicht zu verlieren. Härte gegen sich, selbst um den Verzicht des Glücks.

In der Deutungsrichtung der Nägel können wir bei der Form ansetzen, bei der Größe oder den Monden, beziehungsweise bei den Farben. Die Farben fallen ja oft am stärksten auf. Zartrosa ist die Normalfärbung. Es kann ein wenig schillern, dann besteht in den Menschen eine gewisse Harmonie, die auch vom Temperament auf die Dauer nicht gestört werden kann. Man spricht von einem recht guten, gesunden Blut.
Neigen die Nägel eher dazu, weiß auszusehen, oder hat man das Empfinden, sie sind zu hell, zu blaß, dann brodelt in diesen Menschen sicher kein überschäumendes Feuer, aber es kann auch ein Signal für tiefere Erschöpfung sein. Jedoch Farben ändern sich.
Rot oder dunkleres Rot weist darauf hin, daß in diesen Menschen, wie der Volksmund sagt, leicht das Blut kocht, aber so wörtlich nehmen wir das nicht. Zu dunkles Rot, das eher schon purpurn schillert, spricht von einem Stau seelischer Art. Die Menschen verdauen schwer, lassen nicht los. Andere sehen hier Durchblutungsstörungen – man hüte sich vor solchen Aussagen. Nun gibt es noch Hinweise für grüne, gelbe, schwarze Fingernägel, die Auskünfte über Krankheitsbezüglichkeiten geben sollen, wobei der Hinweis über gelbe Fingernägel für Raucher mit Nikotinvergiftungen noch erklärbar sein dürfte. Aber diese Färbung kommt wohl kaum von innen. Grünlich schimmernde Fingernägel sollen auf Eiterherde im Körper hinweisen, aber wie viele Menschen haben Eiterherde im Körper und *keine* grünen Fingernägel! Damit soll nur angedeutet werden, daß auch die Handdeutung oftmals abgerutscht ist, besonders dann, wenn aber auch alles aus der Hand herausgelesen werden sollte!
Wie müßte nun ein gesunder Nagel aussehen? Er darf nicht zu hart und muß recht geschmeidig sein. Die Seitenränder sollten in etwa parallel verlaufen.
Rillen auf dem Nagel deuten manchmal auf eine innere Nervosität hin, sie verschwinden, wenn die Gründe für gewisse seelische Ängste beseitigt werden.

Dies sind die fünf Nagelformen, die am häufigsten zu sehen sind. Selbstverständlich gibt es noch Mischformen, wie schmal *und* kurz, breit *und* kurz; dann der „ausgebuchtete" Nagel, der wie eine Birne unten schmal ist und oben fast die ganze Kuppenbreite ausfüllt. Aber das sind ausgesprochene Ausnahmen.
Zuvor eine Faustregel. Ein Nagel sollte etwa (nie auf den Millimeter zu messen) halb so groß wie das Nagelglied sein (alles andere wäre sehr groß oder sehr klein). Ob ein Nagel breit oder schmal ist, erkennt man auf den ersten Blick gut an den Fingerkuppenrändern. Auch sollte der erste Eindruck das Wesentliche erfassen, also ob jemand große, kleine, schmale oder wuchtige (ausgebuchtete) Nägel an seinen Fingern hat.
Wir kennen also:
breite-rechteckige Fingernägel,
lange-schmale Fingernägel,
dreieckige-ausgebuchtete Fingernägel (einmal größer, einmal kleiner),
kurze-eher runde Fingernägel,
ovale-mandelförmige Fingernägel,
dazu, wie gesagt, Mischformen.

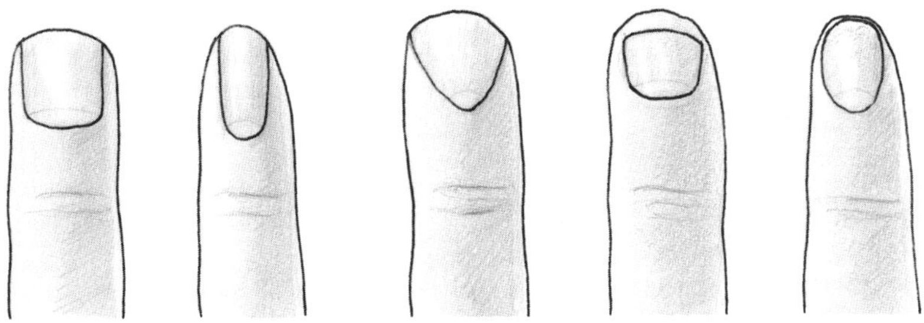

Nagelformen

Ein großer, breiter, rechteckiger Fingernagel spiegelt viel Grundkraft wider, eine gesunde Härte auch gegen sich selbst, Standhaftigkeit, Wehrbereitschaft, jedoch nicht auf kleinliche Art. Läuft dieser Fingernagel oben kugelig zu, dann ist dies ein Hinweis für einen allgemein umgänglichen Menschen.

Der lange und schmale oder längliche Fingernagel deutet mehr auf Passivität, auch auf einen längeren Anlauf hin. Nach Niederlagen oder Krankheiten braucht es seine Zeit, ehe sich diese Handeigner wieder aufraffen. Fallen diese Nägel zu kurz aus (also klein, weil kurz und schmal), dann fehlt diesen Menschen oft eine natürliche Härte, auch gegen sich selbst.

Der dreieckige oder auch ausgebuchtete Fingernagel offenbart einen starken Machtanspruch, den man diesen Handeignern nicht zutraut. Hier handelt es sich um Menschen, die über sich hinauswachsen (wollen!). Sie sollten jedoch ihre Kräfte (die ja nicht auf so einer breiten Basis stehen) einteilen und nicht zuviel auf einmal in Angriff nehmen. So hart sie sich geben, in Wahrheit sind sie leicht verletzbar, oft recht eifersüchtig, ja neidisch.

Kurze, eher runde Fingernägel weisen darauf hin, sich rundherum abzusichern, weil das Bedürfnis da ist, sich in der eigenen Haut wohl zu fühlen.

Ovale oder mandelförmige Fingernägel zeigen eine gewisse Verschlossenheit, ja Zugeknöpftheit an. Dabei existiert in diesen Menschen ein starkes Harmoniebedürfnis, auch eine Gefühlsneigung, aber sie lassen andere so schwer an den Kern heran. Sie gehen nicht leicht aus sich heraus. Dann wollen sie sich ganz öffnen, ziehen sich aber bei der kleinsten Abschreckung wieder völlig in sich zurück. Als Künstler sollten sie allein arbeiten, sich in einem Team nicht aufreiben lassen. Ihre Beliebtheit ist dabei sehr groß, derweil sie sich hüten, unfreundlich zu sein oder Fehler zu machen.

Auch hier sollten wieder die Bilder sprechen.

Breite Fingernägel heißt: Ich bin doch wer!

Schmale Fingernägel: großes Streben, aber Unsicherheit. Daher oft sehr duldsam und langmütig.
Dreieckige Fingernägel: Ich bin für jede Überraschung gut. Unterschätzt mich ja nicht!
Kurze Fingernägel (also wenn breiter als lang): Impulsivität, innere Behendigkeit, kann sich jeder Situation anpassen. Hier heißt die Devise: Immer am Ball bleiben.
Ovale-mandelförmige Fingernägel: starkes schöpferisches Bedürfnis. Hier sollte nie vergessen werden, daß das Ei (die Eiform) stets als Symbol des Gebärens angesehen wurde, dies gilt auch für das Schöpferische.

Was ist daraus zu schließen, wenn sich die Nägel gewölbt, also offen zeigen, oder wenn sie eng und flach anliegen, also sich eher zugeknöpft zeigen? Hier gibt es noch ausgesprochene Rundungen, die selten sind, aber sofort auffallen, weil sie an Raubtierkrallen erinnern. Diese Art von Nägeln wirken etwas furchterregend, und fast immer – wie Tests ergeben haben – auch wenig sympathisch. Hier bricht wohl mancher Trieb oft rücksichtslos und animalisch heraus, was natürlich nie aus dem Bewußtsein geschieht, so spielen hier Niveau und Grunderziehung eine bedeutende Rolle.
Runde Formen zeigen ja stets ein Harmoniebedürfnis an, das gilt nicht nur für die Nägel, auch für die Kuppen etwa, man fühlt sich rundherum wohl, dies ist ein beliebtes Schlagwort. Das Eckige hat immer etwas von Disziplin an sich, die anerzogen ist, die Natur selbst bietet uns nicht viel eckige Formen an. Und Formen, die sich wie Blätter, Früchte und dergleichen von unten nach oben entwickeln, weisen immer auf eine Ausdehnungstendenz. Dies können wir uns bei den Nägelformen besonders gut einprägen. Das Große zeigt einen Anspruch an, das Kleine eher Zurückgezogenheit. Aber da auch das Kleine sich zu Wort melden muß, erfolgt dies meist – um sich an den Großen zu messen – zunächst in Form von Kritik, die oft zu penibel, zu klein angesetzt, aber in sich konsequent und durchdacht sein kann. So zeigen oft kleine Nägel zwar von Natur aus gar nicht soviel Härte an, aber die wenige Härte wird eben verstärkt und zwar bewußt. Dies sind Lebensreaktionen, die psychologisch seit dem Altertum bekannt sind. Genauso können Menschen mit großen, breiten Nägeln sehr weich reagieren, weil sie eben um die Kraft ihrer Härte wissen.
Daran wird vielleicht noch einmal deutlich, worum es geht: um Anlagen und um das, was jeder aus seiner Anlage machen kann. Wer viel hat, kann (muß nicht) großzügig sein. Wer kaum etwas zu verlieren hat, wird um das Wenige verbissen kämpfen, was bei den Nägeln gut zum Ausdruck kommt. Gewölbte Fingernägel, haben wir gesagt, zeigen auch eine Offenheit. Diese Menschen lassen herein; ob sie wieder herauslassen, das ist eine andere Frage. Aber wir haben hier Ansatzpunkte für unsere Überlegungen gefunden. Und die Finger, ihre Glieder, der Handrumpf geben uns dann weitere Hinweise, aus denen sich langsam aber sicher ein Bild zusammenfügt.
Dazu gehört auch noch die Betrachtung der weißlichen Halbmonde, die

jeweils an den Daumen am besten sichtbar werden. Bei den anderen Fingern wächst oft die Haut etwas über den unteren Nagelansatz (besonders bei Männern).
Dem könnte verhältnismäßig leicht abgeholfen werden. Nach jedem Bad, nach jedem Händewaschen nehme man ein Frottiertuch und schiebe beim Abtrocknen die Haut zurück. Mit der Zeit läßt sich so die überwachsende Haut beseitigen.
Halbmonde treten nicht an allen Fingern auf, auch nicht gleichmäßig, aber so gut wie immer am Daumen. Zu den Monden gibt es auch manche medizinisch-diagnostische Hinweise, die nicht überbewertet sein sollten. Bei großen Monden wird von einer guten Herzleistung gesprochen, aber viele Herzkranke sind – das ist nachprüfbar – an ihrem Mond im Nagel *nicht* zu erkennen.
Sicher, je harmonischer ein Mond wirkt, um so gesünder scheint die Grundveranlagung zur Vitalität zu sein, wobei aber die Monde auch nicht übermäßig groß sein sollten. Sie können sich ändern, verändern, aber es sei nicht empfohlen – und gerade für Hypochonder nicht –, täglich seine Halbmonde zu untersuchen, um daraus Rückschlüsse zu ziehen, wenn es einem einmal nicht besonders gut geht! Auch ein zu kleiner Mond sagt noch nichts über mangelnde Vitalität aus, die bis zur Erschöpfung führen könnte. Manche Monde sind oft nur mit einer Lupe erkennbar, weil die Farbe der Nägel am Ansatz weißlicher ist als oben und Spuren der überwachsenden Haut manchen Blick verhindern.
Rillen – man spricht auch von Furchen – dürfen ebenfalls nicht überbewertet werden. Zunächst sagen diese Rillen nämlich aus, daß diese Menschen etwas bewegt, was ja durchaus nichts Negatives sein muß. Längsrillen deuten nämlich nicht nur auf Nervosität, sondern auch auf eine Denkarbeit hin, auf Ehrgeiz sogar. Und wer viele und starke Furchen/Rillen hat, der ist meist gar nicht so übernervös oder hat eine angegriffene Gesundheit, sondern er kann, eher seelisch gesehen, „krankhaft" ehrgeizig sein. Hinweise wie Vitaminmangel oder andere Mangelerscheinungen halten näheren Untersuchungen nicht stand, wie viele Gespräche mit Heilkundigen ergeben haben.
So können wir am Fingernagel auch einige Mosaiksteine für unsere Gesamtdeutung finden. Denn die Nägel fallen uns eher auf, sind meistens schneller zu bestimmen als die Form der Nagelglieder. Nur lasse man sich in punkto Größe nicht von den Nägeln täuschen; manche Nägel erscheinen nur besonders lang, weil die Handeignerin sie wachsen ließ.
Nägel geben Schutz und zeigen Härte an, aber sie sagen auch etwas über die Grundkraft für die Zielerreichung. Man denke immer an das Bild, daß die Nagelglieder und damit die Nägel, das Äußerste von einem Menschen sind, das ihm zur Verfügung steht. Diese Glieder tasten und fühlen; mit den Spitzen seiner Hände wagt man sich auch in unbekannte Reiche vor; je vorsichtiger jemand ist, um so mehr verläßt er sich auf seine Fingerspitzen. Auch jedes Streicheln – ob verlockend oder beruhigend – beginnt mit den Fingerspitzen.
So können wir also sagen: Die Deutung beginnt mit der Überlegung, wo-

zu gebrauche ich die Hand, beziehungsweise den betreffenden Handteil, und wie ist dieser Handteil dann für diesen jeweiligen, speziellen Gebrauch ausgerüstet und gestaltet. Dieses logische Vorgehen erleichtert die Handkunde, was wohl besonders bei den Nägeln der Fingerkuppen klargeworden sein dürfte.
Dem Nagel in der Grundzusammensetzung verwandt sind ja die Haare, von denen sich manche auf den Handrücken zeigen. Auch Haare haben erst einmal eine Schutz-, dann eine Schmuckfunktion. Haare an den Händen soll man nicht überbewerten, es handelt sich hier meist um Rasse- und Familienmerkmale. Sätze wie: „Viele Haare auf einer Frauenhand bedeuten Fähigkeit zur Grausamkeit", sind Humbug und gehören ins Gebiet der Horrorfilme.

Die unterschiedliche Länge der Finger

Sie fällt bei einer Hand auf, wenn beispielsweise ein Finger sehr hervorragt (der Saturnfinger) oder einer sehr zurückbleibt (Merkurfinger oder Daumen, aber es kann auch jeder andere Finger sein). Dieser Blick ist oft wesentlich für den Gesamteindruck einer Außenhand. Und er gibt uns wiederum viele Kombinationshinweise, weil das Längenverhältnis der einzelnen Finger untereinander ja eine Aussage darstellt. Auch die Breite und Rundung kann unterschiedlich sein, aber – wie bei den Fingernägeln erläutert – es ist wichtig zu sehen, welche Kraft sich über den Finger am weitesten nach vorn wagt. Normalerweise ist es der Saturnfinger, der als längster vom Bild her angesehen werden kann.
Nun haben lange Finger keinen guten Ruf. Wenn jemand „Langfinger" genannt wird, dann ist dies meist gar nicht schmeichelhaft gemeint. Ob man diesen Ausdruck einst erfand, weil Saturn im Mittelalter und leider zum Teil auch noch heute in der Astrologie als das Böse hingestellt wurde, ist nicht beweisbar, aber wohl wahrscheinlich. Mit dem Wort Langfinger werden heute Menschen bezeichnet, die mit ihren Händen eine gefährliche Geschicklichkeit an den Tag legen können. Das ist aber nicht richtig, denn gerade kurze Finger können enorm geschickt sein, während lange Finger oft gar nicht „handwerklich" tüchtig sind. Immerhin, dem Saturn wurde der längste Finger zugeteilt, und nur selten ist er mit dem Jupiter- oder dem Apollofinger gleich lang. Letztere haben häufig die gleiche Länge. Dabei ist zu beachten, welcher von beiden in der Außenhand herausragt.
Der Merkurfinger ist meist kleiner. Wenn er fast oder so gut wie gleich groß ist wie sein Nachbar, der Apollofinger, dann kommt ihm selbstverständlich eine besondere Bedeutung zu. Er soll etwa so groß (oder so klein) sein wie der Daumen. Dies bedeutet, daß ein großer Daumen einen großen Merkurfinger bedingt oder umgekehrt. Antrieb und Wille sollen also dem Verstand, dem Intellektuellen entsprechen. Ragt der Saturnfinger besonders hervor (also auffallend), dann ist die Verantwortungsbereitschaft, die dieser Fingerträger zu übernehmen bereit ist, sicher beträchtlich. Hier haben wir es mit einem grundsätzlichen Ernst zu

tun. Der Saturnfinger symbolisiert ja das Kreuz, das wir zu tragen haben, und fällt dieses in der Längsachse sehr groß aus, dann wird es auch schwer sein. Die Querachse des Kreuzes finden wir da, wo die Hand am breitesten ist. Bei der Spatelhand also auf der Knöchellinie, bei der konischen Hand unten beim Ansatz des Daumens. Je höher der Querbalken, um so realer, bewußter ist dieses Kreuz zu tragen oder zu bewältigen, je tiefer der Querbalken, um so stärker kommt die Belastung aus dem Unbewußten, der Seele, der Tradition und Erziehung.

Ragt der Saturnfinger dagegen wenig heraus, dann wird das Leben leichter genommen, vielleicht nicht als so schicksalshaft empfunden. Da sich die Grundkräfte die Waage halten, scheint alles ein wenig harmonischer abzulaufen, was eine gewisse Unbeschwertheit zur Folge haben dürfte. Dies sollte man auch etwas mit dem Beruf des Handeigners zusammenführen. Ein langer Saturnfinger gibt eine lehrende, prüfende Lebenseinstellung an, ein großer Apollofinger mit nicht so großem Saturnfinger eher künstlerische Ausrichtung, die nicht gleich durch zuviel Selbstkritik vom Ausübenden blokkiert wird. Geht es um das Ankommen beim Publikum, dürfte der Saturnfinger nicht zu stark über den Jupiterfinger hinausragen, weil im anderen Fall der Künstler durch Selbstkritik das eigene Auftreten hemmen kann, was ja wiederum die Sicherheit des vor der Masse Stehenden einzuschränken vermag.

Wichtig ist, wie schon erwähnt, ob in der Außenhand der Jupiter- über den Apollofinger oder der Apollo- über den Jupiterfinger hinausragt. Ist es der Jupiterfinger, dann zeigt dies an, daß diese Leute führen wollen, sie sehen sich als Vorbilder und meinen, etwas verkünden zu können. Ragt der Apollofinger über den Jupiterfinger hinaus, dann geht es diesen Menschen mehr um die Sache, das Ideal. Sind beide etwa gleich lang, dann hält sich das Ideelle, das künstlerische Ziel mit dem Hervortretenwollen die Waage. Nun darf man aber ja nicht annehmen, daß schon die Länge uns allein das Wesentliche zeigt! Es ist durchaus denkbar – und oft bei Menschen der Öffentlichkeit anzutreffen –, daß zwar der Apollofinger länger als der Jupiterfinger ausfällt, dies aber durchaus durch die Stärke des Jupiterfingers ausgeglichen werden kann.

Ein starker Zeigefinger, nur nicht so lang, zeigt schon den Trieb, sich zu entfalten, an die Öffentlichkeit zu gehen, wenn auch die Sache meist im Vordergrund steht oder in den Vordergrund geschoben wird. Hier kommt es dann schon sehr auf den Saturnfinger mit an, weil man an ihm die Eigenprüfung, die Fähigkeit Kritik anzunehmen am besten erkennt. Ein herausragender Apollofinger kann zudem von einer Besessenheit sprechen, von einer gewissen Fanatik. Besonders wenn dieser Finger schmal und lang ist.

Am schwersten scheint der Merkurfinger in punkto Länge zu messen zu sein, denn vom Bild her kann ein langer Merkurfinger kurz erscheinen, weil er soviel tiefer angesetzt ist. Geht es um die eher praktische Veranlagung für das Leben, so kommt es sehr darauf an, ob dieser Finger durch seine Länge anzeigt, wie weit sich diese Menschen in der realen Bewältigung hervorwagen. Ist der Merkurfinger gut ausgeprägt, zusammen mit dem Saturnfinger, dann wird dieser Mensch mit viel Ernst und nachdenklichem Handeln das Leben meistern, und in diesem Fall wird die Fülle der Verantwortungsübernahme auch zu bewältigen sein. Ist dagegen der Merkurfinger klein, kann der Mensch zuviel Verantwortung kaum richtig ausfüllen, er sollte alles lieber in Maßen betreiben. Solche Leute werden schwer aus ihrer Haut herauskönnen, und diplomatisches Geschick fehlt wohl auch immer, wenn dieser Finger tief angesetzt ist. Es ist mehr damit zu rechnen, daß wir es hier mit Grüblern, gelegentlich Eigenbrötlern zu tun haben, die sich einer Anpassung wegen nicht verstellen.

Schließlich muß beim Vergleich noch darauf geachtet werden, ob der Daumen sehr aus dem Gesamtbild der Hand herausfällt. Wenn ja, so können wir damit mehr oder weniger rechnen, daß dieser Mensch schwer zähmbar ist, irgendwie immer ausbrechen möchte. Er müßte in eine große Aufgabe eingespannt sein, die ihn völlig gefangen nimmt, so daß es sich nicht lohnt, eigene Wege zu gehen. Fügt sich der Daumen dagegen ein, werden die Handeigner bereit sein, sich einzufügen, wenn es die Notwendigkeit erfordert. Fällt der Daumen aber insofern auf, daß er nicht zu sehen ist (dies ist zu prüfen, wenn man sich an eine Hand erinnert, aber nicht weiß, wie der Daumen gestaltet ist), dann haben wir es wohl mit jemandem zu tun, der nicht gerade den größten Antrieb an den Tag legen wird, der sich aber für Hilfeleistungen dankbar erweisen dürfte.

Nach dieser Einzelbetrachtung noch einmal die Gesamtübersicht im Zusammenhang:

Die Rumpfhand gibt uns die Grundkraft an, die Finger die Richtung und das Wollen der Umsetzung, sowie die Differenzierungen der Grundkraft in die einzelnen Kraftrichtungen.

Der Festigkeitsgrad

Er wird in der Fachsprache Konsistenz genannt und von vielen Handbetrachtern geprüft. Sie fassen die Hand an, um Weichheit, Härte, Wärme oder Kälte abzutasten, um zu fühlen, ob die Hand schwammig oder muskulös ist. Eine gute Voraussetzung ist, daß wir den Beruf des Handeigners kennen. Wer viel manuell arbeiten muß, dessen Hand ist einfach muskulöser. Musiker gebrauchen ihre Hand spezieller als Bauarbeiter, Uhrmacher arbeiten vorwiegend mit den Fingern, aber anders als die Sekretärin an der Schreibmaschine. Neuerdings werden ja die Handkuppen auch sehr am Computer benötigt. Dies alles müssen wir wissen. Obwohl – auch dies sei gleich gesagt –, Wesentliches wird diese Prüfung nicht bringen, nur Ergänzendes. Wichtiger ist vielleicht, ob eine Hand sich warm oder kalt anfühlt, wenn dies auch vom Klima und anderen Gegebenheiten abhängen mag. Weniger vom Klima abhängig (wenn auch etwas) ist die Feuchte oder Trockenheit der Hände. Eine gesunde Hand darf nicht auffallend trocken sein und muß Wärme ausstrahlen. Sie sollte sich fest anfühlen, eine Schwammigkeit ließe leicht auf ein zu bequemes Leben schließen, wenn hier nicht medizinische Dinge eine Rolle spielen. Heiße Hände machen aufhorchen, denn die Temperatur einer Hand sollte der des Körpers entsprechen. Jeder von uns weiß ja auch, daß sich eine Hand leicht feucht und hitzig anfassen kann, wenn eine Grippe den Körper befallen hat. Kalte Hände, wie wohl auch kalte Füße, deuten auf eine vielleicht mangelnde Blutzirkulation, aber auch hier ist es wichtig, ob die Hand länger ruhig lag oder ob sie bewegt wurde. Heiße Hände sollen also auf einen zu hohen, kalte Hände auf einen zu niedrigen Blutdruck hinweisen, das überlassen wir aber lieber den Ärzten. Wir erwähnen dies nur, weil es den Lesern in anderen Schriften begegnen kann.

Die Handfestigkeit allgemein soll mit dem Anblick harmonisieren. Einer vollen fleischigen Hand, die dabei sehr hart ist, sagt man nach, daß diese Menschen lieber nehmen als geben, sie nehmen sich ihr Teil, denn selbstlos mögen sie mit Worten, bestimmt aber nicht mit Taten sein. Solche Hände üben sogar einen gewissen Herrschaftsanspruch aus, wie eine starre Hand auf Starrheit, eine bewegliche Hand auf zuviel Beweglichkeit schließen läßt. Eine unbewegliche Hand bei Kindern sollte daher die Eltern frühzeitig darauf aufmerksam machen, daß sie möglicherweise schwer lernen werden und daß sie Zeit benötigen, um neue Argumente in ihr Denken mit einzuschließen. Viele Sprichwörter des Volksmundes haben hier schon manche Deutungselemente vorausgenommen. Eine biegsame Hand, so heißt es etwa, beugt sich eher, als sie sich brechen läßt. Starre Hände dagegen müsse man brechen, womit natürlich nicht der Bruch der Hand gemeint ist. Es bedeutet dem Sinn nach, daß diese Menschen sich eher zerbrechen lassen, als daß sie sich nachgebend oder gar aus Einsicht beugen.

Diese Logik ist einfach und gradlinig, sie denkt nicht um drei Ecken herum. Oft scheint sie so einfach, daß man ihr gar nicht trauen möchte, weil wir heute alle eher kompliziert denken. Aber die ersten Priester vor 3000 Jahren wußten eben schon, daß die Sprache der Hand eine einfache ist, zumindest was die Außenhand betrifft.

Fühlt sich eine Hand schlapp und weich an, dann hat man es mit Sicherheit nicht mit einem Menschen zu tun, der einem fest und in sich stark begegnet. Es geht hier nicht um den Händedruck, sondern wie sich die Hand anfaßt. Auch starke, innerlich feste Menschen können ermüden, das mag sich dann in der Hand widerspiegeln, aber mehr im Händedruck.

Menschen, die eine Niederlage erleiden mußten, versuchen dies zu überspielen, indem sie die Hand eines anderen besonders fest und stark zu drücken suchen. Sie verraten sich mehr durch das Zuviel. Wenn wir von einer mageren oder einer fleischigen Hand sprechen, dann gilt dies immer im Verhältnis zum Gesamtkörper. Man wird zwar selten bei einem dikkeren Menschen eine magere Hand finden, aber die Hand kann im Verhältnis dünn und fein wirken. Es ist

durchaus möglich, daß ein Mensch von schmalen asketischem Körperbau eine überraschend muskulöse, ja fleischige Hand aufweist, ohne daß diese Hand nun dick wirkt. Im Grunde genommen passen aber Hand und Körper zusammen, so daß ein Mensch mit Übergewicht auch übergewichtige Hände hat, ein hagerer Mensch hagere Hände.
Dicke Menschen sind auf den ersten Anschein gemütlicher, so daß es sich größtenteils bewahrheitet zu sagen, dicke Hände sorgen für Gemütlichkeit. Einst dachte der Volksmund da an die etwas beleibte Großmutter. Hagere Hände machen einen nervöseren Eindruck, aber das trifft für das Gesamtauftreten eines Hageren zu. Um solche Folgerungen zu ziehen, bedarf es also keiner kunstvollen Handbetrachtung. Einer älteren Überlieferung entnehmen wir noch, daß harte Hände als Aktivitätsfaktor zu werten wären, dies scheint aber nur bedingt richtig zu sein und stammt sicher noch aus der Zeit, da Aktivität mit körperlicher Mühe gleichgesetzt wurde. Wieviel geistige Aktivität ist heute in unserer mechanisierten Welt notwendig, die sich nicht so auf den Körper durchschlägt! Selbst Fahrer von schweren Autos brauchen ja kaum mehr Kraft in ihren Fingern, denn eine dienstbare Servolenkung nimmt ihnen die körperliche Mühe ab. Und eines stimmt überhaupt nicht, daß Menschen mit harten Händen innerlich hart sind. Menschen mit weichen Händen können sehr unnachgiebig sein, nur sprechen sie es meist nicht so direkt aus, sie lassen ihre Gegenüber wie an oder in eine Gummiwand laufen. Menschen mit sogenannten harten, meist knotigen Händen lassen dagegen recht gut wissen, woran man bei ihnen ist, was letztlich nur scheinbar etwas mit wahrer Härte zu tun hat. Genausowenig müssen muskulöse Hände für Tatkraft sprechen. Da ist doch der Zeigefinger in seiner Aussage wesentlicher und wichtiger, also viel aufschlußreicher. Daher zeigen kühle Hände keine innere Kälte oder eine raffinierte Coolheit an, und warme Hände keine Herzenswärme. Schön wäre es ja, aber ganz so leicht ist das Handdeuten nun auch nicht!

Die Färbung

Sie wird auch so gerne überschätzt. Sicher sieht man, wenn das Blut sich aus der Hand zurückzuziehen scheint, wenn sich die Hände blaß, gelblichweiß bis zum Weiß des Todes verfärben können. Aber schon eine Grippe kann blasse Hände hervorrufen, was oft sehr beängstigend wirkt, wenn die Adern dann sehr blau hervorstechen. Wir können uns also nur an gesunden Händen orientieren. Man sagt wohl mit Recht, daß gut durchblutete Hände eher von einem Temperament zeugen als blasse Hände, die weniger gut durchblutet sind. Aber dies ist noch viel leichter an der Gesichtsfarbe meßbar. Wenn jedoch die Hände gegenüber der Gesichtsfarbe auffallend blaß sind, dann sagte man früher, diese Hände geben nichts, in ihnen pocht kein Herz (fließt kein Blut).
Dichter haben solche Hände gerne bei Tyrannen oder Geizkrägen be-

schrieben, hier erstarrt das Handeln, das zum Gegenüber geht. Mit diesen Bemerkungen über die Hartherzigkeit muß es was auf sich haben, gerade wenn diese Hände dann noch kühl und weich sind. Weich, weil diese Menschen nie Mühen auf sich nahmen, daher nicht das Mühen anderer verstehen.

Gelbliche Hände könnten auf eine starke, angstgetragene Nervosität hindeuten, so als würden dies die Vorboten dafür sein, daß das Blut stockt. Hände und Füße spielen ja eine große Rolle als die vom Herzen entferntesten Körperteile. Viele Menschen zeigen heute übrigens gefärbte Hände, da sie sich vielleicht in Bräunungsstudios aufhalten oder jeden Sonnenstrahl aufsuchen, während die Fotos von vor einhundert Jahren uns ja mehr blasse Hände übermittelten, weil Blässe damals als vornehm und gesund galt. Diese Zeitänderungen der Grundauffassung und Mode müssen wir berücksichtigen, wenn wir ältere Bücher mit zurate ziehen.

In der Innenhand werden uns diese Schwierigkeiten nicht so begegnen. Aber auch in der Außenhand spielt die Farbe nur eine Detailrolle.

Das Temperament läßt sich aus der Hand nicht so gut herauslesen, eher übrigens aus der Handschrift. Was aber auffällt und beachtet werden soll, ist eine Müdigkeit, die sich in der Hand niederschlägt, und oft eher hier als sonstwo am Körper, ja auch eher als in den Augen. Gemeint ist damit eine seelische Müdigkeit. Wir alle kennen Gesten der Resignation. Wenn eine Hand wie leer herunterzufallen scheint, wenn sie nur kaum oder sehr mühsam zum Protest erhoben wird, wenn sie still, apathisch daliegt, selbst wenn es aus dem Mund noch heraussprudelt, dann ist doch eine innere Aufgabe, ein Aufgeben zu erkennen, das stutzig machen sollte. Hier zeigt sich oft viel eher als anderswo, wenn das Unterbewußtsein und damit der Mensch sich erschöpft fühlt. Und man sieht es den Händen an, ob sie müde sind, ohne dies in Worte fassen zu können. Aber das Mißverhältnis zum ganzen Menschen ist meist offenkundig. Jeder kennt auch das Bemühen, einen guten Eindruck zu machen. Man sitzt aufrecht, lächelt, versucht aufmerksam zu schauen, die Gesichtszüge wirken gestrafft. Diese Menschen denken dabei aber nicht an ihre Hand, und das ist das Entscheidende.

Andersherum wird ja auch deutlich, wie sich eine Erholung in der Hand als erstes Symptom zeigt. Wenn die Hände sich bei Kranken wieder mehr bewegen, wenn sie anfangen herumzuspielen! Auch Kinder zeigen ihr Interesse an der Umgebung zuerst mit ihren Händen, da wird das Handelnwollen sichtbar. Dies alles ist wesentlicher, als aus der Hand Temperamentshinweise ersehen zu wollen. Halten wir aber zur Orientierung folgendes alte Wissen fest:

Choleriker sollen meist nicht zu lange Hände (Finger), wenn auch einen beachtlichen Handrumpf aufweisen.

Sanguiniker sollen dagegen eher Hände haben, die sich sehr verjüngen, einst sprach man von luftigen Händen, die sich verdünnen. Der Abstand zwischen Apollo- und Merkurfinger ist meist recht deutlich zu ersehen. Außerdem eine Hand, die kaum still liegen kann.

Melancholiker haben – wie man einst sagte –, traurige Hände. Längere, aber schwerfälligere Finger liegen eng beieinander und werden oft ein wenig eingerollt, selten sehr gestreckt. Aber sie verengen sich kaum zu den Kuppen.

Phlegmatiker haben wie die Choleriker eher kurze Finger, wenn auch die Hand insgesamt gut ausmodelliert wirkt. Der Daumen ist meist zu kurz, die Hand ruht still. Lange muß man hier auf eine Geste warten, die das Gesagte unterstreicht.

Dies sind Hinweise, die älteren Lehrbüchern entnommen wurden, vielleicht wollte man die Lernenden einfach in die Welt des psychologischen Denkens einführen. Uns interessiert nur wieder ein möglicher Widerspruch. Etwa wenn ein feuriger Mensch seine Hände stets versteckt. Meist geschieht dies ja am leichtesten, indem Frau und Mann die Hände in Hosen- oder Rocktaschen verbergen. Bei einem feurigen Temperament handelt es sich wirklich um ein Verbergen, manchmal aber auch um einen Hinweis auf eine Selbstzügelung, denn die Hand könnte ja ungebändigt größeren Schaden anrichten. Dies also sind Momente, auf die zu achten sich lohnt. Ein Widerspruch wäre auch, wenn ein Sanguiniker, der eigentlich viel, aber harmonisch mit seinen Händen spricht, diese wie müde herunterhängen läßt. Dann kann man ihm auf den Kopf zusagen, daß er sich – bei aller gespielten Heiterkeit – sehr bedrückt fühlt.

Nach diesen Details wenden wir uns einer wichtigen Aufgabe zu, die eigentlich am Anfang jeder Handdeutung stehen sollte. Es geht um den Vergleich der rechten wie der linken Außenhand.

Die beiden Außenhände

Sie sollten eigentlich gleich am Anfang einer Handbetrachtung angesehen werden. Wenn wir erst jetzt hierzu Hinweise geben, dann hat dies den Grund, daß ja jetzt erst der Leser so richtig weiß, worauf es bei den Außenhänden ankommt. Wie schon erwähnt, unterscheidet sich in aller Regel die linke von der rechten Hand und das sowohl innen wie außen. Außen jedoch fallen diese Unterschiede meist nicht so auf, daher gilt den Außenhänden im Vergleich eine besondere Aufmerksamkeit. Die linke Hand scheint aller Erfahrung nach das Unbewußte deutlicher zum Ausdruck zu bringen als die rechte Hand, wo wir mehr das Bewußte finden. Jeder hat es ja schon an sich erlebt, daß mehr als eine Seele in seiner Brust lebt. Vereinfacht sprechen die Psychologen von einem hellen und einem dunklen Wesen in uns, was nichts mit einer Bewertung zu tun hat. Das Helle kommt nur bei Licht heraus, also am Tage, wenn wir wach und bewußt leben, während das Dunkle mehr zum Vorschein kommt, wenn wir in der Nacht ruhen und schlafen und träumen. Der Traum ist die Sprache der Seele. Daher reagieren wir auch im Traum oft völlig anders als wir am Tage reagieren würden, ständen wir vor der gleichen Situation. Mögen wir uns also am Tage dem Lebenspartner gegenüber treu und anhänglich verhalten, dann kann es durchaus sein, daß im Unterbewußtsein viele Wünsche wach werden, die uns vom Lebenspartner weg führen, da wir ganz anderen Sehnsüchten nachzugehen versuchen, die wir am Tage wegzensieren. Dies kann durch die Hände deutlicher werden, wenn es auch wohl nie ganz deutlich werden kann. Auf jeden Fall scheint es psychologisch viel richtiger zu sein, das Unbewußte mehr in der linken, das Bewußte in der rechten Hand zu sehen als von der Grundveranlagung (links) und der Verwirklichung (rechts) zu sprechen, was beim Linkshänder umgekehrt sein sollte. Stets wurde der linke Körperteil dem Mond (das Unbewußte) und der rechte der Sonne (das Bewußte) zugesprochen. So teilten die alten Astrologen stets das linke Auge wie die linke Hand dem Mond, das rechte Auge wie die rechte Hand der Sonne zu.

Bevor wir die rechte und die linke Hand vergleichen, wollen wir uns noch einmal daran erinnern, daß wir in der linken Hand mehr die Nacht-, in der rechten Hand die Tagseiten sehen. Nun ist es ja so, daß den Menschen ihre Tagseiten eher vertraut sind, das Dunkle, das Nächtliche in uns verdrängen wir ja gern. Nur muß jeder wissen, daß die unbewußten Anlagen meist sehr viel weiter und umfassender sind als die bewußten Anlagen! So zeigt auch die linke Innenseite sehr häufig ein größeres Gewirr von Linien als die rechte Innenhand. Aber noch beobachten wir ja die Außenhand. Dort könnten wir durchaus entdecken, daß der linke Daumen etwas stärker als der rechte Daumen ist. Dies würde besagen, daß der unbewußte Wille energischer ist, als dies im Handeln des Menschen zum Ausdruck kommen mag. Ist der rechte Daumen entscheidend stärker ausgeprägt als der linke Daumen, dann will der Handeigner im bewußten Lebensraum viel mehr erreichen, als es in seiner Seele mitverankert ist. Hier muß der Psychologe fragen, ob es für diesen Menschen eigentlich sehr gut ist, so seinem Antrieb und Willen nachzugehen.

Auch kann der Mittel-, also der Saturnfinger, in einer Hand etwas länger sein als in der anderen. In der rechten Hand mag er den Jupiterfinger fast um das ganze Nagelglied überragen, in der linken Hand dagegen nur um ein halbes Nagelglied. Diese Menschen überladen sich im bewußten Leben eventuell mit zuviel Verantwortung, die ihr Unbewußtes, ihre seelische Kraft nicht tragen kann. Wenn das Unbewußte (was wir in der linken Hand erkennen) nicht so kräftig oder stark ausgeprägt ist wie das Bewußte in der rechten Hand, besteht die Gefahr, daß diese Menschen sich übernehmen und daß sie nicht auf die Warnungen des Unbewußten hören, nicht auf die Träume, nicht auf das Stolpern, auf das Versprechen, das Stottern, auf Fehlreaktionen. Wenn dagegen Kräfte in der linken Hand durch Fingerprägungen stärker motiviert erscheinen als in der rechten, wird man daraus schließen können, daß diese Menschen viel weniger ausleben als sie könnten. Die Folge ist meist eine unruhige Seele, was sich in schlechtem Schlaf und auch in Träumen bemerkbar machen kann. Das Seelische, das Unbewußte, ist nicht zu unterdrücken, es meldet sich stets, wenn auch leider verschlüsselt. Das heißt, heute denken wir, die unbewußte Sprache wäre für uns so etwas wie eine Fremdsprache, aber diese Annahme konnte nur deswegen Fuß fassen, weil wir durch die Betonung des Rationalen, des so Vernünftigen, der Meinung sind, daß wir auf die Seele (oder wie wir das Unbewußte auch immer nennen wollen) nicht mehr zu hören brauchen. Die Betrachtung der Hände kann uns dem wieder näherbringen, weil hier auch ablesbar ist, was in uns vorgeht, von dem wir nichts zu wissen meinen. Nun fallen die Hände links und rechts meist gar nicht so verschieden aus, so zerrissen ist ja der Mensch gar nicht, aber unterschiedliche Nuancen sind eigentlich immer zu finden, wie unsere Beispieldeutung einer Handbetrachtung zeigen wird.

Will man eine sehr genaue Analyse erstellen, empfiehlt es sich, von den Außenhänden ein Foto zu machen. Man hat dann viel mehr Ruhe und Muße, um sich in die Hände zu vertiefen, als wenn der Handeigner gegenübersitzt und gespannt wartet, was wir sagen. Aber seine eigenen Hände kann man ja als Übung und Arbeit an sich selbst lange betrachten! Es braucht eine Zeit, um die feinen Unterschiede zu bemerken.

Zunächst ist zu prüfen, ob beide Hände auf den ersten Blick unterschiedlich wirken. Ist zum Beispiel der Apollofinger links größer als der Zeigefinger, während das in der rechten Hand umgekehrt ist, so kann das heißen, daß dieser Mensch im Unterbewußtsein viel idealistischer, künstlerischer veranlagt sein dürfte, als sich dies im realen, bewußten Leben äußert. Dies ist für die Menschenkenntnis und der daraus resultierenden Menschenerkenntnis sehr wichtig. Denn jede Diskrepanz im Verhalten eines anderen kommt einer gewissen Spaltung des Wesens gleich.

Ist so eine Spaltung minimal, dann schadet dies nicht, ja es wirkt sich sogar schöpferisch aus. Wird das Gespaltensein aber zu groß, dann können eine zu große innere Unruhe, eine stets angespannte Nervosität oder auch Symptome von psychosomatischen Krankheiten die Folge sein. Viele Menschen wissen ja kaum, warum sie gerade dieses oder jenes Wort gesagt haben. Sie ärgern sich oft Stunden, ja Monate lang, wenn ihnen ein böses Wort in einem falschen Moment herausgerutscht ist, das Freundschaften zerstörte oder geschäftliche Verbindungen platzen ließ. Dies (und ähnliches) passiert, wenn der Mensch in sich uneins ist, wenn eben Bewußtsein und Unterbewußtsein verschiedene Wege gehen. Hier kann die Handbetrachtung helfen.

So ist es durchaus möglich, daß sich in einer Hand (rechts) der Saturnfinger zum Apollofinger hinbeugt. Das heißt, das Du wird voller Verantwortung getragen, diese Menschen fassen ihre Bindungen als schicksalsgegeben auf. In der linken Hand dagegen sehen wir, daß sich Apollo- und Saturnfinger eher voneinander wegbiegen (es sind oft nur Nuancen), dies zeigt jedoch an, daß im Unterbewußten der Wunsch nach Selbständigkeit und Unabhängigkeit besteht, was auch durch eine Partnerschaft nicht so leicht aufgegeben wird. Daß dies zu Konflikten führen kann, ist selbstverständlich, vor allem dann, wenn einem diese konträren Anlagen gar nicht bewußt sind! Um den Weg zur Mitte für sich und in sich zu finden, bedarf es ja der Bewußtseinsmachung. Oder anders: Wir müssen das Unterbewußte in uns kennenlernen, es als gegeben annehmen und dann wohlweislich in unser Verhalten einbauen.

So zeigen sich oft beide Daumen zwar äußerlich gleich, aber von der Seite her ist beispielsweise zu sehen, daß der rechte Daumen starrer ist als der linke. Auch läßt sich der rechte Daumen nicht so weit nach außen biegen. Dies heißt ganz schlicht, daß das Bewußtsein viel zu starr ist und daß die Seele biegsamer veranlagt ist! Das mag dadurch gekommen sein, daß diese Menschen meinen, sie müßten in erster Linie sich treu sein, sie dürften nicht nachgeben, sich nicht unterbuttern lassen. Dies sind typische Standpunkte unserer Zeit, die sich natürlich auf den bewußten Charakter auswirken. Der Mensch paßt sich (leider) zu schnell der Gesellschaft an, aber eben nur vom Bewußtsein her, nicht vom Unterbewußtsein.

Ist in der linken Hand etwa der Merkurfinger größer als in der rechten Hand, dann zeigt sich das Unterbewußtsein sicher sehr beredt, während das Reden und Sprechen des Bewußtseins nicht so gewandt, nicht so gekonnt erscheinen mag. Es ist sogar anzunehmen, daß sich hier die größere Kraft des Unterbewußtseins bemerkbar machen wird durch Versprecher, zu schnelle Entscheidungen, zu spontane Reaktionen, die eigentlich für die gegebene Situation unlogisch erscheinen mögen.

Hier sei noch ein anderes Beispiel aufgezeigt: Der Apollofinger ist in der rechten Hand größer als in der linken Hand. Der Handeigner kann nun durchaus meinen, er sei sehr idealistisch und künstlerisch orientiert. Aber im Unterbewußtsein mag eine wesentliche Kraft vorhanden sein, die nach Sicherung, ja Absicherung drängt. Das wirkt sich dann so aus, daß diese Person zwar immer wieder im idealistischen Sinn redet, in Pläne solcher Art einstimmt, aber im Endeffekt nie so handelt, weil eben die unbewußte, auf Sicherheit ausgerichtete Kraft doch das Grundhandeln beeinflußt. Hier offenbaren sich Widersprüchlichkeiten, die der betreffenden Person nicht bewußt sind, die aber Handlungen hervorrufen, welche in der Umgebung, im Kollegenkreis, in der Partnerschaft als unverständlich registriert werden!

Auch die Handform, also der Rumpf, kann sich leicht verschieden zeigen. So mag die eine Hand etwas eckiger als die andere oder etwas ovaler sein. Das fällt besonders bei den Ausuferungen auf der Kleinfingerseite manchmal auf, auch hier handelt es sich in der Regel um minimale, aber vorhandene Abweichungen.

Dagegen sollte man nichts auf Banalisierungen geben, in der Art, daß eine Frau mit Spinnenfingern gefährlich sei, während jedermann Frauen mit Engelsfingern vertrauen könne. Wer wie ein Engel aussieht, kann eine „femme fatale“ sein, wer wie ein Vamp wirkt, vermag dabei engelhaft zu leben. Dies wird deswegen hier erwähnt, weil man in Büchern sogar von Mörderhänden liest. Mörderhän-

de, heißt es da, sind groß und breit, aber flach wie ein Tennisschläger, der Daumen überlang und stark, und die Fingerenden wären verdickt. Eine gefährliche Schilderung, die einfach Vorurteile wecken muß und die daher Schaden anrichten könnte.
Auch sogenannte aristokratische Hände haben mit einem aristokratischen Charakter (was man auch immer darunter verstehen möchte) nichts zu tun, oder müssen nichts mit ihm zu tun haben. Wie oft ist gerade während vieler Prozesse gegen einen Heiratsschwindler das Wort gefallen: Aber er hatte (hat) doch so feine, elegante Hände! Jeder Eindruck von einer anderen Hand ist zudem in erster Linie höchst persönlich.

Das Verhältnis von Außen- zur Innenhand

Halten wir fest: Die Außenhand entspricht in aller Regel dem Erscheinungsbild eines Menschen. Sie spiegelt sein Auftreten wider, so wie er sich der Umwelt gibt. Da wir es aber stets mit zwei Faktoren zu tun haben, mit dem unbewußten und dem bewußten Faktor, müssen wir diese auch versuchen herauszuschälen. Wenn wir davon sprechen, daß die Außenhand mehr dem Erscheinungsbild gleicht als dem Kern, der ja mehr in der Innenhand gesehen wird, dann heißt dies nicht, daß das Auftreten eines Menschen etwas mit Verstellung zu tun hat!
Die Psychologen identifizieren das Auftreten mit seiner *Persona,* die mit einer Schutzmaske gleichzustellen ist, um den Kern nicht gleich offenbaren zu müssen, weil dieser stets viel empfindlicher zu treffen ist. Bei den Gesten ist schon darauf hingewiesen worden, daß manche Menschen sehr selten in sich hineinschauen lassen, was deutlich wird, wenn sie beim Handgeben dem anderen immer die Außenhand hinhalten. Offenere Menschen reichen von der Sicht her die Innenhand.
Der Mensch vermag nun selbst meist gar nicht sehr gut abzuschätzen, wie er auftritt, wie er auf andere wirkt, das lernt man erst mit der Zeit. Denn dieses schutzhafte Verhalten geschieht ja nicht als bewußte Verstellung, sondern das ist für uns völlig echt! Auch hier ist es recht gut, sich einmal in dieser Hinsicht seine Außenhände **bewußt** anzuschauen. Bei anderen fällt uns zum Beispiel sehr schnell auf, ob jemand eine große Hand, einen mächtigen Handrumpf oder schlanke lange Finger hat. Unbewußt registrieren wir sofort:

große Hand =
zupackendes, kraftvolles Wesen;
lange Finger =
Suchen und Ertasten;
überwiegender Handrumpf =
Wertschätzung der Realität;
kleiner Handrumpf und
überwiegendes Fingerbild =
Streben nach geistiger Entfaltung.

III. Teil

Die Innenhand

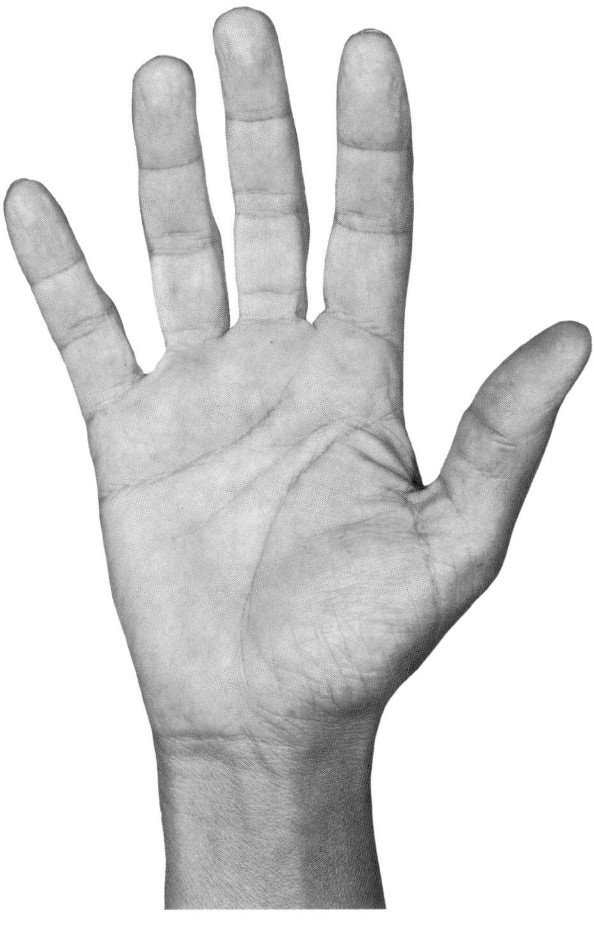

Wer nur daran denkt, sich aus der Hand lesen zu lassen oder anderen aus der Hand lesen zu wollen, der stellt sich vor, daß weise Menschen, meist eine „weise" Frau, ihren Blick in die Innenhand versenkt und nun ein ganzes Leben in der Vergangenheit, Gegenwart und Zukunft erkennt, deutet und alles von diesem Menschen weiß, bis hin in seine geheimsten Ecken. Dazu wird noch der Charakter, alle Veranlagungen, Krankheiten, Heirat, Kinder und das Schicksal aller Familienangehörigen gesehen.
Nun, wer meint, dies alles sei aus einer Hand herauszulesen, der irrt. So leicht läßt sich Gott – um ein altes Volkssprichwort zu zitieren – nicht in die Karten schauen. Und so finden wir hier auch keine Hinweise für Glück im materiellen Sinn, ja nicht einmal Hinweise für das genaue Lebensalter und die Todesart, um nur noch zwei Extreme zu nennen. Wer sich länger mit der Handdeutung befaßt hat, wer verfolgen konnte, was manche Handdeuter sagten, und was davon stimmte oder in Erfüllung ging, weiß das.
Trotzdem! Aus der Hand ist sehr viel zu ersehen, vor allen der Grundcharakter, die Grundveranlagung eines Menschen und damit die Grundrichtung. Und hieraus ergibt sich schon im Prinzip das Schicksal.
Es herrscht die (irrige) Ansicht vor, daß die Innenhand so gut wie alles offenbart. Sicher finden wir im Innern einer Hand scheinbar mehr persönliche, individuelle Hinweise, zumal ja Linien und Berge stets sehr verschieden sind, also Innenhände durchaus sehr viel unterschiedlicher ausfallen als Außenhände. Aber, *wer die Außenhand nicht kennt, wird in der Innenhand kaum das Wesentliche finden.* Auch dies ist eine alte Erfahrungsweisheit, die besonders die beherzigen sollten, die dieses Buch am liebsten an dieser Stelle anfangen zu studieren. Schale und Kern gehören nun einmal zusammen, wer nur an den Kern heran will, der wird die Frucht nie kennen und genießen lernen, zumal oft das, was den Kern umgibt, das Reizvolle und das Schöne ist.
Zunächst prägen wir uns ein, wie die Innenhand eingeteilt ist.

Das Bild wirkt zunächst etwas verwirrend, zumal wenn wir uns vergegenwärtigen, daß hier nur die Hauptlinien eingezeichnet sind. Aber in dieses Bild vertiefe sich der Leser, weil er immer wieder hier nachschlagen wird, um sich über die Grundeinteilung zu informieren. Betrachten wir zunächst einmal die Innenglieder im Verhältnis zu den Außengliedern.

Die Glieder sind in der Innenhand leichter zu erkennen, vor allem, ob diese Glieder rund oder eher eckig, welche Glieder schmal und flacher sind; auch sind Anfang und Ende jedes Gliedes deutlich. Ferner ist die Form der Fingerkuppen in der Innenhand gut auszumachen, und diese Fingerkuppen müssen wir ja am Ende mit dem Nageleindruck kombinieren.

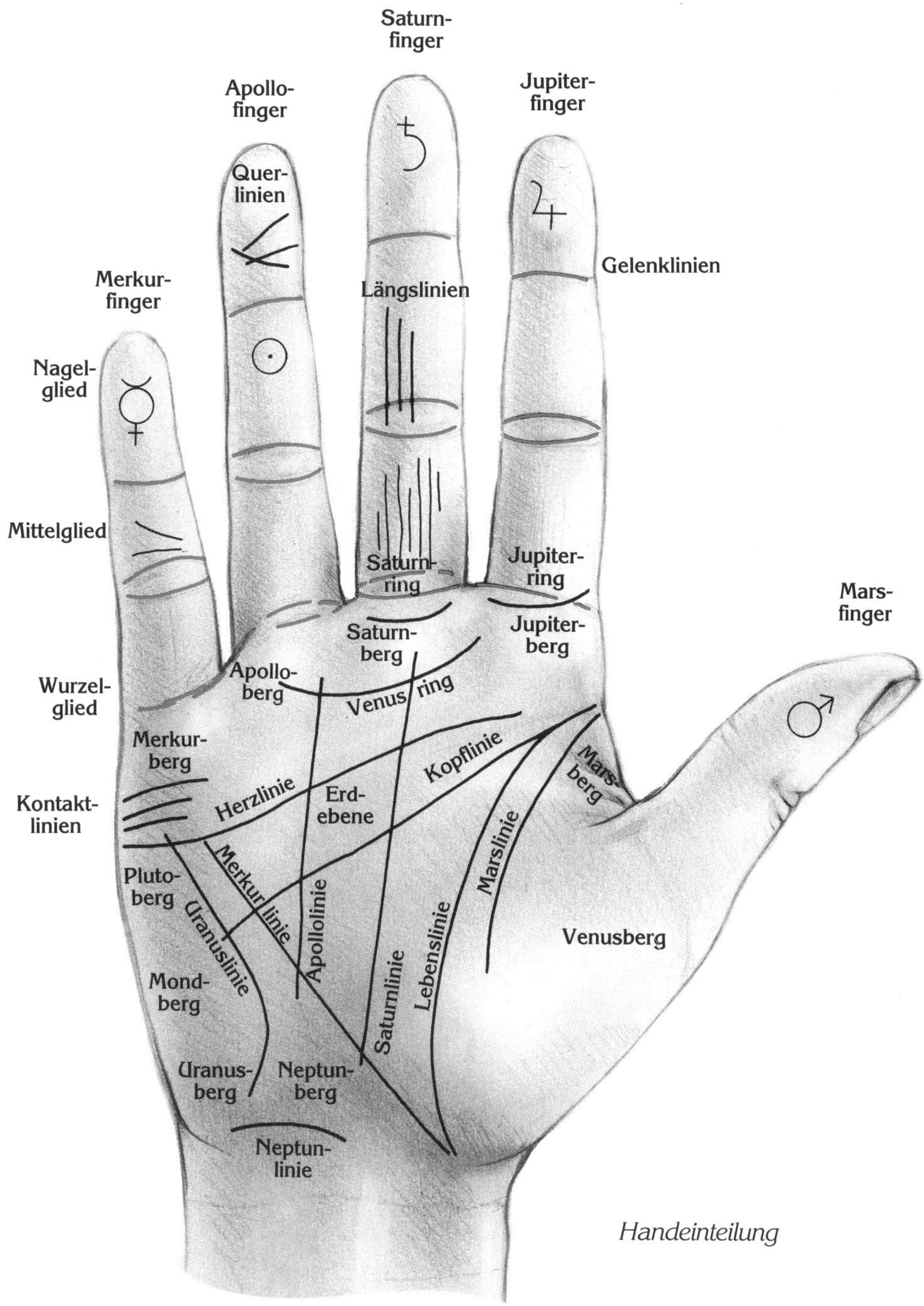

Handeinteilung

Auf den Fingern erkennen wir dann mehr oder weniger Längs- und Querlinien. Sicher wollen wir diese Linien nicht überschätzen, aber wir prägen uns einmal ein: Längs- oder vertikale Linien, die also der Fingerrichtung entsprechen, verstärken die Kräfte, die durch die Finger symbolisiert werden, während Querlinien eher als Barrieren, Hindernisse, Prüfungen angesehen werden müssen, die den Fluß der Kraft unterbrechen. Im Grunde stellen die Querlinien immer eine Bremsung dar, die sich aber in der Entwicklung als höchst positiv herausstellen kann. Aber diese Kraft (Beispiel Querlinie auf dem Apollofinger) wird immer in der Ausdehnung gehindert oder geprüft werden. Beim Apollofinger hieße dies: Ideal- und Kunstrichtung lassen sich nicht so verwirklichen, wie es sich diese Handeigner wünschen.

Betrachten wir die beiden Fotos auf den nächsten Seiten.
Die Innenhand zeigt auf den Innenfingern viele unterstützende Längslinien – eine markante Querlinie ist nicht zu erkennen (wie etwa am Ende des Buches bei unserem Deutungsbeispiel). *Die Querlinien, die wir sehen, sind Gelenklinien, die wir nicht als typische Querlinien bezeichnen dürfen, das ist genau zu unterscheiden!* Gelenklinien sind mit leicht angewinkelten Fingern von der Seite gut zu erkennen.
Die Glieder dieser Frauenhand sind rund, kräftig und voll, was in der Außenhand nicht zum Tragen kommt, wenn wir nur den Zeigefinger vergleichen, der in der Außenhand zwar kräftig erscheint, in der Innenhand aber wuchtig und mächtig.
Auch der Daumen, wie wohl alle anderen Finger, wirken in der Innenhand kräftiger, hier ist also im Kern sehr viel mehr Kraft zu spüren als sich etwa im Wesen bemerkbar machen könnte.
Immerhin können wir an den Innenlängslinien der Finger feststellen, daß viele Talente bestehen, die Kräfte, die die Finger symbolisieren, umzusetzen. Dabei müssen wir uns aber vergegenwärtigen, daß gerade diese Längslinien uns Talente und Möglichkeiten offenbaren! Ob diese verwirklicht werden, liegt an den Handeignern selbst. Je tiefer nun diese Linien, um so stärker sind die Talente. Viele dünnere Längslinien auf den Innenfingern mögen zwar viele Möglichkeiten andeuten, aber es kommt – wie grundsätzlich bei allen Linien – auf die Tiefe, die Ausarbeitung an. Dies gilt auch für die Querrillen oder -linien. Eine markante Querrille wird eine echte Prüfung anzeigen, aber auch die Kraft (und das ist das Wesentliche), diese Prüfung bestehen zu können. Immerhin zeigt sie Hindernisse an – je tiefer, je größere –, die bewältigt werden müssen, und der Finger vermittelt uns das Gebiet, auf dem wir diese Prüfungen erwarten können. Diese Querrillen werden meist erst dann deutlich, wenn die Handeigner ihre Finger etwas nach innen krümmen. Es handelt sich also um Prüfungen mit sich *selbst!*
Um uns nicht in zu vielen Details zu verlieren, konzentrieren wir uns nur auf die Quer- oder Längslinien, die auf der Innenseite der Finger auszumachen sind. Man kann auch seitlich der Finger einige Linien ausmachen, die wir aber nicht beachten, wobei die seitlichen Querlinien uns nur inso-

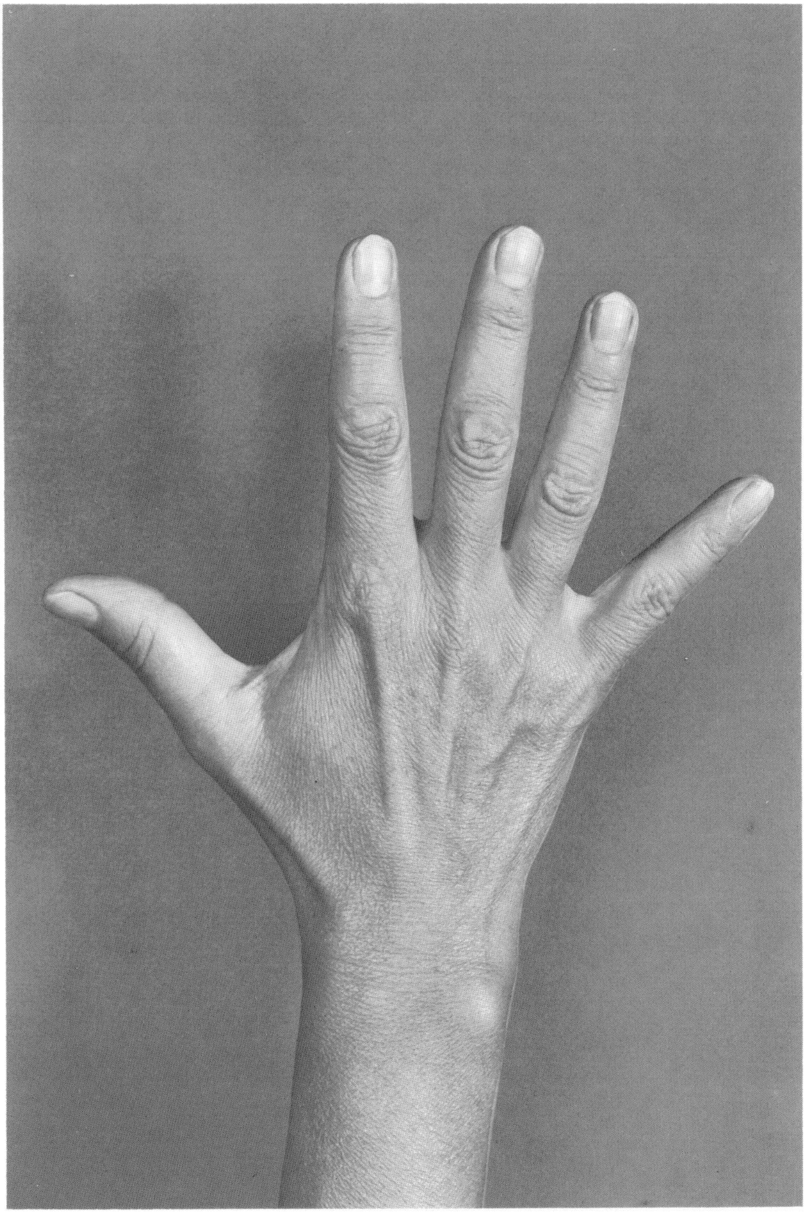

Außenhand

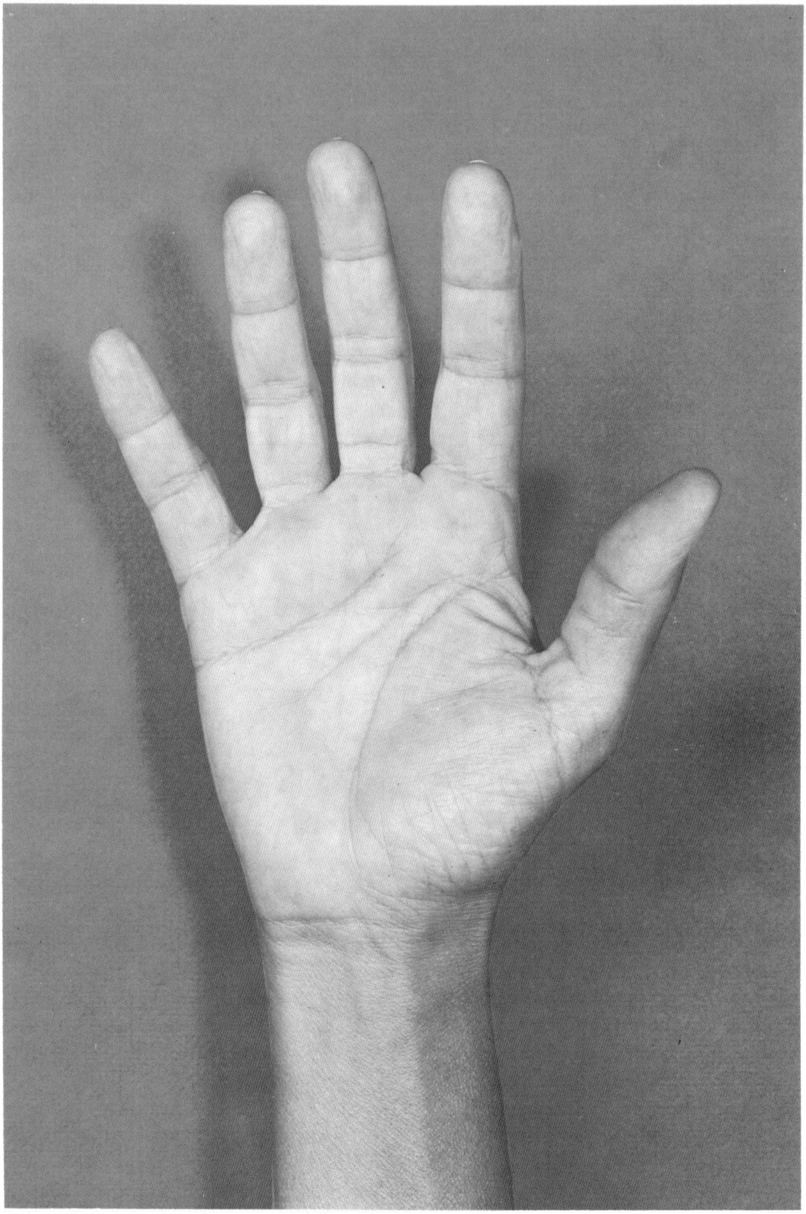

Innenhand

fern interessieren, wie weit sie sich von der Innenseite her links und rechts fortsetzen; ob sie einen Ring bilden, der ja auf eine Konzentration dieser Barriere hindeuten könnte, so daß sich die Handeigner wie gefesselt, ja eingeschlossen fühlen. Diese Linien oder Rillen werden oft auch Furchen genannt, und jeder weiß, wie sehr sich Lern- oder Erfahrungsprozesse in einen Menschen eingefurcht haben. Linien und Rillen sind wie Kanäle zu sehen. Kanäle können mehr Mengen (an was auch immer) transportieren, mit sich führen, als Ebenen. Vertikale Linien unterstützen alles, horizontale unterbrechen, sperren. Viele Querlinien oder -rillen können also auch Erschöpfungsmöglichkeiten anzeigen, je höher am Finger gelegen, um so stärker. Was aber auch heißen mag, daß diese Menschen etwa kurz vor dem Ziel eine Erholungspause brauchen. Sie leben oft in dem unbestimmten Gefühl, bis zum Ziel selbst würde es nicht reichen, kurz vorher würden sie schlapp machen.
Andere, deren Querlinien vielleicht im Wurzelglied liegen, werden sich mühsam aufraffen, um etwas anzufangen. Das sind die Menschen, die schwer starten können, die von Ängsten befallen werden, wenn eine neue Aufgabe auf sie zukommt.
Querrillen auf dem mittleren Glied zeigen dann meist Schwierigkeiten an, Kräfte umzusetzen, mit dem Verstand diesen Kräften eine Richtung zu geben, was ja oft auch bedeutet, sich aus Illusionen zu befreien, etwas zu durchdenken.
Alle diese Hinweise auf den Gliedern gelten selbstverständlich auch für die Längslinien. So ist zu sehen, ob jemand bei vielen Längslinien auf dem Wurzelglied Hilfen besitzt, Grundkräfte zu mobilisieren. Auf dem Mittelglied hieße dies, Kräfte sind leichter umzusetzen, und auf dem Nagelglied, dem Glied der Fingerkuppen, ließe dies auf eine große Endspurtkraft schließen. Aber gerade bei den Fingerkuppen kommen noch die Papillaren in Betracht.

Querrillen auf dem Fingerkuppenglied des Jupiterfingers besagen einmal, daß mancher Führungsanspruch schwer umzusetzen ist. Es kann aber auch heißen, daß das Streben nach Führungsaufgaben sich als strapaziös erweist, etwa wenn der Jupiterfinger insgesamt sehr klein oder der Jupiterberg (siehe Berge) nicht sehr entwickelt scheint. Es sei also auch hier darauf hingewiesen, das Gesamtbild nie aus dem Auge zu lassen!
Eine Querrille auf der Fingerkuppe des Saturnfingers wird warnend Grenzen anzeigen, die nicht ohne Gefahr überschritten werden dürfen, falls diese Handeigner zum Beispiel alles selbst erledigen wollen, also nicht delegieren können. Hier fehlt oft das Vertrauen in die Kraft anderer, und das geht dann häufig auf die Kosten der eigenen Gesundheit.
Bei Querrillen auf der Sonnenfingerkuppe dürfte manches künstlerische oder musische Endziel wohl nur unter größten Schwierigkeiten und Opfern erreicht werden. (Bei sehr guten Fotos oder Fingerabdrücken erkennt man diese Einschneidungen übrigens deutlich.)
Querrillen auf dem Merkurfinger – besonders auf der Kuppe – raten, sich nicht mit zu vielen Versprechun-

gen in die Außenwelt zu wagen, weil die alle dann meist nicht erfüllt werden können.
Querlinien oder -rillen sind also nicht Hinweise auf unausweichbare Schicksalsschläge, sie stellen eine Warnung dar, die da heißt: Vorsicht – du kommst an deine Grenzen! Also Konzentration, Einteilung der Kräfte, Beschränkung auf das Wesentliche. Eigentlich ist es ein Widerspruch, gerade auf dem Gebiet seine Erfolge holen zu wollen, wo Querlinien anzeigen, daß hier die Erschöpfungsgefahr am größten ist, weil immer wieder Hindernisse auftauchen werden. Es mag tragisch für jemanden sein, der künstlerische Ideale und Vorstellungen hat und in seiner Apollofingerkuppe mehrere Querlinien findet. Aber noch tragischer wäre es, wenn er diese ignoriert, mit dem Kopf durch die Wand will, anstatt auf Gebiete auszuweichen, wo ihm alles eher offen steht. Es hat ja keinen Sinn, sein Leben in einer Don-Quichote-Manier absolvieren zu wollen und stets nur gegen Windmühlenflügel zu kämpfen. Sicher soll niemand wegen einer oder mehrerer Querlinien nun sein Leben umstellen. Aber er sollte sich mit dieser Tatsache gedanklich auseinandersetzen, dann wird er seinen Weg mit Sicherheit besser erkennen.

Haben wir eine Querlinie auf dem mittleren Jupiterglied, dann bedeutet dies etwa: Will ich lehren, will ich führen, muß ich mich stets erst durch verstandesmäßige Umsetzung mit der Ausführung dieses meines Anspruches auseinandersetzen. Also nie im ersten Anlauf alles machen wollen, wenn meine Grundkraft (unteres ausgeprägtes Jupiterfingerglied oder ein starker Jupiterberg) mich auch dazu immer wieder verführen möchte.
Querlinien weisen darauf hin, daß ihre Handeigner immer das Gefühl haben, die Zeit laufe ihnen davon! Aber jeder Pol hat seinen Gegenpol: Wer es zu eilig hat, dem läuft sie mit Sicherheit davon, genauso wie dem, der den Takt der Zeit nicht schlagen hört. Querlinien mahnen daran, sein Maß, seine Zeit und seine Probleme kennenzulernen.

Linien sind also Aufforderungen. Auf den Wurzelgliedern heißt dies, sich an die Tradition erinnern, aus der Herkunft schöpfen, also auch nicht ideelles Familienerbe etwa über Bord zu werfen, wie es junge Menschen häufig gerne tun würden.
Auf den mittleren Gliedern bedeuten diese Aufforderungen, alle Kräfte, welche der betreffende Finger anzeigt, mit Vernunft und Verstand umzusetzen, hier gilt es das Emotionale zu überwinden.
Auf dem Nagel-, beziehungsweise dem Fingerkuppenglied sind die Linien (zumindest die Längslinien) meist verschwunden oder minimal, hier überwiegen die Papillaren. Aber alle Linien sind in bezug zur Zielanvisierung und Suche zu sehen. Querrillen heißen hier: nicht zu hoch hinaus wollen, Längslinien (wenn vorhanden): letzte Kräfte zum Endspurt mobilisieren. Damit ist die Grundrichtung klar.
Bei Längslinien auf dem mittleren Merkurfingerglied kann man zum Beispiel kombinieren, daß hier, wo der Intellekt umgesetzt werden soll, diese Linien eine große Schlagfertig-

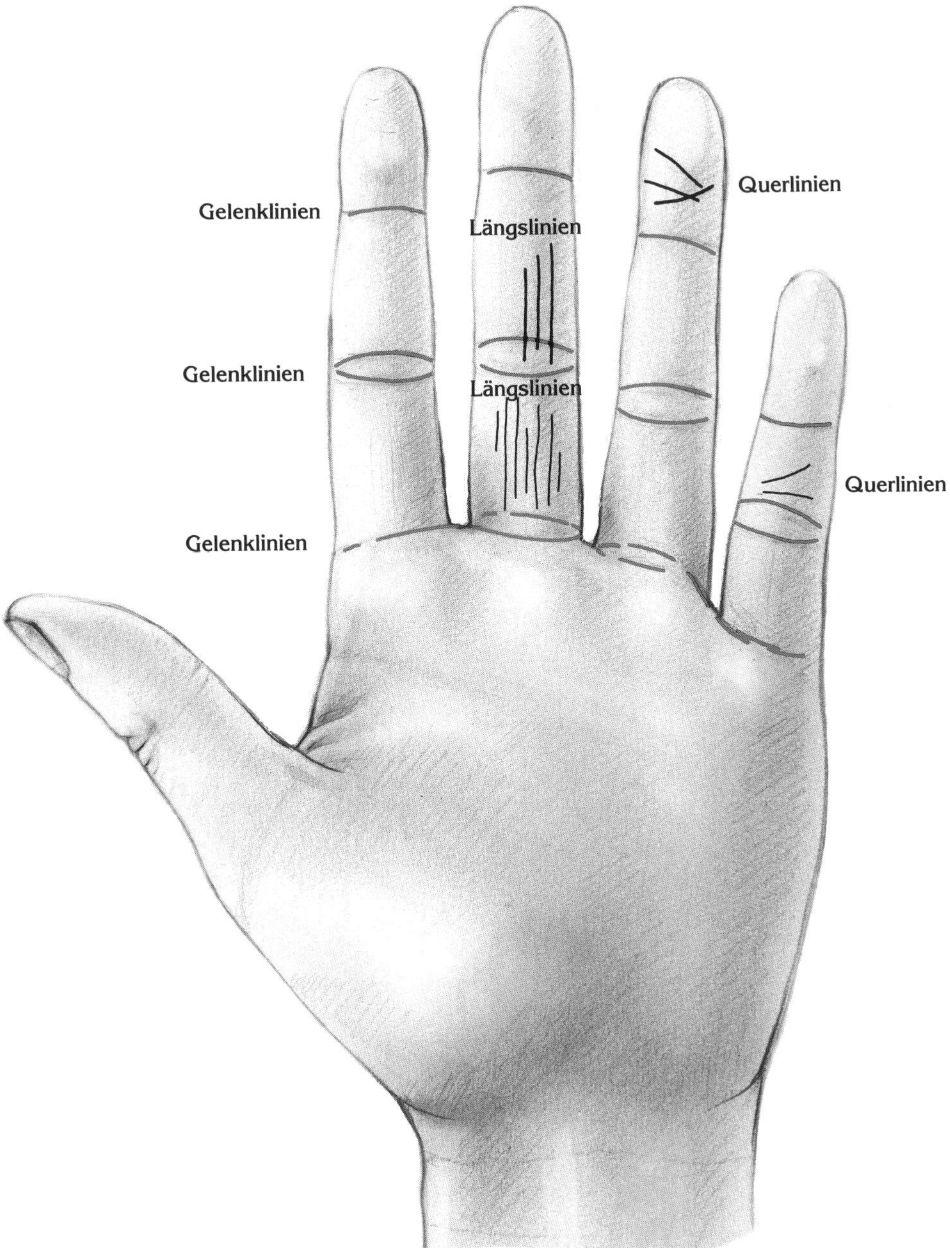

Linien auf den Fingern

Vielleicht ist es gut, uns die Glieder in ihrer Bedeutung noch einmal ins Gedächtnis zu rufen, denn diese ist ja für die Außen- wie die Innenhand gleich:

Wurzelglied	=	Grundkraft und Anlage, auch grundsätzlicher Anspruch;
Mittelglied	=	Verwertung und Umsetzung in der Verwirklichung;
Fingerkuppe	=	Expansion und Zielsetzung.

Die einzelnen Finger verweisen auf bestimmte Gebiete und die Zielrichtung:

Daumen	=	Antrieb und Wille;
Zeigefinger	=	Führung, Belehrung, Aussage;
Mittelfinger	=	Verantwortung, Philosophie, Mitte suchen und finden;
Apollofinger	=	Ideal und künstlerisches Interesse;
Merkurfinger	=	Intellekt, praktisches Vermögen, Realisierungen;
Längslinien	=	Förderungs-, Verstärkungstendenzen;
Querlinien	=	Hindernisse, Beschränkungen.

keit und die Gabe zu schnellen Antworten geben.
Je tiefer die Linien, um so aussagekräftiger sind sie.
Daraus folgt, daß wir uns nicht jede einzelne Linie ansehen, sondern nur die markanten tieferen Linien, nur diese werden wir zur Kombination heranziehen.
Wichtig sind die Unterschiede von rechter (bewußter) und linker (unbewußter) Kraft.
Wenn das Wurzelglied des Zeigefingers in der linken Hand eine stark ein-

gekerbte Längslinie aufweist, in der rechten Hand sich diese Linie aber nicht zeigt, dann besteht wohl eine große unbewußte Kraft zur Führung, auch eine unbewußte Sehnsucht nach Führung, aber im Bewußtsein wird dies kaum verwirklicht werden; wenn stattdessen Linien auf dem Wurzelglied des Apollofingers auffallen, dann wendet sich dieser Mensch mehr seinen künstlerischen, idealistischen Kräften zu.
Sind zum Beispiel in der linken Hand die Längslinien mehr auf den Wurzelgliedern zu sehen, in der rechten Hand aber mehr auf den Mittelgliedern, dann kann auf einen Konflikt zwischen dem bewußten Handeln und der unbewußten Anlage geschlossen werden. Das Praxisnahe geht jenen Handeignern über alles, und sie werden die unbewußten Kräfte abwürgen. Mit ihrem Schatten können diese Leute wenig anfangen, sie werden in sich eine stete Unruhe spüren, die sie unbewußt ängstigt, was sie wiederum vernunftsmäßig ablehnen. Je stärker dieser Konflikt ist, um so unruhiger werden die Träume, der Schlaf.
Wir haben schon gesagt, daß auf den Nagel-, den Fingerkuppengliedern die Linien verhältnismäßig nachlassen. Dafür bieten uns diese Glieder ein anderes gutes Merkmal der Ausdeutung. Es geht um die Dicke und Fülle der Fingerkuppen, worauf wir ja schon beim Daumen hingewiesen haben. Schaut man sich eine Hand allein daraufhin an, wird man feststellen – je nach Finger kann dies verschieden ausfallen –, daß manche Fingerkuppe bei einem Menschen dick und voll, beim anderen dagegen flach und fast eben erscheint.

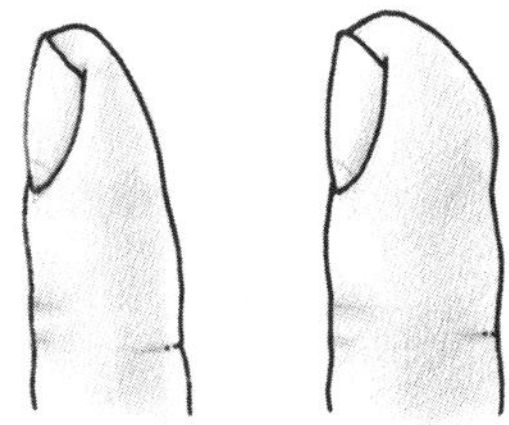

schmal *dick*

Fingerkuppe

Man spricht hier auch oft von einer fleischigen und einer mageren Fingerkuppe. Die Kuppen verdünnen sich mehr oder weniger alle zum Fingerrand. Zu beachten ist aber, ob dies in einem weiten oder in einem abrupten, kurzen Bogen geschieht. Da es nun beim Nagel-Kuppenglied immer um das Ziel geht, auch im Sinn des Suchens, so verkünden fleischige Fingerkuppen hier schon eine gute Kraft des Selbstvertrauens mit der Gefahr der zu dicken Haut eines Elefanten. Aber Handeigner mit festen Kuppen haben Zutrauen zu sich, sie strahlen auch eine Kraft aus (oft ein Geheimnis guter Geistheiler übrigens). Diese Menschen lassen sich nicht so schnell aus der Ruhe bringen, wenn dies aber passiert, toben sie wie wildgewordene Stiere in der Arena.
Sind diese Polsterungen eher flach, abflachend, dann können wir von einer starken Sensibilität sprechen. Solche Personen haben einen ausgesprochenen Spürsinn, aber meist auch verbunden mit einer leicht fahrigen Nervosität. Sie sind sehr empfindlich und für die rauhe See nicht gerade geeignet. Sie können sich zwar meist gut in oder an andere her-

antasten, aber das tiefe Selbstvertrauen fehlt ihnen, damit oft eine innere Überzeugungskraft. Auch hier wieder muß der Handbetrachter dies von Finger zu Finger entscheiden. Sicher zeigt sich eine fleischige Fingerkuppe nicht so einfühlend und diplomatisch, aber im Grunde recht jovial, weil diese Menschen in sich eine Sicherheit spüren. Nur umstimmen oder überzeugen wird man sie nicht (oder nur schwer), es sei denn, eine Angelegenheit interessiert sie im tiefsten nicht, oder sie können es sich leisten, auch einmal großzügig zu sein.

Einen wichtigen Unterschied gibt es zwischen den Kuppen noch, und das ist die Kuppe des Saturnfingers. Ist diese gut gepolstert, vielleicht im Gegensatz zu den anderen Fingern, ist meist viel Geduld zu spüren. Dabei geht es um eine Grundgeduld. Diese Menschen mögen im Moment den Eindruck erwecken, als hätten sie nie Zeit, aber die innere Geduld, daß alles so wird, wie sie es sich vorstellen – trotz aller Hektik und sonstigen Schnelligkeit –, die ist vorhanden. Diese Menschen werden eine einmal übernommene Verantwortung auch nicht so schnell aufgeben, solange sie ihrer Sache sicher sind, sollten sie auch von Intrigen verfolgt werden.
Die anderen gut gepolsterten Fingerkuppen zeigen – wie man formulieren kann –, Endspurtkraft an, aber hier wird mit der Kraft auch zuviel gewuchert. Also lassen es diese Menschen oft an der Einteilung, an der Beschränkung fehlen. Sie schießen daher über das Ziel hinaus, auch weil ihnen die Einfühlung, das Herantasten in andere fehlt. Gut gepolsterte Merkurfingerkuppen sind in der Regel ein Zeichen für Menschen, denen Entscheidungsgründe nie ausgehen. Sie hangeln sich von einer Argumentation zur anderen, während die eher flache Merkurfingerkuppe doch Einfühlung anzeigt.
Man kann also generell sagen (nehmen wir den Saturnfinger etwas aus): Gepolsterte Fingerkuppen zeigen Kraft und Fülle an, oft aber ein Manko an Einfühlungskraft für andere Argumente und Menschen. Letztere haben die Eigner von flacheren Kuppen, aber ihnen fehlt die Sicherheit und Fülle. Hält sich die Polsterung und die Abflachung die Waage, was man sieht, wenn keines von beiden besonders auffällt, dann finden wir eine gute Abstimmung zwischen sicherer Endkraft und Eingehen auf die Notwendigkeiten vor.

Die Papillaren

Die Papillaren sind die feinen Linien der Innenhand, die auf den Bergen und Fingerkuppen gut zu erkennen sind. Jeder Mensch besitzt nun sein ganz eigenes, unverfälschtes Papillarbild, das ist Grundlage für die Fingerdruckabnahme, worauf der Kriminalist kaum verzichten kann. Uns interessieren im Grunde bei der Handbetrachtung nur die Papillarlinien auf den Fingerkuppen, die auch Fingerbeeren genannt werden. Die erste Unterscheidung ist dabei einfach, denn es geht um die Frage: Sind die Papillaren grob oder fein? Grobe Papillaren sollen auf Standhaftigkeit und Zähigkeit hinweisen, feinere auf Sensibilität und Nervosität. Nun, die Erfahrung bestätigt dies nicht so, wenngleich die Papillaren si-

Bogen *Doppel-schleife* *Wirbel*

Fingerpapillaren

cher mit Sensibilität und Nervosität zu tun haben mögen. Die Papillaren können bestenfalls Aussagen ergänzen, vielleicht im feinsten Sinne differenzieren, sie können aber nie anzeigen, was in den großen Linien einer Hand nicht verzeichnet ist. Gerade hier empfiehlt es sich, eine Beschränkung vorzunehmen. Was man erkennen kann, ist, ob diese Papillaren harmonisch oder wirr, ruhig oder unruhig, einfach oder verschlungen, klar oder undeutlich wirken. Um diese feinsten Tastlinien zu sehen, benötigt man meistens eine Lupe oder einen Handabdruck. Dann erkennen wir auch verschiedene Muster, die in verschiedene Grundmuster eingeteilt worden sind. Diese heißen: T- oder Tannenmuster, B- oder Bogenmuster (auch Schleifenmuster genannt, da sich alles aus dem Bogen oder der Schleife entwickelt), W- oder Wirbelmuster (mit der Abart der Spirale). Außerdem gibt es noch Bilder, wie das Pfauenauge, das Ovarial oder die Traube. Dies alles kann zunächst zur Verwirrung führen, weil es in der Literatur dazu viele Hinweise gibt, in der Art: Bogen oder eine einfache Schleife deuten auf einen Handeigner von innerer Einfachheit hin, das W- oder Wirbelmuster kündigt dagegen einen eher wirren Fingerträger an, und wer das T in seinen Papillaren erkennt, der kann sich originell einschätzen.

Kriminalisten behaupten nun zum Teil, daß sie an Hand der Fingerabdrücke Verhaltensweisen Verhörter besser erkennen können: Verhaftete mit Wirbelbild verwickeln sich leicht in Widersprüche. Wer Doppelschleifen in den Papillaren hat, der würde von einem Thema zum anderen abschweifen. Wer ein Tannenmuster besitzt, würde stets versuchen, einen guten Eindruck zu machen. Nun, dies mögen Einzelbeobachtungen sein, die wohl schwerlich zu verallgemeinern sind.

Zeigen wir die Hauptmerkmale.

Das **Bogenmuster** ist einfach zu erkennen, wenn es sich auch mit dem Tannenmuster vermischen kann, was dann den **Tannenbogen** ergibt.

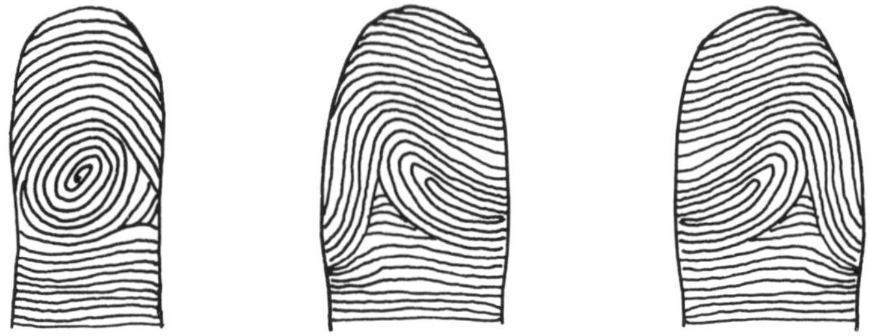

Spirale

Schlingenmuster nach innen

Schlingenmuster nach außen

Fingerpapillaren

Das Bogenmuster zeigt uns Klarheit an, eine positive Lebenseinstellung, Unkompliziertheit, keine versteckten Nervositäten.

Die **Doppelschleife** – ein kompliziertes Bogenmuster – zeigt Gegensätze in den Grundrichtungen an, also weniger klare, sondern eher sich widersprechende Linien, was zu inneren Belastungen führen kann.

Das **Wirbelmuster** zeigt ja einen in sich geschlossenen Kern, der mehrmals geschützt wird, also etwas Fertiges, Abgeschlossenes.

Im Gegensatz dazu der aufgelockerte Wirbel, den man auch **Spirale** oder Schnecke nennt. Dieses Muster erinnert an ein Labyrinth, in dem nichts verlorengehen kann, weshalb behauptet wird, daß diese Menschen sich stets an alles, was sie erlebten, erinnern können.

Wir kennen nun noch die einfache Schleife oder auch **Schlinge** genannt, die wir meist auf den Daumen finden. Hier ist die Richtung entscheidend. Geht die Schlinge oder Schleife in die Außenrichtung oder zum Zeigefinger hin in die Innenrichtung der Hand?
Nach außen gerichtet, zeigt der Wille (auf dem Daumen) hin zur Selbständigkeit. Wenn die Richtung mehr ins Handinnere geht, ist der Wille mehr auf die eigene Person, aber auch auf eine Einbindung ausgerichtet. Beim Daumen geht es ja stets um das Ich! Diese Schleifen oder Schlingen können also nur zusätzlich differenzierende Hinweise liefern.

Bleibt das **T- oder Tannenmuster,** das sich gerne mit dem Bogenmuster verbindet.
Dieses Tannenmuster wird auch Zeltbogen genannt. Es kann mehr oder weniger spitz ausfallen. Je spitzer, um so größer der Ehrgeiz, man kann auch sagen, die Angriffslust.

Tannenbogen

Ovarial

Fingerpapillaren

Finden wir mehrere Ovale ineinandergelagert, soll dieses **Ovarial** auf feinsinnige Emotionen hinweisen.

Als letztes Muster wären noch die **Triraden** zu nennen. Diese sind allerdings nur auf den Fingerbergen zu finden und betonen daher deren Wirkung. Sie zeigen eine tiefe Ruhe vor der Mobilisierung der Energien an, als würden diese Menschen stets aus dem Vollen schöpfen können, aus einer inneren unerschütterlichen Ruhe.
Daß man die Papillaren einst so wichtig nahm, liegt wohl in der Tatsache, daß sie unveränderbar sind und sich auch nach Verletzungen bei Genesung wieder so zeigen.

Trirade

In mehreren Büchern der Handlesekunst werden noch weitere Hinweise gegeben, um die Fingerkuppen noch vollständiger ausloten zu können. So heißt es etwa: Wer auf seiner Fingerkuppe einen Stern habe, der habe auf dem Gebiet, das der jeweilige Finger anzeigt, besonderes Glück. So soll also ein Stern auf dem Apollofinger für einen Künstler, für eine Künstlerin eine große Karriere bedeuten. Ein Stern auf der Fingerkuppe des Jupiterfingers sei ein Zeichen für eine größere politische Karriere; auf der Merkurfingerkuppe werde man mit einem Stern, der hier zu finden sei, die Chance bekommen, als Schriftsteller oder Redner berühmt zu werden, während ein Stern auf der Saturnfingerkuppe einen großen Philosophen oder Gelehrten, auch Universitätsprofessor mit Berühmtheit anzeige. Ein Kreuz auf der Fingerkuppe bedeute dagegen die Nichtrealisierbarkeit vieler Chancen.
Nun muß man sich vorstellen, daß ein Kreuz aus einer Längs- und einer Querlinie gebildet wird, wenn diese auch nur klein sind. Das heißt zunächst einmal ganz banal, daß sich Chancen und Hemmnisse hier ausgleichen, man könnte also sagen: weder – noch. Gegen diese sogenannten untrüglichen Hinweise der Zeichen auf der Hand sei man skeptisch, ein Kreuz bedeutet keinen unweigerlichen Sturz nach einer Karriere, wie es für die Jupiterfingerkuppe oft angekündigt wird. Es geht ja in der Hand nie um die genau vorherzusehenden Ereignisse, sondern um Anlagen und um das Vermögen, also das Können der Handeigner.

Die Fingerberge

Die Fingerberge sind nicht die einzigen Berge in der Hand, aber wir wollen sie als erste betrachten. Wenn jemand seine Finger bewegt, dann wird er an der Außenhand sehen, wie sich die Knöchel bewegen, dreht er die Hand um oder wird die Hand seitlich gehalten, dann ist zu erkennen, daß sich auch Berge unter den Fingern bewegen. Wer seine Innenhand aufmerksam ansieht, wird aber auch gleich bemerken, daß wir zwar (außer dem Daumen) vier Finger haben, aber meist nur drei Berge gut zu erkennen sind. Auch liegen diese Berge nicht immer direkt unter den betreffenden Finger, sie sind verschoben, sie dehnen sich aus, oder zwei Berge haben sich zu einem Berg vereinigt. Und doch: Knöchel und Berg bewegen sich mit dem Finger mit, sind also intensiv mit diesem verbunden.

In der Grafik erkennen wir insgesamt zehn Berge. Diese zehn Berge werden mit den zehn Planeten der Astrologie gleichgesetzt oder nach ihnen benannt. Auffallend ist nun in der Praxis, daß der Berg, der am häufigsten zu fehlen scheint, der Saturnberg ist (Ausnahmen bestätigen die Regel).
Berge gelten als Energiezentren oder als Anzeiger für eine Energiekraft. Wir erinnern uns, daß auch schon die Wurzelglieder der einzelnen Finger damit bezeichnet wurden, aber in der Innenhand geht es ja um den Kern. Es kann durchaus sein, daß ein Handeigner ein starkes Wurzelglied des Jupiterfingers vorweisen kann, sein Jupiterberg selbst ist aber klein. Das ist zwar selten, aber es kommt vor. Öfters treffen wir Menschen an, die einen kleineren Jupiterfinger besitzen, damit auch kein auffallendes Wurzelglied haben, aber in der Innenhand ist ein starker Jupiterberg zu sehen.
Das heißt: Seine Entfaltungskraft ist nach außen in der *Persona*-Maske gebremst, aber im Kern sehr stark vorhanden. Hier wird also mancher seine Überraschungen erleben, wenn er diesen Menschen näher kennenlernt, man staunt, was für ein Ehrgeiz hier wohnen kann! Schwache Berge dagegen drücken zwar nicht unbedingt einen Mangel an Kraft aus, aber doch eine Bescheidung, eine Zurücknahme. Großer Jupiterfinger und kleiner Jupiterberg besagen: Zwar wird nach außen ein Entfaltungsehrgeiz an den Tag gelegt, aber im Privaten will dieser Mensch meist seine Ruhe haben, so stark der Ehrgeiz sich auch im Betrieb auswirken könnte, nach Feierabend ist Schluß.
Dies ist aber bei starken Bergen mit Sicherheit nicht der Fall. Dabei kommt es natürlich darauf an, welche Berge dominieren, diese zeigen uns also, worauf es ankommt. Wir kennen flache, normale, überhöhte Berge, und diese Tatsache ermöglicht es uns, daß wir auf diesem Sektor zu einem Ergebnis kommen können. Eine Warnung sei angebracht: Stark überhöhte Berge sind noch lange kein nur positives Merkmal, weil sie meist eine Einseitigkeit anzeigen und vielleicht auch einen auf einem Sektor übertriebenen Ehrgeiz, der anderen Menschen auf die Nerven gehen oder sie zur Verzweiflung treiben kann. Überhöhte Berge sind sogar sehr häufig auch ein Zei-

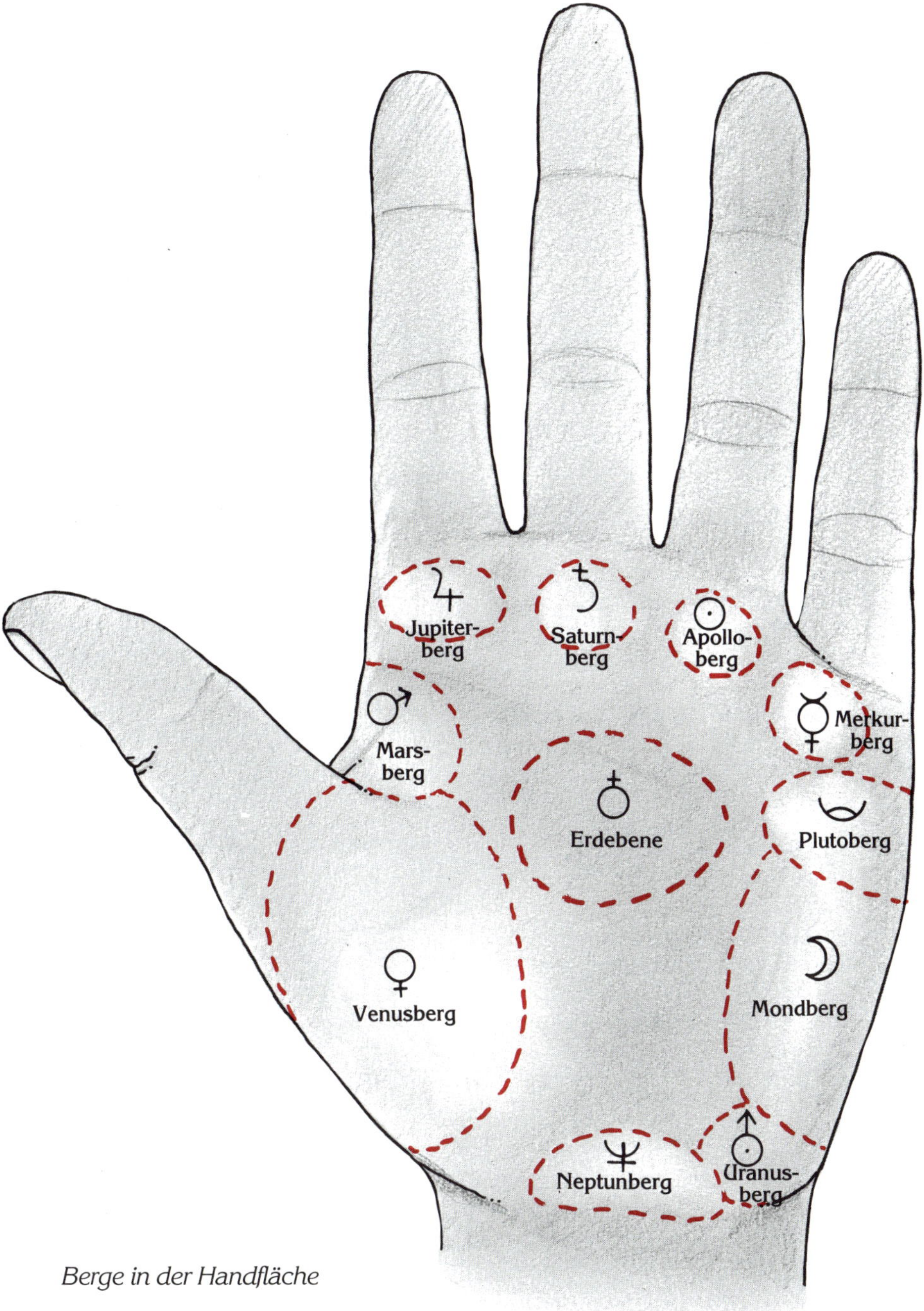

Berge in der Handfläche

chen von Anspruchsdenken (Anspruch an andere, aber nicht an sich) und sogar von Unbescheidenheit. Ist der Berg des Jupiterfingers stark erhöht, kann der Mensch kaum gehorchen, er reagiert wie ein Rebell, bis er selbst das Wort hat, womit er nun Gehorsam und Folgsamkeit verlangt. Sein tief im Kern verwurzelter Drang nach Führung wird ihm immer wieder Schwierigkeiten machen, wenn er diesen Drang nicht ausleben kann. Denken wir auch gleich daran: In der linken Hand wäre dies eher ein Zeichen für einen unbewußten Führungsanspruch, während ein überhöhter Jupiterberg in der rechten Hand eher auch im Bewußtsein ausgelebt werden will und wird. Natürlich muß das Wurzelglied des betreffenden Fingers dazu die notwendige Grundkraft, also das Vermögen, die Möglichkeit anzeigen.

Berge weisen also auf eine Sehnsucht hin, für die – und das ist das Entscheidende – oft ungeheure Kräfte (je nach Stärke der Berge) mobilisiert werden können, was natürlich oft auf Kosten anderer Kräfte geschieht. Berg und Wurzelglied eines Fingers müssen in einem harmonischen Verhältnis stehen. Ist dies nicht der Fall, dann haben wir es mit einer Diskrepanz zu tun, aus der sich Konflikte herausbilden können. Auch hier ist es wichtig, nie das Gesamtverhältnis aus den Augen zu lassen. Eine fleischige Hand hat selbstverständlich größere Erhebungen, also Berge, als eine magere Hand. Aber es ist ja nun durchaus nicht der Fall, daß alle fleischigen Menschen auch mehr Energie mobilisieren können als die schmaleren und die mageren Menschen. Im Gegenteil, wir wundern uns ja immer wieder, wie in Notzeiten gerade die schwereren, die ja auch in der Regel die fleischigeren Menschen sind, eher schlapp machen als andere. Natürlich spielt das Grundgewicht eine Rolle, aber eben nur bedingt. In sportlichen Kämpfen sind durchaus nicht die sogenannten Modellatlethen die Sieger. Und manche Frau, deren Hand schmal und mager ist, entwikkelt mehr Energien für den Lebenskampf als manch muskulöser, durchtrainierter Mann.

Fehlt ein Berg oder ist ein Berg eher flach, dann heißt dies auch nicht, wie manchmal zu lesen steht, daß in dieser betreffenden Zone keine Kraft oder Energie vorhanden ist. Sie kann vorhanden sein, aber der Handeigner ist nicht so daran interessiert, diese Energie zu mobilisieren. Er will vielleicht seine Ruhe haben und fühlt sich in bescheidener Art unauffällig sehr wohl.

Darüber hinaus wird zwischen Bergen mit und ohne Linien unterschieden, was wir hier einmal beiseite lassen. Was grundsätzlich über die Linien in der Innenrumpfhand zu sagen ist, trifft auch auf die Erhöhungen zu.

Bevor wir die Berge einzeln betrachten, geben wir ein Beispiel, wie sie in etwa bei der Betrachtung der Innenhand zu werten sind.

Halten wir erst wieder einmal den ersten Eindruck fest, nachdem wir den Handeigner und seinen Beruf kennen. Haben wir es mit einer Künstlerin zu tun, müssen wir wissen, ob sie mit der Hand arbeitet, also schnitzt oder malt, oder ob sie etwa singt oder als Schauspielerin auftritt, denn kör-

perliche Arbeit und Schwielen drükken sich in der Hand aus. Bei etwas Übung erkennt man die Schwielen, vor allem, wenn der Beruf bekannt ist.
Hat nun eine Künstlerin, die singt, einen überhöhten Apollofingerberg, dann wird es ihr möglich sein, ungeheure Kräfte für ihre Karriere frei zu machen. Ob sie das auf die Dauer durchhält, dazu schauen wir uns das Wurzelglied des Apollofingers an; aber die ungeheuren Kräfte treten erst einmal – wenn man so will – auf die Bühne, werden zur Schau gestellt. Hier werden dann unter Umständen auch Ellenbogen eingesetzt. Trotzdem braucht diese Frau keine Karriere zu machen, weil das künstlerische Talent selbst nicht in der Hand abzulesen ist! Es ist durch die Betrachtung einer Hand nicht herauszufinden, ob jemand zum Eiskunstläufer oder zur Batikmalerin begabt ist, ob jemand ein komödiantisches Talent hat (vielleicht am Merkurfinger in etwa erkennbar) oder als Drahtseilkünstler im Zirkus Karriere macht. Es ist nur zu erkennen, wie seine (wenn vorhandenen) Talente umgesetzt werden können. Sicher ist auch eine Karrieremöglichkeit aus der Hand zu erkennen, aber dann nur in Hauptrichtungen, je nach den vier Fingergrundkräften. Daher läßt sich auch kein Beruf aus der Hand herauslesen, höchstens Anlagen für Berufsrichtungen. Nur wenn uns der Beruf bekannt ist, können wir vielleicht sagen, ob dieser Beruf der richtige ist oder weniger glücklich gewählt wurde.
Zudem soll man sich darüber klar sein, daß überhöhte Berge auch Anzeichen für Anfeindungen sind. Dies ist folgerichtig, denn wer auf einem Gebiet alles mobilisiert, um hier herauszuragen, der macht sich automatisch Feinde, zumindest werden heimliche Neider versuchen, ihm das Leben zu erschweren. Das bedeutet, diese Handeigner müssen über Reserven verfügen. Menschen mit erhöhten Erwartungen, und dies drücken diese Berge ja aus, müssen oft die schwierigsten Konflikte bewältigen, ohne dabei eigentlich richtig glücklich zu werden, da ja das echte Glück ohne eine gewisse Bescheidenheit nicht zu finden ist. Auch hier ist in der Praxis schon einiges Unheil produziert worden, denn vielen weiblichen und männlichen Künstlern wurde allein auf Grund eines erhöhten Apolloberges eine Karriere prognostiziert. Fast alle Künstler gehen dann ja befriedigt und voller Hoffnungen aus der Beratung, um sich von einer Illusion in die andere zu retten.

Fingerberge sehen wir dann, wenn wir von einem Ballen sprechen können. Je ausgeprägter alle Berge (Ballen), um so flacher ist die Mitte des Handtellers, das heißt, wir erkennen ein gutes Reliefbild. Nun wollen wir – bevor die einzelnen Berge besprochen werden–, feststellen, wo welcher Berg liegt. Am besten ist dies zu erkennen, wenn die Finger leicht nach innen gekrümmt und dann bewegt werden. Am besten versuche man dies einzeln mit jedem Finger.
Wenn wir beim Merkurfinger anfangen, sehen wir, wo – wenn überhaupt vorhanden – sein Berg sitzt, oder ob er sich vielleicht in den Berg des Apollo sozusagen eingeschlichen hat (oder umgekehrt).
Dann bewege man leicht gekrümmt

den Apollofinger. Hier sind oft zwei Berge in Bewegung, der eine zum Merkur-, der andere zum Saturnberg hin. Dann hat sich der Apolloberg geteilt, oder er ist völlig in die anderen Berge eingegangen.
Bewegen wir den Saturnfinger, indem die drei anderen Finger festgehalten werden, können wir schnell erkennen, ob dieser Berg überhaupt vorhanden ist, und wenn, wie groß er ist; meist ist er klein.
Als letztes bewegen wir genauso den Jupiterfinger, und wir werden sehen, wie weit sich der Jupiterberg in den Saturnbereich vorgewölbt hat. Interessant ist, daß sich der Jupiterberg (meist) und der Apolloberg zum Saturnbereich verlagern. Biegen sich nun diese Finger sowieso zum Saturnfinger, dann haben wir schon eine Verdeutlichung für die Aussage, daß sich in der Hand alles eher zum Saturnischen, zum Schicksalshaften ausprägt. Schieben sich die Berge zum Saturnfinger, aber Jupiter- und Apollofinger verlaufen gerade oder biegen sich zum Daumen beziehungsweise zum kleinen Finger hin, dann ist ein Widerspruch fällig. Mag sich auch die Energie zum Schicksal hin entfalten (Berge zum Saturnberg hin), so weisen doch die Finger eher eine individuelle Richtung aus. Die Energien werden dann wohl erst über die Schicksalserkenntnis richtig mobilisiert. Man kann auch sagen: Hier muß der Blitz des Jupiter einschlagen, ehe diese Menschen aufgerüttelt und wach werden.
Unter dem Merkurberg findet man im Relief der Hand den Plutoberg, unter dem Jupiterberg den Marsberg. Der Venusberg entspricht dem Daumenballen, der Mondberg ist die große Erhöhung an der Außenkante. Unter ihm finden wir den Uranus-, und zwischen diesem und dem Venusberg den Neptunberg. Nicht alle letztgenannten Berge müssen vorhanden oder stärker ausgeformt sein, dann kann man diese Stellen der Hand auch die Neptun-, Uranus- oder Plutoebene nennen.
Wenden wir uns also den Einzelbergen oder -ebenen zu, wobei wir bedenken, daß man von einem Berg auch tief abstürzen, sich aber von einer Ebene aufarbeiten kann. Doch nur im relativen Sinn, denn um eine Höhe zu erreichen, muß etwas zum Besteigen vorhanden sein.

Der Merkurberg

Der Merkurberg ist häufig sehr verschieden ausgeprägt, bei einer Hand sehr stark, bei der anderen nicht gerade üppig, oft rückt der Berg nah an den Sonnenberg, aber nicht immer. Dieser Berg zeigt uns, wieviel Kraft für die praktische Bewältigung des Lebens mobilisiert werden kann. Auch im kaufmännischen Bereich engagieren sich Menschen, deren Merkurberg sehr erhöht ist. Sie wollen gerne alles mit dem Kopf, der Vernunft regeln. „Psychologisches“ wird nicht so ernst genommen; wenn diese Leute das Wort hören, sind sie schnell mit einem scharfen Witz bei der Hand. Die Meinung, daß der Kopf, also Verstand und Vernunft, immer noch das Menschliche an sich ist, wird hier vehement vertreten. Was nicht „logisch“ ist, ist nicht existenzfähig. (Dies kann durch einen starken Mondberg aufgehoben oder relativiert werden.) Immerhin haben Personen mit einem erhöhten Mer-

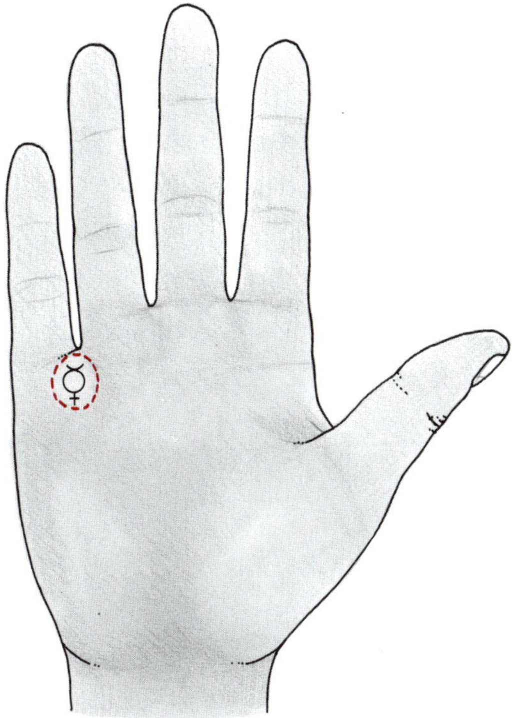

Merkurberg

kurberg eine gute Witterung. Ihre Nerven sind stets angespannt. Es gibt Autoren, die hier gesundheitliche Beziehungen sehen: schwacher Merkurberg schwache Nerven, große Erregungsfähigkeit und Kurzschlußmöglichkeit.
Sicher sind hier die Nerven gut zu erkennen, aber weniger in gesundheitlicher Beziehung, sondern mehr im sogenannten sechsten Sinn. Wer diesen Berg sehr erhöht hat, der kann sich seines Spürsinnes für Geschäfte, für gute Verträge usw. recht sicher sein. Diese Menschen haben eine fabelhafte Antenne für das Machbare. Sie wissen meist auch sehr gut, wie andere Menschen zu nehmen sind. Sie können es sich leisten, andere vor den Kopf zu stoßen, weil sie wittern, daß von denen keine Gefahr kommt. So entwickeln sie oft erstaunliche Methoden, ihre Umwelt für sich arbeiten zu lassen. Ist der Berg sehr hart, dann wird nur das Vernünftige Geltung haben.
Der Merkurberg in der rechten Hand (unsere Abbildung) heißt, daß diese Menschen im realen Sinn stets sehr vernünftig handeln. Ist der Merkurberg in der linken Hand bemerkenswert ausgeprägt, dann sprechen wir von einem klugen Unterbewußtsein. Diese Handeigner träumen oft das Richtige, und sie haben die Gabe, eine Sache wirklich überschlafen zu

können. Das sollten sie ausnützen und sich beim Einschlafen sagen: Heute soll mir der Traum im Schlaf eine Antwort geben! Das funktioniert dann auch meistens.
Ein flacher Merkurberg bedeutet aber nun nicht, daß etwa keine Vernunft vorhanden wäre, kein Intellekt. Es geht ja hier mehr um die zu mobilisierende Energie. Und ist dieser Berg eher flach, ja eben, kaum als Relief bemerkbar, dann werden diese Menschen ihre Kräfte selten für irgendwelche Dinge aktivieren, die andere vernünftig finden. Ja, sie wollen *nicht nur* klug und verstandesgemäß handeln! Sie treibt anderes, was man dann bei anderen Bergen erkennen könnte. So lehnen sie es schon in der Jugend ab, sich für gewisse Schulfächer zu engagieren, weil sie genau wissen, dieses Wissen brauchen sie nicht. Das kann zwar ein Irrtum sein, der später bereut wird, aber die Devise „Sei vernünftig, orientiere dich viel", die kommt hier kaum an. Träume, idealistische Vorstellungen sind hier meist stärker ausgeprägt. Oft findet man, daß dieser Merkurberg in seiner Andeutung eher in dem Apolloberg aufgeht, der in der Literatur häufig auch Sonnenberg genannt wird. (Manche Autoren teilen die Sonne auch dem Daumenballen zu, aber die Erfahrungen sprechen dagegen, die Tradition hat doch recht, hier Apollo einzuordnen.)
Und spielen Merkur- und Apolloberg sehr zusammen, dann dürfte das Denken überwiegend idealistisch oder markant künstlerisch ausgerichtet sein, wobei man darauf achten sollte, wo sich die Haupterhöhung befindet, mehr unter dem Merkur- oder unter dem Sonnenberg.

Der Apolloberg

Der Apolloberg liegt meist unter dem Apollofinger, aber auch entweder leicht zum Merkur- oder zum Saturnberg verschoben. Oft vereinigt sich der Apolloberg mit dem Saturnberg, den er sozusagen aufzusaugen scheint.
Dieser Berg zeigt uns bei guter Ausprägung, daß viele Energien und Kräfte für idealistische Ziele mobilisiert werden können. Hier kommt es darauf an, ob das Wurzelglied des Apollofingers die Kraft hat, die vom Berg sozusagen entfacht wird. Oft will sehr viel mobilisiert werden, aber auch eine Totalmobilisierung nützt nichts, weil sie den Handeigner, die Handeignerin überfordert. Ist dieser Berg gut ausgeprägt, und liegt er ziemlich genau unter dem Apollofinger, dann haben wir es mit einem Sanguiniker zu tun. Dieser Mensch will fröhlich sein, will auf bunten Flügeln schweben. Je mehr sich der Berg zum Merkurfinger verschiebt, um so mehr wird eventuell die Vernunft die innere Fröhlichkeit hemmen. Verschiebt sich dieser Apolloberg in den Saturnberg oder nahe unter diesen Finger, dann wird das Sanguinische von Melancholie gefärbt sein, das Lachen dürfte ernster sein, stiller; unbeschwerte Heiterkeit ist seltener anzutreffen. Aber ein starker Apolloberg zeigt auch, daß diese Menschen sich um Freunde bemühen. Die Geselligkeit wird hoch eingeschätzt, weil es sich lohnt, dem Leben die besten Seiten abzugewinnen. Ist der Apolloberg in der linken Hand gut ausgeprägt (unsere Abbildung), dann ist der Mensch auch in der Tiefe fröhlich und heiter, er wird

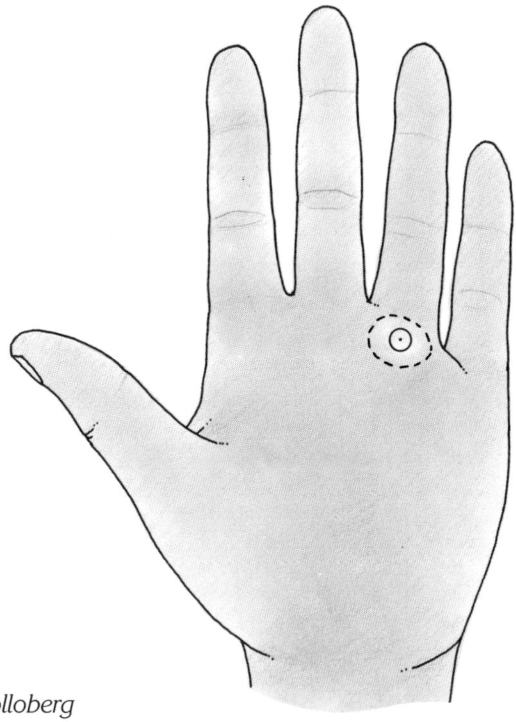

Apolloberg

wohl kaum von schweren Depressionen heimgesucht werden, und er kann sich meist an eine fröhliche, gute Kindheit erinnern.
Ein zu starker Apolloberg in der rechten Hand zeigt manchmal die Gefahr der Schmucksucht an. Diese Menschen könnten einen Schönheitskult betreiben. Sie sind sicher eitel, ohne sich dabei sehr anstrengen zu wollen. Schikeriageborene kann man unter diesem Berg finden, die sich mitsonnen wollen, nicht nur an südlichen Stränden, sondern auch im Kreise der Erfolgreichen oder der Prominenten. Diese Menschen setzen sich in Szene, indem sie rechtzeitig eine Szene betreten.
So ist es in diesem Fall stets aufschlußreich, den Jupiterberg zu betrachten. Ist der Jupiterberg neben dem Apolloberg auch sehr stark, was man oft findet, dann wollen diese Menschen sich wahrhaft selbst entfalten, dann sind sie auch leistungsbereit. Je mehr sich der Apolloberg dem Saturnberg oder Saturnfinger nähert, um so verkniffener können sie werden.
Bei Hinwendung zum Merkurberg oder -finger geht es mehr um den materiellen Lohn, der dann eine besonders wichtige Rolle spielt.
Ist der Apolloberg eher klein, fast eben oder kaum vorhanden, dann kann zwar das künstlerische Interes-

se stark sein, aber es trägt die Menschen nicht, treibt sie nicht an, das Ideelle wird immer und immer wieder zurücktreten müssen. Man muß das Leben halt so nehmen, wie es kommt, lautet die typische Devise. Diese Menschen hoffen nicht einmal auf einen Lottogewinn (woran sie gut tun), denn wenn sie ihn bekämen, wäre ein Infarkt nicht weit. Großzügigkeit ist nicht ihre Sache, das überlassen sie lieber anderen. Gesellschaften meiden sie gerne, sie mögen den Rummel nicht, und laute Feste sind ihnen eher zuwider. Das Leben meistern sie aber besser als diejenigen, die einen überhöhten Apolloberg aufweisen. Letztere sind meist übermütig, tragen einen durch nichts berechtigten Optimismus zur Schau und lachen oft bei unpassendster Gelegenheit, weil sie das Leben rosarot sehen wollen. Hier ist der Saturnberg dann meist gar nicht vorhanden oder vom Apolloberg völlig aufgesaugt. Fehlt aber bei Handeignern der Apolloberg, dann haben sie unter Umständen einen doch beachtlichen Saturnberg, der so oft nicht anzutreffen ist.

Der Saturnberg

Der Saturnberg findet seine normale Lage unter dem Mittelfinger. Meist gibt es – wie schon erwähnt – gar keinen ausgesprochenen Saturnberg, häufig finden wir direkt unter diesem Finger sogar eine Ebene, ein Tal. Dann ist zu schauen, wo die Reste dieses Berges sind. Sind sie im Apollo- oder im Jupiterberg aufgegangen? Im Apolloberg heißt dies idealistischer, künstlerischer Ernst, im Jupiterberg verantwortungsvoller Ehrgeiz, Streben nach höchsten Posten. Oft hat sich dieser Berg sogar geteilt, das heißt, saturnische Energien sind sowohl im Apollo- wie im Jupiterberg aufgegangen, die Deutung ist dann nicht schwer. Ist der Saturnberg aber vorhanden, dann bedeutet dies, daß Energien für eine starke Verantwortungsübernahme freigesetzt werden, ja diese Menschen entwickeln diese Energien sogar erst, wenn man sie mit der Verantwortung, mit einem Lebensernst konfrontiert. Fällt dieser Berg in der rechten Hand (unsere Abbildung) sehr auf, dann wird dies vom Bewußtsein sehr gut umgesetzt. Ist aber der Saturnberg in der linken Hand sehr ausgeprägt, dann ruht im Unterbewußtsein ein Lebensernst, der sich bis zur depressiven Melancholie entwickeln könnte. Auch kann hier vom Unterbewußtsein eine tiefe Verantwortung zu sehen sein, die sich weniger im realen Leben, als in den Träumen bemerkbar macht. Mütter wissen dann, daß sie ihre Kinder eigentlich – zumindest unbewußt – nie freigeben. Sie glauben sich schicksalshaft mit diesen verbunden.

In der rechten Hand drückt sich dies in einer bewußten Pflichttreue aus, diese Menschen kann man nachts aus den Betten holen, wenn man sie braucht, sie werden immer zur Verfügung stehen.

Wenn dieser Berg zu stark ausgeprägt wäre, was jedoch stets relativ – also im Verhältnis zum Gesamtrelief – zu werten ist, dann würde man auf ein Mißtrauen schließen können, auf einen ewig schwarzen Pessimismus, der andere leicht zermürben kann, weil dies nicht nur die Lebensfreude des Betroffenen hemmt, sondern

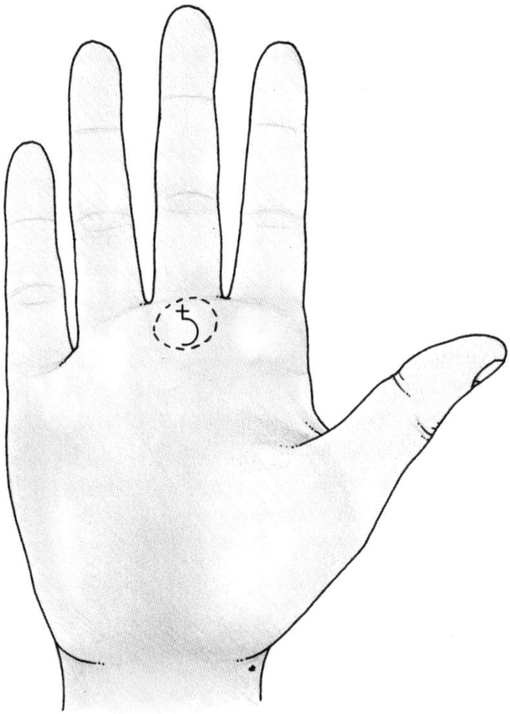

Saturnberg

auch ansteckend wirkt. Allerdings können sich diese Menschen sehr zusammennehmen. Wenn sie krank werden, dann fasten sie sich gesund; sind sie zu dick, dann vermögen sie wirklich asketisch zu hungern. Nur wird eben das Leben vor lauter Ernst nicht genossen. Sie sehen mehr Schatten als Licht, und wenn das Licht einmal überwiegt, dann fürchten sie sich vor dem Schatten.

Fehlt dieser Berg, heißt das nicht, daß diese Personen leichtfertig oder gewissenlos sind, sondern ihre Energien des Lebensernstes werden zielgerecht eingesetzt, entweder in die Apollo- oder in die Jupiterrichtung. Die Tradition ist dann nicht so verankert, sie gehen neue Wege, und es ist – was die Pflichttreue und den Lebensernst angeht – zusätzlich auf den Saturnfinger zu achten!

Wiederholen wir bei dieser Gelegenheit: Die Berge zeigen weniger eine Veranlagung oder eine Grundkraft an, sondern seelische Energien, die für *eine* Richtung, *eine* Tendenz mobilisiert werden können, was allerdings mit Sicherheit den ganzen Menschen prägen und beflügeln kann. Ist der Saturnberg hoch und gut sichtbar, dann werden hier Energien frei, die sich etwa auch in Richtung Traditionsbewahrung entwickeln. Die Menschen werden alles daran setzen, um sich selbst treu zu

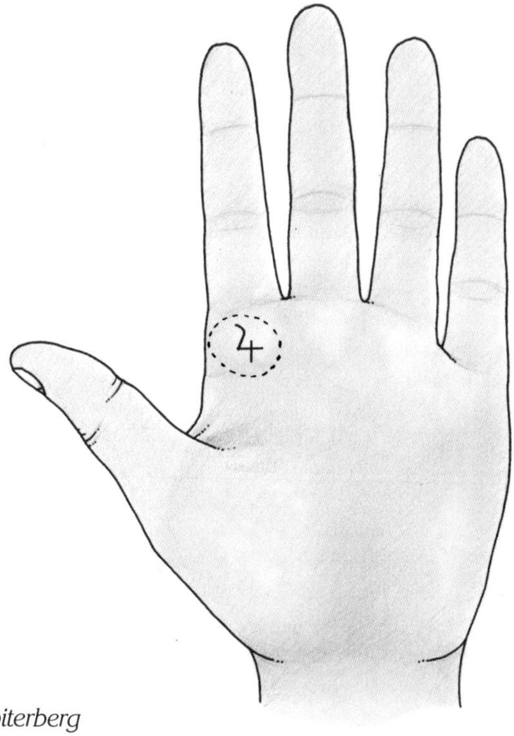

Jupiterberg

bleiben. Diese Erhöhungen findet man – wenn – bei Einzelgängern, Eremiten und Asketen. Das mag pointiert formuliert klingen, aber es handelt sich um Personen, die ihre eigenen Wege gehen. Sie tragen Verantwortung für sich, wollen also höchst selten nur anderen Menschen auf den Taschen liegen.

Wenn dieser Berg nicht vorhanden ist, bedeutet es nicht, daß dann eine leichtfertige Lebenseinstellung vorherrscht. Aber meist wuchert ja unter dem Saturnfinger der Jupiterberg mit hinein, dem wir uns nun als dem wohl wichtigsten Fingerberg (abgesehen vom Venusberg) zuwenden wollen.

Der Jupiterberg

Der Jupiterberg liegt unter dem Jupiter-/Zeigefinger, dehnt sich aber meist in Richtung oder bis zum Saturnfinger auch nach unten in die Hand hinein aus. Hier ist also die Energie zu erkennen, die mobilisierbar ist, wenn es um die eigene Entfaltung, den persönlichen Ehrgeiz, um eine Machtstellung in einem Amt, auf einem Posten usw. geht. Ein großer Berg zeigt an, daß diese Menschen – haben sie Kraft und Ehrgeiz (zu sehen am Jupiterfinger selbst) – viel investieren, um zu ihrem Ziel zu gelangen. Das Schicksal wird nicht einfach hingenommen, hier wird ge-

kämpft! Diese Menschen möchten nämlich einen großen Echoraum haben, sie wollen etwas darstellen, die Achtung, der Respekt, der ihnen erwiesen wird, ist entscheidend, ob sie sich wohlfühlen oder nicht.
Fast ehrsüchtig können sie sein, und es ist bedeutsam, ob nicht doch ein recht großer Saturn-/Mittelfinger diesen Menschen den nötigen Ernst gibt. Wenn nämlich der Jupiterberg den Saturnberg in sich aufgesaugt hat, wenn er die Energie mit nutzt, die für das Saturnische vorhanden ist, dann werden wir es mit einem sehr verantwortungsvollen Energieeinsatz zu tun haben, der wenigstens nicht auf Kosten anderer geht. Eine Gefahr haben die Menschen mit diesem erhöhten Jupiterberg: Sie sind empfänglich für Lob und Schmeichelei. Das weckt in ihnen ungeheure Energien, aber da versprechen sie auch oft zuviel des Guten, so daß sie sich übernehmen können.
Manchmal möchten sie gerne Richter sein, selbsternannte Richter zwar, aber sie urteilen nicht ungerecht.

Ist der Berg schwach ausgeprägt, dann werden für den eigenen Ehrgeiz (es sei denn, es handle sich um einen Ehrgeiz künstlerischer Art) kaum starke Energien freigesetzt werden. Diese Menschen scheinen sogar ohne inneren Ansporn, aber das muß nicht stimmen. Sie sind nur im Kern nicht bereit, sich durch Übereinsatz leer zu pumpen, ja sie wollen auch gar nicht über sich hinauswachsen. Michael Kohlhaas finden wir hier nicht, auch nicht Personen, die alles oder nichts riskieren. Das erstaunt oft, denn vielfach haben diese Menschen – häufiger bei Frauen – mächtige Daumen und Zeigefinger. Aber es fehlt die Motivierung innerster Energien, so daß viele von ihnen trotz Talent, Chancen und Glück gar nicht so hoch hinaus kommen, wie Außenstehende meinen, sie würden das verdienen.
Ein Faktor kommt beim Jupiterberg noch hinzu, das ist das Religiöse, die Glaubensüberzeugung. Menschen dieser Art mit einem erhöhten Berg sind bereit, sich für ihren Glauben einzusetzen, während diejenigen mit einem kleinen Berg eher die Mitläufer sind, die sich da nicht so engagieren.
Je mehr sich der Jupiterberg zum Saturnberg ausdehnt, um so entscheidender die Einsatzfähigkeit, aber auch der Ernst und die Pflichttreue, die dahintersteht. Liegt dagegen der Jupiterberg „nur" genau unter dem Finger, dann ist mehr persönliche Eitelkeit mit im Spiel.
Früher sagte man, dieser Berg gäbe Selbstbewußtsein. Dies ist insofern richtig, wenn Selbstbewußtsein auf echter Leistung beruht, die nicht ohne Energieeinsatz zu erbringen ist. Menschen mit ausgeprägtem Berg sind also zu fordern, sie brauchen Aufgaben, mit denen sie sich bewähren können! Aber nicht, indem man an ihren Möglichkeiten Zweifel hegt, sondern indem man zu ihnen sagt: Nur Sie sind die richtige Person, die einzig denkbare Frau, der einzige Mann, der dafür in Frage kommt!
Aber jeder Berg hat auch eine Schattenseite, wo die Sonne so gut wie nie hinkommt. Deswegen müssen wir wiederholen, daß ein stark erhöhter Jupiterberg auch seine Kraftentsprechung im Zeige-/Jupiterfinger selbst finden muß. Gerade bei diesem Fin-

ger ist dies von größter Wichtigkeit! Und ein mächtiger Finger nützt nichts, wenn der Berg klein und fast eben ist, weil dann keine Energie bereit steht, die die Kraft, die im Finger symbolisiert wird, abruft.

Das Energiesymbol schlechthin ist in den Mythen wie in der Astrologie der Mars, der vor der Jupiterkraft insofern besteht, weil er einfach vorhanden sein muß.
Der Marstrieb entscheidet über den Grundantrieb, wenn auch noch meist ohne Richtung und Sinn.

Der Marsberg

Die Marskraft ist in der Innenhand gar nicht so leicht zu erkennen. In der Außenhand haben wir den Daumen als Marssymbol, aber in der Innenhand gilt ja der Daumenballen als Venuskraft.
Viele Autoren meinten, die Marskraft nicht in der Außenhand zu sehen, sie legten diese wichtige Antriebskraft ganz in die Innenhand und sprachen von der Marsebene, die unterhalb des Merkurfingers beginnen und unterhalb des Jupiterberges enden sollte. Das war gar nicht so falsch. Wenn wir heute diesen Bereich unterhalb des Merkurberges dem Pluto zugeteilt haben, dann auch deshalb, weil Pluto ja die erhöhte Stufe des Mars darstellt. Das Marsische zeigt sich uns also im Mars- oder Daumenberg, der nur nicht mit dem Daumenballen verwechselt werden darf!
Wenn wir den Daumen bewegen, dann wird unter dem Ansatz zwischen Daumen und Zeigefinger der Marsberg deutlich, der sich dann halbwegs dem Jupiterberg zuschiebt, als wolle er seine Kraft in einen höheren Dienst stellen. Auch beim Spreizen einer Hand, besonders wenn wir den Daumen abspreizen, ist der Berg erkennbar, der oft sehr geschmeidig ist, wie wir ja auch geschmeidig mit dieser unserer Antriebskraft umgehen sollten, weil sonst zuviel und zu leicht zerstört werden kann.
Ist der Berg beim Abspreizen des Daumens als Erhöhung gut erkennbar, dann spricht dies von einer Kampfeslust, auch körperlicher Art, und das sowohl bei Frau und Mann.
Ist dieser Berg eher flach, dann ist die Sehnsucht nach Verständnis vorherrschend, auch das Wissen und die Einsicht, daß körperliche Kraft zwar andere niederschlagen, aber nicht Frieden schaffen kann. Mars soll weniger kämpfen – mehr pflügen, gerade diese Kraft muß ja in uns allen kultiviert werden, um miteinander in sozialem Frieden halbwegs unbeschadet leben zu können.
Prozeßhansel sind das sicherlich, die hier einen beachtlichen (auch harten) Berg besitzen. Oft steht ihnen die Bereitschaft zum Streit förmlich im Gesicht geschrieben. Sie sind einfach aggressiv, um anderen zuvorzukommen. In ihnen sitzt das tiefe Gefühl: Du mußt dich wehren, sonst wirst du aufgefressen.
Im Grunde leben und handeln diese Menschen noch nach den Urwaldgesetzen, sie sind immer auf dem Sprung und auch immer etwas gereizt. Angriffe wittern sie von allen Seiten, weil sie von sich auf andere schließen, und daher meinen sie, auch die anderen würden stets aggressionsbereit reagieren. Schon

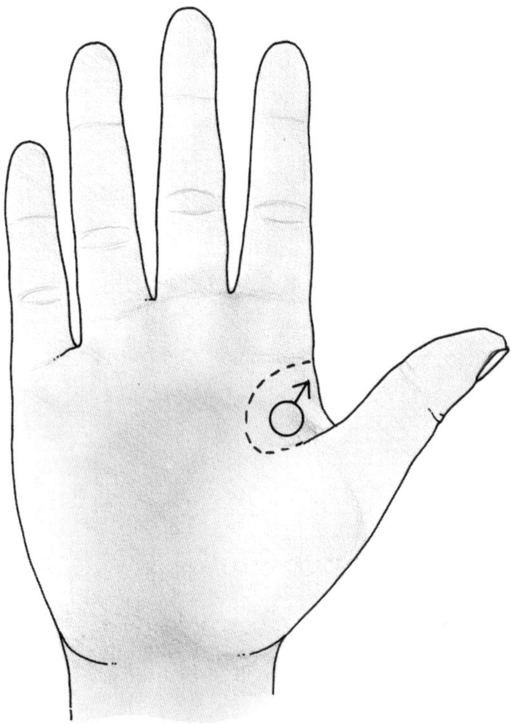

Marsberg

ein kleinerer Marsberg läßt darauf schließen, daß diese Menschen sich so schnell nichts gefallen lassen, und als Ausgleich müßte ein langer Merkur- oder ein starker Saturnfinger anzeigen, daß diese Handeigner gar nicht so Ich-bezogen sind.
Ist der Marsberg in der linken Hand ausgeprägt, dann sitzt die Angriffsbereitschaft, die sich gar nicht so bemerkbar machen muß, im Unterbewußtsein. Diese Menschen können meist nicht verdauen, daß sie klein beigegeben haben, daß sie vernünftig reagierten, und sie schlafen schlecht, träumen von wilden Tieren. Da kann sich (muß sich nicht) ihre Aggressionsbereitschaft austoben. Unbewußte Aggressivität ist schwer zu steuern, weil sie plötzlich aus einem Menschen hervorbrechen kann, zum Beispiel bei einem Scherz, der so zum bösen Witz wird, bei einer Kabbelei, die in eine Schlägerei ausartet und dergleichen mehr. Ist der Marsberg rechts besser ausgeprägt, dann ist die Kampfbereitschaft dem Handeigner bewußter (unser Bild).

Menschen, die diesen Berg nicht so ausgeprägt haben, wollen das gute Zusammenleben. Das kommt häufiger vor, als man denkt. Sie schlucken manches, um nicht zu explodieren. Hier empfiehlt es sich aber, stets noch den Plutoberg (den höheren

Marsberg) in Augenschein zu nehmen, den wir bei der Handfläche besprechen werden.
Beide Berge gehören zusammen, früher galten beide als Marsbezirke. Dann wurde Pluto von den Astronomen wiederentdeckt und für die Astrologie zugänglich gemacht.
Flache Handberge zeigen mehr Gelassenheit an, auch einen Selbsthumor. Diese Menschen lachen über sich selbst, was man bei Leuten mit ausgeprägtem Marsberg kaum findet.

Hierbei ist ganz nützlich, sich noch einmal die Fingerkuppen anzuschauen. Sind diese hart, werden ihre Besitzer recht hart und aggressiv reagieren. Selbstverständlich ist auf die Daumennagelkuppe zu achten, denn im Daumen ist ja die Marskraft am stärksten zu erkennen, was wir nicht vergessen wollen. Der Marsberg zeigt ja wiederum nur die eventuell zu mobilisierende Energie an! Eine weiche Daumenkuppe, auch abgeflacht, geht oft Hand in Hand mit einem flachen, oft kaum zu erkennenden Marsberg; diese Menschen sind eben in der Regel friedlich. Aber auch bei einem recht starken Marsberg mildert eine abflachende Daumenkuppe am Nagelglied das Aggressive. Der Zusammenhang ist also stets wichtig, wie wir schon oft betont haben.

Nun gibt es aber auch noch viele Hinweise – auch in bezug auf Energiezentren und Kraftballungen –, die nur in der Innenhand zu erkennen sind. Hier handelt es sich vorwiegend (nicht nur, denn die Plutokraft macht eine Ausnahme) um die weicheren, ja weiblichen Kräfte, die auch in einem Mann vorhanden sind. Diese Kräfte werden durch die „harte“ Schale der Außenhand geschützt, und man gewinnt hier nur einen Einblick, wenn die Innenhand einem bereitwillig geöffnet wird.

Die Handfläche

Die Handfläche gibt uns einen völlig anderen Eindruck als die Außenrumpfhand. Wir haben schon einen Blick in die Handfläche geworfen, als wir uns die Fingerberge anschauten, aber die finden ja ihren äußeren Gegenpol in den Knöcheln der Außenhand. Was wir uns nun anschauen wollen, spiegelt sich in der Außenhand nicht wider. Die Handfläche selbst ist weicher als der Rumpf, das scheint selbstverständlich zu sein, ist es aber nicht, denn es gibt auch sehr harte Innenhandflächen. Viele sind durch Handarbeit bedingt, denn wenn die Innenhand muskulös sehr beansprucht wird, muß sich das niederschlagen. Aber hier ist ja ein anderer Härtegrad gemeint.
Schon die Farbe der Handfläche ist anders, sie ist heller als die Außenhand, banal hat das auch damit zu tun, daß die Innenhand nicht so der Luft und der Sonne ausgesetzt wird. Hier in der Handfläche liegen ferner die Nerven sehr viel ungeschützter, das wird jedem klar, wenn ihn jemand mit den Fingern einmal außen und einmal innen streichelt. Die Innenstreichelung ist sehr viel erregender. Der Mensch liegt hier einfach offener vor uns, wir kommen vielmehr an den Kern heran, jetzt können wir seine weicheren Kräfte unter die Lupe nehmen.

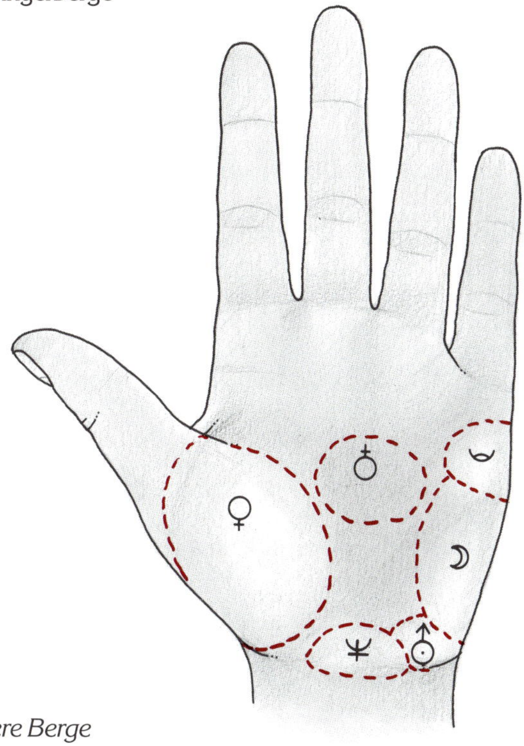

Weitere Berge

Hier sind (bis auf Pluto und vielleicht Uranus) auch die *weicheren Planeten,* wie sie in der Astrologie bezeichnet werden, symbolisch bestimmten Handbezirken zugeteilt, was uns darauf hinweist, daß hier Kräfte wie Gefühl, Sehnsucht, Gemüt, auszudeuten sind. Hinzu kommt das Symbol der Einfallskraft, der Intuition (Uranus), und das Symbol des Pluto, der uns das Verhältnis des einzelnen zur Masse, auch im Hinblick auf seine Durchsetzung, anzeigen soll.
Am auffallendsten sind jedoch die Berge des Mondes und der Venus ausgeprägt, die es auch in jeder Hand zu finden gibt.
Wenden wir uns zunächst dem Venusberg zu, der in der älteren und neueren Literatur mit als der umstrittenste Berg gilt. Manche Autoren siedeln die Venus gerne am Apollofinger an, wohl weil das Symbol der Liebesbindung der Ehering ist, der an diesem Finger – links zur Verlobung, rechts zur Heirat – angesteckt wird. Wir wiesen schon darauf hin, daß gerade das Schmücken dieses Fingers viel tiefere Ursachen hat, die bereits existierten, als von einer Ehe oder einem Ehering überhaupt nicht gesprochen wurde. Ja so etwas gab es damals noch nicht, als sich erste Menschen gerade diesen Finger schmückten. Archetypisch gesehen, gehören Mars und Venus untrennbar zusammen. Mars ist und war stets das Urmännliche, Venus stets

das Urweibliche. Auch in den heutigen Biologiebüchern finden wir das astrologische Symbol des Mars für männliche Gattungen oder Arten, das astrologische Symbol der Venus für das Weibliche. Mars kämpft, um Venus zu erringen. Die einzige Gottheit, vor der Mars auf die Knie geht, ist die Venus. Aus dem Venushaften, aus dem Gefühl heraus, kommt der große Triebanstoß in uns. Ist zuerst der Antrieb da, der sexuelle Trieb, dann findet er seine Erfüllung und seinen Sinn in der Verbindung mit dem Gefühl, dem Venushaften. Erst Trieb *und* Gefühl sind die Voraussetzung für die Liebe. Mars ist ohne Zweifel im Daumen symbolisiert, wie wir bei der Außenhand gesehen haben; auch der Marsberg hängt mit dem Daumen zusammen. Und der harte, kriegerische Mars findet seine Entsprechung, die Venus, in der Innenhand am Daumenballen.

Der Venusberg

Fachmännisch wird dieser Ballen, dieser Berg, auch die Thenarhöhe oder der Thenar genannt. Diese Erhöhung ist in der Regel die größte in der Hand, was besonders deutlich wird, wenn wir den Daumen leicht nach innen krümmen.

Der Venusberg ist also identisch mit dem Daumenballen, den einige Autoren auch als Grundglied des Daumens bezeichnen.

Dieser Daumenballen wird meist unten von der Lebenslinie (siehe da) begrenzt. Auch das ist typisch, denn das Mars-, wie das Venushafte bedeuten grundsätzlich Leben. Hier also ist die sinnliche Kraft, die Kraft des Gefühls und die Erhöhung zur Erotik zu erkennen. Dieser Berg symbolisiert also mehr als die Energie, die für eine Kraft zu wecken ist, sondern hier ist die Kraft selbst zu sehen.

Das ist wesentlich: Seelische Dinge spielen noch keine Rolle, das Animalisch-Menschliche mehr als das Kultiviert-Menschliche. Ersteres ist aber auch für die Lebenskraft schlechthin entscheidend. Da nun hier Mars- und Venuskraft zu sehen sind, müssen wir schauen, welche Kraft zu überwiegen scheint. Trieb und Gefühl sagen ja etwas über die Vitalkraft aus, ob wir zeugungsfähig sind, ob Kinder geboren werden können, – mit einem Wort über die Grundvitalität. Aber überwiegt der Trieb oder das Gefühl? Denn es macht ja einen Unterschied aus, ob es die Triebkraft ist, die einen Menschen beherrscht oder das Gefühl, wobei es zunächst völlig gleich ist, ob es sich um eine Frau oder einen Mann handelt. Aber daß allgemein der Mann mehr vom Trieb befallen wird als die Frau, beweist schon die Existenz des ältesten Gewerbes der Welt. Also müssen wir uns den Daumen, den Marsbereich, im Verhältnis zum Daumenballen, dem Venusbereich anschauen, um hier eine entscheidende Grundcharakterisierung auszumachen.

Ist der Daumen sehr groß und mächtig, der Daumenballen dazu eher etwas klein, dann dürfte die Triebkraft beherrschender sein als die Kraft des Gefühls. Bei Frauen sieht man (aber es gibt Ausnahmen) meist einen vollen Venusberg und einen kleineren Daumen: das ist ein Signal für große Gefühlskraft. Und ist der Daumenballen dann nicht zu hart, sondern elastisch, dann zeigt sich hier eine starke Liebessehnsucht, auch eine volle Sinnlichkeit. Bei starken Daumen ist letzteres noch ausgeprägter. Diese Frauen haben – ohne daß man dazu die Hände ansehen muß – meist eine starke weibliche Anziehungskraft. Sie sind entgegenkommend, sie geben sich offenherzig, flirten gerne und sind Meisterinnen der Liebe, wie alte Fachbücher schrieben. Aber auch schon damals wußte man, daß der Jupiterfinger dabei nicht zu mächtig sein sollte, denn dann ist die Gefahr der Berechnung in der Liebesoffenheit gegeben.

Die venushafte Hand, wir haben es schon angedeutet, ist weich, rund und warm, während die Marshand eher fest und muskulös und eckiger wirkt. Dies gilt wiederum für Frauen- und Männerhände. So kann es durchaus sein, daß wir bei einer Frau eine eher marsische Hand finden, bei manchen Männern dagegen die Venushand. Letzteres war übrigens oft ein angeblicher Hinweis auf Homosexualität, was sein kann, aber nicht muß. Sicher sind diese Männer sehr vom Gefühl getragen, und wenn man ihnen zu marsisch begegnet, dann entfliehen sie vielleicht dieser Dominanz, die ja auch von einer Frau ausgehen kann.

Eine Venushand wirkt von der Innenhand her offen und aufnehmend, man sieht die Berge und die tiefere Ebene – eine Hand, die zum Streicheln einlädt und auch gut streicheln kann. Die Marshand ist dagegen eckig und in der Innenhand im Vergleich dazu flacher und muskulöser, kaum so anpassend und schmiegsam wie die Venushand. Diese Grundunterscheidung ist bei etwas Übung verhältnismäßig schnell zu treffen, wenn sich auch die beschriebenen Formen vermischen können. Man suche daher zu Anfang bei Frauen die venushafte Hand. Hat man sich die Merkmale eingeprägt, dann fallen einem diese Hände auch bei Männern auf. Umgekehrt studiere man erst einmal das Marsische in der Hand eines Mannes, dann wird einem die Marshand einer Frau sehr schnell auffallen. Bei Sportlerinnen findet man recht viele Marshände (aber Vorsicht vor der Üertreibung, Sportlerinnen hätten alle marsischen Einschlag, es gibt durchaus Spitzensportlerinnen mit typisch venushaften Händen), auch bei Frauen, die auf ihre Emanzipation bewußt Wert legen oder die sich hohe Stellungen erkämpft haben. Eine gute Übung ist, herauszufinden, ob die Hände abwarten oder zupacken. Welche Hand wird mehr Initiative ergreifen, wobei eine Initiative ausgenommen werden muß, die der Verführung. Kokette, verführerische Frauen haben so gut wie immer typische Venushände.

Interessant hierbei ist übrigens die Geste, die viele Frauen unbewußt gebrauchen, wenn sie Männer beim Daumen packen. Diese Gebärde ist an Eindeutigkeit nicht zu übertreffen, und wenn der Mann da nicht reagiert, ist er meist für die Frau auch erledigt. Sicher ist es nun höchst aufschlußreich, ob der Venusberg in der rechten (unsere Abbildung) Hand sehr ausgeprägt ist oder mehr in der linken. Meist sind ja beide Berge mehr oder weniger gleich geformt. Aber ein auffallender Daumenballen in der linken Hand, während der der rechten Hand nicht so auffällt, zeigt doch

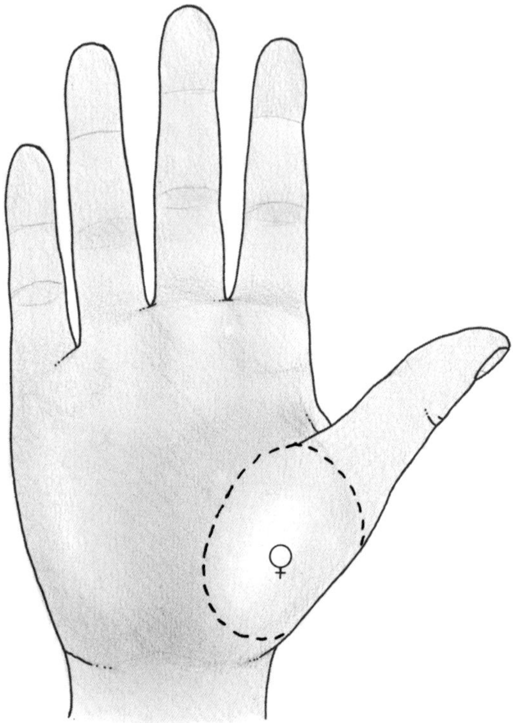

Venusberg

an, wie sehr im Unbewußten eine tiefe Gefühlssehnsucht sitzt, die sich nach außen nicht so zu zeigen wagt. Allerdings dürfen wir nun nicht in den Fehler verfallen, die Venusberge – die Daumenballen – nur auf die Sinnenlust, auf die Erotik zu untersuchen, hier ist, wie anfangs schon erwähnt, die Grundvitalität zu sehen, die Lebenslust an sich, die Lebenswärme.

Auch hier muß es stets um das richtige Maß gehen. Ein zu hoher Daumenballen, der aus dem Gesamtgefüge herauszufallen scheint, zeigt meist einen zu hohen, zu emotionalen Anspruch ans Leben an. Das äußert sich oft im übertriebenen Sinnesgenuß – es geht aber hier um alle vier Sinne plus dem Gefühlstrieb! Bei einem – man spricht dann von einem unsymmetrischen – übergroßen Venusberg mag manche Leidenschaft schwer zu kontrollieren sein, das kann auf grundsätzliche Gier hinweisen. Diese Gier tritt ja bei allen Bergen, wenn sie überhöht sind, in Erscheinung. Hier geht es aber um Kraft **und** Energie, während wir bei den anderen Bergen ja stets noch das Wurzelglied des betreffenden Fingers mit betrachten mußten. Aber das Emotionale sitzt als Kraftenergie allein in diesem Ballen!

Das Gegenteil, ein zu schwach ausgeformter Daumenballen kann As-

keten gehören, Menschen, welche sich den niederen Lastern entziehen müssen. Meist ist das eine Ausrede; beachtenswert wäre so ein Standpunkt erst, wenn der Daumenballen fest und rund und doch elastisch geformt ist, dann erst stellt die Distanzierung von diesen Leidenschaften ein echtes Opfer dar. Ist dies aber nicht der Fall und der Daumenballen wirkt eher eingefallen, dann ist die Sinnenfreude ja durchaus beschränkt, wie auch die Vitalität.
Mangelnde Vitalität darf nun aber nicht mit einer möglichen Lebenslänge in Beziehung gesetzt werden! Diese Menschen können durchaus alt werden, ja älter als Menschen mit hoher Vitalität. Nur aus dem Vollen können sie wohl nie schöpfen, dann würden sie sich schnell er-schöpfen und damit ihr Leben abkürzen. Menschen voller Vitalität packen das Leben nach dem Wahlspruch: Lieber wenige Stunden voller Leben – als viele Stunden ohne Leben!

Nun sind auf dem Venusberg meist viele Linien zu erkennen, während der Berg selbst ja von der Lebenslinie eingeschlossen ist. Die Lebenslinie ist eine der Hauptlinien, die wir erst später besprechen, während wir uns hier die Linien des Venusberges schon einmal als Zeichnungen des Daumenballens ansehen. Überwiegend fließen diese Linien vom Daumen in Richtung Lebenslinie. (Lebenslinie siehe ab Seite 142.) Alle Linien sind auf ihren Fluß hin zu untersuchen, wir müssen sehen, von wo und wohin geht die Strömung. Die Linien vom Mars- und Venusbezirk fließen auf die Lebenslinie zu, so als wollten sie dieser Kraft zuleiten, was ein völlig richtiges Bild ist. Aber Linien sind wie Flüsse, die etwas mitführen, hier im übertragenen Sinn auch Erfahrungen. Früher deutete man dies so, daß bei vielen Linien vom Daumen zur Lebenslinie von den Liebeserfahrungen einer Frau gesprochen wurde. Selbst jungen Frauen mit vielen – je tiefer, um so klarer das Urteil – Linien wurde eine reiche Erfahrung in der Liebe, der Verführungskunst zugesprochen. Es scheint durchaus, daß in dieser Erkenntnis ein wahrer Kern steckt. Abgesehen von diesem sicher interessanten Detail, erschaute man in den Linien viel positive Symbole: ein Gefühl, das spricht, das schöpferisch ist, das Spuren hinterläßt! Nennen wir sie **Energielinien!**
Querlinien aber, also Linien, die mehr in Richtung der Finger gehen und von der unteren Hand kommen, wurden eher als sichtbare Schwierigkeitsanzeiger betrachtet. Hier sind Hemmungen im Ausleben der Sinne zu erkennen, bei starkem Venusberg oft eine Problematik in der beiderseitigen Beziehung der Geschlechter. Es ist also eine Gefühlswelt anzutreffen, die sich nicht so leicht schöpferisch verwerten läßt, da erst Hemmungen überwunden werden müssen. Diese Querlinien, die von unten aufsteigen, nennen wir **Impulslinien.**
Daß wir an dieser Stelle auch andere Zeichen finden können, wie Vierecke, Sterne und Kreuze, ist wohl schon aufgefallen. Trotzdem sollten wir hier nicht zuviel hineingeheimnissen. Was diese und andere Zeichen bedeuten, wird später geklärt, und es ist dann leicht, dies auch auf die Gefühls-Vitalwelt zu übertragen, um so

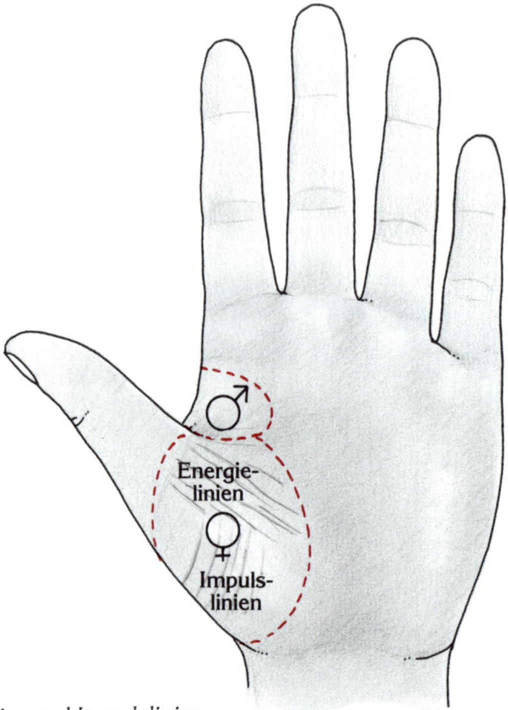

Energie- und Impulslinien

eventuell zu einer noch differenzierteren Aussage zu kommen.
Meist bringt eine Beschränkung mehr und auch klarere Aussagen.

Quer- und Längslinien können nun ein Gitter ergeben. Gitter haben etwas mit Absperrung zu tun. Andere Autoren meinen, diese Berge wären durchkreuzt. Im Endeffekt kommt beides auf das gleiche heraus. Hier hebt eine Kraft die andere auf, oder viele emotionale Hemmnisse und Sehnsüchte kreuzen sich, so daß sie schwer zur Entfaltung kommen.
Falsch dagegen ist die Mär, daß jede Linie auf diesem Berg einen Menschen bedeute, mit dem man intensivere Beziehungen gehabt habe. Weil solche Behauptungen noch immer zu lesen sind, seien sie hier erwähnt. Einst hatte man sogar im Mittelalter danach oder damit sogenannte Hexen angeklagt. Diese falschen und heuchlerisch-moralischen Überlieferungen haben sich leider noch teilweise bis heute gehalten. Einmal sagte eine Frau dann auch, als sie davon gehört hatte: „Ach, wenn das doch stimmen würde!" Sie hatte viele Linien und kaum einen Mann intensiver kennengelernt.
Gitter weisen noch auf etwas anderes hin. Diesen Leuten fällt es schrecklich schwer zu altern, der Ab-

schied von der Jugend ist eine schlimme Hürde, sicher auch von dem Wissen belastet, das Gefühl nie richtig ausgelebt zu haben.
Der Zusammenhang über den Marsberg zum Jupiterfinger wurde schon erwähnt. Großer Venusberg und mächtiger Zeigefinger zeigt bei aller Hinneigungstendenz auch gleichzeitig einen eigenen Entfaltungsehrgeiz an, der durchaus zu Partnerkonflikten führen mag, weil diese Menschen bei aller Bindung ihre Selbständigkeit nicht aufgeben wollen. Großer Venusberg und starker Saturnfinger besagt Gefühlstreue, oft auch zu großer Ernst im Ausleben des Gefühls. Großer Venusberg und großer Sonnenfinger deutet auf eine künstlerische Ausrichtung hin, und großer Venusberg und großer Merkurfinger Gefühls-Nützlichkeitsdenken. Einst sagte man: „Die sucht sich eine gute Partie, eher bindet sie sich nicht."

Der Mondberg

Nach dem Venusberg richten wir unsere Aufmerksamkeit auf den Mondberg, den wir an der Kleinfingerseite unserer Hand finden. Zu den Mondkräften eines Menschen rechnen wir das Gemüt, die seelische Grundausrichtung, die Traumkraft und die Fähigkeit, Träume zu verstehen. Ferner das Einfühlungsvermögen, das stumme Verstehen, die Einfühlungsgabe. Die Mondkräfte eines Menschen sind kaum beeinfluß-, noch veränderbar. Sie sind zwar beherrschbar, aber doch nur nach außen hin. Jeder Mensch hat seine Launen, seine Stimmungen, gegen die er nicht ankann, er kann sie bestenfalls so beherrschen, daß ihm niemand seine Gemütsverfassung anmerkt.
Zur Mondkraft zählt aber auch noch die Erfahrungssubstanz, das heißt alle Erfahrungen, die wir machen und verdrängen, die werden hier gesammelt, gespeichert, wenn man auch meint, man habe dieses oder jenes vergessen. Das Verdrängte lebt in uns weiter, weil es zu unserem Leben gehört, und es stirbt nicht. Weitergegebene Erfahrungen sind damit auch gemeint, so sehr wir uns auch gegen „angebliche" Erfahrungen unserer Vorfahren verwehren. Jeder wird sich eines Tages ertappen, wenn er sagt: Genauso hat ja meine Mutter (oder mein Vater) gehandelt.

Die Mondkraft ist *nicht* mit dem Unterbewußtsein gleichzusetzen, wie es leider oft geschieht. Das Unbewußte einer jeden Kraft finden wir in der linken Hand. So müssen wir auch zwischen einer bewußteren und unbewußteren Mondkraft unterscheiden.

In unserer Abbildung zeigen wir die rechte Hand, wo wir die bewußtere Mondkraft finden. Es gibt Stimmungen, die wir uns bewußt machen können, im Gegensatz zu Stimmungen, deren wir uns nicht so bewußt sind, das gilt für launenhafte Reaktionen, für das Traumleben, für die Einfühlungsgabe genauso wie für das Einfühlen, auch das Erahnen von Entwicklungen. Ganz besonders gilt dies aber für unsere Phantasie. Da gibt es die abrufbare bewußte Phantasie und die unbewußte Phantasie, die sich oft ins Phantastische steigern kann. Auch das Schöpferische ist

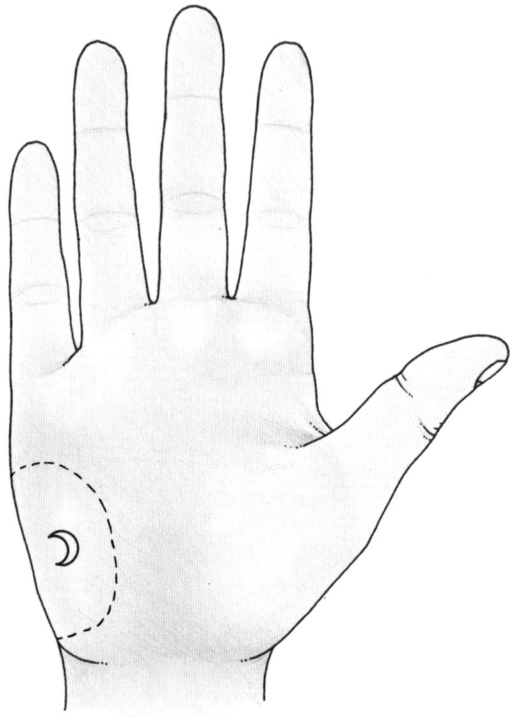

Mondberg

hier zu sehen, das, was aus einem Urquell zu strömen scheint. Das Symbol dafür ist der wechselhafte Mond am Himmel. Er zeigt aber auch die Unruhe an, die Unstetigkeit, die Veränderungslust.

Ist der Mondberg markant ausgearbeitet, dann sind diese Handeigner voller Phantasie, aber auch Unruhe, es treibt sie hinaus, das Fernweh ist groß, doch draußen setzt das Heimweh um so stärker ein. Der Mondberg ist dabei ganz auf der Du-Seite unserer Hand zu finden, denn wie in der Außenhand die Teilung durch die Mitte des Saturnfingers geht, so teilen wir auch die Innenhand auf.

Ist der Daumen ganz zum Ich hin orientiert, zeigt der Venusberg schon eine Hinwendung zum Du, so ist das Mondhafte ganz auf das Du, damit auf das Echo ausgerichtet. Unsere Mondkräfte brauchen ein Echo, sonst liegen sie brach. Der Mondberg beherrscht förmlich den Du-Teil der Hand. Oft teilen Autoren die Hand statt in eine Ich- und Du-Seite in eine aktive und passive Seite ein.

Diese Einteilung erscheint nicht so glücklich, weil ja das Ich nicht mit Aktivität, das Du nicht mit Passivität gleichgesetzt werden kann. In der Ich-Seite finden wir mehr die egozentrischen Ausrichtungen, in der Du-

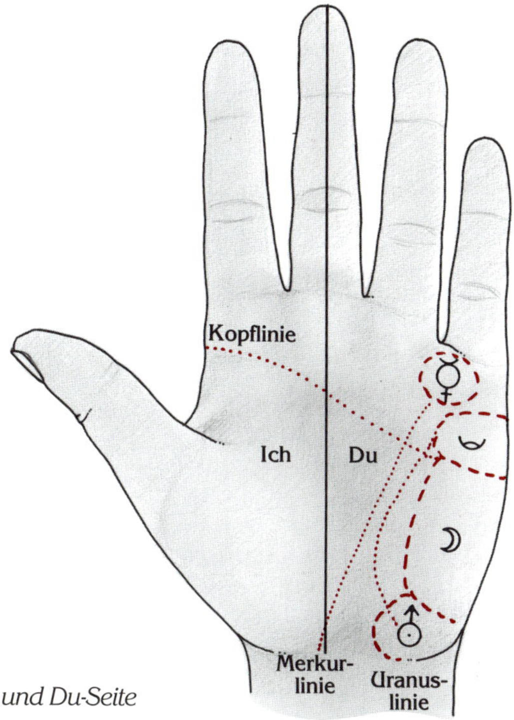

Ich- und Du-Seite

Seite die Ergänzungstendenzen, beides beinhaltet Aktivität und Passivität.

Unter dem Mondberg finden wir den Uranusberg, über ihm den Plutoberg. Unter dem Mondberg ist also die Intuitionskraft angeordnet worden, und Intuition und seelische Grundkraft entscheiden über die Durchsetzung dem Du gegenüber, die durch den Plutoberg symbolisiert wird.

Wir greifen jetzt der Deutlichkeit halber bei den Linien kurz vor: In der Regel dehnt sich der Mondberg bis zur Merkur- oder bis zur Uranuslinie (die nicht immer vorhanden sein muß) aus. Nach oben wird der Mondberg von der Kopflinie (siehe nächste Seite) abgegrenzt, die häufig die Trennungslinie zwischen Mond- und Plutoberg darstellt. Haben wir nun diesen eigentlich stets großen Berg, diese Erhöhung geortet, können wir sie ausdeuten: großer Berg = große Phantasie, viel Gemütskraft, entscheidende Traumerlebnisse und auch eine Kraft des Mütterlichen. Großer Mondberg heißt nämlich auch Beschützerinstinkt und Beschützersehnsucht.
Ist dieser Berg groß, der Saturnfinger mächtig, dann haben wir es hier mit dem Hinweis auf starke mütterliche Verantwortung zu tun.

Der Fachausdruck für den Mondberg heißt Hypothenar, wobei mehr eine Muskelanschwellung gemeint ist. Sehr starke Mondberge – häufiger beim Mann als bei einer Frau – erscheinen etwas unsymmetrisch, besonders auffallend dann, wenn der Handrumpf kurz geraten ist. Unten wirkt die Hand breit, obwohl wir es am Handgelenk nicht mehr mit dem Mond-, sondern mit dem Uranusberg zu tun haben.
Ist der Mondberg zu stark ausgeformt, dann deutet dies auch auf eine Gefährdung hin. Die Menschen entwickeln für die Realität oft eine zu große Phantasie. Die Gefahr des Wachträumens ist sehr stark, zumal sie mehr auf Stimmungen und Launen reagieren als auf Tatsachen. Dies kann sogar zu Halluzinationen führen, wenigstens sollten wir auf diese Entwicklungsmöglichkeit achten, das betrifft besonders psychosomatische Krankheiten, also Krankheiten, deren Ursprung oder Verstärkung wir in der Seele sehen, gemäß dem Motto „was kränkt, das macht krank." Auch eingebildete Krankheiten fallen in diese Handregion.
Fällt der Mondberg dagegen klein aus, dann dürfte die schöpferische Phantasie nicht zu groß sein, die Realität ist beherrschend, die Launen weniger stark ausgeprägt, das Gemüt vielleicht ein bisserl arm, wie die Österreicher es so gern formulieren. Man spricht dann von Menschen ohne Saft, die karg und nüchtern reagieren – eine Weintraube, die eingetrocknet ist, wie die Winzer ironisch sagen.
Mond- und Venusberg bestimmen (abgesehen von den Linien) das Relief der Innenhand, wobei wir noch bedenken sollten, daß dieser Berg auch etwas über die Sehnsucht nach Geborgenheit aussagt. So kommt es auf das harmonische Verhältnis dieser beiden Berge an. Das Gefühl des Vitalen strebt ja nach der Geborgenheit des Du, Venus-, wie Mondkräfte drängen zur Ergänzung. Wenn es beim Venushaften noch mehr um den Eigengenuß geht, will sich das Mondhafte in uns ganz dem Du zuwenden. Fällt also der Venusberg im Verhältnis zum Mondberg zu sehr auf, ist er unverhältnismäßig stärker ausgeprägt, überwiegt wohl das Eigeninteresse, vielleicht auch das Ich-Gefühl in einer Bindung. Ist dagegen der Mondberg ungleich stärker oder auch nur etwas bedeutender als der Venusberg, dann besteht die Diskrepanz, daß diese Menschen sich zu sehr im Du verlieren können.
Das sind nie Tatsachen, sondern Tendenzen, Richtungen, Anlagen. Werden diese bewußt gemacht, kann damit mancher Irrtum des Verhaltens erkannt und ausgeglichen werden.
Vielen Autoren ist es wichtig, daß der Mondberg noch im hohen Alter Kraft ausstrahlt, nicht schon zu runzelig wirkt. Sicher wäre letzteres kein allzu gutes Zeichen für die seelische Grundkraft, aber andererseits schöpfen ja gerade viele Leute aus überstandenen Leiden besondere Kräfte.

Auch der Mondberg weist Linien auf, einmal mehr und einmal weniger. Die Linien, die von der Außenseite auf den Mondberg kommen und da enden, nannte man einst die Reiselinien. Dies scheint etwas oberflächlich gesehen; in der Zeit der heutigen Reiselust und vor allem der Reisemöglichkeiten müßten hier viele Menschen sehr, sehr viele Linien aufweisen. Aber das ist Mantik. Nein, diese Linien zeigen etwas von einer inneren Wandlung an. Wenn dies als innere Reise verstanden wird, dann mag der Ausdruck „Reiselinien" gebraucht werden. Es sind eher Wandlungslinien, die von Erfahrungen sprechen, welche sich in den Handeigner eingraben oder schon eingegraben haben. Ist dies mit einer grundsätzlichen Um- oder Neuorientierung verbunden, sollte man von der Möglichkeit einer Wandlung sprechen.

Diese Linien stellen häufig auch Phantasierichtungen dar, in diesem Sinne spiegeln sie innere Reisen wider, die zu neuen Ufern führen sollen. Zuviele Linien, dann noch wirr und kreuz und quer, deuten auf Widersprüche im Stimmungsleben. Diese Menschen reagieren meist sprunghaft, sie fühlen sich stets beengt, meinen immer mit dem Kopf durch die Wand rennen zu müssen, weil sie aus ihren eigenen Vorstellungen nicht ausbrechen können. Auch hier sind – wie auf dem Venusberg – die Linien als fördernde Hinweise zu verstehen, die seitwärts von außen nach innen laufen, während die Linien, die von unten aufsteigen oder sich schräg von unten entwickeln, eher Hemmnisse sind.

Dies gilt jedoch *nur* für die Linien des Mond- oder des Venusberges; in der Handfläche, in der Erdebene, verhält es sich umgekehrt. Es kommt zudem auf die Zielrichtung dieser Linien an, was wir noch ausführlich besprechen werden. Auch hier sei davor gewarnt, die Vielzahl der Linien, besonders der kleinen, zu überbewerten. Ein „Zuviel" birgt immer eine Gefahr, dies gilt auch für die Deutungsrichtung, die sich auf das Wesentliche konzentrieren soll, damit der Handbetrachter nicht in die Gefahr gerät, vor lauter einzelnen Bäumen den Wald nicht mehr zu sehen. Wer nämlich einen Baum nach dem anderen zu sehr unter die Lupe nimmt, ihn analysiert und seziert, der wird den Gesamteindruck eines Waldes nie richtig einfangen. So ist es auch fraglich, ob wirklich viele senkrechte Linien auf dem Mondberg (Richtung Außenhand) eine Gemütsbelastung darstellen. Sicher deuten sie auf Schwierigkeiten in der Du-Zuwendung hin, denn zum Du stehen sie ja quer. Das kann vielleicht zu einer Verdüsterung führen, denn die Seele, das Gemüt, die Stimmung muß zum Du hin offen sein, um sich selbst nicht abzusondern oder einzukerkern.

Der Uranusberg

Der Uranusberg ist in der Geschichte der Handbetrachtung verhältnismäßig neu, hier ist der Einfluß der Astrologie unverkennbar. Mit der Entdeckung des Planeten Uranus wurde diesem auch ein Bereich in der Hand zugeordnet. Die Erfahrung aber bestätigt, daß dies wohl zu recht geschah. Uranus symbolisiert die Einfallskraft, die Intuition, die höhere Merkurkraft. Es ist daher durchaus angemessen, wenn wir auf der Außenseite der Hand, der Kleinfingerseite, oben den Merkurbereich antreffen, unterhalb des Mondberges jedoch den uranischen Bereich, den Uranusberg. Der Uranusberg ist ein Teil des Mondberges.

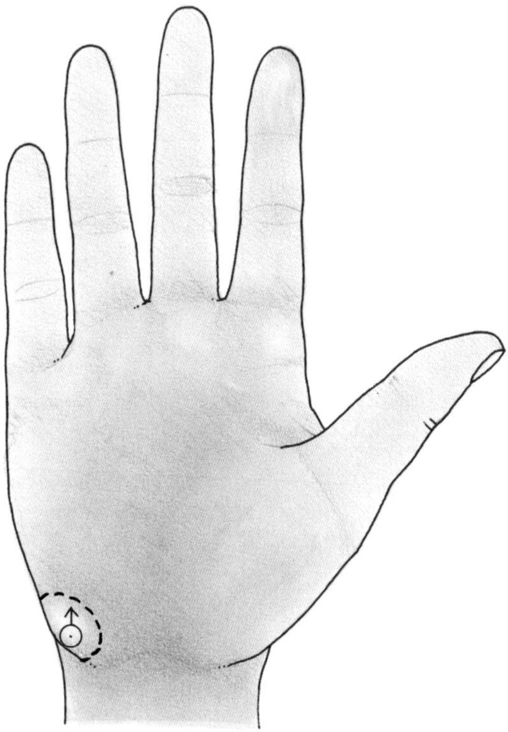

Uranusberg

Für die Mondkräfte (denken wir an die Phantasie und an die Veränderungssehnsüchte) spielt die Intuition, die Einfallskraft, die plötzliche Erkenntnis eine große Rolle. Intuition ist, vereinfacht ausgedrückt, der rechte oder unrechte Einfall zur rechten oder unrechten Zeit. Mehr braucht dazu nicht gesagt zu werden, jeder hat es selbst an sich erlebt. Diese Einfälle entspringen einer Vermischung von Denken, Erfahrungsschatz und Seelen- oder Stimmungslagen. So ist der Einfall oft das Ergebnis eines Denkprozesses, durchsetzt von Erfahrungen, das durch einen besonderen Moment ins Bewußtsein gerät. Die Kraft des Einfalls sitzt tief im Menschen, kein Wunder, daß man den Uranusbereich also unten an der Hand auf der Grenze zum Handgelenk geortet hat. Die Gabe der Intuition schießt aus der Tiefe des Menschen hervor, zeigt auch etwas von seiner Grundveranlagung an. Da der Einfall insbesondere die anderen erreichen soll, muß der Ort der Einfallskraft auch auf der Du-Seite liegen.

Zur Mitte hin wird der Uranusberg vom Neptunberg begrenzt. Der Uranusberg ist also einmal ein Stück vom Mondberg und sinkt etwas zum Neptunberg ab, vielleicht ist es besser, nur von einem „Bereich" zu sprechen, wenn wir genau sein wollen, aber der Begriff „Berg" hat sich bei der Handbetrachtung so gut eingebürgert, daß wir es dabei belassen wollen. Dieser Berg ist in seiner Wichtigkeit nur dann markant, wenn er sich ziemlich steil zum Handgelenk hin erhebt, sich also nicht flach oder eben aus dem Handgelenk wölbt, sondern ziemlich steil hervorsticht. Je kräftiger, um so stärker die Einfallskraft, um so bedeutender die Originalität eines Handeigners. Je steiler sich im Gesamtreliefbild vom Handgelenk her der Anstieg erhebt, um so mehr urplötzliche Reaktionen sind zu erwarten. Gerade dann, wenn der Mondberg sehr ausgeformt, der Merkurfinger aber nicht so bedeutungsvoll ist. Ist im Gegensatz dazu der Merkurfinger stark und kräftig, dann wird der Intellekt die Einfälle geschickter unter Kontrolle halten. Menschen mit starkem Uranusberg oder mit starkem nach unten gezogenem Mondberg sind, wie ältere Autoren meinen, immer für Überraschungen gut. Wenn sich hier viele Linien finden, können sie ihre Umwelt mitunter verwirren!

Entscheidend ist, in welcher Hand wir den Uranusberg betrachten. Wenn auch meist beide Berge gleich ausgearbeitet sind, weist dieser Berg in der linken Hand immer mehr auf Einfälle des Unbewußten hin, während der Berg in der rechten Hand uns (unsere Abbildung) mehr die Kraft der bewußten Einfälle anzeigt. Dieser Berg wäre etwa wichtig für Erfinder, für Menschen, die also von Einfällen und überraschenden Lösungen leben. Diese Gabe ist weniger vorhanden, wenn der Mondberg so einen Zentimeter vor dem Handgelenk schon abebbt, dann ist auch meist keine so stete Wachheit anzutreffen wie bei einem verhältnismäßig hohen Uranusbereich.

Ein zu starker Uranusbereich könnte innere Unruhe signalisieren, die Personen eigen ist, die nie zur Ruhe kommen, in denen es immerzu arbeitet, was schließlich zu hysterischen Vorstellungen führen kann. Daher wurde dieser Bereich einst als Ort der Hysterie bezeichnet.

Der Neptunberg

Der Neptunberg liegt in der Mitte der unteren Handgrenze zum Handgelenk hin, zur Außen-/Kleinfingerseite vom Uranusberg und zur Innen-/Daumenseite vom auslaufenden Venusberg beschränkt. Es sieht aus, als wäre der Neptunbereich ein Tal, das beide Berge schneidet, aber es handelt sich dabei doch um eine Erhöhung, die zum Handgelenk hin mehr oder weniger steil abfällt. Der neptunische Bereich liegt in der Mitte der Linie, wo unten die Hand beginnt, wir haben hier die Mitte des Ursprungs der Hand, also einen Konzentrationspunkt.

Auch dieser Bereich der neptunischen Kraft im Menschen wurde erst mit der modernen Astrologie in die Hand eingeordnet. Neptun gilt als höhere (oder tiefere) Stufe des Venushaften, je nach Ausgangspunkt. Neptun symbolisiert das Kollektive in uns, die animalischen Sehnsüchte, das animalische Verhalten, aber auch den Spürsinn für das Finden der Nahrung und Getränke, den Spürsinn für das Sexuelle. Die neptunische Kraft warnt uns vor Gefahren,

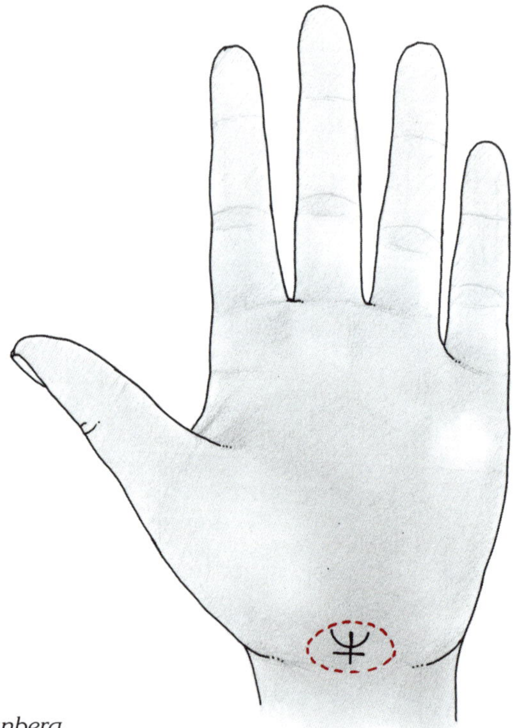

Neptunberg

wie der Instinkt es bei den Tieren tut. Die Witterung, der Spürsinn für Gefahren, ist neptunisch. Bei den Menschen ist diese durch den Verstand, den Intellekt verdrängt. Wir lassen uns leichter täuschen, weil wir eben auch kein Zutrauen mehr zum Instinkt haben. Aber erst aus dem Instinkt wächst der Spürsinn für Zusammenhänge, die logisch nicht zu erfassen sind. Uranisches ist logisch, muß logisch sein, das Neptunische aber entzieht sich der Logik, die instinktive Reaktion ist hier das Wesentliche, und diese Reaktion war ja auch der Ausgangspunkt für die menschliche Entwicklung. Deswegen ist der Neptunbereich unten am Ursprung der Mitte der Hand zugeordnet worden. Animalische Reaktion hat sich zum Gefühl erweitert (Randgebiet des Venusberges). Die Inspiration hat sich durch spätere Einschaltung des Verstandes zur Intuition entwickelt (Randgebiet Uranus).

So verbindet das Neptunische Gefühl und Einfall (Inspiration), es ist die Grundlage, auf der beide entstehen. Man kann sagen, daß vom Instinkt das unmittelbare (unbewußte) Handeln ausgeht. Instinktiv verhalten sich die Pflanzen richtig, indem sie ihre Blüten dem Sonnenlicht zuwen-

den. Das setzte sich dann von den Einzellern bis hin zu den höheren Tieren, bis zu den Affen und den ersten Menschen fort. Wer also in diesem Handbereich eine Erhöhung hat, die vielleicht durch eine Linie (senkrecht) unterstützt wird, der hat noch eine Gabe der richtigen instinktiven Reaktion. Verläuft hier zum Beispiel eine Querlinie, dann dürfte der Instinkt gehemmt sein.
Natürlich kann auch gar nichts zu sehen sein, wie ja viele Linien bei einem vorhanden, beim anderen nicht zu finden sind. Man darf nicht alles in jeder Hand finden wollen, weil auch Begabungen und Talente ungleich verteilt sind.
Aus dem Neptun-Handbereich ist also nicht sehr viel herauszulesen, wenn hier nicht Linien entspringen oder aus dem Handgelenk aufzusteigen scheinen. Ist hier aber ein Kreuz zu sehen, dann trägt dieser Mensch sicher schwerer an seinem Instinkt, als wenn er hier einen Stern hätte (wobei wir auf das Kapitel verweisen müssen, das diese einzelnen Merkmale behandelt). Oft erkennt man hier übrigens auch eine gewisse Konzentration der Venen oder eine Zeichnung, die einem Wurzelansatz ähnlich ist, was jeder Handbetrachter einfach in sich aufnehmen sollte, ohne zu deuteln.

Der Plutoberg

Der Plutoberg liegt unterhalb des Merkurberges an der Kleinfingerseite und wird unten vom Mondberg begrenzt. Dieser Bereich galt einst als Marsberg. Aber nachdem der Planet Pluto 1930 wiederentdeckt wurde, übernahmen nicht nur die Astrologen diesen Planeten, sondern auch die Chirologen den symbolischen Pluto in ihre Deutungssprache. Deutungssprache deswegen, weil es im Grunde genommen egal ist, ob wir diesen Bereich als Marsbereich, auch großer Marsberg genannt, ansehen oder ob wir den symbolischen Begriff Pluto hier verwenden.
Mars ist der Antrieb, der Wille und das Ziel des Antriebs ist die Durchsetzung, die beim Menschen jedoch nicht nur mit brachialer Gewalt vorgenommen werden darf, sondern mit Verstand und Seelenstärke, deswegen liegt auch dieser Bereich oder dieser Plutoberg zwischen Merkur- und Mondberg.

Die Durchsetzung erfolgt dem Du gegenüber, weswegen dieser Berg auch auf der Du-, der Kleinfingerseite zu finden sein muß. Dem symbolischen Mars wurde – seltsamerweise nur in der weichen Innenhand und nicht in der Außenhand – ja ein weit ausgedehnter Bereich von der Du- bis zur Ich-Seite zugeschrieben, also vom heutigen Plutoberg durch die Hand bis zum Marsberg oberhalb des Daumens, den man einst den kleinen Marsberg nannte. Die Mitte der Hand, die heute Erdebene heißt, galt als Marsebene. Richtiger ist es aber, die Marskraft im Daumen, dem Symbol des Willens zu sehen, wie wir es beschrieben haben.
Ein starker Plutobereich signalisiert die Kraft der Auseinandersetzung mit dem Du, was zum steten streitbaren Handeln führen kann, während ein schwach ausgeprägter oder gar nicht vorhandener Berg hier ein friedliches, oft aber auch ausweichendes

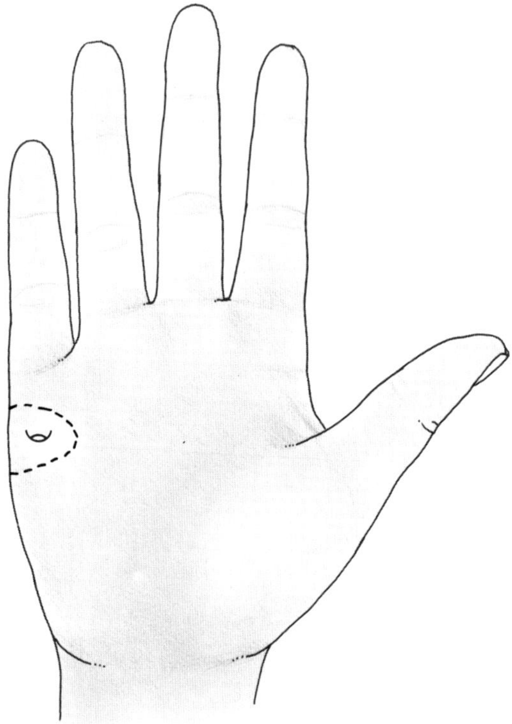

Plutoberg

Verhalten anzeigt. Fehlt also dieser Berg, dann wird sich der Handeigner nicht auf Biegen oder Brechen durchsetzen wollen, sondern – je nach Ausformung des Merkurberges – mit mehr oder weniger List beziehungsweise Verstand. Wenn – von oben nach unten – Pluto-, Mond- und Uranusberg einen glatten Höhenzug bilden, dann schlummern die plutonischen wie die uranischen Kräfte recht gut eingeschmolzen in der Seele, bilden also eine Einheit.
Ist der plutonische Bereich aber hervorstechend, also auffallend, dann kann daraus geschlossen werden, daß das Durchsetzungsbedürfnis, ja der Machtwille stark ist. Wenn wir das finden, ist es entscheidend, ob dies in der linken Hand oder in der rechten Hand (unsere Abbildung) zu sehen ist. Links wäre das Machtbedürfnis, der Machtwille eher unbewußt. Hier könnten Herrschergelüste zu Tage treten, die den Handeignern gar nicht bewußt sind.
Findet man einen betonten Plutobereich in der rechten Hand, dann ist die Machtdurchsetzung schon bewußter und damit auch gezielter, diese Personen haben meist wenig Angst, sich Feinde zu machen. Hier geht es dann eher nach dem Motto zu: Viel Feind – viel Ehr!

In bezug auf eine Partnerschaft kann dieses Machtbedürfnis eine große Rolle spielen, denn hier lebt sich häufig aus, was das reale Leben nicht gestattet, weil man sich da oft notgedrungen fügen muß.
Es sei nicht vergessen, daß die Herzlinie aus dem plutonischen Bereich kommt! Das macht deutlich, daß von einer rein *passiven* Seite der Hand überhaupt nicht gesprochen werden kann. Der Plutoberg wurde früher oft als Streitberg, ja als Kampfberg bezeichnet. Darauf hat die moderne, psychologische Handbetrachtung und Deutung durchaus im Sinne der Tradition ihre Grundsätze aufgebaut. Oft gleicht ein starker Merkurfinger einen Plutoberg aus, da ja der Mensch doch vieles über seinen Verstand regulieren kann, aber dann haben wir es trotz allem mit einem Machtdenken zu tun.

Die Erdebene

Wir finden die Erdebene in der Mitte unserer Handfläche, wo wir es vom Reliefbild her mit einer Senke, einem Tal zu tun haben, da, wo der Mittelpunkt des Handkreuzes zu finden ist, wenn wir die Innenhandfläche in vier Teile aufgliedern. Die Mittelteilung haben wir schon gemacht, das war die vertikale Teilung, nun müssen wir noch die horizontale Teilung vornehmen. Diese Horizontale durchschneidet die Handfläche in der Regel zwischen Kopf- und Herzlinie, was aber nur ein allgemeiner Hinweis sein kann, weil die Herzlinie auch recht tief oder höher liegen kann. Aber meistens fällt die Horizontale zu einem Teil zwischen die genannten Linien.

Die Erdebene wird in sehr alten Büchern Marsebene genannt. Der Name stammt wohl noch aus der Zeit, da das Leben auf diesem Planeten nur als Kampf angesehen wurde, vielleicht auch, weil Mars als Gott des Ackerpfluges galt, und erst der Pflug das Leben in bezug auf die Ernährung auch in unfruchtbareren Gegenden ermöglichte. Hier sehen wir in der Hand, wie wir auf der Erde stehen, das heißt, wie alle Kräfte hierher fließen, wenn wir uns vorstellen, daß ja das Wasser aus den Bergen ins Tal fließt. Liegt die Erdebene harmonisch in der Hand, finden sich hier wichtige Linien oder kreuzen sich diese gerade hier, dann wird der Mensch sein Leben auf dieser Erde doch mit Anstand meistern können, wobei die Betonung auf dem Wort „können“ liegt.
Dazu gehört auch, daß diese Ebene nicht etwa von einer Fleischschicht zu sehr bedeckt ist, so daß man nicht das Tal erkennt. Solche Leute schweben oft in höheren Regionen, sie fassen auf der Erde schwer real Fuß, oder sie schlagen schwer Wurzeln.

Von der Erdebene aus sollten wir uns die jeweiligen Berge, die wir besprochen haben, anschauen, dann erkennen wir am besten, wie groß die Entfaltungsenergie (beim Jupiterberg) oder die Energie für ideelle, künstlerische Ziele beschaffen ist. Also orientiert sich unser Blick auf den Mittelpunkt der Hand, um von dort her *alle* Berge zu betrachten und nicht von oben – wie von einer fernen Weltraumstation –. Von hier aus ist der Blick sowohl auf den Venusberg (Daumenballen) wie den Mondberg zu werfen, auch – dazu halte man die

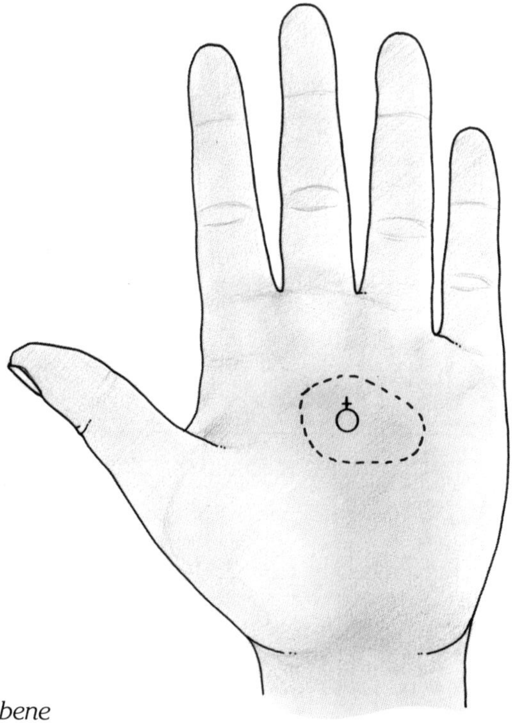

Erdebene

Hand seitwärts – zum neptunischen Bereich. So werden schnell eventuelle Widersprüche deutlich, die ja nichts Nachteiliges darstellen, sondern im Grunde erst die Voraussetzung für schöpferische Kräfte sind.
Wer nun die Hand ein wenig krümmt, wird noch mehr Beziehung zu seiner Erdebene bekommen, die dann wirklich wie ein Sammelbecken erscheint, ein Konzentrationspunkt. Die Handfläche wird hier ja kaum benutzt. Zugepackt und festgehalten wird mit den Fingern und dem Ballen. Wer sich wirklich konzentrieren will, der lege einen Finger seiner Nachbarhand auf diesen Punkt, am besten den Saturnfinger, und er wird viel schneller zu sich kommen, als durch manches autogene Training oder durch eine jogaähnliche Übung. Vor allem ist diese Konzentration überall schnell zu gewinnen: am Arbeitsplatz, auf Reisen in öffentlichen Verkehrsmitteln, in Wartesälen auf Flugplätzen und auf Bahnhöfen und sogar in einer Gesellschaft.
Es ist also das Reliefbild unserer linken und rechten Hand, das unsere volle Aufmerksamkeit verdient, weil sich von hier aus alles entwickelt, nachdem hier alles hineingeströmt ist. Wir können sozusagen rund um unseren Kern schauen!

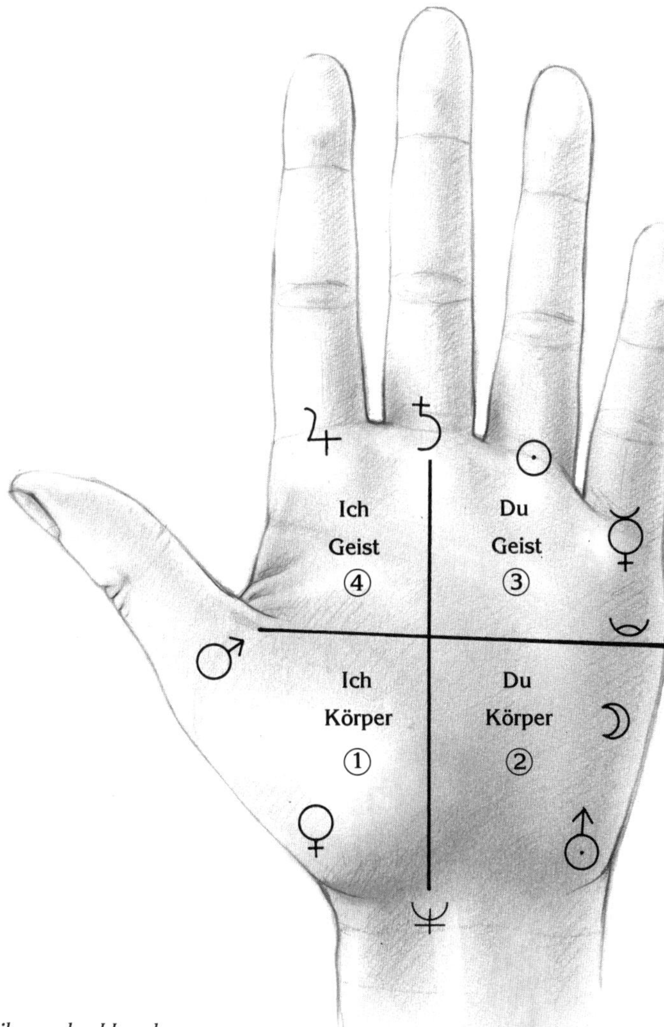

Vierteilung der Hand

Durch diesen Kreuzpunkt wird auch die Vierteilung der Hand deutlich, die ja den vier Himmelsrichtungen entspricht, den vier Tages- und Jahreszeiten, den vier Altersphasen eines Menschenlebens, unseren Extremitäten (Arme und Beine), den vier Elementen usw. Die Vier ist ja auch die Zahl der Erde und die Zahl des Quadrats, das dieser Form der Handfläche (also Hand ohne Finger) am nächsten kommt.

Wir haben nun vier Handflächenteile:

1. Der Ich-Körperteil, dazu gehört der Mars-Venus-Raum.

2. Der Du-Körperteil, dazu gehört der Mond-Uranus-Raum.

3. Der Du-Geistteil, dazu gehört der Pluto-, Merkur- und Apolloraum.

4. Der Ich-Geistteil, dazu gehört der Jupiterraum.

Der saturnische wie der neptunische Raum teilen sich auf.

Diese Einteilung erscheint in sich logischer als eine auch häufig vorgenommene Dreiteilung der Handfläche. Die Planetenzuordnungen sprechen für sich: für den Teil 1 der Trieb und das Gefühl und im Teil 2 die Seele, das Gemüt und die Intuition; Teil 3 schließlich der Verstand und die Durchsetzung sowie die Idealausrichtung und Teil 4 die Entfaltung. Trieb, Gefühl und Entfaltung sind eher zum Ich ausgerichtet. Gemüt, Intuition, Durchsetzung, Verstand und Idealziel wenden sich an das Du. Das Schicksalshafte (Saturn) wie die Instinktausrichtung (Neptun) sind sowohl zum Ich wie zum Du orientiert. Da, wo sich die Linien schneiden, wo also die vier Handflächenteile zusammentreffen, liegt die Erdebene.

Diese vier Handflächenteile entsprechen auch der individuellen, menschlichen Entwicklung: Teil 1 über Trieb und Gefühl die Lebensexistenz zu gewinnen, das persönliche Leben zu sichern; Teil 2 die seelische Zuwendung zum Du, die Einfallskraft durch die Kontaktaufnahme zum Du, was uns zum 3. Teil unseres Lebens (und unserer Hand) führt, da wir mittels unseres Verstandes, unserer schöpferischen Möglichkeiten, unserer Durchsetzungskraft mit dem Du die Höhe erklimmen, um im letzten 4. Teil der Hand die Verwirklichung unseres Lebens als höheren Sinn sehen zu können. Damit bekommen wir auch einen Anhalt, wann im Grunde welche Energien zu wecken und zu nutzen sind. Im ersten Teil unseres Lebens, in der Jugend, werden es die Trieb- und Gefühlsenergien sein; in der Zeit unserer inneren Reife die Seelen-und die Intuitionsenergien, um dann auf dem Höhepunkt, im dritten Lebensabschnitt, die schöpferischen Verstandes- und Durchsetzungsenergien einzusetzen, damit am Ende, im hohen Alter, der Sinn unserer persönlichen Entfaltung sichtbar wird. Von dieser Warte aus ist aus der Handfläche auch oft viel eher zu sehen, wann im Leben Höhepunkte zu erwarten sind, wann Niederschläge erfolgen können, als durch die unzähligen Zeitschlüssel (von denen wir einen vorstellen werden) über die verschiedenen Linien in der Hand. Hier ist fast auf einen Blick zu ersehen, wie sich jemand – etwa mit starkem Daumen und Daumenballen – dem Du nähert. Fällt in dieser Hand der Mondberg bedeutend ab, dann wird das Ich sicher einen gewissen Vorrang haben, was vielleicht erst später, wie es Merkur- und Apolloberg anzeigen können, ausgeglichen werden kann.

So haben wir also viermal eine Dominanz, die wir für rund jeweils 21 Jahre als vorrangig annehmen können.

Hier ist dann noch die Diagonale wichtig, also vom 1. Teil der Handfläche zum 3. Teil. Vom Ich-Ausgangspunkt zum Du-Zielpunkt. Oder vom 2. zum 4. Teil, vom Du-Ausgangspunkt zum Ich-Zielpunkt. Dies erscheint gerade bei Partnervergleichen, die ja auch bei der Hand vorgenommen werden können, als nützlich und hilfreich. Oft lernen sich beide Beteiligten hier erst näher kennen und damit auch entscheidend besser verstehen.

Zusammenfassung

Fassen wir noch einmal in Stichworten zusammen, was wir uns bisher erarbeitet haben.

Handrumpf =	Grundkraft,
Wurzelglieder der Finger =	Differenzierung der Grundkraft,
Mittelglieder der Finger =	Umsetzungsmöglichkeit der Grundkraft,
Nagelglieder der Finger =	Zielrichtung der jeweiligen Kräfte,
Nägel =	Schutz und Härte,

Daumen =	Antrieb, Wille,
Zeigefinger =	Entfaltungsveranlagung,
Mittelfinger =	Verantwortungsanlage,
Ringfinger =	ideelle, künstlerische Ausrichtung,
Kleinfinger =	intellektuelle Veranlagung,
Fingerberge =	jeweilige Energiemobilisierungskraft,
Daumenballen =	Gefühlsveranlagung,
Mondberg =	Gemüts- und Seelenlage,
Uranusberg =	Intuitionsveranlagung,
Plutoberg =	Durchsetzungsrichtung,
Neptunberg =	Instinktbeziehung,

Erdebene =	Mittelpunktsuche und -ausrichtung,

---

1. Handflächenteil =	Ich-Körperraum, Anfangsbedürfnis/die ersten 21 Jahre,
2. Handflächenteil =	Körper-Du-Zuneigung/die zweiten 21 Jahre,
3. Handflächenteil =	Geistbeziehung zum Du/die dritten 21 Jahre,
4. Handflächenteil =	Geistbeziehung zum Ich/die vierten 21 Jahre.

Hinzu kommt, daß Linien auf den Bergen fördernd und hemmend wirken, Kreuze und Gitter besondere Aufgaben zeigen.

Liniengewirr auf Bergen = Labyrinth, in sich gefangen sein.

Papillaren = zusätzliche Differenzierungen ohne größere Wichtigkeit.

Und damit zu den Linien, die immer noch von den meisten Handbetrachtern als wichtigster Deutungsfaktor angesehen werden.

IV. TEIL

Die Linien in der Hand

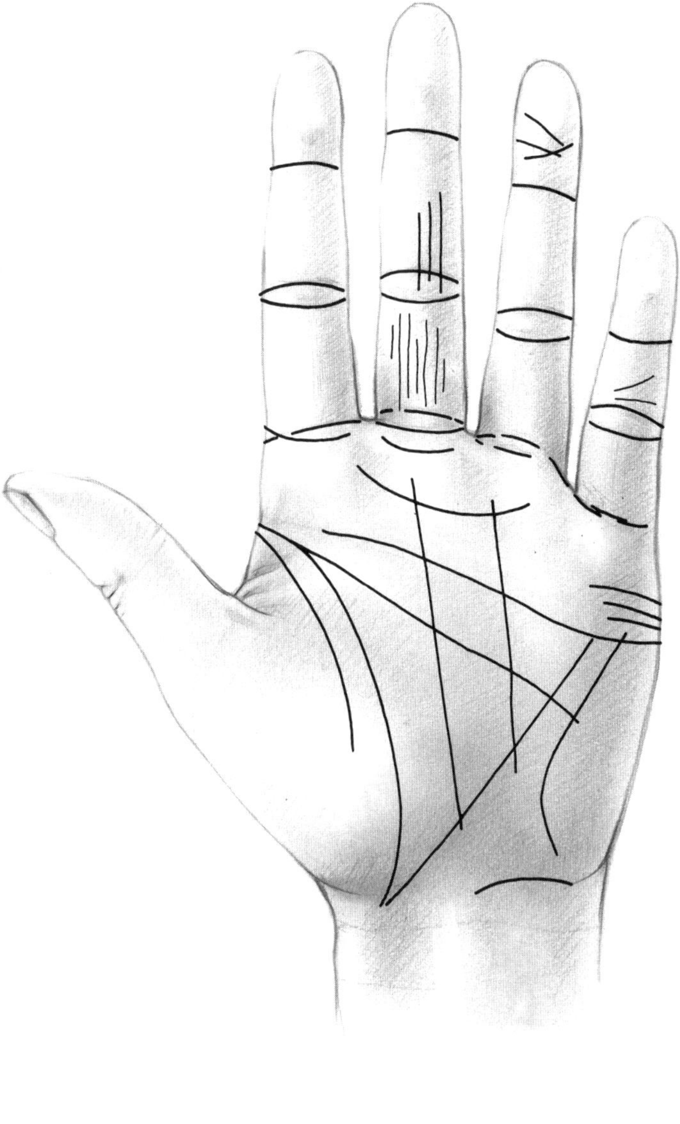

Im vorigen Kapitel haben wir uns mit dem Relief der Innenhand beschäftigt. Wir können also die Innenfläche mit einer Landschaft vergleichen, in der es Berge, Täler, sanfte oder steile Erhöhungen gibt, auch Längstäler sind zu erkennen – nur eines fehlte bisher in der Landschaft: die Flüsse. Und diese Flüsse erkennt man sehr deutlich, wir nennen sie Furchen oder Linien. Flüsse haben nun einmal in einer Landschaft eine ganz besondere Bedeutung, sie führen das Wasser, was erst eine Landschaft fruchtbar macht, und sie stellen natürliche Verbindungslinien dar. Statt auf Straßen wanderten einst die Völkerscharen entlang der Flüsse, und auch für den einzelnen Wanderer zeigt der Fluß immer noch den besten Weg an. Aber Flüsse trennen auch; wer einmal in einem Strom schwimmt, der wird es schwer haben, den Strom zu wechseln. Aber seinem Strom zu folgen war immer auch ein guter Hinweis dafür, daß dieser oder jener Mensch seinen Weg gefunden hat.

Diese Flüsse sind unsere Falten in der Hand, die schon beim Kleinkind, ja teilweise beim Embryo im Mutterleib unverkennbar sind. Einige wenige Linien kennen wir schon, die Längs- und Querrillen auf dem Venus- und Mondberg, aber das waren nur vorgezogene Hinweise. Die Falten oder Linien der Hand verbinden also, wobei wir bedenken müssen, daß manche dieser Linien von links nach rechts oder von rechts nach links verlaufen, manche von oben nach unten oder umgekehrt, und manche halten sich an überhaupt keine Richtung. Es ist nun wichtig zu sehen, von wo nach wo diese Flüsse fließen, was sie verbinden, wo sie andere Flüsse treffen, aufnehmen oder überqueren, wie lang mancher Strom ist und wie stark und tief. Ein tieferer Fluß kann mehr transportieren, führt mehr Wasser, also Befruchtungskraft, ist also in einer Landschaft markanter und wichtiger. Auch sollten wir uns gleich einprägen: Jede Landschaft, die wir sehen, ist individuell – nicht eine ist wiederholbar! Das ist das besondere an unseren Händen. Schon die linke wie die rechte Hand eines Menschen sind unterschiedlich, und wir werden, soviel wir auch suchen mögen, nicht eine Hand finden, die der anderen gleicht! Und dies gilt einmal für die Form und Gestaltung der Hand, der Innenfläche sowie auch ganz direkt für die Flüsse, Falten oder Linien.

Ein Handeigner hat viele Linien, der andere weniger, was aber nichts über den Wert besagt. Eine Landschaft mit vielen Flüssen kann völlig vermoort, ja versumpft sein, eine mit einem oder zwei großen Flüssen kann äußerst fruchtbar sein; wie viele Flüsse ihre Vorteile haben, so auch wenige, es kommt auf den Charakter einer Landschaft an.

Schon bei einer flüchtigen Innen-Handbetrachtung fallen uns drei wesentliche Hautfalten auf. Mit am stärksten dürfte da die Linie (bleiben wir nun bei dem Wort) sein, die sich im weiten oder engeren Bogen um den Daumenballen herumzulegen scheint. Wer den Daumen bewegt, kann sehen, wie diese Linie sich einkerbt, von der Bewegung des Daumens also abhängig ist. Diese Linie ist schon vor der Geburt da, kann sich also in ihrer Grundanlage im Le-

ben eines Menschen nicht verändern, es sei denn durch einen chirurgischen Eingriff, eine Verbrennung oder eine Verletzung.
Die zweite Linie, die wir sofort erkennen, zieht sich oben in der Handfläche von der Kleinfingerseite aus quer herüber. Der Ausgangspunkt liegt unterhalb des Kleinfingers, und die Linie zieht am Sonnen-, am Saturnfinger vorbei in Richtung Jupiterfinger. Ihre Länge ist unterschiedlich.
Auch diese Linie wird deutlicher, wenn Klein- und Sonnenfinger bewegt werden, wenn sich die Finger nach innen krümmen, als wollten sie eine Faust ballen.
Die dritte, so gut wie überall anzutreffende Linie beginnt auch oft in der Nähe der Daumenfalte und wandert ebenfalls quer über die Hand am Jupiter- und Saturnfinger vorbei in Richtung kleiner Finger, jedoch häufig mit einer Neigung zum Handgelenk hin. Die Länge ist stets unterschiedlich.
Bei vielen Handeignern findet man meist noch eine vierte Linie, wenn auch häufig nur andeutungsweise ausgeprägt, die sich vom Handgelenk zum Mittelfinger erstreckt. Auch hier ist die Länge unterschiedlich, diese Linie kann sehr kurz sein. Es wird darum gestritten, ob diese Linie nicht in Wahrheit oben am Mittelfinger beginnt und sich in Richtung Handgelenk hinzieht. Das werden wir noch untersuchen, da beide Auffassungen durchaus einleuchtend sind und jede auf guten Gründen beruht. Diese Linie ist kaum mehr eine Falte; wenn sie nur schwach zu sehen ist, biege man den Daumen in Richtung kleiner Finger, aber allgemein ist diese Linie von Bewegungen verhältnismäßig unabhängig. Sie sollte durch die Mitte der Handinnenfläche gehen, am besten da, wo wir uns unser Kreuz denken, wenn wir die Handfläche in die erwähnten vier Teile gegliedert haben.
Die drei ersten erwähnten Linien sind bei einem gesunden Menschen so gut wie immer anzutreffen, auch die vierte Linie ist meist zumindest in einer Hand zu sehen. Und deswegen prägen wir uns auch gleich ein, daß die Linien/Falten/Furchen/Einkerbungen in der linken Hand mehr dem **Unterbewußtsein,** in der rechten Hand mehr dem **Bewußtsein** zuzuordnen sind, egal ob Rechts- oder Linkshänder. In der Regel hat die linke Hand mehr Linien aufzuweisen als die rechte, woher der Satz stammt: links sehen wir die Veranlagung, rechts was man daraus gemacht hat. Diese Erläuterung können wir vergessen, denn die rechte Hand ist im Grunde genauso fertig wie die linke Hand, wenn ein Mensch geboren wird. Aber unser Bewußtsein hat die Fähigkeit, die Veranlagung zu ordnen, auf das Wesentliche zu beschränken und im Leben klaren Zielen nachzugehen.
Was kann sich eigentlich in einer Hand ändern? Höchst selten das Außenbild, eigentlich geschieht dies nur vor, während oder nach einer Krankheit (die Handmaus wurde da schon erwähnt). Auch die Farbe der Haut verändert sich, was aber meist nur für die Außenfarbe der Hand zutrifft. Dann ändern sich die Form der Gelenke, Gichtknoten können entstehen, Finger werden steifer und unbeweglicher, manche schwellen an, doch ist leicht zu erkennen, daß dies Veränderungen sind, die mehr auf

körperliche Vorgänge zurückzuführen sind. Im Innenbild dagegen können wir schon mehrere Änderungen betrachten, wenn wir diejenigen ausnehmen, die durch Training bestimmter Muskelarbeiten hervorgerufen werden; auch Arbeitsschwielen ändern eine Hand nur vordergründig.

Wenn die Vitalität nachläßt, dann können die Berge etwas einfallen, auch ein Hinweis dafür, daß hier die zu weckenden Energien angezeigt sind. Auch Linien verblassen unter Umständen etwas, um das jedoch beurteilen zu können, muß man eine Hand über Jahre kennen, denn diese Verblassungen fallen nicht einmal dem Handeigner selbst auf.

Dann ist es noch möglich, daß sich durch ein Engagement, im Beruf oder vom Herzen her, neue Zweige zu einer Linie bilden, die aber auch wieder verschwinden. Es ist sowieso denkbar, daß gewisse Linien – zum Beispiel die Linie, die Plutolinie genannt wird – erst später, oft nach der Lebensmitte hervortritt und nicht mehr verschwindet, wenn dies auch selten vorkommt.

Sind Hauptlinien unterbrochen, ist es möglich, daß zwar die Unterbrechungen bleiben (etwa bei der Lebenslinie), daß sich aber parallel eine kleine Linie bildet, wie eine Brücke, die etwas seitlich den unterbrochenen Strom verbinden will.

Sogenannte Inseln können sich schließen oder öffnen, und oft vergehen Änderungen, wie sie gekommen sind, so als würden sie den Handeigner nur für eine Zeit hindurch begleiten. Zeigen sich diese Veränderungen links, dann geht es um das Grundwesen, also um das Unbewußte, während rechts mehr realbedingte, bewußte Veränderungen sichtbar werden. Auch hier geht es mehr um die Gesamtschau, denn es sind kleine Linien, die einzeln gar nicht ausgedeutet werden.

So kann eine Hand nach Schicksalsschlägen oder inneren Veränderungen klarer als vorher wirken, die Hauptlinien werden deutlicher, Verwirrungen sind verschwunden. Neben den kleinen und kleinsten Linien ist es auch möglich, daß sich feinste Endungen einer Hauptlinie verändern. Die Kopflinie, die am Ende sehr in die Hand abfällt, kann sich nach oben orientieren, was meist auch mit einem mehr nach oben gerichteten Blick einhergeht. Aber auch hier fällt das Handbild im Lauf der Zeit sehr häufig wieder in das ursprüngliche Bild zurück. Auch manche Schicksalslinie, die ja nicht ganz den Hauptlinien zugeordnet werden kann, weil sie nicht unbedingt vorhanden sein muß, kann sich verstärken oder schwächer werden. Dann erkennt man häufig, wie sich Schicksalsschläge sozusagen in die Lebenslinie förmlich einnageln, diese Linie hat dann einen Punkt nach dem anderen aufzuweisen, so daß es fast aussieht, als wäre sie mit einer Nähmaschine gestochen worden. Diese Punkte sind aber vielfach Einmündungen von kleinen Linien aus der Handfläche oder dem Daumenballen. Manche dieser Linien sind so fein, daß sie nur mit der Lupe ausgemacht werden können. So können also kleine Linien vergehen oder auch kommen, aber die Grundansicht des Handreliefs mit seinen Flüssen ist nicht veränderbar.

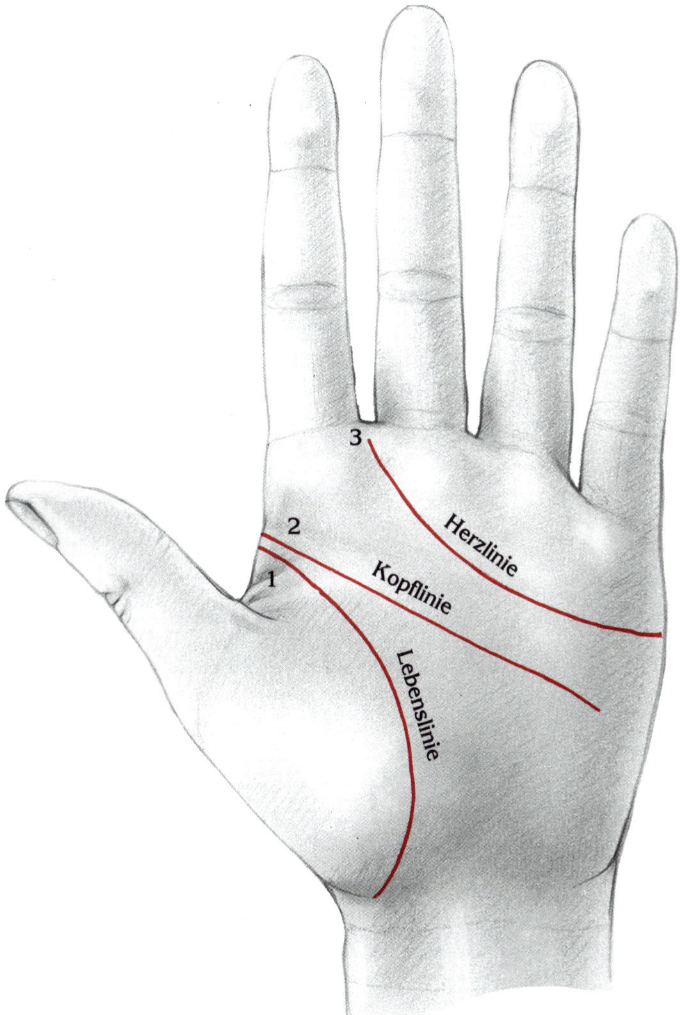

Hauptlinien

Die Vielfalt der Linien zwingt uns, diese in gewisse Kategorien einzuteilen. So kennen wir:
A = unveränderliche Hauptlinien,
B = veränderliche Hauptlinien,
C = wichtige Nebenlinien,
D = unwichtigere Nebenlinien,
E = zusätzliche Linien.
Betonen wir: Nicht jede Linie findet sich in jeder Hand, aber folgende drei Linien so gut wie immer; das sind die Linien der Kategorie A.

Kategorie A
1 = die Lebenslinie,
2 = die Kopflinie,
3 = die Herzlinie.

Dies sind die Linien, die man mehr oder weniger klar sehen kann, und die daher meist zu allererst besprochen und gedeutet werden.

Auch wenn die Hand voller Linien ist und die Handinnenfläche eher wie ein Labyrinth wirkt – diese drei Linien sind für jeden leicht erkennbar. Als erstes sei festgehalten, daß viele Linien nicht etwa mehr Kräfte, ein größeres Schicksal oder was auch immer bedeuten als wenige Linien! Das einzige, was man sagen kann, ist, daß Personen mit weniger Linien grundsätzlich etwas unkomplizierter erscheinen, was nicht dazu führen darf, wir hätten es mit »einfacheren« Leuten zu tun, was man leider oft liest. Die Chance, daß jemand mit wenigen Linien sich mehr konzentrieren und sein Leben ausschöpfen kann als ein Handeigner mit einem Gewirr von Linien, ist auch gegeben. Wenn andererseits in so einem Gewirr einige Linien sehr hervorstechen, dann ist dies in etwa so anzusehen, als hätten wir es mit einem übersichtlichen Linienbild zu tun. Wieviele Linien in einer Hand verlaufen können, zeigen wir in folgender Grafik, und hier sind nur die wichtigsten eingezeichnet. Aber dieses zunächst nicht so übersichtliche Bild soll den Handbetrachter einmal darauf vorbereiten, in dieser Vielzahl die jeweils richtige, wichtige Linie herauszufinden.

Dieses Bild-Schema präge man sich ein. Selbstverständlich können sich die Linien verschieben, sie sind einmal kürzer, einmal länger und haben auch andere Anfänge.

Zunächst suche man sich hier die Hauptlinien der Kategorie A (1–3) heraus, und dann gehe man systematisch vor.

Die Linien wurden nach ihrer Bedeutung numeriert, nicht nach der Anordnung in der Hand.

Kategorie B
4 = die Schicksalslinie (Saturnlinie),
5 = die Apollolinie (Sonnenlinie),
6 = die Merkurlinie (Linie des Intellekts),
7 = die Uranuslinie (Linie der Intuition).

Kategorie C
8 = Venusring,
9 = Saturnring,
10 = Antriebslinie (Marslinie),
11 = Jupiterring.

Kategorie D
12 = Kontaktlinien (auch Ehelinien genannt),
13 = sogenannte Reiselinien,
14 = Raszetten.

Kategorie E
15 = Neptunlinie (Linie der Inspiration),
16 = Via Lasziva (zur Merkurlinie gehörend),
17 = aufsteigende Linien,
18 = Querlinien,
19 = Beistandslinien (auch Samariterlinien genannt),
20 = Energielinien, Impulslinien,
21 = Plutolinie außen auf der Handkante der Kleinfingerseite.

Ferner verschiedene andere Linien, die nicht alle zu definieren und auch nicht zu beachten sind. Die Beschränkung ist stets das bessere.

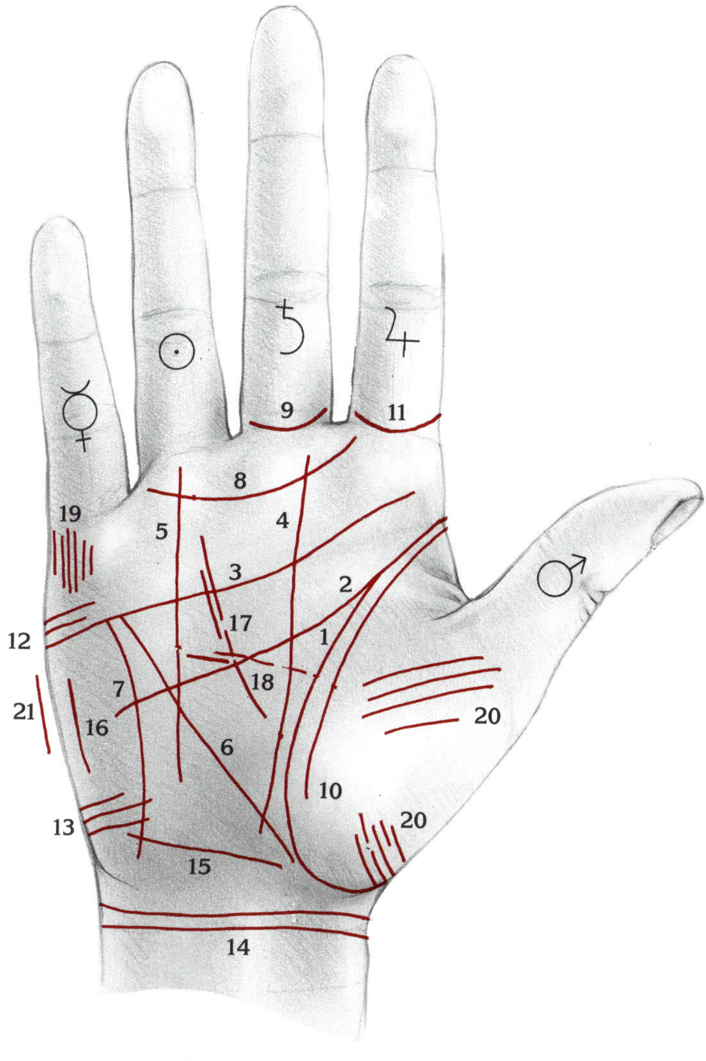

Die Linien der Hand

Beschaffenheit der Linien

Dies ist ein sehr wichtiges Kapitel. Die Linien sollten (!) alle klar und eindeutig, ohne Unterbrechung sein; je einfacher, um so klarer; „ihre Färbung sei leicht rosa“ – so heißt es in einem alten Lehrbuch. Nun, Ideallinien findet man selten, die Färbung ist unterschiedlich, die Linien machen Biegungen, sie werden unterbrochen, sie haben deutliche Talpunkte, man sieht auf ihnen Kreuze, Sterne, Inseln. Zahlreich sind oft die Verästelungen. Es ist wie bei einem Baum in der freien Natur, der auch nicht wächst wie in einem Bilderbuch, der seine Wucherungen hat, seine Rindenplatzungen, seine Verknotungen und Einkerbungen. In der Hand sehen wir wahrlich etwas von unserem Lebensbaum, der uns unsere Möglichkeiten, aber auch unsere Begrenzungen anzeigt. Bei den Zeichen (Omen) auf den Linien wollen wir uns ebenfalls auf die wesentlichsten konzentrieren, um nicht das Gesamtbild aus dem Auge zu verlieren.

Es empfiehlt sich, die Arten der verschiedenen Linien von Anfang an einzuprägen, ehe man die Linien einzeln näher untersucht. Auch hier sollen Stichworte ausreichen, um einen Kombinationshinweis zu geben. Diese »Störungen« der Linien, wie sie auch bezeichnet werden, geben in der Bildersprache sehr genau den Sinn und die Deutung wieder.

Dabei ist selbstverständlich wichtig, ob die Linien tief (um so stärker eingeprägt), breit (um so umfassender im Anspruch), schmal (eingeengt) und fein (suchend und mehr erahnend) sind. Auch hier: Tiefe und breite Linien sagen allein noch nichts über eine Qualität – eher etwas darüber aus, daß diese Linien sehr bedeutsam für den Handeigner sind. Wenn allerdings eine schmale, feine Linie von einer tiefen, breiteren Linie durchquert ist, dann wiegt dieses Hindernis schwerer, als wäre die Grundlinie breit und tief und die Querlinie schmal und fein. Aber diese Logik ergibt sich ja aus der Anschauung.

Zu den Gabelungen: Diese trifft man am Anfang oder am Ende einer Linie. Am Anfang bedeutet dies eine Speisung aus mehreren Quellen, man denke da nur an zwei Quellflüsse (etwa wie den roten und den weißen Main), die sich dann zu einem starken Fluß vereinen. Eine Gabelung am Ende ist einem Flußdelta vergleichbar, da sich die Interessen in mehrere Richtungen ausdehnen, viel erreichen wollen, was sicher auch die Gefahr der Verzettelung in sich birgt. Je mehr Gabelungen vorhanden sind, um so größer kann die Verzettelung sein, dann mangelt es sicher auch an Konzentration für den Ablauf dessen, was die Linie besagt.

Schließlich haben wir es dann noch mit den sogenannten Zeichen, den Omen in der Hand zu tun, von denen wir auch nur die wichtigsten vorstellen wollen.

Diese Zeichen – ohne sie überbewerten zu wollen – müssen nun aber jeweils zu den Linien, die sie stören oder ergänzen und zu den Bergen in Beziehung gesetzt werden, dann erst kann man sie in ihrer Bedeutung erfassen. Ein Kreuz – oft zu schwarz und unheilkündend beschrieben – vermag zum Beispiel mancher Linie

Dies sind die am häufigsten zu beobachtenden Störungen:

Verästelungen aufsteigend =
Streben, positive Ausrichtung;
Verästelungen absteigend =
Sich-Fallen-lassen, Halt suchend;
Verästelungen gemischt =
Streben und Halt suchend;

Durchstreichung =
Hemmung, Behinderung;

Bruch =
Störung, Auseinanderreißen;

zerfaserter Bruch =
Umwege, Sprunghaftigkeit;

punktierte Linie =
Stationen, Sprünge;

Gabel =
Anpassung, Neuorientierung;

Haarlinien =
Abschwächung, Zerfaserung;

Kettenlinien =
Kompliziertheit, Ablenkungen;

Wellenlinie =
Unsicherheit, Suchen;

Zwillingslinien, parallel =
Hilfe, Beistand, Kraftvermehrung;

Zwillingslinien, auseinander =
Zwiespalt der Interessen.

eine wertvolle Bereicherung zu geben, wie ja auch ein sogenannter Schicksalsschlag oft äußerst lebensfördernd sein kann, was man nie vergessen sollte.

Damit nun aber zu den einzelnen Linien, die für eine Handbetrachtung und Deutung das i-Tüpfelchen darstellen.

Dies sind die am häufigsten anzutreffenden Omen:

Punkt (oder Punkte) =
Störung, auch gesundheitlich;

Eindruck (verstärkter Punkt) =
vertiefte Störung mit Folgen;

Kreuz =
Aufgabe, Einsatzforderung;

Stern (Kreuze übereinander) =
Verführung, Überanstrengung;

Insel =
Zweifel, Ablenkung;

Ecken =
Winkel nach oben: Auftrieb;
Winkel nach unten: depressiv;

Dreieck (nicht von Handlinien) =
Fähigkeiten, Talente, Chancen;

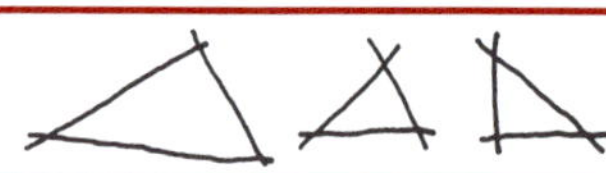

Quadrat oder Rechteck =
Gleichgewicht, Energiebasis, Konzentrationsfähigkeit, Kraftreserve;

weites Gitter (geteiltes Viereck) =
Ordnung, Sammlung, Übersicht;

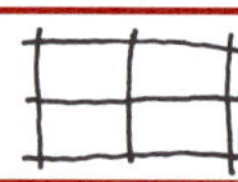

Gitter =
Wirrnis, Hindernisse, Labyrinth, schweres Zu-sich-finden;

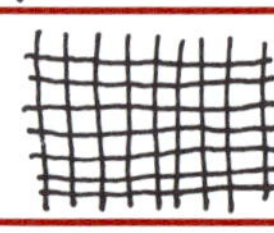

Halbkreise =
Aufnahmefähigkeit, Launen, Phantasie, Originalität;

Kreis = rund:
die Mitte erstrebend;

Kreis = oval:
Konzentration aus der Mitte.

Die Lebenslinie

Die Lebenslinie soll etwas über die Gesundheit, über die Vitalität und den Lebenslauf aussagen, sie wird oft auch die „Vitalis“ genannt. Einst hieß sie die Daumenfurche, die Start und Ziel eines Menschen anzeigt. Diese Linie umschließt den Mars- und Venuskomplex.

Die Lebensfalte (auch ein Name für diese Linie) beginnt, entspringt zwischen Daumen und Zeigefinger und führt um den Thenar herum. Oft ist der Bogen sehr eng, manchmal weit. Ihr Verlauf ist dann schön, wenn man einen mehr oder weniger klaren Buchstaben C hier ablesen kann (A). Es ist die Linie, die grundsätzlich nur in der Ich-Hälfte der Hand verläuft. Würde diese Linie (B) über die Mitte der Hand herausragen, also den Du-Bereich überschneidend, dann würde dies bedeuten, der Ich-Kern ist vorherrschend, er überwiegt. Läuft aber diese Linie zu dicht am Daumenballen (C), dann fühlt sich das Ich zu beengt, wagt sich kaum aus sich heraus, hält fest, was es hat.

Diese Vitalis oder Lebensfalte umschließt den Mars-(Wille und Antrieb)Bereich und auch den Venus–(Empfinden und Gefühl)Bereich, bindet beide Kräfte sozusagen ein. Die Größe dieses Raumes gibt uns also einen Einblick in die Grundkraft des Handeigners, da beide Kräfte ja gemeinsam auch die Überwindung des Todes symbolisieren.

Diese Linie ist in der linken Hand anders als in der rechten zu bewerten. Rechts drückt sie mehr von den bewußten Eindrücken aus, was besonders die Zeichen auf und an der Linie angeht, während diese links eher unbewußte Eindrücke und Ereignisse anzeigen. (Abbildung Seite 208.)

Ein Irrtum muß allerdings ausgeräumt werden: **Die Länge dieser Linie hat nichts, aber auch gar nichts mit einem kurzen Leben oder frühen Tod zu tun!** Hier kann man mehr den Einsatz der Vitalität erkennen.

Eine kurze Lebenslinie (A) bedeutet also eher einen starken Krafteinsatz, ein Ausleben in der ersten Lebenshälfte. (Auch dies ist immer im Verhältnis zur Gesamtkonstitution zu sehen.) Die Lebenslinie, die ein, zwei Zentimeter vor dem Handgelenk aufhört (B), ohne auf den Daumenballen ganz einzuschwenken, entspricht der meist anzutreffenden Linie. Hier ist die Krafteinteilung recht gut. Eine sehr lange Linie, die dann wieder zurück auf den Daumenballen geht, zeigt eine hohe Vitalität im Alter an, wobei der Begriff Alter auch relativ ist. Eine lange Lebenslinie muß *nichts* mit einem hohen Alter zu tun haben. Wer meint, das Lebensalter stände in der Hand, der erliegt einem Vorurteil. Eine Linie, die sich bis ins Handgelenk fortsetzt, wurde einst als Zeichen für ein Lebensende in der Ferne angesehen (C). (Seite 209.)

Je näher der Anfang dieser Linie zum Daumen liegt (A), um so stärker haben wir es mit einer auch streitlustigen Vitalität zu tun, diese Menschen brauchen den Kampf im höheren Sinn, um sich zu bewähren, was sich auch in kleineren Auseinandersetzungen zeigen kann. Je höher diese Linie zum Zeigefinger liegt (B), um so ehrgeiziger ist der Handeigner, aber auch mit der Gefahr der Herrschsüchtigkeit. Beim Anfang dieser Linie finden wir meist auch die Kopflinie. Laufen diese Linien (siehe Kopf-

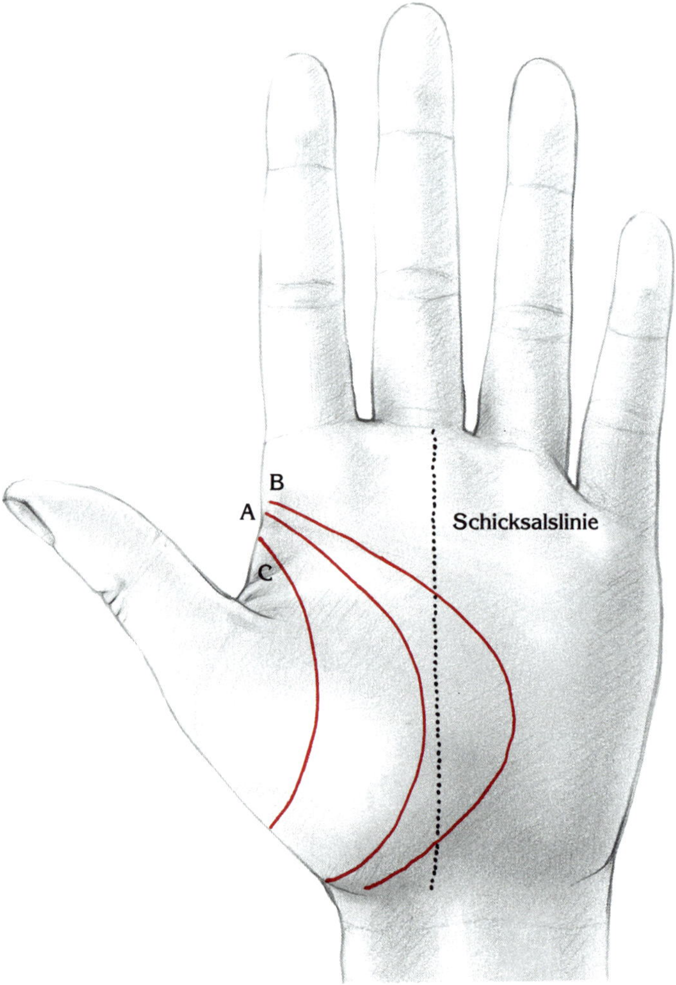

Weite der Lebenslinie

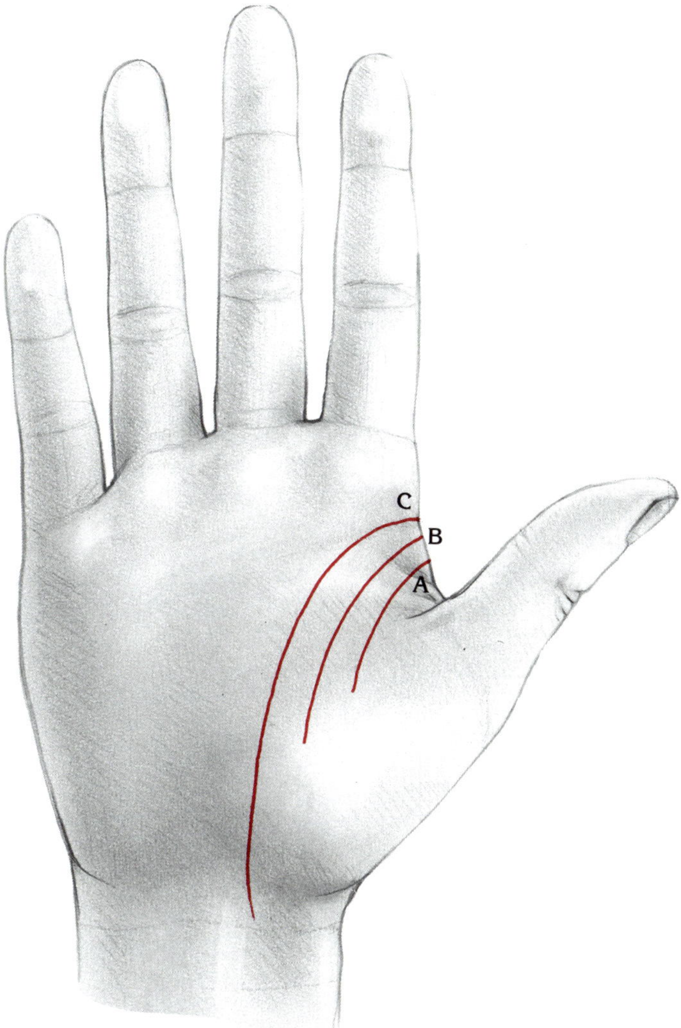

Länge der Lebenslinie

linie) ein wenig zusammen, ja sind sie ineinander verkettet (C), dann werden Ehrgeiz und Angriffslust sehr durch den Kopf neutralisiert. Hier hätte, ist sie vorhanden, die menschliche Vernunft viel Einfluß auf den Lebensstart, und zwar je länger die Verbindung, Verkettung dieser Linien sich hinzieht, um so mehr. Reicht diese Verbindung fast bis unter den Zeigefinger, dann wird meist alles vom Verstand überprüft, Hemmungslosigkeiten en masse sind nicht zu erwarten, was aber auch heißt, daß zuviel überdacht werden kann. Eine Verkettung zeigt außerdem noch eine Erziehung in der Tradition an, sich nicht gehen zu lassen. Oft drückt das Elternhaus hier gar zu stark auf die Vitalität, die sich ja auch ausleben möchte.

In vielen Fällen heißt Verkettung nachhaltige und prägende Eindrücke aus der Kindheit (oft positiver Art). (Abbildung gegenüber.)

Führt vom Anfang der Lebenslinie ein Ast zum Zeigefinger, so ist die Entfaltung auch als Vitalantrieb zu sehen (A), dieser Mensch braucht und sucht sich Aufgaben: unbewußt, wenn in der linken Hand, bewußt, wenn in der rechten Hand zu finden. Ist die Kopflinie (B) getrennt von der Lebenslinie anzutreffen (C), dann kommt es sehr auf den Abstand beider Linien an. Je größer dieser ausfällt, um so schwerer kann es fallen, seine Vitalvorstellungen mit dem Verstand zu regulieren. Dies ist auch ein Zeichen für mögliche Unbeherrschtheit, wobei die Betonung auf dem „auch" liegt. Dies träfe bei einem sehr starken Daumen mit aller Wahrscheinlichkeit zu. (Abbildung übernächste Seite.)

Die Lebenslinie soll schön schwingen, wie es heißt, oft wird sie auch mit einer Schaukel verglichen, da nur eine ausschwingende Schaukel den richtigen Schwung bekommt. Eine klare, tiefe Linie zeigt Kraft an, eine eher breite, verwaschene Lebenslinie ein Zerfließen der Kräfte, der Lebensstrom ist zwar ausufernd, aber flacher. Je tiefer diese Lebenslinie wirkt, um so mehr kommt die Kraft auch aus der Tiefe, was aber nichts mit der Quantität zu tun hat. Menschen mit tiefer Lebenslinie engagieren sich meist immer persönlicher, Personen mit zarterer Lebenslinie haben es leichter, sich mit ihrer Vitalität einzuordnen, oft ist das Bedürfnis, in die Tiefe zu gehen, gar nicht vorhanden (manchmal nur den Worten nach).

Noch etwas zum Thema Tod, der hier (leider!) so gerne abgelesen wird! Bei dieser Linie geht es mehr um die Ausschöpfung des Lebens als um die Lebenslänge. Auch dies ist wichtig für die Bewußtseinsmachung. Schon manche Handeigner – hier allerdings mehr Frauen – sind förmlich aufgewacht, als sie hörten, daß sie ihr Leben so dahinplätschern lassen, was aus einer nicht so tiefen Lebenslinie auch ersehen werden kann. So wurde ihnen erst ihre verhältnismäßige Inaktivität bewußt. Andererseits haben andere Personen argumentiert: „Bei meiner kurzen Lebenslinie – was soll ich mich denn da noch anstrengen!" Dies ist nicht nur ein Beispiel dafür, was Dahingeredetes so anrichten kann! Es gibt uns Gelegenheit für ein Gegenargument. An der Universität von Washington haben Ärzte (M. J. Wilson sowie L. E. Mather) die Lebenslinien von

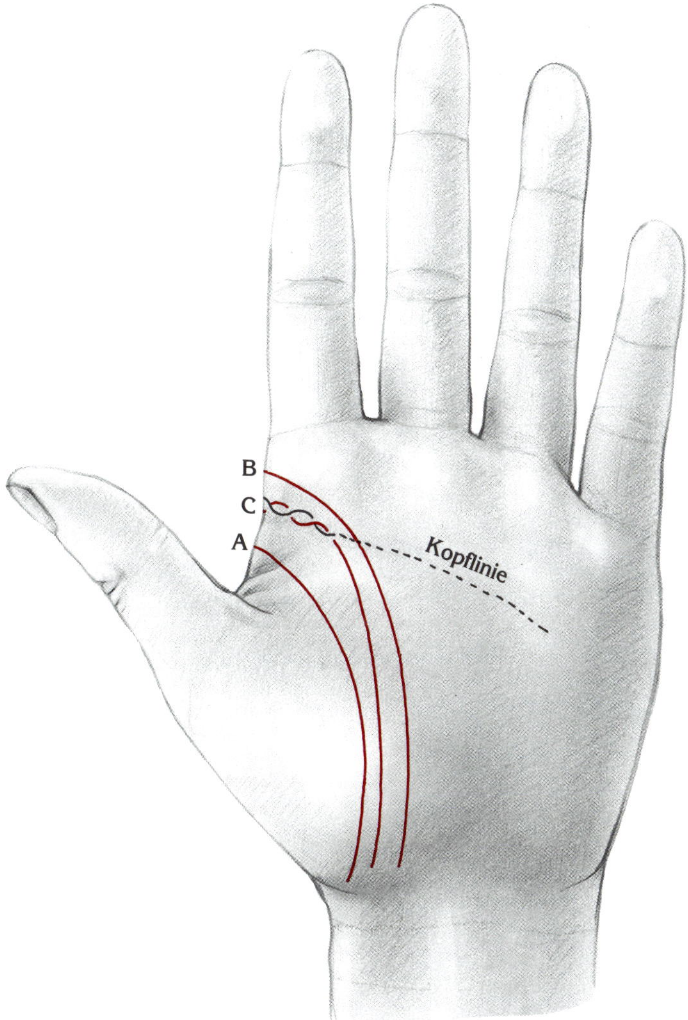

Anfänge der Lebenslinie

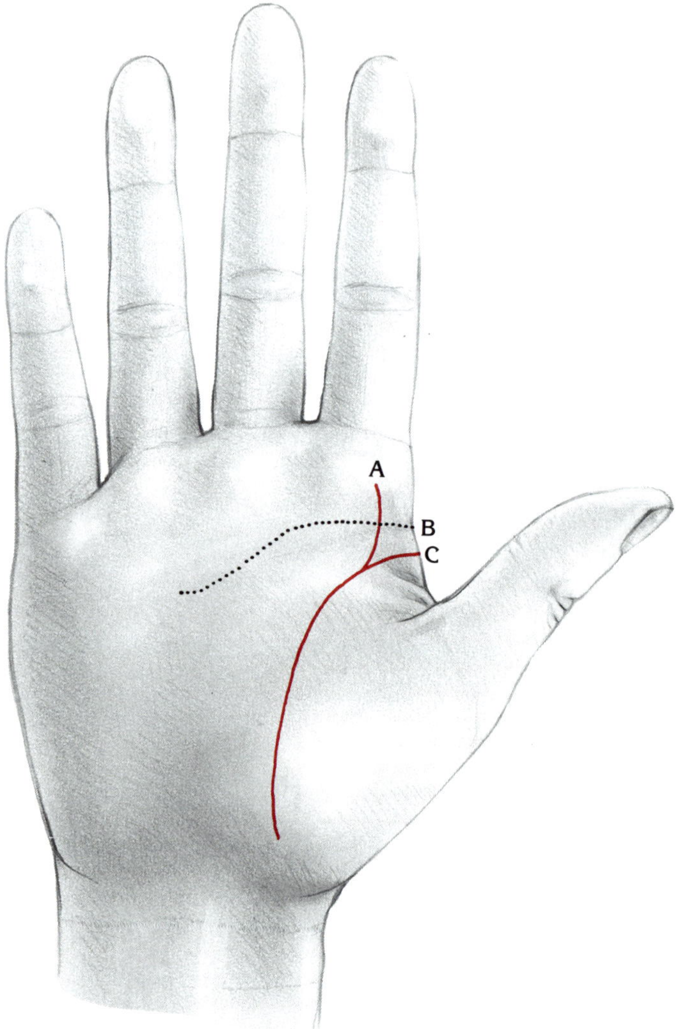

Lebens- und Kopflinie

50 Toten nachgemessen und mit den überlieferten Zeitschlüsseln verglichen. *Nicht ein einziger* der Gestorbenen habe in dem Alter dem Tod ins Auge schauen müssen, wie es ihm die Hand weissagte! So müssen weder Kreuze noch Inseln auf der Lebenslinie auf Krankheiten hindeuten. Wenn dies hin und wieder zutrifft, dann aus dem Grund, weil sich seelische Belastungen oft auf den Körper niederlegen.

Natürlich besagen diese Zeichen (Omen) etwas, aber nicht nach einem Zeitschlüssel. Eine sehr punktierte Lebenslinie gibt Auskunft darüber, daß dieses Leben nicht ohne Störungen abläuft, aber jede Störung ist ja auch eine Aufforderung, nicht im Gleichmaß dahinzuleben. Eine Vitalis oder Lebensfalte ohne Punkte zeigt viel häufiger ein Leben ohne aufwendige Höhepunkte an, da geht es nicht so im Auf und im Ab wie bei anderen.

Jedes Kreuz weist auf eine Bewährungsprobe hin, jede Insel auf eine Besinnungspause. Kreuze sind **keine** Todesomen! Sie zeigen sicher eine Lebensveränderung an, und hat jemand zwei oder drei Kreuze, dann wird er mit zwei oder drei Veränderungen, Einschnitten, rechnen müssen oder sie hinter sich haben, ohne daß sie zeitlich bestimmbar sind. Aber die **Gesamtlänge** dieser Linie sagt **nichts** über die **Lebenslänge** aus.

Eine Veränderung ist auch zu erkennen, wenn die Lebenslinie abbricht und dann parallel weiterläuft. Hier wird im Leben wohl ein gewisser Sprung zu verzeichnen sein.

Erfolgt der Bruch in der rechten Hand, wie auf der Abbildung (A), oder in der linken? In der rechten Hand sieht das nach einem Lebenssprung aus, den die Seele gar nicht als Bruch oder Neuanfang empfindet. Ist dies in der linken Hand zu sehen, dann erfolgt der Bruch oder der Sprung mehr aus dem seelischen Bereich, also vollzieht er sich mehr innerlich. Da kann sich die Grundlebensauffassung sehr geändert haben oder sich ändern, ohne daß dies im realen Leben der Umgebung bewußt wird. (Abbildung nächste Seite.)

Auch gibt es durchaus Lebenslinien, die in ihrer Intensität abwechselnd erscheinen, einmal tief, dann eher etwas sanfter und feiner, dann wieder kräftiger. Sicher heißt dies, daß die Lebensintensität wechselhaft ist, einmal voll ausschöpfend, einmal eher so lau dahinfließend. Letzteres können Regenerationsphasen sein. Wenn diese auch zeitlich nicht zu berechnen sind, ist es oft hilfreich, einem Menschen sagen zu können, daß dieser oder jener Lebensablauf auch in seiner Hand steht, also in sich folgerichtig ist. Aber dann ist neben der Vitalis auch der Daumenballen zu betrachten.

Eine schwächer gezeichnete Lebenslinie, die dazu eng um den Daumenballen liegt, wird sich dahin deuten lassen, daß diese Menschen ihre Vitalität mehr für sich persönlich einsetzen, aber damit kaum in das Leben anderer eingreifen werden. Ist dagegen die Lebenslinie ausgreifend, aber nicht so prägnant, heißt dies, daß diese Person sich in ihrem weitschweifenden Handeln zu leicht erschöpft, also ihre Kraft einteilen sollte.

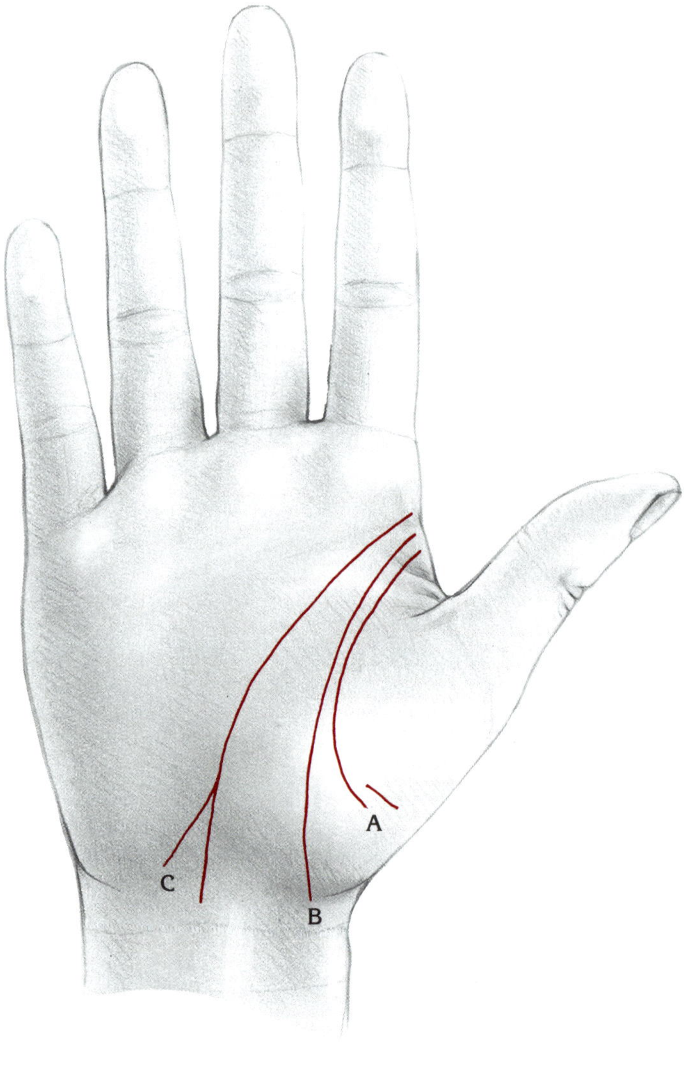

Lebenslinie/Varianten

Führt jedoch die Lebenslinie zum Handgelenk hin (B), dann suchen diese Menschen sehr ihre Mitte (ob unbewußt oder bewußter, entscheidet die linke oder rechte Hand), und besonders zum Lebensende streben diese Menschen zur Harmonie mit sich und dem Gesamtlebensablauf.

Endet die Lebenslinie dagegen gar im Mondberg (C), dann ist dieser Mensch wirklich sehr auf der Suche, lebt oft in Wachträumen und Halluzinationen. Es ist merkwürdig, daß sehr viele dieser Leute auch im hohen Alter kaum von einer Musikberieselung loskommen. Hier genügt oft schon eine Astlinie, die sich aus der Lebenslinie abzweigt. Jede Übergreifung in den Du-Bereich der Hand weist uns immer wieder auf eine Sehnsucht hin. Je weiter die Lebensfalte in den Du-Bereich schwingt, um so schwerer können die Menschen allein leben. Bis in den Mondbereich fließend (und wenn nur eine Nebenlinie eine Verbindung dahin anzeigt) würde besagen, daß in diesen Handeignern die Sehnsucht nach einer unerklärbaren Erfüllung lebt. Das heißt nicht, daß diese Menschen oft ratlos erscheinen, sondern sie fliehen mehr aus dem Realitätsbereich.
Verbindet also eine Linie eine andere, schneiden sich zwei Linien, dann ist ja eine Schlußfolgerung nicht so schwer. So ein Beispiel haben wir ja bei einer Verkettung von Kopf- und Lebenslinie gesehen, daß nämlich eine starke, unaufknüpfbare Beziehung zwischen dem Kopf, dem Verstand und dem vitalen Lebensablauf besteht.
Noch einmal: Die Lebenslinie zeigt, auch wenn sie Vitalis genannt wird, nicht die Grundvitalität an, dafür haben wir den Daumen und den Daumenballen. Nein, diese Linie zeigt den Ablauf des Lebens in seiner vitalen Intensität an, das ist ein großer Unterschied. Die Grundkräfte sind ja angezeigt im Rumpf, in den Fingerwurzelgliedern und in den Bergen. Die Linien – gemäß ihrer Flußfunktion – zeigen das Fließen dieser Kräfte, wobei es um die Art und Weise geht, wie diese Kräfte von einem Ort zum anderen kommen. Ob über einen breiten, einen schmalen, einen tiefen, einen flachen Fluß. Habe ich hier Staumauern? Muß ich ausweichen, weil ein Berg den Fluß sperrt? Kann sich die Kraft erlauben, einen großen Bogen zu schlagen oder werden starke Vitalkräfte nur auf engstem Raum freigesetzt? Die größte Gefahr besteht darin, in die Lebensfalte zuviel hineingeheimnissen zu wollen. Wenn die Lebenslinie etwa die Schicksalslinie schneidet, berührt oder durch eine Querlinie mit ihr verbunden ist, dann bedeutet dies kein so hartes Schicksal, sondern das Leben wird mit Ernst und Verantwortung gelebt. Dasselbe gilt, wenn die Lebenslinie mit der Herzlinie – auf welche Weise auch immer – verbunden ist, hier wird das Leben sehr vom Herzen empfunden, das zeigt auch eine Sehnsucht zum Du an, weil ja die Herzlinie aus dem Du-Bereich fließt.

Die Energielinien

Erreichen Linien vom Daumen und seinem Ballen die Lebenslinie? Wenn ja, wie viele? Dann fließt Energie zu, was auch für eine Regenerationskraft allgemeiner Art spricht. Und je höher diese Linien anfangen, also vom Daumenansatz, vom Daumenglied her, um so größer ist auch die Intensität des Willens. Hier kann nicht mancher Glaube, aber mancher Wille Berge versetzen. Wir sprechen hier wirklich mehr von Energielinien als von Begegnungslinien! Natürlich führt Energie auch zu Begegnungen, wie ja jede alte Auslegung schon ihren wahren Kern besitzt. Erreichen diese Linien also die Lebenslinie, dann ist mit einem Zufluß an Vitalität zu rechnen, das heißt aber auch, der Handeigner braucht nicht mit seiner Lebensintensität zu geizen.

Man glaubt gar nicht, wie viele Menschen sich schonen wollen, wieviel Angst vor einem Streß besteht, wie die Stunden bis zum Feierabend, die Jahre bis zur Pensionierung, die Tage bis zum Urlaub gezählt werden. Diese Menschen nutzen ihre Vitalität gar nicht, hier klärt sich mancher Widerspruch zwischen starkem Daumen und Ballen und einer schwachen Vitalis! Natürlich kreuzen manche dieser Linien die Lebenslinie, sie strömen weiter, manche (wenn auch wenige) bis zum Plutoberg hin, das bedeutet etwa, daß hier Energie für die Durchsetzung zur Verfügung steht (A).

Wir betrachten diese Linien aber jetzt als Kreuzungspunkte. Jeder weiß ja, was eine Kreuzung bedeutet. Meist ist erst einmal nachzuschauen, wer hat Vorfahrt. So eine Energielinie zum Plutoberg strebend, zeigt schon an, daß hier die Durchsetzung mit Kraft anvisiert wird, was aber durchaus dem Lebensablauf schaden kann. Diesen Menschen kann man glatt auf den Kopf zusagen, daß ihr Leben dann in eine Krise kam, als die Durchsetzung des Ichs im Vordergrund stand, was im Grunde viel Lebensenergie weggenommen hat. Wesentlich ist, ob diese Energielinie die Schicksalslinie kreuzt (B). Der Schicksalsablauf wird dann meist umgebogen, zumindest wird dies versucht. Lebensablauf (Vitalis) und Schicksalsablauf (Saturn- oder Schicksalslinie) ist ja durchaus nicht dasselbe! Aber es wird jedem klar sein, daß der, der sein Schicksal immer umbiegen will, von seinem Lebensablauf weg kommt. (Auch hier bitte wieder darauf achten, wie zeigt sich dies in der linken, wie in der rechten Hand.) Nach einer Kreuzung mit einer Energielinie ist es wichtig zu sehen, wie die Lebensfalte weiterläuft. Abgeschwächt oder verstärkt, ändert sie die Richtung, ist nach der Kreuzung ein Zeichen auf der Linie sichtbar? Oder läuft nun die Lebenslinie klar und ohne Unterbrechung weiter? Ja, spaltet sie sich danach? Nicht jeder möglicher Verlauf ist hier aufzuführen.

Nun wird in der Praxis immer wieder gefragt werden: Wie kann ich an der Lebenslinie mein Leben messen, das tun doch so viele, also muß es doch einen Zeitschlüssel geben. Es gibt viele Zeitschlüssel, und wir werden auch einen vorstellen. Was aber die Energielinien betrifft, die ja schon fast beim oberen Daumenansatz bereits Richtung Saturnfinger strömen

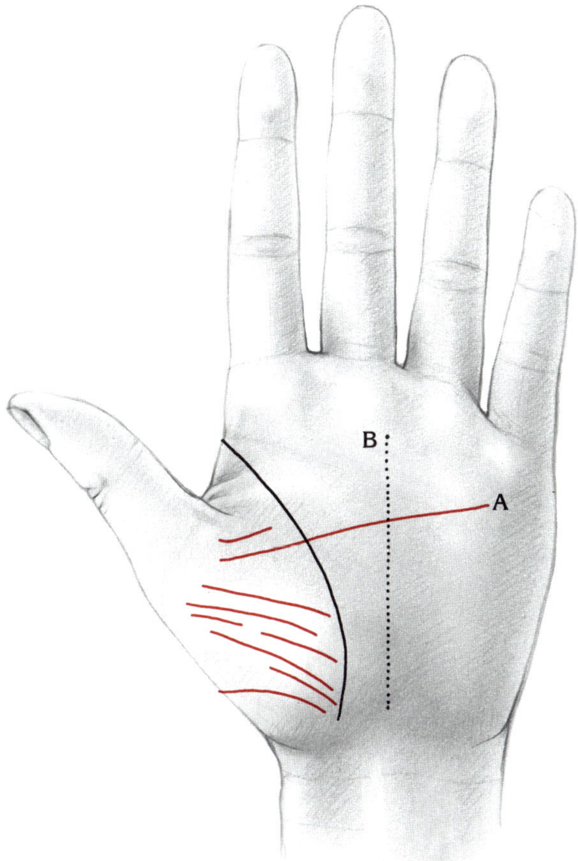

Energielinien

können, aber auch unten bis zum Handgelenk hin, ist es schwer, hier nur ein Augenmaß zu geben. Da gibt es zwei Methoden, die sich halbwegs bewährt haben. Zunächst die einfache Methode, da man jede Lebenslinie – egal wie lang sie ist – in drei Teile zerlegt.

Die Zahl drei hat eine tiefere Bedeutung, die aus der Astrologie stammt. Jeder Astrologe weiß, daß der Mensch drei seelische Entwicklungsstufen durchlebt, drei Reifeabschnitte. Jeder Lebensabschnitt besteht aus 27 Jahren und vier Monaten, also aus 27⅓ Jahren. Das ergibt ein Durchschnittsalter von 82 Jahren. Dies hat etwas mit dem Mondlauf zu tun, der in 27⅓ Tagen den Tierkreis durchquert, was nach dem schon in

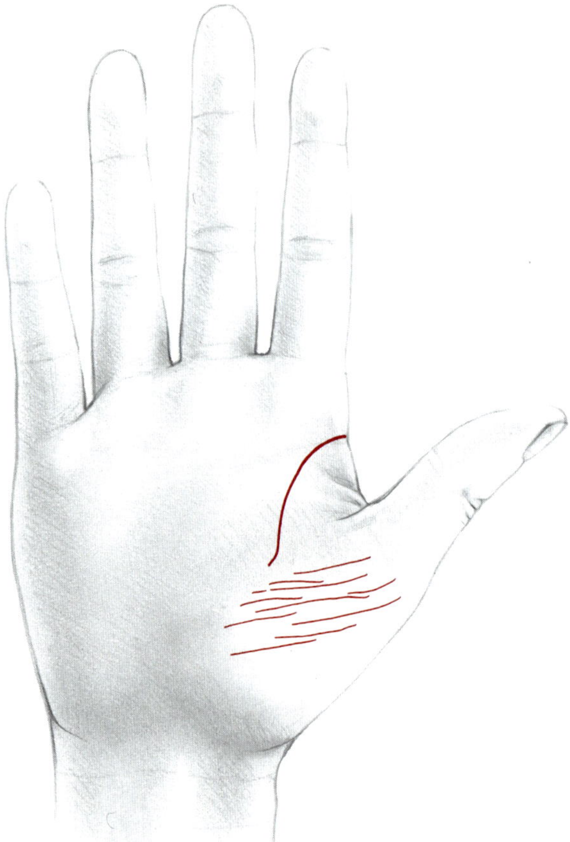

Lebens- und Energielinien

dcr Bibel bekannten Motto ein Tag gleich ein Jahr bedeutet. 27⅓ Jahre rechnen wir für einen Lebensabschnitt. Diese Zeiten haben auch ihre Begriffe: Lernzeit – Reifezeit – Alterszeit.

Nun wird man feststellen können, daß bei einer kürzeren Lebenslinie gerade die unteren Energielinien ins Leere – nicht auf die Vitalis – stoßen, im Grunde also verpuffen. Ein altes Handdeutungsgesetz heißt aber, daß viele Energielinien der Lebensintensität viele Kräfte zuführen können, und es hat sich mehrfach gezeigt, daß besonders die Menschen trotz einer kurzen Lebenslinie lange lebten, wenn viele Energielinien auf den gedachten Fortlauf der Lebensfalte stießen (unsere Abbildung).

Dies bedeutet, wir müssen die Hand an dieser Stelle in drei Teile gliedern,

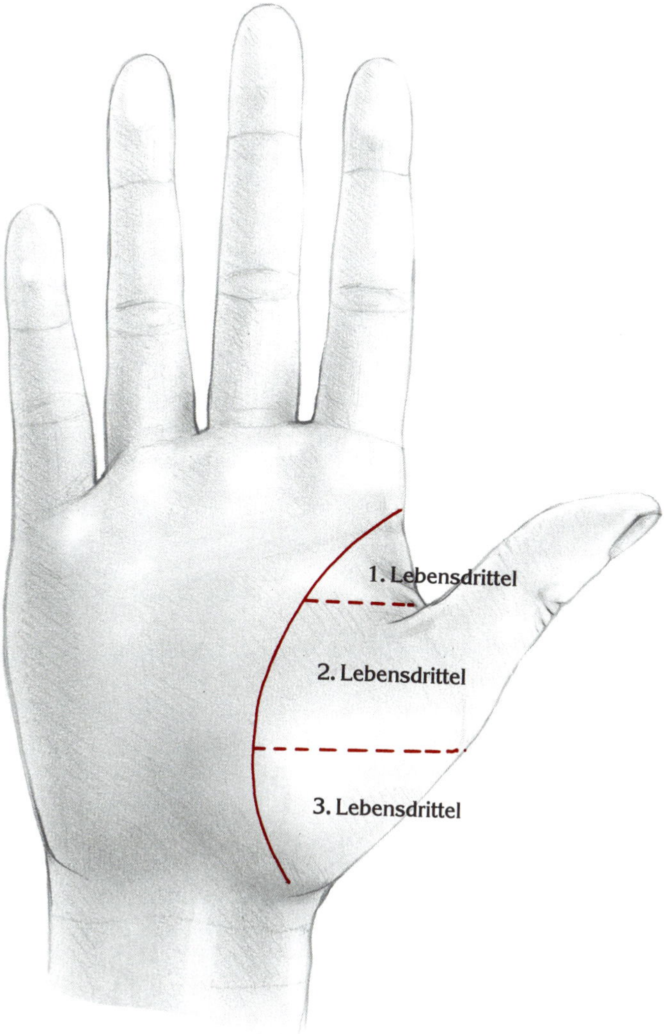

Dreiteilung der Lebenslinie

und es ist dabei unwesentlich, ob die Lebenslinie auch alle drei Teile hindurch verläuft. Den Maßstab gibt uns dafür der abgespreizte Daumen, was dann wie folgt aussähe.
Der erste Teil verläuft vom Beginn der Lebenslinie bis zu einem gedachten Querstrich vom oberen Daumenansatz aus. Dies entspräche dem 1. Lebensdrittel.
Der zweite Teil reicht von dieser gedachten Querlinie bis zu einer weiteren gedachten Linie vom unteren Daumenansatz ausgehend, was dem 2. Lebensdrittel entspräche.
Der dritte Teil verläuft von der zweiten gedachten Querlinie herunter bis zu den Raszetten, was dem 3. Lebensabschnitt entspricht. (Abbildung vorhergehende Seite.)
Diese Drittel aber nun noch in jeweils 27 Teile gemäß den Jahren einzuteilen wäre sinnlos, wenn wir uns noch einmal vergegenwärtigen, daß die Linien vom Daumen und Daumenballen der Lebensintensität Energien zuführen *können,* ob sie genutzt werden, ist eine andere Frage. Der Mensch kippt ohne eine ernsthafte Krankheit nicht von einem Jahr zum anderen mit seiner Energie um, aber diese Linien könnten anzeigen, in welchem Lebensdrittel besondere Schübe mobilisiert werden sollten. So ist es auch kein Wunder, daß im Durchschnitt unten am Daumenballen die wenigsten Linien dieser Art zu sehen sind. Und wir merken uns Linien, die über die Lebensfalte hinausgehen, denn sie zeigen uns auch eine Richtung des Energieschubes an. Im Grunde reicht es festzustellen: Sehen wir in einem Menschen die Fähigkeit, neue Energien zu wecken? Gehen diese mehr in eine emotionale Richtung (Energielinien zur Herzlinie?) Oder gehen sie mehr zur Kopflinie, dann haben wir es mit zielbewußter Energie zu tun, die sich über den Verstand ausbreitet. Verlaufen diese Linien im Sande, in der Erdebene, dann müssen wir mit eher ziellosen Energieschüben rechnen, die aber zu nutzen sind, wenn dies bewußt gemacht wird; denn das allein ist und soll ja der Sinn einer jeden Handbetrachtung sein. Auch hierbei sollte man sich nur auf die stärkeren Linien beschränken.
Oft bemerkt man, daß nach einem Zeichen auf oder nahe an der Lebenslinie eine Energielinie in die Lebenslinie einmündet oder sie überschneidet. Dies ist oft ein Signal, daß durchaus die Kraft besteht, nach Prüfungen oder Schicksalsschlägen wieder Land zu gewinnen.
Bei einer Überschneidung der Lebenslinie durch eine Energielinie – je länger und je tiefer, um so wichtiger – ist meist auch von einer Lebensablenkung zu sprechen. Hier werden neue Wege gesucht, da kommen Angebote, neue Ein- oder Aussichten, und es besteht die Gefahr der mangelnden Konzentration auf das Wesentliche. Die Entscheidung macht man sich selbst schwer.
Von den einzelnen Bedeutungen der Zeichen (Omen, siehe Seite 204) ist schon gesprochen worden, das folgende Beispiel soll nur ein Denkanstoß sein: Finden wir mehrere **Inseln** auf oder nahe der Lebenslinie, dann ist zu erwarten, daß diese Handeigner sich immer wieder – ob freiwillig oder gezwungenermaßen – in eine Art der Klausur zurückziehen werden. Das kann auch eine Zeit der Wiederaufladung, der Regeneration sein,

wobei es wichtig ist, ob diese Inseln innen liegen, also von der Lebenslinie hin zum Daumenballen, oder ob sie hin zur Handfläche zu finden sind. Innen bedeutet dies oft einen Schock mit einem Energieverfall, was auch mit einer midlife-crisis in Zusammenhang gebracht wird. Liegen diese Inseln mehr im Außenbereich, sind es häufig Krisen im realeren Leben, die meist leichter verdaut werden, weil darüber allgemein freier zu sprechen ist.

Die letzte Möglichkeit ist nun, daß sich direkt auf der Lebensfalte eine Insel befindet, als teile sich der Fluß der Vitalität, als wolle er eine Insel umfließen, um sich nach diesem Hindernis wieder zu vereinigen. Hier kann man damit rechnen, daß sich dieser Mensch in seinem Leben eben ein- oder mehrmals (je nach der Zahl der Inseln) vor eine Situation gestellt sieht, da er ehrliche Bilanz ziehen muß. Ein Anhalt, eine Besinnungspause, ein einem meist aufgezwungener Ruhepunkt, der aber aktiv genutzt werden sollte, und zwar mit Geduld.

Aufschlußreich sind auch **Quadrate** auf der Lebenslinie (wie auf allen anderen Linien und Bergen), die ja stets anzeigen, daß der Mensch mehrere Entwicklungsschübe erfahren wird. Es sind Fähigkeiten der Konzentration, der Umorientierung, aber so gut wie nie aus einer Laune heraus, sondern aus der Erfahrung, seinen Horizont erweitern zu müssen. Manche Zweifel und Hemmungen werden abgebaut, und auf andere Menschen wirken diese Personen oft wie Stehaufmännchen, aber nur weil niemand mitbekommen hat, welche Kraft der Sammlung, welche Reserven in diesem Menschen stecken, der sich selten oder nie ganz ausgegeben hat.

Ein Quadrat ist eckig. Ein Rechteck gibt Angriffspunkte. Beide lassen sich nicht so geschmeidig hantieren wie ein Kreis, der eher eine natürliche Harmonie zeigt als ein Quadrat, das ja immer etwas Gemachtes an sich hat. Die Natur kennt keine genauen Quadrate – Kreise und Kugeln schon. Erst aus den Bergen und Felsen schuf der Mensch sich diese anfaßbare Form für seine Gebrauchssteine, was darauf hinweist, daß wir es hier mit einer Formanwendung zu tun haben.

Ein **Dreieck** ist dagegen ein Talent, eine Harmonie. Bei so einem Dreieck müssen wir uns aber stets fragen, in welche Richtung es weist: nach oben oder nach unten, nach links oder nach rechts? Letzteres hängt von der linken oder rechten Hand ab, wenn wir die Richtung zum Du oder eher zum Ich hin ausloten wollen. Ein Dreieck mit der Spitze nach oben zeigt uns Ehrgeiz, Streben in die Ferne, die Zukunft. Ein Dreieck nach unten weist uns auf die Basis hin, die es zu ergründen, zu erforschen gilt.

Handsprache ist Bildersprache, ist Anschauung, wobei wir stets nur das ins Auge fassen sollen, was uns auffällt. Sicher brauchen wir auch eine Lupe (die alten Handdeuter hatten keine), aber als erstes nimmt das Auge auf, was es aufnehmen soll. Nicht jedes Blatt charakterisiert den Baum, sondern das, was uns auffällt, nämlich der Stamm und die Äste.

Der Zeitschlüssel der Lebenslinie

Der Zeitschlüssel der Lebenslinie ist einer von vielen Zeitschlüsseln, die zum Teil seit Jahrhunderten existieren. Viele sind in sich widersprüchlich, andere heben sich gegenseitig auf, viele verwirren die Handbetrachter, vor allem aber oft gewaltig die Handeigner selbst. Für fast jede markante Linie in der Hand gibt es mehrere Zeitschlüsselarten. Wir wollen einen der fünf bekannteren Zeitschlüssel für die Lebenslinie vorstellen, weil sich dieser einmal der Erfahrung nach mit am besten bewährt hat und weil er zweitens den inneren Zeitgesetzen am besten zu entsprechen scheint.
Wie aber finden wir diesen Zeitschlüssel, der in jeder Hand individuell – zumindest der Ausgangspunkt – gefunden werden muß? Es reicht nicht, einen Zeitschlüssel aus Plastik zu schneiden, um diesen dann einer Hand aufzulegen, wie es häufig getan wird. Jeder Zeitschlüssel muß aus der Hand selbst ersehen werden.
Hier ein Hinweis: Man nimmt den Mittelpunkt des Daumenballens, aber auf einer gedachten Linie, die senkrecht vom Zeigefinger herunterführt. Maßgebend ist natürlich der Ort, wo diese gedanklichen Linien die Lebenslinie kreuzen.
Dies sind selbstverständlich nur Anhaltswerte. Es kommt auf den Bogen der Lebenslinie an, ob sie weit oder eng ist und wie man dann die Zeit halbwegs abschätzt.
Warum entspricht diese Einteilung recht gut einem Lebensablauf? Nun, alles beginnt mit dem Antrieb zum Leben, also der Marskraft des Daumens und der ersten Gefühlsentfaltung, die uns bis zum 10. Lebensjahr unserer Entwicklung prägen.
Vom 10. bis zum 20. Lebensjahr geht es darum, der Entfaltung den Ernst und die Verbindung zur Verantwortung zu geben.
Vom 20. bis zum 30. Lebensjahr geht

Haben wir diesen Mittelpunkt gefunden, der, wie gesagt, sehr verschieden sein kann, dann ziehen wir gedankliche Linien:

zum Mittelpunkt des Zeigefingeransatzes	=	10 Jahre,
zum Mittelpunkt des Mittelfingeransatzes	=	20 Jahre,
zum Mittelpunkt des Apollofingeransatzes	=	30 Jahre,
zum Mittelpunkt des Kleinfingeransatzes	=	40 Jahre,
zum Ansatz der Herzlinie	=	50 Jahre,
parallel geführte Linie zur Handkante	=	60 Jahre,
Linie zum Handrumpfanfang	=	70 Jahre,
Linie zur Mitte des Handgelenks	=	80 Jahre,
Linie zum Daumenanfang	=	90 Jahre,
Linie senkrecht vom Mittelpunkt	=	100 Jahre.

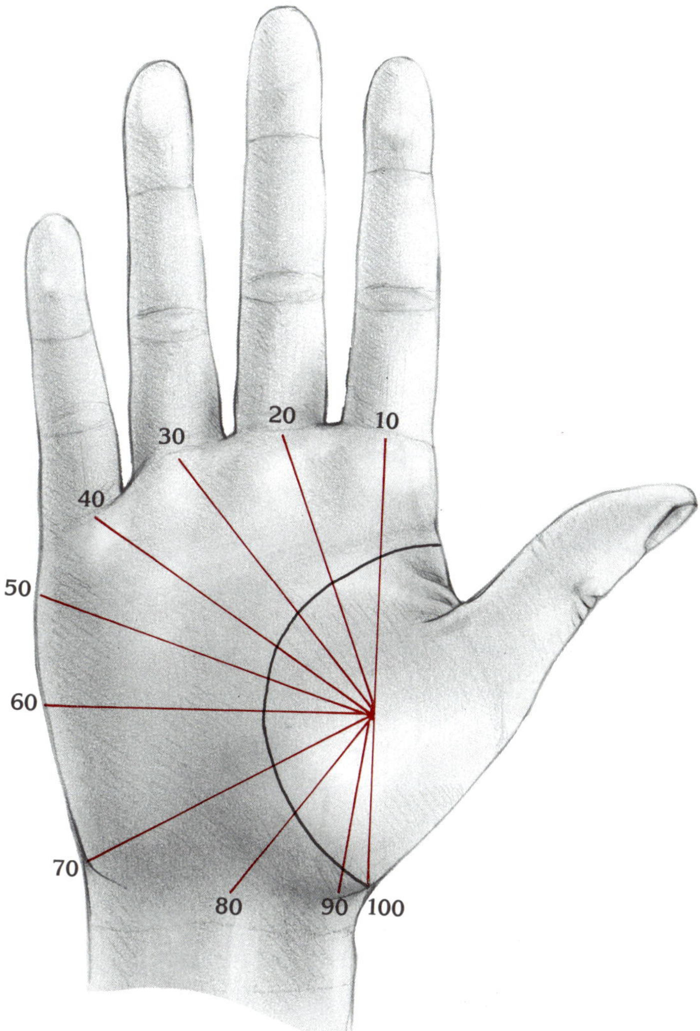

Zeitschlüssel Lebenslinie

es um die Bindung (Ehefinger), um die Erhaltung der Ideale und um die Bewegung vom Ich zum Du.
Vom 30. bis zum 40. Lebensjahr beschäftigt uns zusammen mit dem Du die praktische Lebensentfaltung.
Vom 40. bis zum 50. Lebensjahr müssen wir uns um die Lebensdurchsetzung bemühen, da geht es um die Stellung in der Außenwelt.
Vom 50. bis zum 60. Lebensjahr beschäftigt uns die Findung der Mitte und die Beziehung zur Seele.
Vom 60. bis zum 70. Lebensjahr bemühen wir uns, die Intuition für das Alter zu finden, um dem Leben noch einen Sinn zu geben.
Vom 70. bis zum 80. Lebensjahr nähern wir uns unseren Wurzeln.
Vom 80. bis zum 90. (und 100.) Lebensjahr müssen wir zu uns selbst zurückfinden, unsere Verantwortung einem neuen Leben (im geistigen Sinn) übergeben.

So ist der Ablauf ziemlich klar: vom Mars/Venus-Komplex zur Jupiterwurzel; von dort zur Saturnwurzel, der weitere Schritt heißt Saturn-, Apollowurzel, was schließlich von der Apollo- zur Merkurwurzel führt.
Dann geht es über den Pluto- zum Mond- und letztlich zum Uranusbereich.
Die Mitte der Herkunft (symbolisch in der Mitte des Handansatzes zu sehen) bis ganz zurück zum Daumen, das sind die letzten Wege.
Wir können dies auch noch anders fassen: Vom Antrieb über das erste Lebensgefühl drängt es uns zur Entfaltung, die uns zwingt, Verantwortung zu übernehmen, damit wir die Reife für die Du-Aufgabe haben, um so dann das Leben praktisch meistern zu können. Danach geht es um die Erreichung unseres Lebenszieles, das weitgehend von der Stellung in der Außenwelt bestimmt wird, also unsere Durchsetzung, um später das innere Fundament in uns, also die Mitte, zu finden, die nun ausstrahlt auf die kommende Generation, da wir uns zurückziehen, woher wir gekommen sind.
Dies ist der allgemeine Abriß. Nun ist bedeutsam, wie sich diese Grundeinteilung (so vage sie sein mag) in der Lebenslinie widerspiegelt. Das alles erscheint recht logisch und ist seit langem auch im Gebrauch. Gefährlich ist es aber, damit zu prognostizieren. Es geht ja mehr um **Einstellungen zu Ereignissen und Erlebnissen,** die so genau nun wirklich nicht in der Hand stehen! Hier findet sich der Handbetrachter und -deuter auf einer Ebene mit den Astrologen.
Übrigens gilt dieser Zeitschlüssel auch, wenn die Lebenslinie nicht so weit um den Daumenballen herumreicht! Hier müssen wir eben die Lebensfalte gedanklich verlängern und abmessen, welche Querlinien, welche Verästelungen sich ergäben, ginge die Lebenslinie weiter. Das ist nicht so ganz einfach, hier braucht es nicht nur eine gute Einfühlungsgabe, sondern auch eine gewisse Erfahrung. Sogenannte Bestätigungen wie: Da starb meine Mutter, oder da hatte ich einen Unfall, da brannte mein Heim ab usw. sollten nicht als Maßstab für weitere Prognosen genommen werden. Diese Hinweise verführen oft zu eigenen Aussagen, von denen man dann nicht mehr herunterkommt, und der Schaden, der durch zu schnelle Datennennungen – die oft mehr aus Eitelkeit gegeben

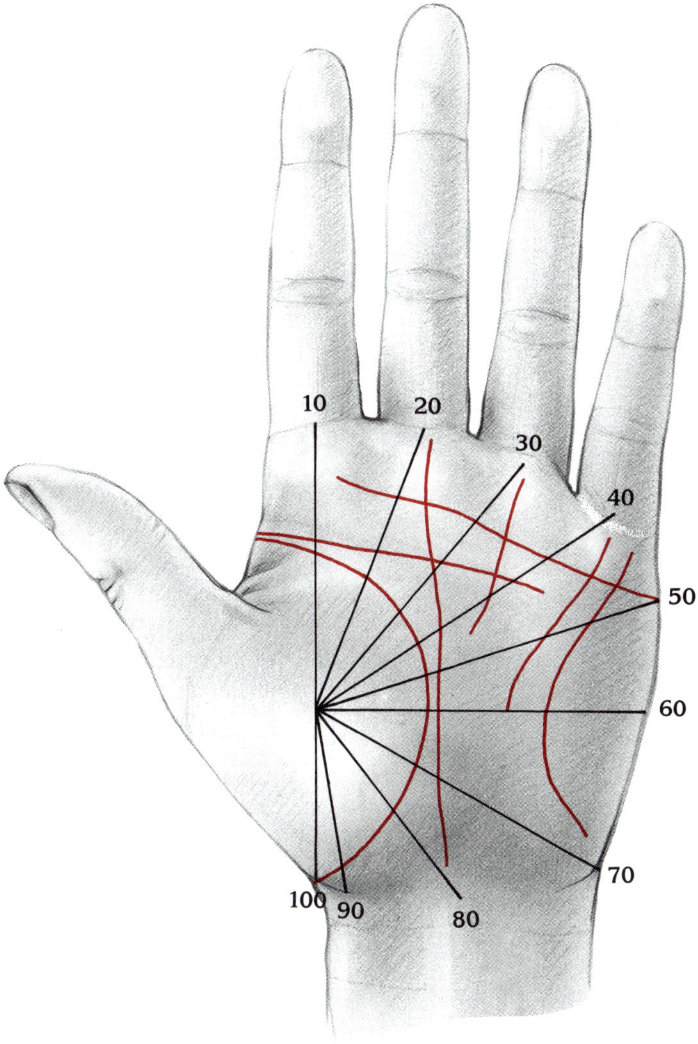

Zeitschlüssel Hauptlinien

werden nach dem Motto: „Das kann ich auch" – angerichtet wird, ist oft kaum wieder gutzumachen.
Dieser Zeitschlüssel berücksichtigt ein Alter bis zu 100 Jahren. Diese Lebensdauer haben schon die Römer dem Menschen auf Grund seiner Hand beigemessen, aber sie haben die Lebenslinie ja auch als großes „C" gesehen, was die Abkürzung für das Wort centum = hundert war. Und dieses C denken wir uns, falls die Lebensfalte viel eher abbricht.

Wie wir sehen, überdecken die so gefundenen Zeitsektoren auch andere Linien, so daß viele Handbetrachter diesen Schlüssel über die Lebenslinie hinaus ausdehnen. Das verleitet nun zu immer mehr Spekulation. Aber diese Methode ist doch besser, als für jede der wichtigen Linien jeweils einen extra Zeitschlüssel entwickeln zu wollen. An unseren beiden Zeitschlüsseln ist deutlich geworden, daß sie einmal auf die rechte und einmal auf die linke Hand zu übertragen sind. Aber es gibt nur **ein** Leben, das wir mit Intensität füllen können!
Nun: Wir leben zwar im bewußteren Sinn nach außen, aber unser Schatten, unser Unterbewußtsein, die Seele lebt ihr eigenes Leben, durchaus nicht immer in Übereinstimmung oder im Gleichmaß mit dem uns bewußteren Lebensablauf. So zeigt die Lebenslinie in der linken Hand auch mehr die aus der **Seele** kommenden Intensitäten für unser Leben an, und viele Menschen bejahen durchaus den Antrieb aus der Seele, der uns als Regenerationskraft ja aus manchem Leiden herausgeführt hat. Oft heißt es, daß es der Wille war, der diesen oder jenen Kranken gesunden ließ. Da ist viel Wahres dran, aber selten ist es der Wille im bewußten Sinn, mehr die Kraft des Wollens unserer Seele. Wenn unsere beiden Lebenslinien in ihrer Breite und Tiefe, einschließlich der Zeichen, sehr unterschiedlich ausfallen, so muß dies beim Handstudium berücksichtigt werden. Man kann dann durchaus sehen, aus welcher der zwei Quellen diese oder jene Handeigner ihre Intensität für das Leben gewinnen.
Was man an der letzten Abbildung übrigens auch gut sehen kann, ist, daß die Zeitsektoren in der Jugend – aber besonders im Alter – eine viel kleinere Fläche der Hand bestreichen und auch weniger Linien begegnen. Erst im dritten Jahrzehnt etwa trifft dieser Sektor auf – wenn vorhanden – die Schicksalslinie, im zweiten Lebensjahrzehnt übrigens oft auch erst auf die Herzlinie. Die Sonnen- und die Merkurlinie wird noch später erreicht, das deckt sich durchaus mit den durchschnittlichen Lebensabläufen oder mit den Reifeprozessen.
Im letzten Jahrzehnt, von 80 bis 90 Jahren, gibt es kaum mehr eine bedeutende Linie, einen bedeutenden Berg, der erfaßt wird. Auch dies spricht – wenn – für diesen Schlüssel, um Grundwandlungen zu erfassen. Jeder mag dies an seiner Hand einmal nachvollziehen.
Es geht übrigens nicht, diese Zeitsektoren in den Daumenballen hinein zu verlängern, um vielleicht zu ersehen, wann welche Energielinie halbwegs berechenbar eintrifft. Das funktioniert nicht, dies ist echte Spielerei, der man nicht einmal im Versuch nachgehen sollte, wie es auch nicht

sehr gut wäre, besondere Zeichen, Punkte, Quadrate, Kreuze und Inseln auf zwei bis drei Jahre genau zu diagnostizieren. Warum? In der Hand spiegeln sich doch vorwiegend Erlebnisse wider, die den ganzen Menschen erfaßt haben, also die seelische Spuren hinterließen. Oft ist es gar nicht beispielsweise ein Unfall, der das Leben änderte, sondern die Folgen werden erst viel später sichtbar. Dies gilt für Krankheiten, Scheidungen, Trennungen, Ablösung von den Kindern, von Versetzungen und Berufsreisen in andere Kontinente. Der Verstand kann zwar sofort etwas registrieren, annehmen, aber die Seele, das Unterbewußtsein nicht. Erfahrungen brauchen Zeit, um sich in einem Menschen zu manifestieren. Es kann also immer nur um einen Zeitraum gehen, um einen Entwicklungsabschnitt, der nur in etwa festzustellen sein wird.

Sicher kennt jeder von uns Überlieferungen und Aussagen, daß dieser oder jener Handleser etwas auf den Monat genau prognostiziert hätte. Wenn dies stimmt, und die Möglichkeit besteht ja, dann nie aus der Hand allein. Aber wenn man einer Handeignerin nach Betrachtung ihrer Hand sagt: „Wenn Sie sich scheiden lassen, werden Sie sehr leiden, denn Ihr Leben ist ganz auf eine Du-Beziehung ausgerichtet“, und der Scheidungstermin ist halbwegs bekannt, dann kann der Jahrespunkt recht gut fixiert sein, aber dazu bedarf es Aussagen und Termine.

So ist von einem Unfall zu berichten, wo eine Sportlerin beim Sportkampf so schwer stürzte, daß sie dem Sport ade sagen mußte. Das veränderte ihr Leben, aber die wahre böse Konsequenz des nicht mehr intakten Knöchels trat erst zu Tage, als dieselbe Sportlerin bei einer schwierigen Verkehrssituation auf Glatteis spürte, daß ihr Fuß nicht mehr genügend Kraft und nervliches Reaktionsvermögen für eine Notbremsung hatte. Erst in diesem Moment, zwei Jahre nach dem Unfall, brach diese Handeignerin wirklich zusammen.

Beispiele dieser Art sind viele zu nennen, wie es auch oftmals ein Medikamentenmißbrauch war, der sich erst Jahre später, dann aber entscheidend, rächte. Also nicht die punktuellen Ereignisse sind wichtig und ablesbar, sondern Entwicklungsphasen, auf- oder abbauende Zeitläufe. So darf man nicht von einer blassen Lebenslinie auf Blutarmut schließen oder von einer gelblichen auf Leberschäden, wie auch eine kettige Lebenslinie nichts mit einer schwachen Gesundheit zu tun haben muß. Hier sind oft zweigleisige Lebensinteressen im Spiel, die sich dauernd überschneiden, dadurch Belastungen hervorrufen und vielleicht Streß und Unordnung in ein Leben bringen. Da kann man in alten Büchern lesen, daß eine gewundene Lebenslinie auf eine betrügerische Lebensweise schließen lasse, all das vergesse man!

Eine gewundene Lebenslinie heißt erst einmal, daß dieser Mensch mit aller Wahrscheinlichkeit lange seine Richtung suchen und sich dabei manchmal waghalsig durchs Leben winden muß.

Fassen wir zusammen:

Wir betrachten zunächst den Ursprung der Lebenslinie. Wir schauen, ob – und wenn, wie weit – diese Vitalis mit der Kopflinie verbunden ist;

betrachten den Verlauf der Lebensfalte, messen mit den Augen, ob die Linie im Verhältnis zur ganzen Hand eher weit oder eng ist, ob die Lebensintensität also weiträumig, ja ausschweifend ist oder enger auf die eigene Umgebung konzentriert sein wird. Wir merken uns, welche Zeichen (Omen) hier zu sehen sind: Inseln (Ruhepunkte, Umkreisung eines Hindernisses), Quadrate (Entwicklungsstau und Konzentrationsforderung), Dreiecke (Talente), Kreuze (Mahnungen), Sterne (Möglichkeiten, aber auch Verzettelungen). Dann schauen wir auf Verästelungen: nach unten = saturnisch, holen sich Kraft; nach oben = jupiterhaft, wollen sich ausdehnen, streben zu anderen Linien. Wir suchen die Querlinien und welche Punkte sie verbinden – und erblicken vielleicht Verkettungen (Einbindung in den Lebensablauf, zweigleisige Interessen).

Dann vergleiche man die Lebenslinien beider Hände, schließe aus der Vitalis der rechten Hand auf realere, aus der linken Hand mehr auf unbewußte Intensitäten. Es braucht nicht betont zu werden, wie schwierig es sich in einem Lebensablauf auswirken kann, wenn bewußtes Verhalten nicht der unbewußten Grundeinstellung entspricht. Die unbewußte Grundhaltung ist immer stärker. Sie ist es, durch die wir Fehler machen, ja Fehler am laufenden Band wiederholen, so daß oft der Eindruck entsteht, dieser Mensch lernt ja nichts hinzu.

Aufmerksamkeit kann erregen, wenn die Linie unterbrochen wird und neu anfängt. Wenn wir also einen Bruch sehen. Das heißt nicht, daß das Leben nun zerbricht, sondern daß eine bedeutende Umstellung erfolgen wird, oft positiver Art. So war schon manche Entlassung aus einer Stellung, manche Erfolglosigkeit in einem Beruf erst das Sprungbrett zu neueren Entwicklungen, die dann zur Karriere führten. Auch zeigen diese Bruchstellen oft seelische Wendungen an: so den Tod eines Elternteiles, der zunächst wie ein schweres Damoklesschwert über dem Haupt eines Menschen wirkte, dann aber doch die Erkenntnis der inneren Freiheit mit sich brachte. Brüche, die parallel weitergehen, können Umstellungen darstellen, aber auch das Ausweichen in eine neue Lebensbahn, zu dem einem vorher der Mut gefehlt hat. Auch hier sollte man schauen: Liegen diese neuen Parallellinien mehr zum Daumen, also zur Ich-Seite hin, oder mehr zur Innenfläche, also mehr zum Du ausgerichtet?

Haben wir einen reinen Bruch ohne Parallellinien, dann zeigt dies sicher einen Einschnitt an, der bemerkbar ist. Ein Neuanfang aus dem Nichts, wie es ja viele Menschen in ihrem Leben mehrmals erfahren haben. Oft aber ist auch nur eine ungeheure Sprunghaftigkeit in der Gesamtlebenseinstellung die Folge.

Die Lebenslinie wird uns von allen Linien zuerst und am intensivsten beschäftigen, wenn wir auch bei jeder anderen Linie in der Betrachtung und den Schlußfolgerungen so vorgehen werden wie hier, damit wir dies bei den anderen Linienbeschreibungen nicht so weit ausführen müssen.

Schließlich: Keine Ängste aufkommen lassen, wenn die Lebenslinie nicht klar und einfach gezeichnet ist! Günstig ist dies bestenfalls für diejenigen, die sich ein klares, einfaches Leben wünschen. Ein charaktervolles Leben hinterläßt Spuren und Einschnitte, sowohl im Gesicht wie in der Hand.

Die Lebenslinie wird auf der Innenseite des Daumenballens manchmal von einer anderen Linie – sogar ein Stück parallel verlaufend – begleitet. Oft handelt es sich auch um ein Strohbündel von Linien, die nur bruchstückhaft erkennbar sind. Diesen Linien wollen wir uns nun zuwenden. Wir gehen also *nicht* chronologisch von 1–21 vor.

Die Antriebs- und Impulslinien

Die Antriebslinie wird oft als zweite Lebenslinie bezeichnet, da sie meist ein Stück parallel zur Lebenslinie verläuft, man nennt sie Protektionslinie, und sie ist unter Marslinie bekannt, wenn sie im Marsbereich beginnt. Sie ist oft zweifach, gar mehrfach vorhanden. Wer diese Linien auf den Daumenballen besitzt, die **nicht** als Querlinien zu den Energielinien gesehen werden dürfen, ist meist voller Tatendrang und zeigt ein ausgeprägtes Tätigkeitsbedürfnis.
Diese Menschen nutzen ihre Talente, aber sie haben auch die Gabe, anderen zu helfen, besonders, wenn sie es selbst zu etwas gebracht haben. Sie wollen die Tüchtigen fördern, wie sie selbst eines Tages gefördert worden sind (wenigstens sehr oft); daher der Name Protektionslinie. Diese Menschen sind kaum von Minderwertigkeitskomplexen betroffen, wenn – dann nur für einige Gebiete, aber im Grunde halten sie viel von sich. Die Antriebslinien dürfen nicht mit den Impulslinien verwechselt werden, die von unten aufsteigen und mit den Energielinien ein Gitter bilden können. Starkes Gitter heißt: Impulse können Energien auffressen. Diese Handeigner sollten sich auf weniger Impulse konzentrieren.
Jede Antriebslinie (je nach Stärke, Tiefe und Länge) bedeutet eine Verstärkung der ursprünglichen Lebensintensität. Oft jedoch auch einen Konzentrationsmangel auf das nächstliegende Ziel.
Häufig haben diese Handeigner eine gute Ausstrahlung, die auf ihrer Tüchtigkeit beruht. Nicht, daß sie geliebt werden, dies trifft wohl allgemein gesehen nicht zu, aber man gönnt ihnen den Erfolg, weil die Außenstehenden ihren Einsatz spüren. Wer eine schwache Vitalis hat, könnte hier Reserven sehen, weil diese Linien auch zeigen, daß diese Menschen sich nach negativen Erfahrungen nicht geschlagen geben, sich statt dessen immer wieder aufraffen.

Ganz vorsichtig sollte man hier aber bei der Zeitmessung sein, die **keinesfalls** nach innen (zum Daumenballen hin) auszudehnen ist. Meistens findet man diese Linien jedoch im oberen Mars-Venus-Bereich. Also im Marsberg und auf dem Venusberg. Dies hat nichts mit der ersten Lebenshälfte zu tun. Hier geht es um eine Grundintensität. Wenn sich viele Antriebslinien mit Energielinien treffen, bekommen wir ein Gitter. Dies sei als Hinweis zu werten, daß ein Gitter eben durchaus nicht *nur* Negatives signalisiert. Sicher stellt so ein Gitter eine Art Ballung dar, die Verzettelungen anzeigt. Das Zu-sich-finden ist nicht leicht, weil etwa bei einem Gitter aus Energielinien und Antriebslinien diese Menschen stets wie aufgedreht wirken. Sie müssen etwas tun, dabei drehen sie sich auch oft im Kreise. Sie bauen sich selbst Hindernisse auf, weil sie eher zu viel als zu wenig Kraft haben.
Diese Linie oder Linien (die auch oft Schwesterlinien der Lebensfalte genannt werden) zeigen also oft eine Intensität an, die anderen auf die Nerven gehen kann. Sie fühlen sich von dem Einsatz, dem Fleiß dieser Personen beschämt, oder sie meinen: „Die

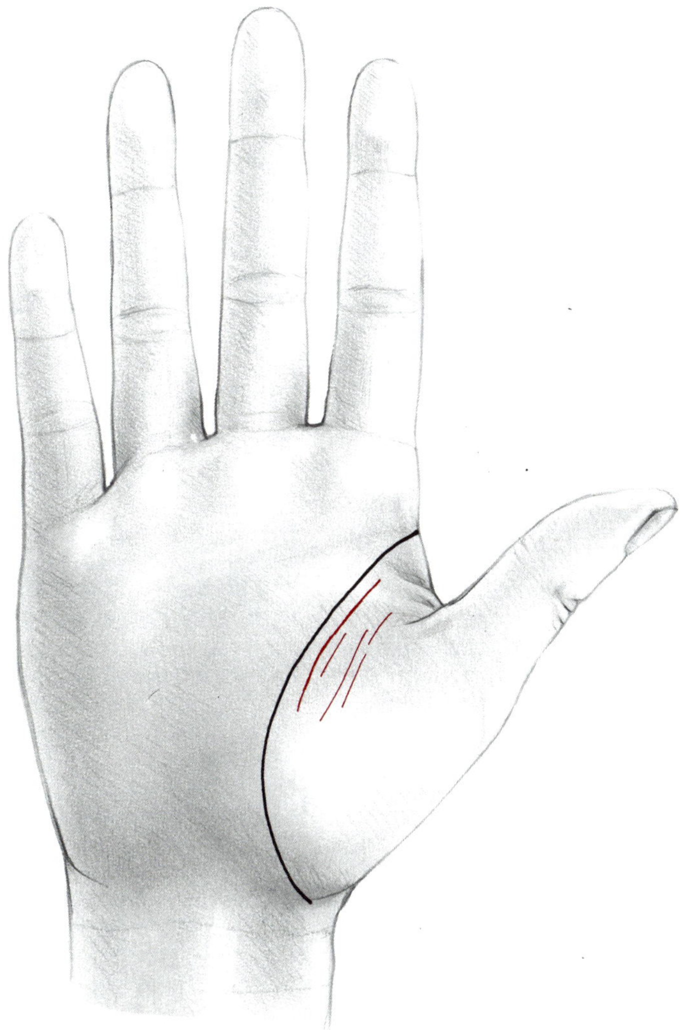

Antriebs- und Impulslinien

haben nie Zeit, schon gar nicht für eine gemütliche Stunde!“ Das ist natürlich übertrieben, aber es zeigt doch an, wie diese Menschen auf andere wirken. In einem Team müssen sie der Mittelpunkt sein, sie schaffen das auch, aber die Klarheit der Übersicht als Führungsperson muß ihnen durchaus nicht gegeben sein, dazu ist der Saturn- und in erster Linie der Jupiterfinger zu untersuchen; und die geistige, intellektuelle Kraft zur Führungsfähigkeit offenbart uns ja mehr oder weniger der Merkurfinger. Immerhin liegen diese Antriebslinien zum Daumen hin, was schon einen Anspruch anzeigt, den diese Personen für sich fordern.

Wenn sie ihr Ziel nicht erreichen, dann wollen sie die Intensität, die in ihnen brodelt, anders ausleben. Sie genießen dann das Leben in Saus und Braus nach dem Motto: „Etwas muß man ja schließlich vom Leben haben, nicht wahr?“ Sie lieben den Luxus, auf Kreuzfahrten die oberen Kabinen, die besten Hotels. Ausnahmen sind die, die in ihren Händen eine starke Sonnenlinie oder einen ausgeprägten Apollofinger aufweisen können. Es geht bei der Antriebslinie weniger um eine Vitalkraft, die zeigt der Daumen und sein Ballen an, sondern um die Intensität des Lebens, die hier klar übersteigert werden kann. Daher wird diesen Menschen oft auf den Kopf zugesagt, daß sie sich vor Streß hüten sollten. So ist hier also auch eine Hinneigung zur Selbstschädigung zu sehen, da jede Lichtseite Schatten bedingt.

Die größte Gefahr besteht jedoch häufig darin, daß diese Menschen sich gerne übernehmen, ohne dies zu merken, sie meinen, diese oder jene Aufgabe schaffen sie auch noch. Und so halten sie auf einer Reise von Hamburg nach Basel vier oder fünf Mal, um jeweils noch eine ganz wichtige Angelegenheit zu regeln. Kein Bahnhof, von wo sie nicht irgend jemanden anrufen. Sie lesen drei Zeitungen nebeneinander, hören Radio, während sie arbeiten oder sich unterhalten.

Im Mittelalter wurden diese Kräfte oft als Teufelskräfte verdammt. Der Begriff Teufel wurde stets mit dem Mars gleichgesetzt, und jede Überintensität ist ja dem Durchschnitt etwas unheimlich. Auch aus dieser Ecke könnte die Angst vor denen kommen, deren Übereinsatz nur durch eine Satansenergie erklärt werden kann, zumal diese Menschen eher das Schwert zücken, um sich zu verständigen, als zum Federkiel zu greifen. Ist dazu der Daumen nun noch sehr groß, nicht im unteren Glied tailliert, dann wird sicher nicht ohne Grund von einer brutal zugreifenden Kraft gesprochen. Ist der Daumenballen stark und nicht zu fest, sind darauf viele Antriebslinien anzutreffen, dann wird auch das sexuelle Bedürfnis überdurchschnittlich stark zu Tage treten.

Wir merken uns: Antriebslinien verdeutlichen also eine Ich-Beziehung, aber auch hier kann dies durch eine starke Du-Hinneigung, die ja auch aus der Hand zu ersehen ist, durchaus ausgeglichen werden, etwa durch eine Ausbuchtung außen auf der Kleinfingerseite. Außerdem kommt es auch stets auf die Vernunft und den Gebrauch des Verstandes an, womit wir zur Kopflinie kommen.

Die Kopflinie

Diese Linie wird die Vernunftslinie genannt oder als Verstandeslinie bezeichnet. Auch sind die Ausdrücke Cerebralis oder Cephalica gebräuchlich. Diese Linie entspringt meist außen an der Daumenseite der Hand zwischen Daumen und Zeigefinger, sie kann aber auch erst unter dem Zeige- oder Saturnfinger entspringen. Jedenfalls kommt sie aus dem gleichen Bereich wie die Vitalis – also stammt sie aus der Ich-Seite der Hand. Diese Linie – so gut wie in jeder Hand zu finden – stellt die untere Horizontale dar, im Gegensatz zur Herzlinie, die ja die obere Horizontale ist, deren Beginn aber in der Du-Seite der Hand liegt.

Von der Höhe verschoben, fließen also diese Linien aufeinander zu (manchmal vereinigen sie sich gar) und fließen dann nebeneinander her, wenn auch in gegensätzlicher Richtung. Sind beide Linien vereint, dann sprechen wir von einer „gesperrten" Hand, worüber noch zu reden sein wird.

Die Kopflinie soll das Menschliche in der Hand symbolisieren, weil sich der Mensch wohl vorwiegend durch seine Vernunft und den Gebrauch seines Verstandes von den anderen Lebewesen unterscheidet, wobei wir nicht außer acht lassen dürfen, daß der Verstand nachteilig sein kann, wenn dadurch das Instinktive verdrängt wird. Daher müssen wir bei starken, ausgeprägten, langen und tiefen Kopflinien schauen, ob wir als Ausgleich in der Hand vielleicht eine Neptunlinie (wenigstens im Ansatz) finden.

Das Ich strebt um so stärker zum Du, je länger diese Kopflinie ist. Manche erreicht fast die Außenhand und fällt tief in den Mondberg ab (A). Manche Kopflinie ist an ihrem Ende mehr nach oben gebogen (B). Dies bedeutet dann, daß wohl allein vom Kopf her auf das Du zugegangen wird, daß manchmal sogar eine Art Berechnung mit im Spiel sein kann. Andere (C) laufen überdimensional zum Handgelenk herab. (Abbildung siehe nächste Seite.)

Ist diese Linie abfallend, sucht sie auslaufend oder verästelnd förmlich ihre Geborgenheit im Mondberg, dann können wir von einer schöpferischen Phantasie sprechen, diese Leute holen aus der Tiefe. Oft wirken sie viel intellektueller als sie sind. Und hier können wir am deutlichsten (A) erkennen, wie man bei der Deutung vorgehen soll. Diese Linie kommt aus dem Antriebsbereich, symbolisiert die Intensität der Kopfarbeit (die Verstandeskraft selbst sitzt ja im Merkurfinger) und reicht bis zum Mondberg. Also wird verbunden: Antrieb und schöpferisches Wachstum, die Seele mit der Urenergie des Ichs!

Verläuft diese Linie stark nach oben, dann wird das Unbewußte ausgelassen, wird diesem vielleicht nicht vertraut. Denn wir können sagen: Diese Linie trennt in der Handinnenfläche den tieferen vom oberen Bereich, und dem unteren Bereich sind alle nicht so vom Verstand steuerbaren Dinge zugeordnet.

Liegt die Kopflinie also sehr hoch, dann wird mehr das Gedankliche aktiviert; liegt sie tiefer, wird mehr aus den Instinkt- und Einfallskräften im Denken untergebracht oder mehr darauf zurückgegriffen. Mit einem

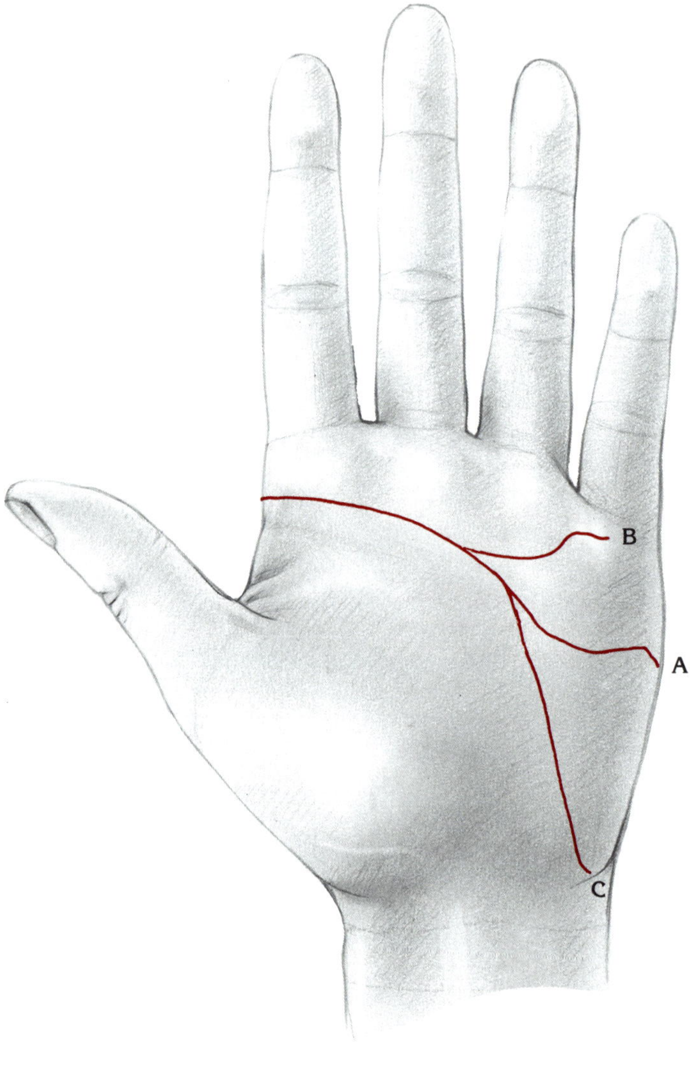

Kopflinien

„klugen" Kopf hat diese Linie allein noch nichts zu tun und auch nichts damit, die Realität, die Wirklichkeit in den Griff zu bekommen. Dazu schauen wir mehr auf die Mittelglieder unserer Finger.

Wir halten fest:
Die Kopflinie ist ebenso wie die Lebensfalte oder die Herzlinie in der Hand eines Embryos feststellbar. Diese Horizontale fällt in der Regel etwas in der Hand ab, manchmal (seltener) steigt sie auch auf. Aber das Absteigende zeigt oft das Streben nach Tiefe an oder ist ein deutliches Signal für uns, nicht allein dem Kopf zu trauen, dieser will ja sein Wissen auch aus der Tiefe schöpfen. Es geht bei dieser Linie also um die innere Waage, die im Gleichgewicht zu halten ist, wie auch der Gleichklang vom Ich zum Du angestrebt werden muß.

Der Anfang der Kopflinie ist nicht immer leicht zu finden, wenn er in einer Verkettung mit der Lebenslinie liegt (B). Leichter ist es, wenn die Kopflinie von der Lebenslinie getrennt läuft, wobei es nicht unbedeutend ist, ob sie unter der Lebensfalte (A) oder über ihr (C) entspringt. Sie kann also unter oder im Jupiterberg entspringen, was von Anfang an eine Verbindung von Verstandesintensität und Entfaltungsdrang gibt. Beginnt diese Linie aber dicht am Daumen, sozusagen unter der Lebenslinie, dann haben wir eine Verbindung zwischen der Antriebskraft und der gedanklichen Intensität. Diese Menschen haben zwar starke Antriebswünsche, aber sie versuchen sie unter Kontrolle zu halten. (Bild Seite 236.)
Dies alles kann noch durch Äste unterstrichen werden, oder wenn die Kopflinie in der Mitte zwischen Jupiterberg und Daumen entspringt, zeigen oft Verästelungen Bindungen zum Antriebs- oder zum Entfaltungsbereich. Ja, die Kopflinie kann sogar im Venusbereich (A1) (Daumenballen) entspringen, oder ein starker Ast steigt vom Daumenballen direkt in die Kopflinie auf. Hier haben wir es mit einer sehr emotionalen Verstandesintensität zu tun. Dabei sei darauf hingewiesen, daß Intensität selbst von Tiefe und Länge abhängt. Zerfließt die Kopflinie zu sehr in die Breite, dann besteht die Gefahr, daß ein Mangel an Konzentration auf das Wesentliche die Intensität der verstandlichen Kräfte zerfließen läßt. Ein breiter Fluß, der ebensoviel Wasser führt wie ein enger, eingefaßter Fluß, trägt nicht die Kraft in sich wie der Strom im engen Verlauf, was ja die Menschen unter anderem dazu veranlaßte, Kanäle zu bauen. Auch dies brauchen wir nur aus dem Landschaftsbild der Erde auf das Landschaftsbild der Hand zu übertragen. Läuft die Lebenslinie am Anfang eine Zeitlang mehr oder weniger (B) verbunden oder gar verkettet mit der Kopflinie, dann kann zwar sehr viel Lebensintensität über den Verstand gefiltert werden, aber die Entscheidungen werden dann doch nicht allein aus dem Verstand heraus getroffen. Wobei noch einmal betont sein soll, daß das Absteigen der Kopflinie oder Verästelungen vom unteren Teil der Hand in diese Linie eine Verbindung zwischen oben und unten suchen, was sicher dabei hilft, aus der Mitte heraus seine Folgerungen oder Entscheidungen zu treffen. Der Verstand sollte sich ja auch mit dem

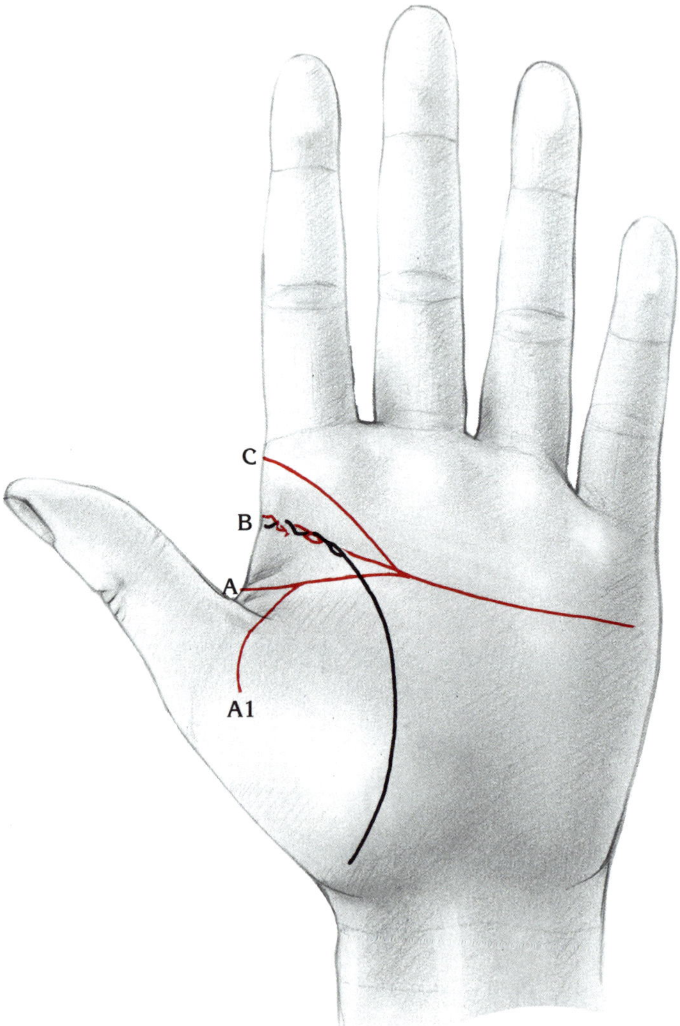

Drei Anfänge der Kopflinie

Dunklen im Menschen befassen. Denn es gehört zu ihm.

Die Kopflinie kann in beiden Händen verschieden sein. In einer rechten Hand zum Beispiel war zu sehen, daß die Kopflinie eher nach oben zu den Fingerbergen ausgerichtet war und eine Linie die Kopf- mit der Herzlinie verband. Tatsächlich gehörte die Hand einem Kaufmann, der kühl rechnete und – nicht für sich, sondern für seine Firma – jeden Vorteil wahrnahm. Es war nur verwunderlich, welche tiefen Interessen dieser Handeigner zeigte, wenn man in Privatgesprächen beisammen saß. Die Kopflinie der linken Hand verlief im weiten Bogen bis tief in den Uranusberg hinein. Hier könnte man wirklich von den zwei Seelen der Verstandesintensität eines Menschen sprechen. Hart und kühl berechnend im bewußten Lebensteil, aber unbewußt mit der tiefen Sehnsucht und Überzeugung in sich, daß es Dinge gibt, die den Menschen erst völlig ausmachen, von denen sich der bewußte Verstand allein nichts träumen läßt. Da war eine Sehnsucht nach Deutung von Träumen, nach dem Verstehen von Instinkten zu spüren, dem Verwirklichen von Einfällen und Einsichten, die nur im bewußten, aktiven Leben keinen Platz hatten oder haben durften. Gerade diese Unterscheidung ist aus beiden Händen so gut erkennbar.
Sind sich beide Hände in etwa ähnlich, was den Blick in die Handfläche betrifft, dann scheinen es die Handeigner leichter zu haben, ihren Weg zur Mitte zu finden, als die Handeigner, die hier sehr unterschiedliche Bilder aufweisen.

Zurück zur Tatsache, daß Kopf- und Lebenslinie oft bis über zwei Zentimeter lang zusammen, verkettet oder als eine dichte Doppellinie verlaufen (siehe nächste Abbildung). Man sagt, dies weise darauf hin, daß diese Handeigner in der Kindheit (A) oft keine genügende Freiheit vom Elternhaus oder anderen Institutionen gehabt hätten. Ob dies so zu behaupten ist, scheint zweifelhaft. Eher werden nachhaltige Kindheitseindrücke, die früh ins Bewußtsein drangen, sichtbar, aber auch ein frühes Nachdenken über den Sinn des Lebens, was ja durch eine Beschränkung in der Jugend mit am meisten auf den Plan gerufen wird. (Varianten der Kopflinie A)

Sind dagegen Kopf- und Lebenslinie getrennt, so kommt es sehr auf den Abstand an, der nicht zu groß sein sollte.

Ist die Kopflinie (B) getrennt von der Lebenslinie – je weiter, je markanter – dann soll dies ein Zeichen für ein risikoreiches Leben sein. Sicher ist ein Leben – abgesehen vom grundsätzlichen Risiko – immer dann riskanter, wenn die Verstandesintensität mit der Lebensintensität keine Verbindung hat, ja, wenn sich beide sozusagen fremd sind. Dies gilt aber ganz besonders dann, wenn die Kopflinie nahe am Jupiterberg beginnt, oder wenn gar ein Ast eine Verbindung des Jupiterbereiches mit der Kopflinie anzeigt (C). Dann wird die Verstandesintensität vorwiegend von Entfaltungswünschen getragen, was schnell über die Kräfte gehen mag, weil die Beziehung zur Realität verloren ist.

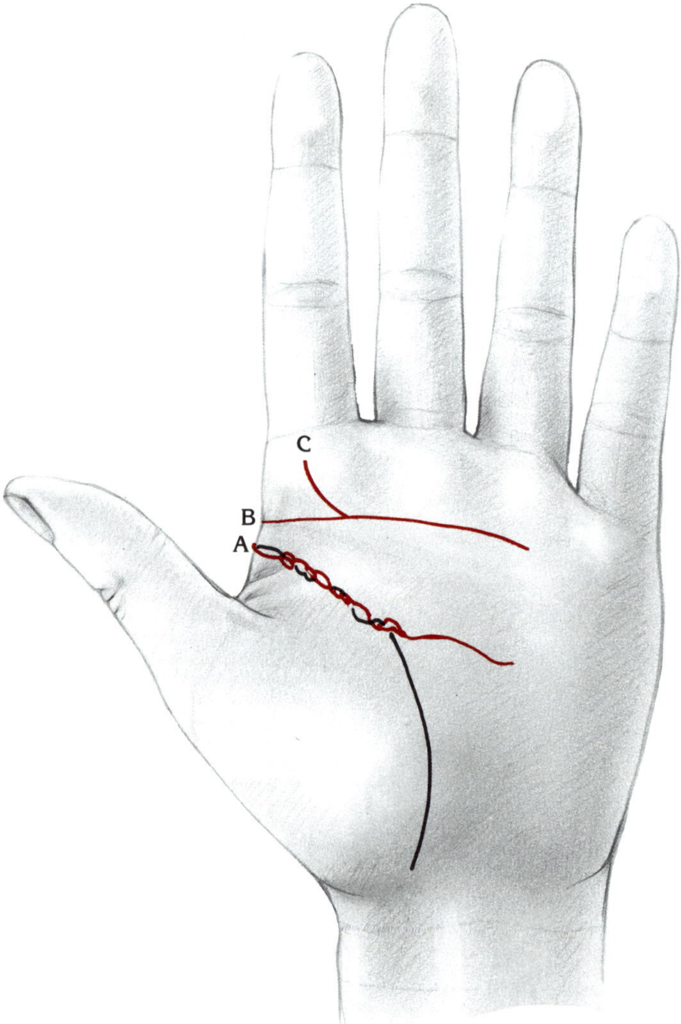

Varianten der Kopflinie

Gabelungen oder Verästelungen zeigen Verbindungen an, die – eines bedingt das andere – auf eine Vielseitigkeit schließen lassen, aber die Grenze zwischen Vielseitigkeit und zu großer Vielfältigkeit ist ja sehr eng und oft gar nicht so leicht zu unterscheiden. Oder: Wann wird Vielseitigkeit zur Belastung, wann ist sie noch erfolgversprechend?

Wichtig bei der Betrachtung dieser Linie ist neben dem Anfang die Richtung des Verlaufes, besonders aber der Endpunkt, da ja das Merkmal der Verbindung das wichtigste Prinzip der Deutung ist.
Hier am Endpunkt vermögen wir zu sehen, wo sich die Verstandesintensität neue Nahrung, neue Energien holt, wo sie meint, Reserven zu haben, wo sie aus dem Vollen schöpft.

So kann diese Linie unter dem Saturnfinger aufhören (A). Hier wäre die Auseinandersetzung mit einem Schicksalsfatalismus sicher gegeben, aber es besteht auch die Verpflichtung, die Verstandesrichtung mit Verantwortung und Lebensernst zu füllen.
Knickt die Kopflinie (B) dagegen kurz nach dem Saturnfinger ab, dann gibt es sicher im Leben vom Gedanklichen her einen „Knick“, ein Umdenken. An dieser Stelle sieht es so aus, als wolle dieser Handeigner sich nicht mit seinen Idealen auseinandersetzen, er möchte den eigenen künstlerischen Veranlagungen ausweichen und sich lieber in die Realität der Erdebene flüchten.
Ein Streben der Kopflinie in den Apollo- und Merkurbereich (C) zeigt dagegen eine Hinneigung zum Du an, aber wohl mit zu bewußter Verstandesintensität, da „man“ dem Dunklen ausweicht, nicht wagt, auch da hinabzusteigen. Auch das Musische wird dann eher vom Kopf her aufgenommen, das Emotionale kann dabei etwas auf der Strecke bleiben.

Dies verhält sich anders, wenn die Kopflinie nach unten führt. Oft geht sie bis zum Merkurberg (halbwegs) und biegt dann nach unten zum Mondberg ab (A). Dies heißt, die Verstandesintensität, mit dem Drang, das Bewußte genau zu analysieren, macht nun den Versuch, Vorgänge aus dem Bereich der Phantasie mit zu verarbeiten, um daraus zu schöpfen (gut für Dichter und Schriftsteller, aber auch hilfreich für Psychologen).
Neigt sich die Kopflinie zum Neptunberg (zum Neptuneinschnitt), dann sucht die Verstandesintensität durchaus auch die Intuition mit zu verarbeiten. Hierbei kommt es sehr auf den Verlauf an. Geht diese Linie ziemlich direkt (B) zum neptunischen Bereich, dann fühlt sich der Verstand stark mit dem Instinkt verbunden. Dies findet man verhältnismäßig wenig, obwohl sich diese Menschen wohl recht glücklich schätzen können.
Ist der Bogen, den die Kopflinie beschreibt, weit ausholender (C), dann ist das Saturnische als das Verantwortungsgefühl mit in die Kombination einzubeziehen. Oft heißt dies, daß dieser Handeigner erst seine schwereren Erfahrungen machen mußte (bei jüngeren Menschen: wird sie machen müssen), ehe er zur Intuition gefunden hat (findet).
Wenn aber dagegen die Kopflinie

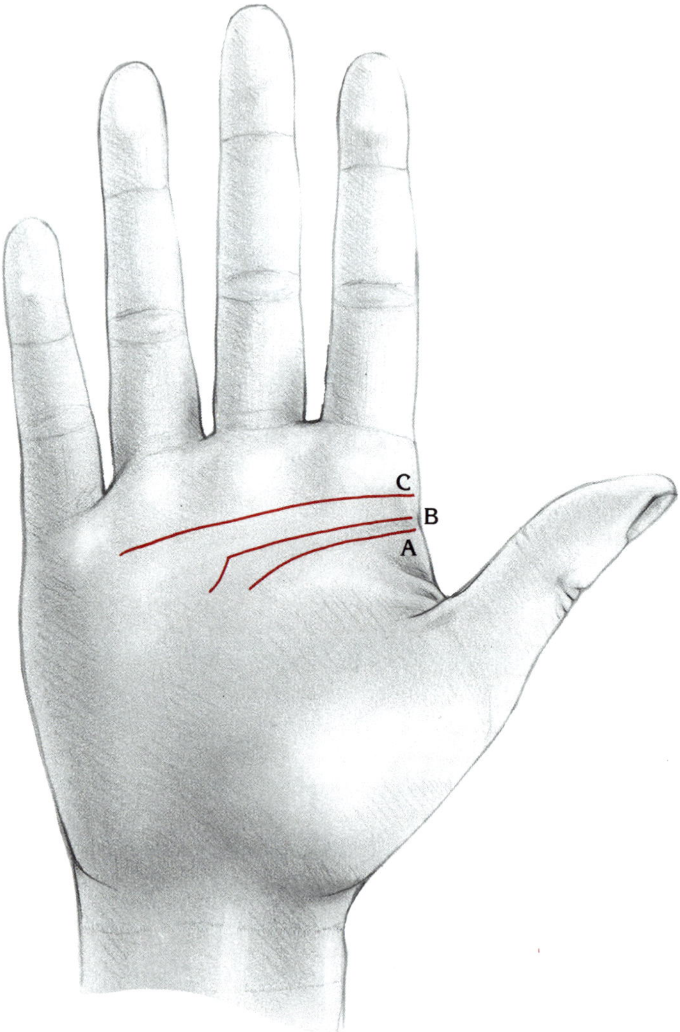

Waagerechte Kopflinien

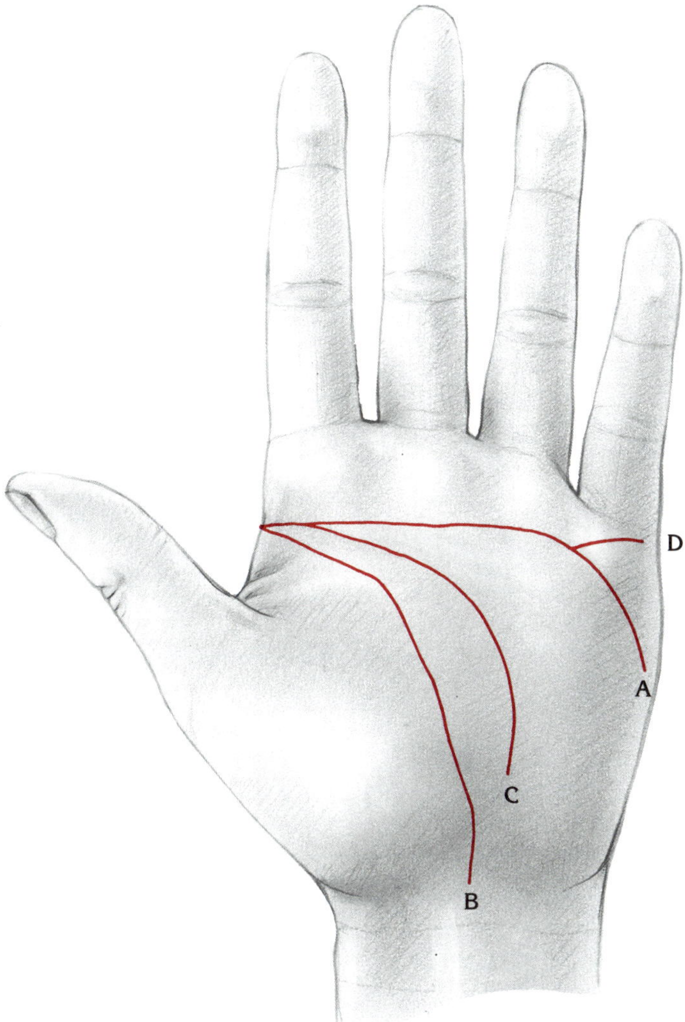

Vier Kopflinien-Varianten

schnurstracks – oder auch in Windungen, Wellenlinien – zum Plutoberg zu streben scheint (D), dann wird doch die Intensität des Verstandes mehr in die Durchsetzungsrichtung mobilisiert, wobei vorhandene Wellenlinien als Umwege bezeichnet werden könnten.

Hinzuzufügen wäre noch, daß jede sich mehr oder weniger abwärts neigende Kopflinie darauf hinweist, daß der Verstand eine saugende Fähigkeit hat. Diese Menschen saugen andere gedanklich förmlich aus. Man sagt oft – wenn auch meist anerkennend –: „Die stehlen mit den Augen." Alles wird bewußt und unbewußt aufgenommen (je nach linker oder rechter Hand), auch wenn es im Moment nicht zu verwerten sein mag.
Diese Menschen machen Erfahrungen und ziehen ihre Konsequenzen daraus, das ist das Wesentliche; und außerdem deutet es auf ein gutes Gedächtnis hin.
Auch hier ist wieder zu beachten: funktioniert dies mehr bewußt (rechte Hand) oder unbewußt (linke Hand)? Zu tiefe Hinabneigung führt aber dann eventuell auch zu einer Belastung, weil solche Leute sich zu tief im Dunkeln eingraben, manche fühlen sogar eine Begegnung mit Dämonen in sich selbst. Alpträume oder ängstliche Gedanken, ja eine Urangst wirkt auf diese Menschen antreibend, als würden sie sich mit Verstand und Aktivität davor schützen müssen, und so ist ihre Reaktion nicht immer klar oder berechenbar.
Nun kann die Kopflinie auch sehr kurz sein und nur in der Mitte der Hand sichtbar werden (A). Hier haben wir es mit einer nicht so natürlichen Verstandesintensität zu tun, die zwar irrsinnig konzentriert, aber doch begrenzt ist. Spezialisten kann man diese Handeigner nennen, scherzhaft auch als Fachidioten bezeichnen, die kaum mehr als ein Interesse haben, aber auf ihrem Gebiet (je nach Lage dieser Linie) echte Fachleute, ja Kapazitäten sind.

Auf andere mag dies oft so wirken, als würden diese Leute denken wie jemand von einem fernen Planeten, denn auf realen Gebieten sind sie oft nicht sehr sattelfest, da müssen sie oft lange grübeln, ja richtig pauken.
Anders verhält es sich, wenn diese Linie zwar zwischen Daumen und Zeigefinger anfängt, aber sehr kurz gestaltet erscheint (B). Diese Menschen zeichnen sich meist durch eine überhöhte Verstandesintensität aus, danach brauchen sie aber Zeit für die Aufladung ihrer gedanklichen Kapazitäten. Kurze Kopflinie heißt nicht: kurzer Verstand. Sie bedeutet Konzentration auf das Wesentliche bis zur Isolierung, aus der diese Personen dann oft nicht so leicht herausfinden.
Auch zur Kopflinie gibt es (wie bei der Lebenslinie) die Möglichkeit, daß Parallellinien erkennbar sind. Die verstärken den Verstandeseinsatz. Liegt so eine Linie (C 1) oberhalb der Kopflinie (C), dann gibt es einen großen, umfassenden Gedankenraum, aber eher für das Logische, das Folgerichtige. (Abbildung kurze Kopflinien)

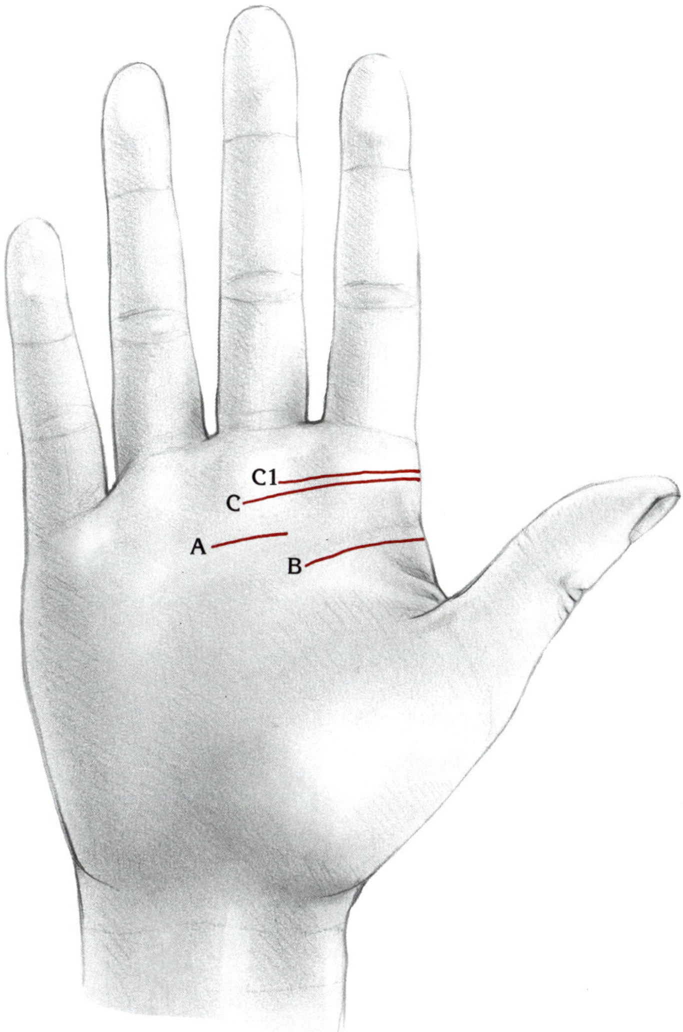

Kurze Kopflinien

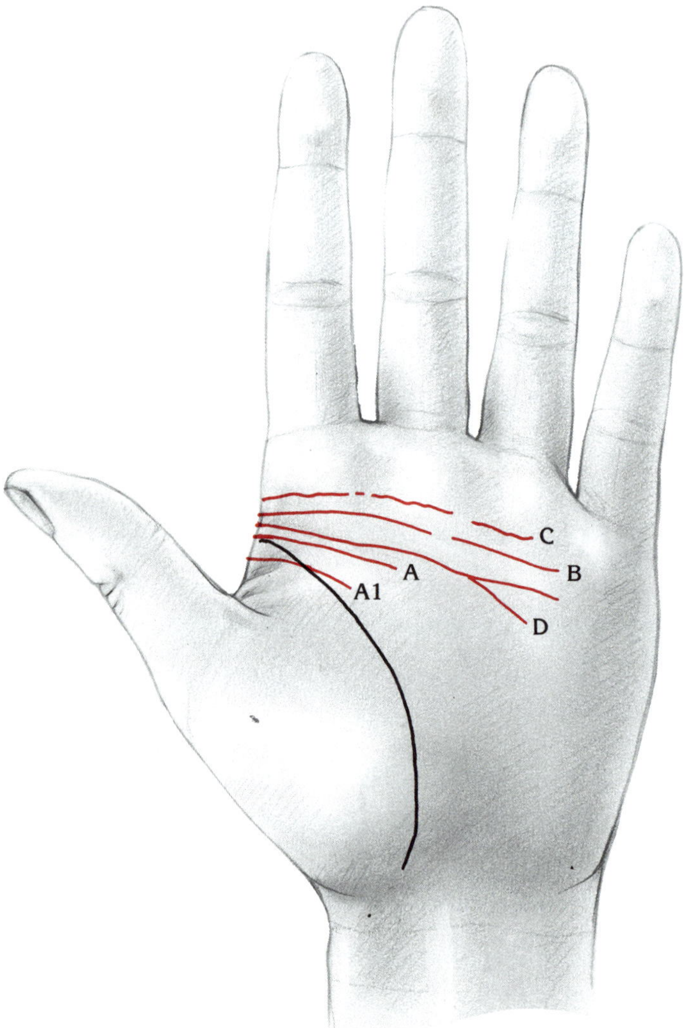

Formen der Kopflinie

Läuft die Parallellinie (A1), dagegen unterhalb der Kopflinie (A), dann wird die gedankliche Intensität auch auf den dunklen unteren Raum ausgedehnt – je nach Abstand versteht sich. Diese Linie kann sogar die Lebenslinie von unten schneiden (was auch bei der Kopflinie an sich möglich ist). Diese Menschen können sehr reizbar sein, also leicht streitsüchtig. Sie reagieren oft bei scheinbar harmlosen Gelegenheiten so unangebracht scharf, daß viele ihnen am liebsten aus dem Wege gehen würden.

Eine Kopflinie kann auch unterbrochen sein (B). Hier haben wir es dann mit einer eher sprunghaften Verstandesintensität zu tun. Diese Personen hüpfen gerne von einem Thema zum anderen, sie haben Freude daran, einmal anzugreifen, einmal zu verteidigen, einmal für Traditionen einzustehen, einmal wieder nur das Fortschrittliche anzuerkennen. Und wenn ihnen andere dabei nicht folgen können, stört sie das nicht, im Gegenteil: Es bereitet ihnen oft eine diebische Freude.

Ist die Kopflinie beispielsweise zittrig (C), dann haben wir es eher mit einer Nervosität des Denkens, der Vernunft zu tun. Diese Leute suchen immer, kommen mit ihren Gedanken kaum zur Ruhe, fühlen sich oft am Ende ihrer Nerven, wollen immer wieder alles hinwerfen, merken jedoch in diesem Moment selbst, daß dadurch kein Problem gelöst wird. Das sind übrigens Menschen, die so gut wie gar nicht konzentriert zuhören können.

Gabelt sich die Kopflinie, dann teilt sich auch die Intensität des Denkens auf (D), das Interesse ist geteilt – je nach Stärke der Gabelung oder nach der Menge der Verästelungen am Ende dieser Linie. Man kann die Richtung dieser Interessensteilungen ja ziemlich klar erkennen, wenn die Hinwendung der Verästelungen im Handrelief angesehen wird. Man sagt: Fallen zuviele Verästelungen – auch im Verlauf der ganzen Linie – nach unten ab, dann würde dies ein fast sicheres Zeichen für Pessimismus sein, viele Verästelungen nach oben würden dagegen auf einen stärkeren Optimismus hindeuten. Die Erfahrung bestätigt dies nur bedingt. Sicher sind Personen mit vielen Verästelungen nach oben eher aus einer schlimmen Lage, aus einer Depression herauszureißen als Menschen, deren Kopflinienverästelungen nach unten weisen. Die ersteren sind mit Verstandesgründen leichter zu erreichen, die anderen reagieren auf die sogenannten vernünftigen Argumente längst nicht so gut.
Man kann dies bei ärztlichen Besuchen recht gut beobachten. Wer an der Kopflinie viele Verästelungen nach oben aufweist, der nimmt die freundlichen, aufmunternden Worte einer Vorzimmerdame viel eher an, die kann ihn trösten; während diejenigen, deren Verästelungen nach unten zeigen, so leicht nicht zu ermuntern sind. Letztere haben eine stärkere Bindung an die Tradition, während Verästelungen nach oben mehr auf ein Streben hinweisen, die Tradition eher links liegen zu lassen.

Selbstverständlich finden wir bei dieser Linie auch unsere Kreuze, Qua-

drate, Rechtecke, Inseln, auch Gitter und die Sterne. Also alle Zeichen (Omen), die möglich sind. Das muß aber nicht sein. Wenn wir sie finden, dann deuten wir sie in der Richtung wie bei der Lebenslinie angegeben. Es ist nicht nötig dies zu wiederholen, zumal ja jeder Handbetrachter seine Kombinationskraft schulen soll. Dies gilt auch für Überschneidungen oder Kreuzungen von Linien, die vielleicht unter den 21 genannten gar nicht beschrieben werden.
Wichtiger ist die Länge der Kopflinie! Strebt sie zu weit in den Du-Raum, dann wird die Meinung anderer nicht so leicht angenommen oder erst nach recht schweren inneren Auseinandersetzungen. Bricht die Linie vor dem Du-Bereich ab, dann scheint es starke Hemmungen vor dem Du von der Verstandes-Intensität her zu geben, weil sich diese Menschen schwer von sich lösen können. Reicht die Kopflinie aber bis zum Außenrand der Kleinfingerseite, dann kommen wir zu einem Begriff, der schon viel Unheil angerichtet hat.

Die gesperrte Hand

Um es einmal ganz einfach zu formulieren: Läuft eine Linie (oder zwei Linien, die sich vereinen) durch die gesamte Hand – also von der Daumenaußen- bis zur Kleinfingeraußenseite (oder umgekehrt) –, dann sprechen wir von einer gesperrten Hand. Dies kann im Grunde nur die Kopflinie (A) oder die Verbindung von Kopf- und Herzlinie (B) als eine Linie sein, seltener ist es die Herzlinie (C). Bei einer Vereinigung von Herz- und Kopflinie haben wir es mit der berüchtigten Affenfurche zu tun.

Die Verschmelzung von Kopf- und Herzlinie wird als echte Trennung der Hand in zwei Teile – einen oberen und einen unteren Handteil – oder als eine exakte Sperrung angeschaut. Weil die höheren Affenarten diese Furche oft besitzen, gebraucht man den Namen Affenfurche, aber auch Vierfingerfurche oder Mongoloidenfurche. Dies sind alles Bezeichnungen, die oft bei Nennung viel Schrecken auslösen, weil dies nach animalischem Verhalten klingt, nach Anormalität. Und dies ist falsch.
Es gibt übrigens noch eine Trennungsart (D), da die Kopf- und Herzlinie am jeweiligen Ende durch eine Querlinie verbunden werden. Auch dies sperrt die Hand. Um es noch einmal deutlich zu sagen: Diese Sperrung bedeutet nicht ein geistiges oder sonstiges Zurückbleiben, schon gar nicht affige oder unterentwickelte Merkmale. Hier vereinigt sich die Verstandes- und die Gefühlsintensität auf fast gleichmäßige Art, was sicher eine Stärke, aber auch Schwäche sein kann, wenn der Verstand zu emotional, das Gefühl zu logisch zu reagieren scheint, und Menschen zwischen diesen beiden Polen hin- und herpendeln.
Wir wissen, wie oft Genie und Wahnsinn engstens beieinander liegen können, so auch hier. Diese Furche kann durchaus ein Zeichen für eine geniale Veranlagung sein, aber nur, wenn von dieser Linie (oder zu ihr) starke Verästelungen von oben und unten streben, daß also diese Linie zwar sperrt, aber ihr auch viel aus dem oberen wie dem unteren Raum hinzugeführt wird. Eine Zusammenballung von emotionaler und verstandesmäßiger Intensität ergibt fast immer schöpferische Impulse, der nur oft die Richtung, das Ziel fehlt. So ist also auch das Grundniveau dieser Handeignerin oder des Handeigners sehr wichtig und die Gestaltung von Apollo- und Merkurfinger, denn hier treten ja die angesprochenen Kräfte zu Tage.
Oft ist ein Zusammenschmelzen dieser Linie übrigens besser, als ein zu weiter Abstand der Linien voneinander, wo das Emotionale mit dem Verstandesmäßigen im praktischen Leben kaum zusammenzuführen ist, weil jede Kraft ihre eigene unabhängige Intensität entwickelt. Oft verbindet zum Glück dann die Schicksalslinie (die aber nicht vorhanden sein muß) beide Linien miteinander, oder andere Linien schaffen hier eine Verbindung.
Bei der Sperrung einer Hand ist es ungemein wichtig, sich die andere Hand anzusehen. Ist etwa die linke Hand gesperrt, dann hat es das Unbewußte, das Seelische recht schwer, sich zu ordnen, was bei psychologischen Beratungen oft deut-

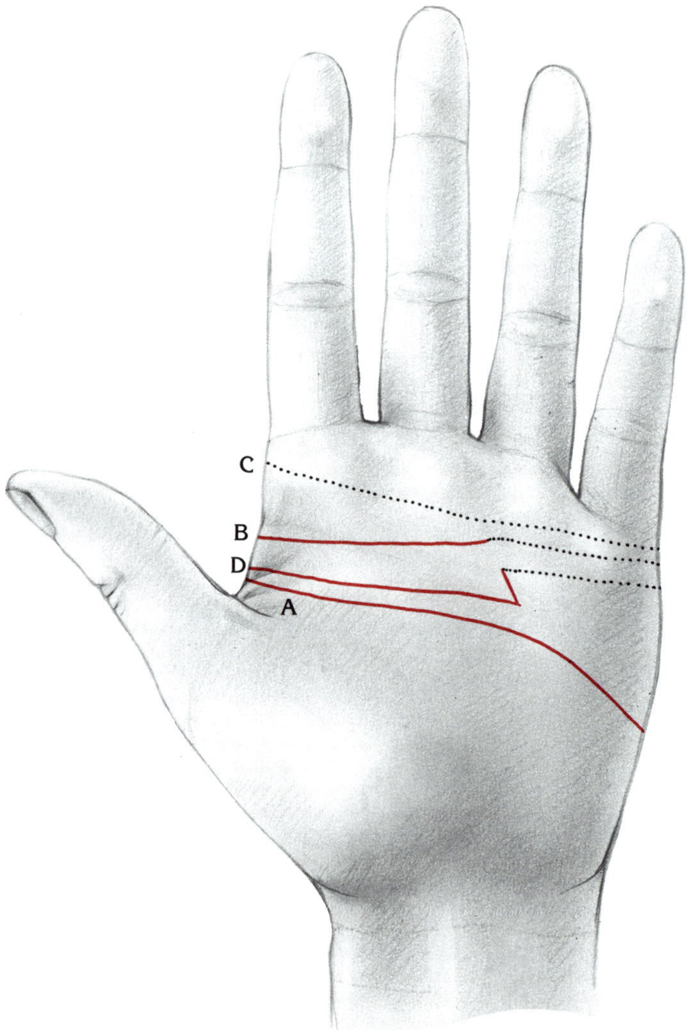

Gesperrte Hand

lich spürbar wird. Liegt die Sperrung in der rechten Hand, ist es oft relativ einfach, dies bewußt zu machen. In der linken Hand deutet diese Vierfingerfurche (weil sie unter den vier Fingern verläuft) darauf hin, daß das Unbewußte aufkommende bewußte Selbsterkenntnis nicht annimmt, hier müßte ein Therapeut damit rechnen, daß er seine Arbeit immer wieder von vorne beginnen muß.

Eines ist aber sicher: Wenn so eine gesperrte Hand nicht einem kranken Menschen (einem Mongoloiden) gehört, haben wir es immer mit Originalen zu tun, manchmal ist eine fast unheimlich zu nennende Herzensklugheit auszumachen, die gerade in der heute so kühl und technisch orientierten Zeit höchst angenehm auffällt. Diese Furche deutet also bei gesunden Menschen stets auf eine große Kraft hin, sie können viel leisten, wenn sie sich konzentrieren. In der Liebe (vor allem mit Verästelungen nach unten) fressen sie den Partner förmlich auf, und es liegt an ihm, ob er dies beglückend findet oder nicht. Handelt es sich um die rechte Hand und liegt diese Furche hoch (oder mit Verästelungen nach oben), dann können diese Menschen das Dunkle, das Nächtige oft völlig verdrängen. Sie nehmen nur die Kopfregionen zur Kenntnis, sind hier ungemein leistungsfähig, und selbst des Nachts scheinen sie ruhig zu schlafen, weil sie sich von der Welt der Träume abschirmen können, was schon außergewöhnlich ist.

Für sie gibt es also meist nur ein Entweder oder ein Oder, und sie sind oft grandios in ihrer Einseitigkeit. Sicher ist dann aber auch das Zusammenleben mit so einem Partner oder so einer Partnerin höchst schwierig, wenn nicht oft unmöglich. Diese Personen fühlen sich nämlich oft falsch verstanden, und ihre geradezu verblüffende Einseitigkeit, die in sich begründet ist, steigert sie immer mehr in das Gefühl des Unverstandenseins hinein. Man brauche sich nur einmal bildlich vorzustellen, welche Kräfte hier getrennt sind (ohne Verästelungen): Einmal gehen die Denk-, die Ideal-, die Verantwortungs- und die Entfaltungskraft in eine Richtung, die Seelen-, die Einfalls-, die Instinktkraft und die Gefühlskraft in die andere Richtung, wobei wir das Plutonische (obere Hand) noch einmal ausgeklammert haben. Was sich ergänzen sollte, trennt sich, und so fehlt oft das Gegengewicht, was einmal einen Vorteil, dann aber auch einen Nachteil darstellt.

Dieses Problem wird – wie gesagt – gravierend in der Liebe, sowohl in der geschlechtlichen wie in der geistigen Zuneigung. Erotik als Verbindung von beiden will recht schwer gelingen. Alles wird zu animalisch oder zu bewußt gestaltet. Dabei verfügen diese Menschen meist über eine recht erstaunliche Anziehungskraft. So ist diese Furche *unter Umständen* ein Hinweis auf gleichgeschlechtliche Zuneigung, jedoch nie grundsätzlich, sondern nur, wenn dem anderen Geschlecht gegenüber Angst vor dem Bestehen mit im Spiel ist. Hier ist ein Blick zum Mond- und Venusberg bedeutsam.

Wenn allein die Kopflinie die Hand sperrt, dann wird fast alles durch den Verstand gefiltert, dann riegelt der intensive Gebrauch des Verstandes, der Vernunft alle Emotionen, alles von unten Aufsteigende ab.

Wenn dagegen die Herzlinie die Hand sperrt, indem sie überlang ist, also die ganze Hand durchquert, dann werden diese Handeigner alles mit zuviel Gefühl füllen wollen, das Sentiment hat dann ein leichtes Spiel, diese Personen erschöpfen sich meist in ihren Emotionen, und sie *müssen* andere einfach mit ihren Gefühlen überschütten. Diese meinen, sie werden von den Gefühlen überfahren.

Keinesfalls aber – um dies noch einmal festzuhalten – bedeutet eine Sperre ein Unglück, ein schlimmes Omen. Es ist ein Merkmal, das selten ist, daher beim Vorhandensein aber um so mehr zu beachten ist.

Die Kopflinie sagt also aus, wie sich die Intensität des Verstandes im Leben auswirkt, wie intensiv diese Personen auch den Verstand gebrauchen, was nichts über die Höhe des Niveaus aussagt, also nichts darüber, ob einer klug oder weniger intellektuell veranlagt sei. Es geht nicht um die Kraft des Verstandes (hier gibt uns der Merkurfinger bessere Auskünfte), sondern ob die Kräfte mehr (dicke Linie) oder weniger (dünne Linie) gebraucht werden; vor allem aber, welche Gebiete über die Vernunft verbunden werden. Wenn die Kopflinie aus dem Marsbereich kommt, dann geht es um die Willensumsetzung in punkto Vernunft. Beginnt sie im Jupiterbereich, mehr oder weniger nahe dem Berg, dann wird erst einmal die Entfaltung per Verstand umgesetzt.

Mit welchen Kräften wird dies nun verbunden? Etwa mit den Kräften der Phantasie, der Seele, des Schöpferischen, was wir im Mondberg orten können, oder mit den intuitiven Kräften, wenn die Kopflinie im Neptunbereich endet? Endet sie auf dem Uranusberg, dann wird viel Einfallskraft über den Verstand eingesetzt, endet sie im Plutoberg, dann dreht sich das Denken fast nur allein um die Durchsetzung an sich.

Gerade bei dieser Linie zeigt sich der Unterschied zwischen rechter und linker Hand sehr deutlich. Es gibt ja eine bewußte, intellektuellere Klugheit, die wir in der rechten Handinnenfläche ersehen, und eine kluge unbewußte Reaktion, die für Außenstehende oft überraschend kommt und auch nicht so leicht zu erklären ist. Letztere ist mehr in der linken Hand zu sehen. Hier kann es große Unterschiede geben, wie wir schon erwähnt haben. Meist sind die Linien in beiden Händen in der Grundveranlagung gleich, was eine Harmonie des bewußten und des unbewußten Intellekts ergibt. Linien, die die Kopflinie schneiden, sind Kreuzungen, Stockungen, aber auch Zuführungen von anderen Intensitäten. Wichtig ist nur, ob nach so einer Kreuzung ein Knick oder eine Richtungsänderung zu verzeichnen wäre. Dann kann die gekreuzte Linie Hinweise für den Grund geben. Die Kopflinie hat uns also sehr viel zu sagen, wobei die Nutzung des Verstandes ja durch Willen und Konsequenz gesteigert werden kann, so daß manche Aussage der Kopflinie, die ja nur Anlagen zeigt, uns hilft, eigene Schwachpunkte zu erkennen und abzustellen. In diesem Bereich dürfte das nicht einmal so schwer fallen. In der Gefühlswelt ist das schwieriger. Damit kommen wir zur Herzlinie, die mit dem Herzen (wörtlich genommen) nicht soviel zu tun hat, wie oft angenommen wird.

Die Herzlinie

Ein anderer Name für die Herzlinie lautet Gefühlslinie, was sicher so nicht richtig ist, denn das Gefühl sehen wir mehr im Venusbereich, es ist auch besser im unteren Teil der Hand angeordnet. Ferner kennen wir die Bezeichnung Emotionalis. Dieser Name ist besser, weil die Emotionen ja nach außen dringen, eher unbeherrscht hervorbrechen. Außerdem muß ein gefühlsstarker Mensch nicht immer emotional reagieren. Und genau das sehen wir in der Herzlinie, also wie es um die **Intensität der Emotionen** steht, ob diese schwächer oder stärker sind, ob sie beherrschter (Verbindung durch Seitengabel zur Kopflinie) oder unbeherrschter sind (Emotionalis mit Parallellinien).
In dieser Linie ist die Intensität unserer Ansprechbarkeit zu sehen. Immerhin kommt sie völlig aus dem Du-Bereich, und manche Linien enden hier auch schon. Wir dürfen nicht vergessen, daß es sich bei dieser „Herz"-Linie mit um die einzige große Linie handelt, die auf der Du-Seite entspringt. Manche Handeigner haben auf der Kleinfingeraußenseite zwar noch die Plutolinie, und dann sind noch die sogenannten Reiselinien vom Ursprung her auf der Du-Seite zu sehen. Die Herzlinie ist also die Linie, die uns anzeigt, mit welcher Intensität wir uns dem Du stellen, wie wir die Anregungen von außen aufnehmen, und wie diese dann in das Ich eingearbeitet werden. Das ist das Wesentliche an dieser Linie. Und wenn wir es mit Eigenbrötlern zu tun haben sollten, die hier eine starke Herzlinie hätten, dann leben sie entgegen ihrer Grundintensität, dann muß es sich praktisch um eine Selbstvergewaltigung handeln.
Diese Linie ist die zweite horizontale Linie in der Handinnenfläche, eine schwache Horizontale ist dann nur noch (bedingt) die Neptunlinie. So sind aus dieser Linie auch Folgerungen zu ziehen, wie es sich um die Güte der Handeigner gegenüber anderen Menschen verhält, oder – damit wir nun auf das entscheidende Wort kommen – mit welcher Intensität das Du oder Außenstehende unser Herz berühren, beziehungsweise wie wir uns vom Herzen her dem Du, dem anderen, unseren Mitmenschen gegenüber verhalten. Darum geht es also bei dieser Linie, die parallel zur Kopflinie, wenn auch aus entgegengesetzter Richtung, verläuft. Der Raum zwischen beiden Linien in der Mitte der Handinnenfläche ist der irdene Raum, aber mehr davon bei der Erläuterung des Handtisches. Beide Linien zeigen also zwei Gleise an, die sich ergänzen sollen. Man kann meist auf einen Blick erkennen, ob sie miteinander harmonisieren.
Die Kopflinie neigt sich eher in die Tiefe der Hand, die Emotionalis weist mehr aufwärts. Der Volksmund sagte einst: „Einem Menschen mit abstrebender Herzlinie ist nicht zu helfen, denn er saugt die Bedürfnisse des Du in sich auf, ohne sie in seine Verantwortung oder Entfaltung einzubauen." Da liegt viel Wahrheit im Kern dieser Aussage, denn ein Zustreben zum Saturn- oder gar zum Jupiterfinger deutet ja an, daß die Intensität der Du-Erfahrung in das Verantwortungsbewußtsein beziehungsweise in die Verhaltensweisen einzubauen ist. Beginnt die Herzlinie

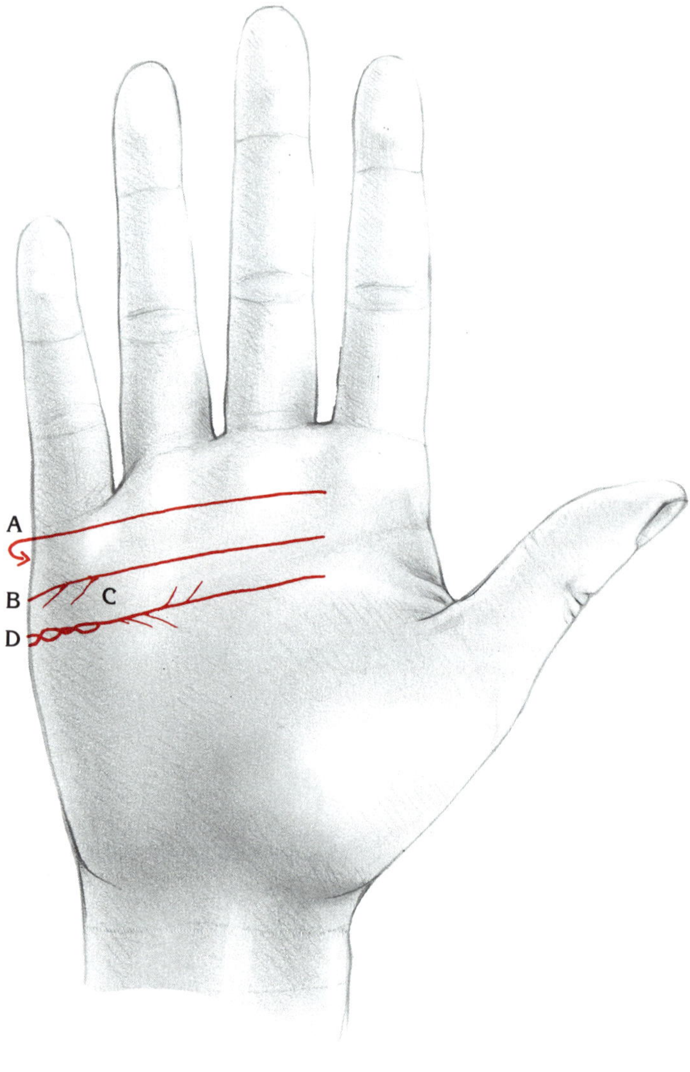

Drei Herzlinien

nahe am kleinen Finger, dann mag manches in der gelebten Herzensintensität zu pragmatisch sein, wobei es aber wichtig ist, wie weit die Linie von der Außenseite her beginnt, je weiter, um so mehr wird mit dem Du gelebt (A). Je tiefer in der Hand diese Linie beginnt (B), um so mehr spielt auch eine seelische Beziehung zum Du eine Rolle.
Steigen beim Anfang aus der Tiefe Verästelungen auf, weist dies noch stärker auf die seelische Bindungsintensität hin (C), während eine Verkettung (D) auf Probleme der Kindheit hindeutet, die die Bindungsintensität belastet haben mögen. Verästelungen nach oben zeigen, daß dies eher mit dem Kopf, Verästelungen nach unten eher vom Gemüt bewältigt wird, womit allein der Beginn der Linie schon wesentliche Merkmale signalisiert. (Abb. Drei Herzlinien)
In der linken Hand geschieht alles unbewußter, auch die Emotionen. Nun kann man sagen, Emotionen würden ja aufsteigen, würden ja mehr aus dem Unterbewußtsein kommen. Wer einmal wirklich geliebt hat, weiß, daß es anders ist. Viele Emotionen sind allein durch den Verstand auszulösen, weil man etwas gehört hat, oder weil etwas vom Denken auf das Emotionale in einem gewirkt hat.
Die unbewußten Emotionen kommen wirklich mehr aus der Seele, aus der Nacht, und sie verdeutlichen sich mehr in den Träumen. Wenn die Linie in der linken Hand sich am Ende gabelt (A), oben in den Zeigefingerbereich hineinstrebt, aber zur Kopflinie sich ein anderer Gabelast zu orientieren scheint, dann wird sicher im Unterbewußtsein ein starker emotionaler Wunsch zu einer Entfaltung vorhanden sein, deren Begründung oder Hinweis in logischer Konsequenz aus dem Unterbewußtsein erwartet wird, zumal beide Gabeläste noch durch einen Querstrich verbunden werden. Dies gibt ein Dreieck, was dafür noch eine Begabung anzeigt. Das bedeutet, die Logik der Entfaltung und ihrem einzuschlagenden Weg nimmt dieser betreffende Handeigner aus dem Unterbewußtsein, was sich in der realen Welt durchaus nicht als logisch zeigen muß.
Mitunter wird diese Linie sogar durch eine Parallellinie begleitet (B), wobei es darauf ankommt, ob sie sich oberoder unterhalb der Emotionalis befindet. Letzteres heißt eher Verbindung zum Verstand aufzunehmen, oberhalb der Herzlinie heißt dies, daß manche Emotionsintensität sofort zu einem Krafteinsatz drängt. Hier wären ja die Fingerberge näher, also die wachzurufende oder aufzurüttelnde Energie. Wir alle kennen Menschen, deren Emotionen sich oft in einem Energieschub offenbaren.
Wenn die Emotionalis „nur" den Saturnfinger erreicht, oft sehr knapp (C), dann zeigt dies doch eine starke Gewissensausrichtung an. Vor jeder Entfaltung steht da meistens ein Selbstprüfungstermin, der absolviert werden muß.
Endet zum Beispiel die Herzlinie noch früher, also unter dem Sonnenfinger (D), dann wird zwar das Du diese Menschen (je nach Stärke der Linie) erreichen, aber bei den persönlichen Entscheidungen kaum eine Rolle spielen, so nahe sich die „Herzen" auch sein mögen. Auch wollen diese Menschen oft gar nicht die Verantwortung für andere tragen, oder

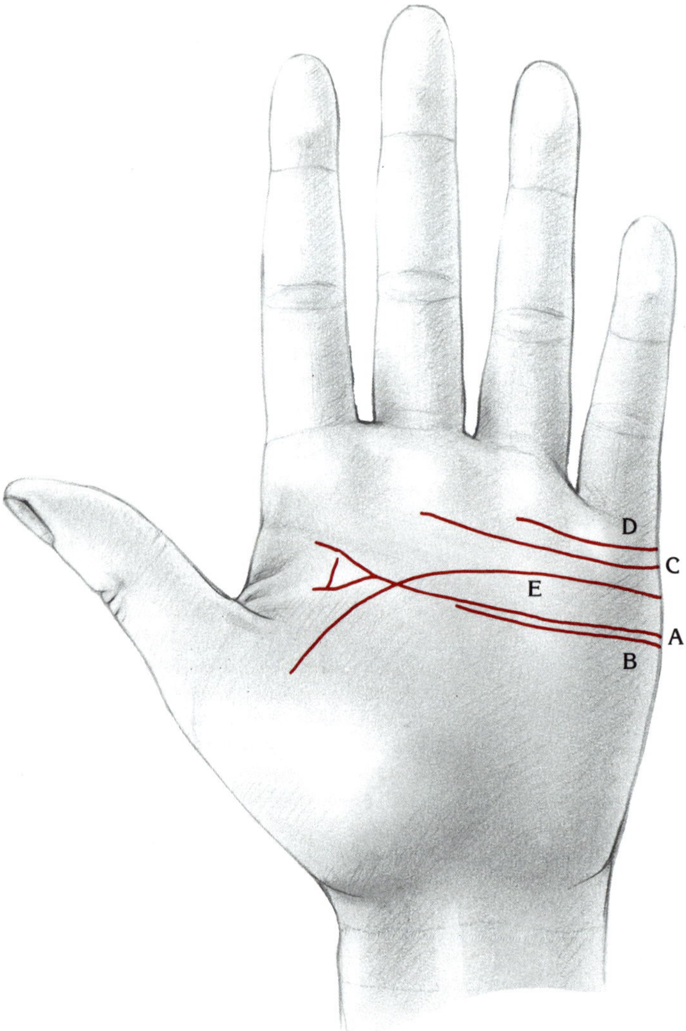

Varianten der Herzlinie

sie haben Scheu, diese auf sich zu nehmen. Hier fehlt es sogar manchmal an Zivilcourage in punkto Liebe und Bindung – ob aus Mangel an Kraft oder aus Angst, wäre dann an Hand der Neptunlinie und des Mondberges noch genauer zu klären. Ein Anzeichen dafür könnte sein, wenn die Kopflinie weit in den Mondberg hineinreicht.

Früher sagte man, daß in dieser Linie das Lebensziel angegeben sei. In der Praxis hat sich diese Ansicht nicht so bewährt, man könnte besser sagen, es geht um die emotionale Intensität, mit der einem (um nicht zu sagen dem) Lebensziel nachgestrebt wird.

Manche Herzlinie neigt sich sogar der Lebenslinie zu (E) und sperrt die Hand – das ist selten. Eher neigt sich die Endung nach unten zur Kopflinie. Beides zeigt ein Zurückziehen in sich selbst an, auch ein Verkriechen vor dem Du. Hier könnte man eine stark passive Du-Sehnsucht sehen. Es entspricht der Herzlinie nicht, sich zu senken. Ist dies aber der Fall, dann werden die Emotionen mehr in sich hineingefressen, das kann eine Art der Selbstliebe anzeigen, ja auf gewisse Abnormalitäten auf der erotischen Ebene hinweisen.

Liegt die Herzlinie übrigens sehr hoch, dann schießen die Emotionen zu schnell heraus, liegt sie mehr zur Kopflinie hin, dann brechen die Gefühlsreaktionen nicht so abrupt auf. Aber wenn diese Linie zu nahe an der Kopflinie liegt, dann nähern wir uns dem Begriff der gesperrten Hand, der ja schon genügend erläutert wurde.

Wenn wir hier so viel von den Emotionen sprechen, dann sind die Gefühlsreaktionen gemeint, die kaum zu unterdrücken sind, weil sie durch unsere Grundlebenseinstellung ausgelöst werden – dies würde gegen unser innerstes Wesen verstoßen. Insofern mag es zum Teil richtig sein, wenn hier auch die Grundhaltung einer Handeignerin, eines Handeigners zu sehen sein soll. Besser ist wohl zu sagen, daß sich hier das „Kentaurische“ in einem Menschen zeigt, das ideelle Herauswachsen (Jupiterfinger als Ziel dieser Linie) aus dem nur animalischen, emotionalen Bereich durch die Aufnahmefähigkeit für das Du, den Gegenpol, die Außenwelt.

Die Richtung der Herzlinie, der Emotionalis, ist wieder entscheidend. Ideal wäre es – so heißt es oft – wenn diese Linie im sanften **Aufwärts**schwung in den Jupiterfingerberg (A) bis zum Jupiter-Wurzelglied verläuft.

Im allgemeinen reicht die „normale“ Herzlinie bis zum Zeigefinger, weswegen sie auch den Namen Dreifingerfurche erhalten hat. Verästelt sich diese Linie am Ende sehr, ist ein Zerflattern der Emotionen möglich.

Linien, die zwischen Jupiter- und Saturnfinger enden, zeigen Bedachtsamkeit in der Entfaltungsausbreitung, aber die Linie sollte über die Mitte des Saturnfingers hinausgehen. Strebt sie vorher zur Saturnlinie, dann lassen sich diese Handeigner manchmal vom Schicksal mehr emotional treiben, als es selbst in die Hand zu nehmen. Auch hier müssen wir den Unterschied zwischen linker und rechter Hand machen.

Aber die Herzlinie kann vorher sanft enden, auch abbrechen, obwohl sie auf den Jupiterberg zielt. In beiden Fällen können wir davon ausgehen, daß die Du-Intensität sehr zur eigenen Entfaltung genutzt wird. Reicht diese Linie in den Berg hinein (A), dann wird durch das Du und die intensive Aufnahme dieser Begegnungen viel Energie geweckt. Reicht diese Linie bis zum Finger-Wurzelglied dicht heran (B), dann können diese Menschen für das Du sogar die eigene Ich-Entfaltung überwinden. Ganz schlimm ist es aber, die Länge wiederum als Wert allein anzusehen! Wenn man folgende Aussage liest: „Wer eine kurze Linie hat, der besitzt nicht viel Herz", kann man fast böse werden. Je länger die Linie, um so stärker wirkt das Du auf den Ich-Kern der Handeigner ein, das ist das Entscheidende! Aber auch eine kurze Emotionalis kann eine starke Du-Intensität anzeigen, nur wird der Kern davon nicht so sehr berührt werden. Nun zeigen sich oft am Ende dieser Linie Vergabelungen (C), dies besagt, daß wir diesen Richtungen nachgehen müssen. Strebt eine Gabelung zum Saturnfinger, die andere zum Jupiterfinger, dann heißt dies, daß die Emotionen durch das Du einmal mit Ernst angenommen werden und auch die persönliche Entfaltung stark berühren. Neigt sich eine Vergabelung oder neigt sich die Emotionalis am Ende zum Marsbereich hin (D), dann vermischen sich Du-Emotionen mit der Willenskraft, wecken auch unter Umständen Triebkräfte. Eine Art von Selbstliebe oder ein Narzißmus kommt dann zum Vorschein.

An unserer Herzlinie ist auch abzulesen, mit welcher Intensität der Mensch sich entwickeln will (nicht entfalten, das ist ein großer Unterschied). Insofern ist es gut, wenn diese Linie mindestens unter dem Apollofinger beginnt, was ja meist der Fall ist (A).

Aber die Herzlinie kann auch außergewöhnlich kurz sein, gar erst am Saturnfinger beginnen (B). Hier wird nicht soviel vom Du aufgenommen, was diesen Personen schwer zu schaffen machen kann. Oft zweifeln sie an ihrer Gefühlsfähigkeit, und die Depressionen sind recht nah, es sei denn, diese kurze Linie erreicht den Jupiterbezirk.

Manchmal ist diese Linie auch unterbrochen. Einmal ist ein Bruch in der Linie selbst zu erkennen (C), was sicher auf einen Umschwung in der Emotionsgrundlage hinweist. Die Menschen sagen dann: „Hat ‚Die' sich oder ‚Der' sich in seiner Gefühlswelt verändert!"

Wenn dagegen bei einem Ende der Herzlinie eine Parallellinie weiterläuft (C 1), dann ist hier zwar ein Bruch, eine Umstellung zu sehen, es fragt sich nur in welcher Richtung! Ist sie eher äußerer, auch oberflächlicher Art oder doch mehr in die Tiefe gehend? Dies kann sehr gut verfolgt werden, wenn jemand ein außergewöhnliches Liebeserlebnis hatte. Also wenn aus einem eingeschworenen Junggesellen mit stärkstem Sinn für erotische Abenteuer ein fast puritanischer Ehemann wird, weil er seine Frau wirklich über alles liebt und die Zweierbindung als Sinn des Lebens schlechthin ansieht.

Eine dagegen spät beginnende Emotionalis (D) kann – wenn sie auch noch abfallen sollte – auf innere Zweifel an der Bindungskraft gewer-

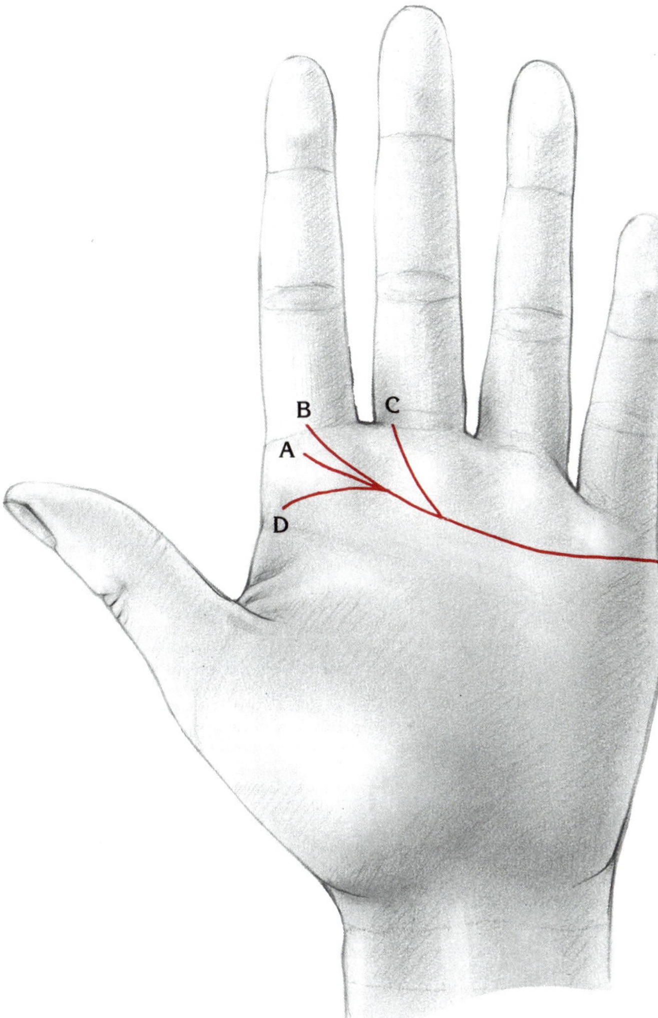

Gabelung der Herzlinie

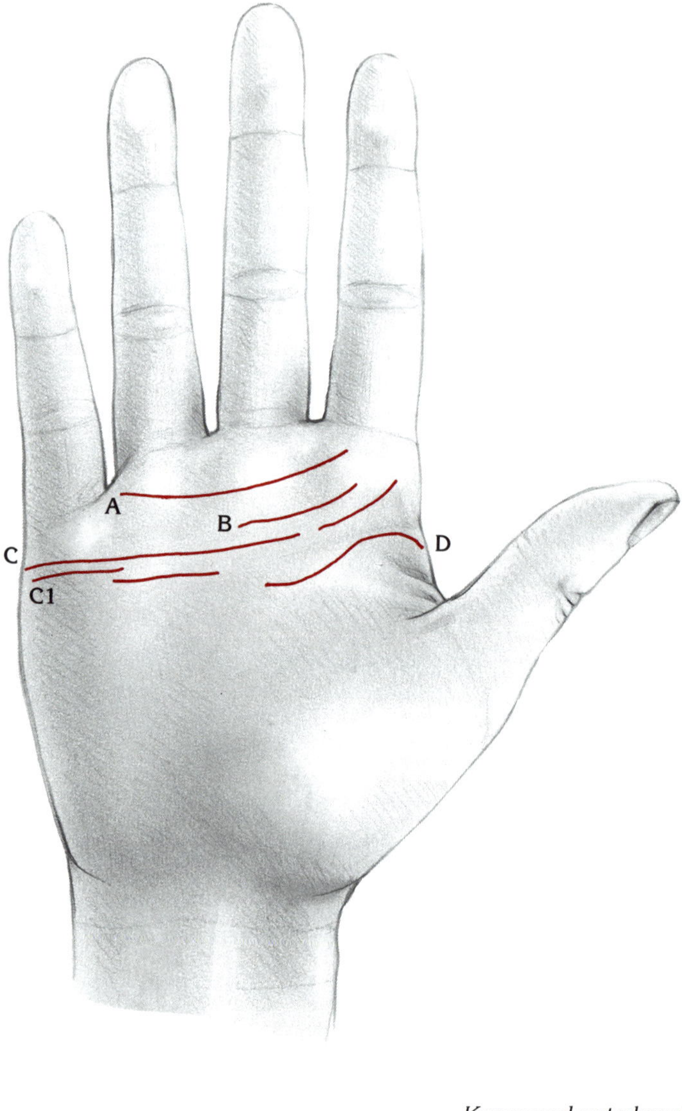

Kurze und unterbrochene Herzlinien

tet werden, was zu depressiven Selbstvorwürfen führen kann. Diese Menschen leiden oft, ohne dies in Worte fassen zu können, und sie versuchen sich dann ihre zärtlichen Erlebnisse selbst zu bereiten, indem sie vielleicht zu stillen Genießern werden oder sonstwie sich für sich allein das Leben verschönen. Sie sagen dann oft, endlich kämen sie zu sich selbst, so daß sie sich einmal richtig verwöhnen könnten!

Die Herzlinie soll die zweite Linie sein, die sich beim Embryo im Mutterleib bildet, die erste Linie ist die Vitalis, die Lebenslinie. Geht man davon aus, kann man sogar sagen, daß dies die zweitwichtigste Linie ist, und das Lebensgefühl, die Emotionen spielen ja beim Menschen eine große Rolle, weil er danach (zumindest im Durchschnitt) seinen Lebensablauf bewertet. Zu den Emotionen gehört das Lachen wie das Weinen. Nun ist nicht zu sehen, ob einer viel lacht *und* wenig weint. Aber das ist nicht die Regel. Menschen, die gerne und herzhaft lachen, die also zur freudigen Emotion fähig sind, sind auch leicht am Wasser gebaut, wie der Volksmund es formuliert. Sie können auch ihre traurigen Emotionen nach außen dringen lassen, und darum geht es bei dieser Linie. Erst danach kommt die Vernunftsintensität. Es handelt sich im gewissen Maß um eine Erbanlage. So müssen wir in punkto Ratschlägen hier sehr vorsichtig sein, zumal Gefühlsverletzungen so sehr schwer vernarben, das braucht seine Zeit.

Gehen von dieser Herzlinie viele Verästelungen aus, dann erreichen die Emotionen viele Lebensgebiete, beziehungsweise sie werden durch viele Richtungen ausgelöst. Menschen mit vielen Verästelungen werden sich nur sehr schwer absondern können, werden sehr schwer ihre Gefühle verbergen. Nur in Ausnahmefällen haben wir es hier mit Pokerspielerinnen oder -spielern zu tun, mit Personen, denen man kaum ansieht, was in ihnen vorgeht.

Eines kann man aber nicht in dieser Linie sehen: die Stärke einer Liebe. Die Stärke der Gefühlsintensität schon, aber nicht die der Liebe. Liebe ist ja nirgends eingeschrieben, also auch nicht in der Hand. Gefühlsintensitäten haben noch gar nichts mit der Liebe an sich zu tun. Emotionen für andere ist etwas völlig anderes als eigene Emotionen. Daher deutet auch eine starke Linie nicht auf starke Liebe hin, schon gar nicht eine breite Herzlinie. Hier zerfließen die Emotionen eher ins Seichte als bei einer tiefen, aber engen Linie. Natürlich können auch breite Linien tief sein, um so intensiver ist dann die Gefühlswelt, aber auch das Sentimentale in einem Charakter. Diese Leute weinen drauflos, wenn sie eine Orgel oder eine Schnulze hören, da kann man nichts machen. Aber daraus ist noch nicht zu schließen, daß sie ein weiches Herz haben, daß man also mit ihnen machen kann, was man will! Sicher haben diese Personen oft ein übergroßes Wärmebedürfnis zum Du, sie wollen einfach in die Arme genommen werden, sie suchen den Kontakt im körperlichen Bereich, ohne daß dies etwas mit Sexualität oder Erotik zu tun haben muß.

Personen mit enger, eher schmaler, feinster Herzlinie sind nicht etwa ohne Gefühle, aber sie lassen diese kaum intensiv heraus, schon gar nicht bis zur Erschöpfung. Vielleicht sind sie sogar deswegen gegen psychosomatische Krankheiten geschützter, aber sie werden sich selten so unvoreingenommen freuen wie andere neben ihnen oder um sie herum.
So ist aus dem Verlauf der Herzlinie, ihrem Ende, ihrem Aufwärts- oder ihrem Abwärtsstreben recht gut die Welt der Emotionen zu erkennen.

Die Herzlinie kann nun einen unterschiedlichen Verlauf haben.

Sinkt diese Linie erst ab, um dann wieder aufzusteigen, so daß man das Bild einer kleinen Schale hat (A), dann empfangen diese Menschen erst einmal etwas, um danach erst zu geben. Sie warten ab, wie sehr sich das Du öffnet, ehe sie ihren Gefühlen und Emotionen freien Lauf lassen. Dahinter verbirgt sich oft eine Schüchternheit, aus Angst, nicht anzukommen. Es kann durchaus sein, daß diese Menschen sich etwas zu wichtig nehmen und ihre Gefühlswelt überschätzen.
Haben wir es mit einer wellenförmigen Herzlinie zu tun (B), dann sind die Emotionen wohl eher wechselhaft, auch kaum kontrollierbar, auf keinen Fall berechenbar, hier wird es der Partner meist nicht sehr einfach haben. Manchmal lachen diese Menschen sehr schnell, um sich dann für das Lachen zu schämen. Sie wissen sogar oft nicht, wohin mit den Emotionen, und es sind sehr oft (sicher nicht immer) diejenigen, die uns nachts per Telefon aus dem Bett herausklingeln, weil ihnen mal so oder so zumute ist.
Eine sehr hoch angesetzte Emotionalis (C) zeigt grundsätzlichen Optimismus an, aber die Umgebung fragt sich oft, worauf dieser begründet ist, denn er erscheint vielen als zu flach oder auf zu kleiner Basis beruhend.
Eine schnurgerade Herzlinie (D) läßt auf eine gleichmäßige Intensität der Emotionen schließen, weil die Gefühle einfach gradlinig ausgerichtet sind. Wenn hier hin und wieder das Wort Gefühle fällt, dann ist dies nicht mit den Gefühlen zu vergleichen, die wir im Venusberg gesehen haben, aber es gibt ja neben der Liebe, der Erotik, der Sinnenfreude noch viele andere Gefühle, die eben in dieser Linie zu erkunden sind.
Es ist gut, sich beide Hände anzusehen, weil die Emotionen uns dann einen Streich spielen, wenn wir sie gar nicht unter Kontrolle haben, da sie eben dem unterbewußten Bereich entspringen. Immerhin ist das Lebensgefühl in der Emotionalis gut sichtbar, denn Vernunft und Verstand geben nichts vom Grundlebensgefühl wieder. Und meist lieben wir andere Menschen wegen ihrer allgemeinen Gefühlslage, wegen ihrer gefühlsmäßigen Reaktionen!

Was besagen nun Omen (Zeichen) auf oder an dieser Linie? Kreuze bedeuten hier Emotionseinbrüche, Gefühlsverletzungen. Sterne sind Chancen, andere mit den Gefühlen einzufangen, das kann auch von Mann zu Mann der Fall sein. Inseln sind Gefühlsbesinnungen, Klärungen der eigenen Gefühlswelt. Ein Quadrat

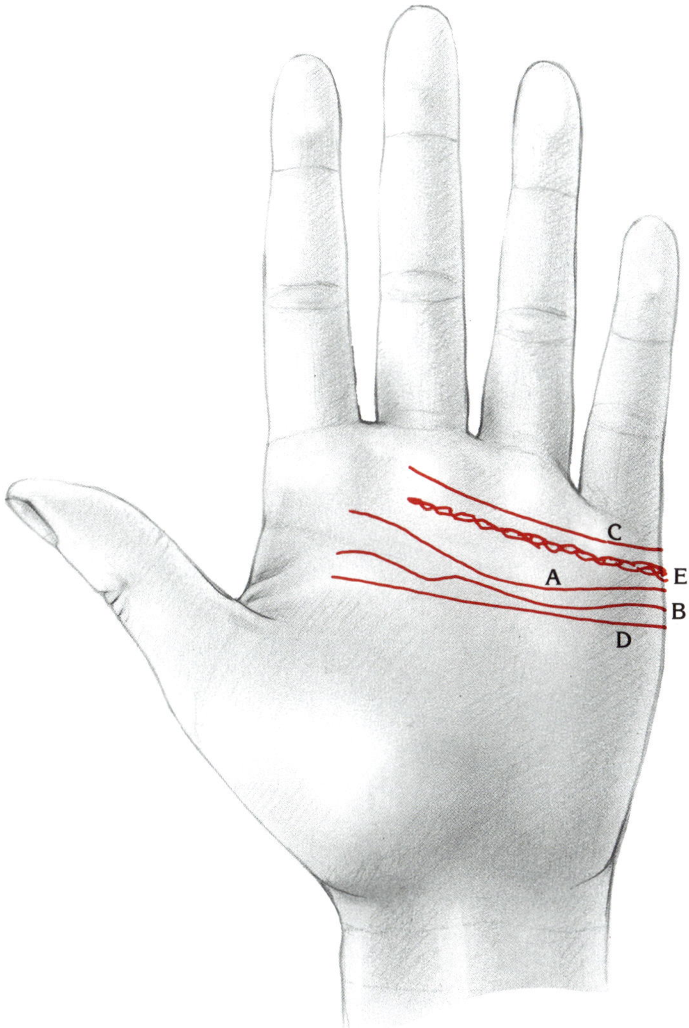

Schalen, Ketten, Wellen

zeigt ein Stauerlebnis, was gerade bei der Gefühlswelt wichtig ist. So gibt es Zeiten, da man einem nahen Menschen gar nicht zeigen darf, was man empfindet; beispielsweise muß man einem Schwerkranken gegenüber seine Angst verbergen, muß Optimismus vorspielen, obwohl es einem zum Weinen ist. Eine Vergitterung zeigt eine Wirrnis der Emotionen an, ein Hin- und Hergerissensein durch Gefühle. Diese Menschen sind leicht zu verletzen, aber sie können auch andere recht gut „pieksen". Und allein aus dem Grund, daß sie sich wie in einem Labyrinth fühlen und ausbrechen wollen, aber nicht wissen, in welche Richtung, oder wer ihre Emotionen an- oder abnimmt, lassen sie sie einfach los, so nach dem Motto: „Mal sehen, was daraus wird!" Dies trifft besonders bei einer Vergitterung in der linken Hand zu. Bei Ecken in oder an dieser Linie kommt es ja sehr auf die Richtung an, doch noch wichtiger sind – wie schon erwähnt – die Verästelungen.

Auch bei dieser Linie liefern Autoren Zeitschlüssel mit; manche wirken geradezu abenteuerlich, zumal es mit am schwersten ist, Emotionen zeitmäßig einzugrenzen. Emotionen spielen sich bei entsprechend veranlagten Menschen immer wieder ab. Aufschlußreicher ist hier ein Bruch. Und es geht hier nicht um die einmaligen Herzensangelegenheiten, sondern um die Emotionsintensität, die Emotionswelt an sich. Hier soll die Kraft eines Herzens zu sehen sein. Das wird organisch behauptet wie seelisch. Wenn wir davon ausgehen, daß eine starke Gefühlskraft sich auch sehr tragend auf die körperliche Gesundheit auswirken kann, dann hat diese Ansicht viel für sich.

Ein anderes Bild, das noch zu erwähnen wäre, ist die verkettete Emotionalis. Hier haben wir es mit starken, ja stärksten Emotionen und mit beachtlichen Gefühlsreaktionen zu tun, die sich aber selber fesseln können, das heißt, daß diese Menschen sich in punkto Emotionen in sich verketten und wie gefesselt fühlen. Das kann durch eine sehr – wie man früher sagte – preußische, strenge Kargheit zum Ausdruck kommen, aber mit der Erziehung hat dies nichts zu tun, denn diese Linie ist ja schon im Mutterleib vorhanden! Bestenfalls haben wir es hier mit einer Erbanlage zu tun, die vielleicht erst in der zweiten oder dritten Generation zum Tragen kommt. Wenn diese Linie dann schon am Saturnfinger endet, dann wagen diese Menschen oft vor lauter Verantwortung nicht, andere mit ihren Gefühlen zu belasten. Manchmal – äußerst selten – kann diese Herzlinie fehlen oder nur unter Licht und mit einer Lupe zu erkennen sein, das wäre dann wie eine feine, schmale Linie zu werten, wenn auch mit etwas krasserer Ausrichtung. Aber ja nicht sagen, diese Menschen hätten keine Gefühle! Die Tradition spricht von einem kurzen Leben, weil das Herz schwach ist, aber bei dieser Linie geht es ja gar nicht darum! Eher könnte man sagen, die Gefühle dieser Person sind nicht sehr weittragend. Das wäre aber schon etwas Schicksalhaftes, was uns nun direkt zu einer recht umstrittenen Linie führt, der Schicksals- oder der Saturnlinie.

Die Schicksalslinie

Um es vorweg zu sagen, hier haben wir es mit einer Linie zu tun, die zunächst einmal nicht in jeder Hand zu finden ist, worauf später noch eingegangen wird. Dies bedeutet aber nicht, daß diese Menschen kein Schicksal haben, daß wir es hier mit Handeignern zu tun haben, die sich treiben lassen oder denen ein individueller Lebensweg fehlt. Im Gegenteil. Diese Linie scheint sowieso in der Literatur und auch in den Überlieferungen sehr umstritten zu sein.

Man gab ihr viele Namen. Die Bezeichnung Saturnlinie ist allgemein bekannt, aber sie wird auch vornehm Saturnalis genannt, ebenso Mittelfingerfurche oder Langfingerfalte, und durch letzteren Namen könnte schon wieder ein Vorurteil in die Welt gesetzt werden. Aber Langfinger hat ja hier wortwörtlich etwas mit dem langen Finger zu tun, denn das ist der Saturnfinger in der Regel. Der Name Traditionslinie trifft schon eher den Kern, doch diese Linie gilt auch als der Meridian in der Hand. Eine weitere Bezeichnung stellt der Begriff Entwicklungslinie dar oder Hauptvertikale.
Wie also die Namen umstritten sind, so ist es die Linie an sich, auch ihr Anfang und Ende. Überwiegend wird die Ansicht vertreten, daß diese Linie unten in der Nähe des Handgelenks anfängt, auch entsprechend höher, und daß sie am Saturnfinger (oder an einem anderen) endet. In jedem Fall soll diese Linie von unten nach oben streben. Moderne Schulen, besonders einige in Amerika, sind nun aber der Meinung, daß diese Linie – die auch Linie der Notwendigkeit genannt wird – unter dem Saturnfinger entspringt und zum Handgelenk hinstrebt. Dafür spräche, daß auch die Lebenslinie als überwiegend vertikale (wenn auch gebogene) Linie von oben nach unten strebt, also oben über dem Daumen beginnt und unten irgendwo nahe dem Handgelenk endet. Beide Linien – so die Ansicht – sollten also in eine Richtung laufen, da sie zusammengehören. Auch die Haupthorizontalen, die Kopf- und Herzlinie gehören zusammen, sind aber dennoch gegensätzlich angelegt. Bei Anwendung des für die Lebenslinie angegebenen Zeitschlüssels mutet es richtiger an, den Verlauf von oben nach unten anzunehmen. Aber diese Linien wachsen ja nicht oder nur – wie schon erwähnt – kaum. Sie sind da, so auch die Schicksalslinie, und sie hat über den Gesamtverlauf ihre Aussage zu machen und nicht bruchstückartig für ein oder das andere Jahrzehnt.
Etwas muß sich jeder Handbetrachter grundsätzlich fragen: Wenn die Schicksalslinie als große Vertikale unten beginnt, müssen dann die anderen Vertikalen wie die Apollo/Sonnen- oder die Merkurlinie auch unten beginnen? Hier findet man in der Literatur einen Widerspruch nach dem anderen. Die Merkurlinie, heißt es aber, läuft vom Merkurfinger in die Hand nach unten, dasselbe sagen wir von der Apollolinie. Muß dann nicht auch die Saturnlinie oben beginnen? Wenn wir das Bild der Innenhand mit einem Landschaftsrelief vergleichen, dann heißt es, daß die Flüsse in den Bergen entspringen, von oben nach unten fließen, nicht aber von unten nach oben. So be-

ginnt wohl auch die Uranuslinie unten im Uranusberg. Von dieser Logik her scheinen moderne, vorwiegend amerikanische Schulen richtiger zu liegen.
Es gibt jedoch im Grunde, außer der Erfahrung, die so gern als beweisbarer Maßstab genommen wird, nur ein echtes Gegenargument: Das Schicksal kommt stets von innen – nie von außen. Alles was auf uns zukommt – kommt aus uns! Dieser Lehrsatz ist wichtig für jede Menschenerkenntnis, damit eigene Schuld nicht nur auf andere oder auf Umstände abgeschoben wird. Entscheidend sind die Fragen: Wie empfinden wir unser Schicksal? Empfinden wir es nicht aus unserer Seele heraus? Somit wäre es richtig zu sagen: Wenn es eine Schicksalslinie gibt, dann muß sie aus der Tiefe entspringen. Damit stehen sich gleichgute Argumente gegenüber, und der Streit könnte endlos gehen. Diese Auseinandersetzung läßt sich aber entschärfen. Voraussetzung dafür ist, daß wir mit dieser Linie keinerlei Zeitrechnung vornehmen.
Die Frage lautet daher: Wo sehen wir die Linie, auf welcher Ebene verläuft sie, welche Handbezirke bedeckt sie und welche Orte, welche Kräfte verbindet sie? Fangen wir mit einem Extrem an.

Da verläuft eine Schicksalslinie oder Saturnalis zwischen dem unteren Saturnfinger und der Lebenslinie (A). Dies heißt, die Lebensintensität ist sehr mit einer Verantwortungsintensität geprägt; man kann sogar sagen belastet, je nach Standpunkt des Betrachters.
Eine andere Saturnlinie verbindet in einer Hand den Neptunberg mit dem vorhandenen oder nicht vorhandenen Saturnberg (B), dies heißt, daß das Instinktive dieses Handeigners (dieser Handeignerin) eng verwoben ist mit einem Verantwortungsgefühl, auch mit einer Schicksalsträchtigkeit. Dies träfe etwa für eine Mutter zu, die aus einem instinktiven Ernst ihre Kinder in jeder Lebensphase (ob diese nun schuldig sind oder nicht) wie eine Wölfin verteidigt.
Nun kann es auch sein, daß die Schicksalslinie Plutoberg und Saturnberg verbindet, was ja nichts anderes bedeutet, als daß die Durchsetzung mit großem Ernst und dem Wissen um die Verantwortung durchgeführt wird. Sicher ein Zeichen der machtvollen Autorität (D).
Oder die Schicksalslinie verbindet die Herzlinie mit dem Saturnberg (C), das bedeutet, die Emotionsintensität wird immer auch von einer prüfenden Veranlagung mitgeprägt werden. Damit ist das Wesentliche eigentlich gesagt, denn es ist nicht mehr so wichtig, wo diese Linie beginnt oder aufhört, wenn wir auch mehr den Ursprung unten sehen, ohne dafür den schlüssigen Beweis liefern zu können. Umgekehrt könnten wir es aber auch nicht, so muß hier jeder seinen eigenen Weg finden. Für die Deutung ist jedenfalls die Lage entscheidender.

Die Schicksalslinie ist auch unsere Angstlinie, wie ja das Saturnische stets eine Angst in uns verkörpert, wobei der Faktor Angst sich sehr schöpferisch erweisen kann. Es ist die Linie unserer Prüfungen. Verbinden wir Prüfung und Angst, dann haben wir die Prüfungsangst, die bei

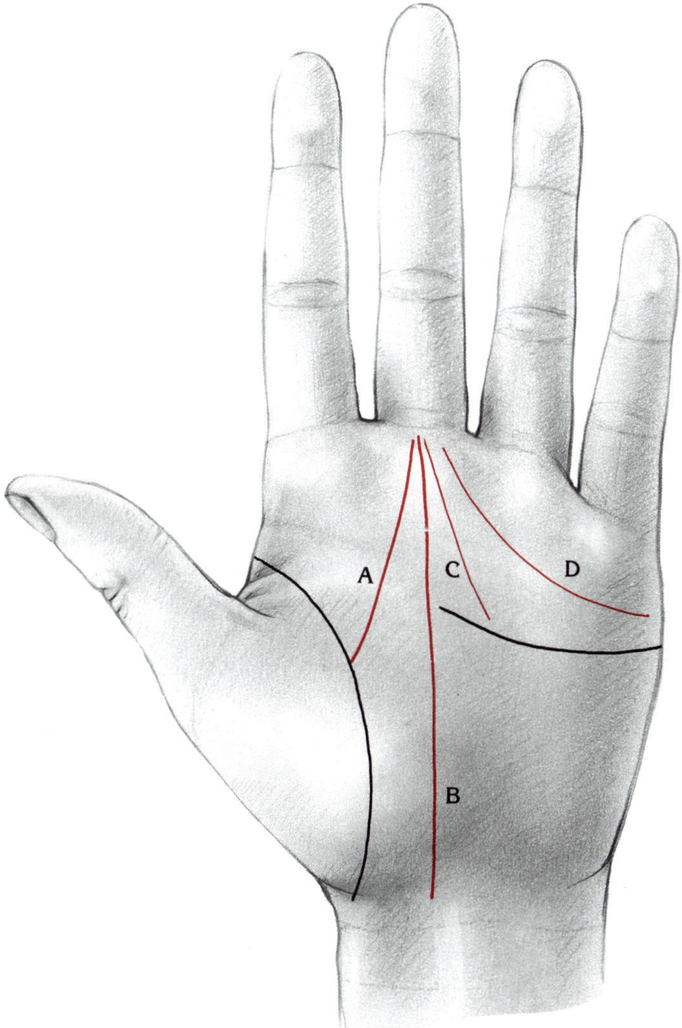

Schicksalslinien

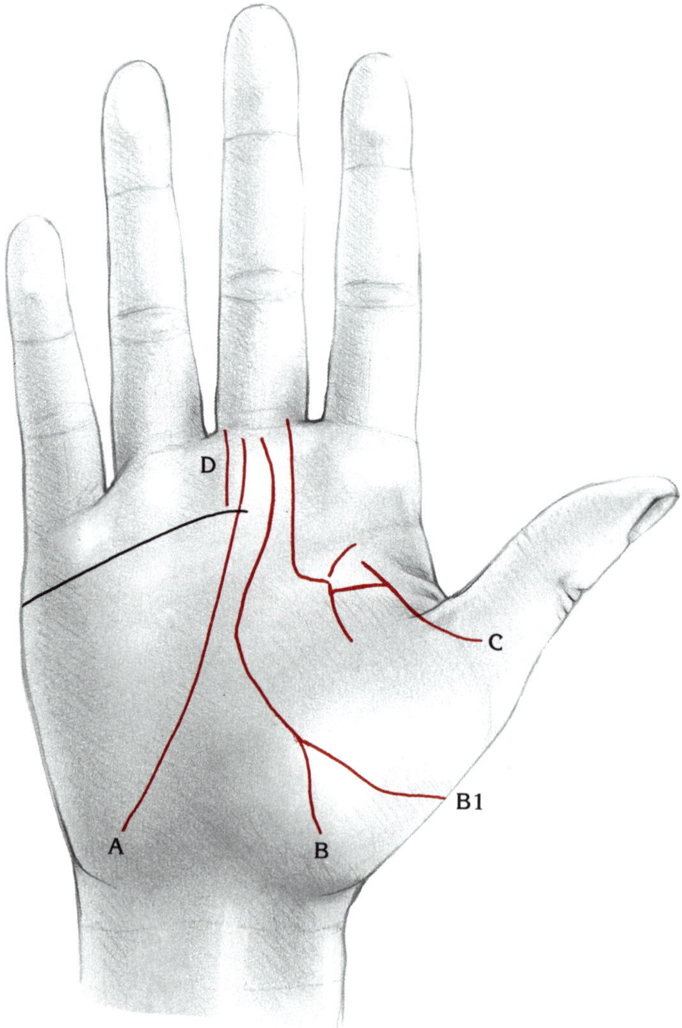

Verzweigte Schicksalslinien

dieser Linie eine großeRolle spielen kann, wenn sie etwa den Saturnbereich unter dem Mittelfinger mit dem Mondberg verbindet (A).
Erst aus der Überwindung der Angst, auch der vor Prüfungen, kann sich der Mensch erheben, kann er wahrhaft schöpferisch sein. So weist eine starke Saturnlinie auch auf die Aufgabe hin, Selbstdisziplin zu üben. Wer eine wellenförmige Saturnlinie hat, wird sich dieser Selbstdisziplin entziehen wollen (B).
Mündet diese noch im Venusberg (B 1), ist die Aufgabe ziemlich klar, nämlich mit seiner Gefühlsveranlagung verantwortungsvoll umzugehen. Verantwortung ist also die höchste Stufe dieser Linie. Zuvor geht es um die Erkenntnis der Kräfte, die eine große Urangst in uns auslösen können. Diese Linie kann sogar – und wenn über Verästelungen – den Marsbereich mit erfassen (C), hier geht es darum, die Triebangst zu bewältigen, ebenso die Antriebsangst, nämlich die Angst, auf den eigenen Willen zu bauen. Eine kurze Saturnlinie zwischen Saturnbereich und Herzlinie (D) würde wahrscheinlich die Angst vor Gefühlen, Gefühlsäußerungen, Emotionen beinhalten – es muß nicht sein, aber die Linie weist in diese Richtung.

Es ist sicher kein blanker Zufall (den es so ja auch nicht gibt), daß die Saturnlinie auffallend oft in quadratischen oder spatelförmigen Handrümpfen fehlt. Diese Handeigner sind ja eher pragmatisch; bei allem Idealismus – sie sind praktisch, zupackend und vor allem nicht ängstlich. Sie wissen recht gut um ihre Kraft und Einsatzmöglichkeit, auch wenn sie hohe Ziele haben, aber sie sind doch innerlich so vernünftig, eine Arbeit, einen Einsatz zu beenden, wenn es nicht mehr geht. Ihnen fehlt also eine Verbissenheit des Wollens, die im Grunde ja mit aus der Angst herrührt, etwas nicht zu schaffen. In konischen, in spitzen, auch in den sogenannten Gelehrtenhänden findet man die Saturnalis fast immer. Hier sind Ausnahmen wirklich nicht die Regel. Man sieht sie ebenso in Händen von suchenden, von irgendwie ängstlichen Personen. Gerade bei denen, die die Angst in sich nicht zugeben.
Quadratische oder spachtelförmige Hände gehören mehr den Menschen, die anpacken, die nicht alles so schicksalsschwer nehmen, die – vor eine Situation gestellt – sagen: „So ist es, also müssen wir einen Ausweg finden!“ Leute ohne Schicksalslinie nehmen sich auch nicht ganz so ernst, sie meinen nicht, daß man erst unter dem Schicksal reifen muß. Es ist ein Zeichen von besonderer Art für unsere Zeit, daß diese Linie in der Mehrzahl der Hände zu finden ist.

Der Schicksalsfinger, der Saturnfinger, ist unser Mittelfinger. Seine Mitte teilt die Hand. Eine Schicksalslinie, die also gedanklich in etwa die Fortsetzung der gedachten Mittellinie durch den Saturnfinger ist, egal wie lang sie ist und wo sie verläuft, die entspricht auch dem Saturnischen, das ja eine Verbindung vom Du zum Ich anzeigt, wodurch ja jedes Individuum erst Verantwortung auf sich nimmt. Dabei muß das Du nicht der Ehepartner sein, es können die Schüler für den Lehrer, die Patienten für den Arzt, das Publikum für den

Künstler sein, die Leser für einen Autor. Daher sollte diese Linie auch, wenn wir theoretisch von einem Idealzustand ausgehen, in der Mitte der Hand liegen, wo sie zwar scheinbar den Ich- vom Du-Bereich trennt, aber ihn auch bindet, so wie ein Fluß ja beide Ufer seines Bettes vereint. Und wer an einem Ufer angekommen ist, soll ja den Mut zeigen, auch ans andere Ufer gelangen zu wollen!

Wenn sich der Fluß aber überwiegend im Ich-Bereich aufhält, sich gar der Lebenslinie nähert oder sie berührt – auch eine Überschreitung ist möglich – (A), dann wird in der Literatur von einer starken Familienverbundenheit gesprochen. Damit wird jedoch nur sehr höflich die Tatsache umschrieben, daß diese Menschen sich nicht von sich selbst zu lösen vermögen. Wie viele Frauen und Männer schieben bei einer Bindung die Begründung vor: „Das kann ich meiner Mutter, meinem Vater, meiner Familie nicht antun." Im Tiefsten meinen sie: „Das kann ich mir nicht antun." Sie haben einfach Angst, aus sich herauszutreten, um ein Abenteuer und eine Weiterentwicklung mit dem Du, der Ergänzung (wer immer dies auch sein mag) zu wagen. So versagen sie in der Partnerschaft, damit auch vor sich selbst, was stets neue Angst auslöst, da sie kaum über ihren Schatten springen können.

Je mehr sich die Saturnalis im Ich-Bereich bewegt, um so stärker ist eine Angst im Ich-Bereich zu spüren. Diese Handeigner vermögen oft gar nicht, aus ihrer Haut (auch ein Saturnsymbol) herauszukommen. Wenn diese Linie aber in der Mitte läuft und noch im Neptunbereich zu sehen ist, dann besteht schon der Instinkt der Verbindungssehnsucht, aber das kollektive Unterbewußtsein löst Angst aus; etwa Angst vor einer anderen Rasse, vor einer fremdartigen Bindung, vielleicht sagen wir besser Begegnung. Diese Menschen zeigen sich eher traditionsgebunden und konservativ, das gibt ihnen Halt, das ist oft ihr Korsett (B).

Zeigt sich die Schicksalslinie in der Mitte, aber es ist eine Verbindung zum Uranusberg zu sehen (C), also auf die Du-Seite hin, dann ist Wagemut zur Verbindung zu erkennen.
Nur darf diese Linie der Mitte nicht zu sehr in den Du-Bereich abtriften (B_1), weil dann die Verantwortung für das eigene Schicksal immer dem Du oder den anderen, der Außenwelt auferlegt wird. In diesen Menschen sitzt eine tiefe Angst vor dem eignen Unvermögen.
Wer eine lange und tiefe Saturnalis besitzt, der wird viel in seinem Leben lernen müssen und auch können, wobei er an erster Stelle lernen muß, sein Schicksal nicht als Mittelpunktsschicksal der ganzen Welt zu sehen!

Es geht um die Beherrschung, denn ein Mangel zeigt uns Jähzorn an. Es geht darum, den Mut für sich selber zu finden, weil er eben für diese Personen meist *nicht* selbstverständlich ist. Diese Menschen können aber auf ihre Seelenkraft zurückgreifen. Ganz besonders dann, wenn diese Linie Verbindung mit dem Mondberg zeigt (D). Diese Handeigner sollten auf ihre Träume und Phantasien hören, sie als schicksalshaft empfinden und

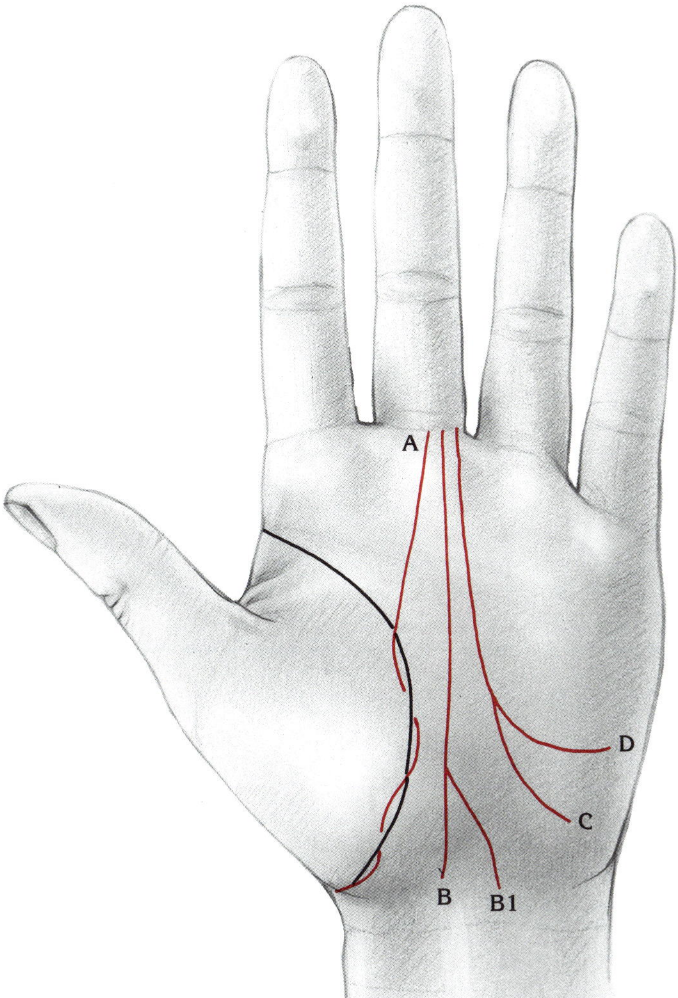

Varianten der Schicksalslinie

so aus der Seele heraus mit den Urängsten besser fertig werden.
Auch bei oder auf dieser Linie findet man Unterbrechungen, Parallelen oder Zeichen (Omen). Dies müssen wir im Grunde nicht mehr detalliert erläutern. Sprünge, Abbrechungen, die parallel weiterverlaufen können, bedeuten meist Ausbruchsversuche aus seinem Schicksal, oft ein Aufbäumen. Diese Menschen sind (wenigstens für sich) meist einmal ein großes Risiko eingegangen. Kreuze sind Prüfungen, die mit Angst verbunden waren oder sind, weil wir hier keinen besonderen Zeitschlüssel anwenden dürfen. Quadrate oder Vierecke zeigen Staus im Schicksalsempfinden an. Es geht hier ja nicht um den Schicksals**ablauf** an sich, sondern um das Empfinden über diesen Ablauf, um das Erfühlen seiner Intensität.
Wenn wir von Angst sprechen, ist daneben auch ein persönlicher Mut zu sehen, denn gerade wer Angst in sich empfindet, kann sich zu tollen Mutaktionen aufraffen. Aber es ist selten der selbstverständliche Mut, die angeborene Zivilcourage. Mit Sternen auf dieser Linie wird das leichter fallen, besonders aber mit Dreiecken. Verästelungen zeigen wieder die Verbindungen an, die im Grunde so zu betrachten sind, wie wir die endenden Pole dieser Linie betrachtet haben. Aber viele aufsteigende Äste bekunden uns doch, daß diese Menschen im täglichen Lebenskampf ihre inneren Ängste überwinden, während viele nach unten weisende Äste eher anzeigen, daß diese Menschen sich schwer von ihren tiefverwurzelten Ängsten lösen können.
Eine Saturnalis kann nun auch doppelt vorhanden sein, oft sind sogar mehrere Parallelen zu sehen, manche zeigt sich sowieso nur in einem dünnen Bündel, einem Reisiggebinde ähnlich (B).

Zunächst einmal müssen wir schauen, auf welcher Seite sich diese Parallelen ballen, damit ist die Grundaussage ja gegeben. Haben wir es mit einem Bündel feiner Striche zu tun (B), ist mehr von einer nervösen Angst zu sprechen, die viele Leute daran hindert, sich verantwortungsvoll zu orientieren, besonders wenn dieses Bündel mehr im Ich-Bereich liegt. Die Furcht vor Schicksalsschlägen ist groß, und die Bewältigung der Angst kann soviel Kraft schlucken, daß zur Tat dann kaum mehr Elan zur Verfügung steht.
Eine zu gerade Saturnalis soll übrigens anzeigen, daß diese Menschen ihre feste Führung brauchen, die sie sich sogar selbst geben können, sie haben einfach Angst, von ihrem Weg abzuweichen, so zeigen sie sich oft wenig kompromißbereit, einfach aus der Scheu, Risiken mitzutragen. (A)

Die Schicksalslinie kann auch vom Instinktbereich zum Merkurfinger reichen (A), was besagt, daß der Intellekt oder das Denken sehr mit dem Instinkt verbunden ist, also eigentlich eine gute Bindung anzeigt, die jedoch auch die Merkurlinie (davon später) aufzeigen kann. Da diese Linie sich mehr dem Du zuneigt, ist sicher die Aufgabe, sich dem Du zu stellen, nicht so schwer lösbar, wenn es auch eine Aufgabe bleibt, was wir nie vergessen sollen.
Verbindet dagegen die Schicksalslinie den Instinkt oder den unteren Be-

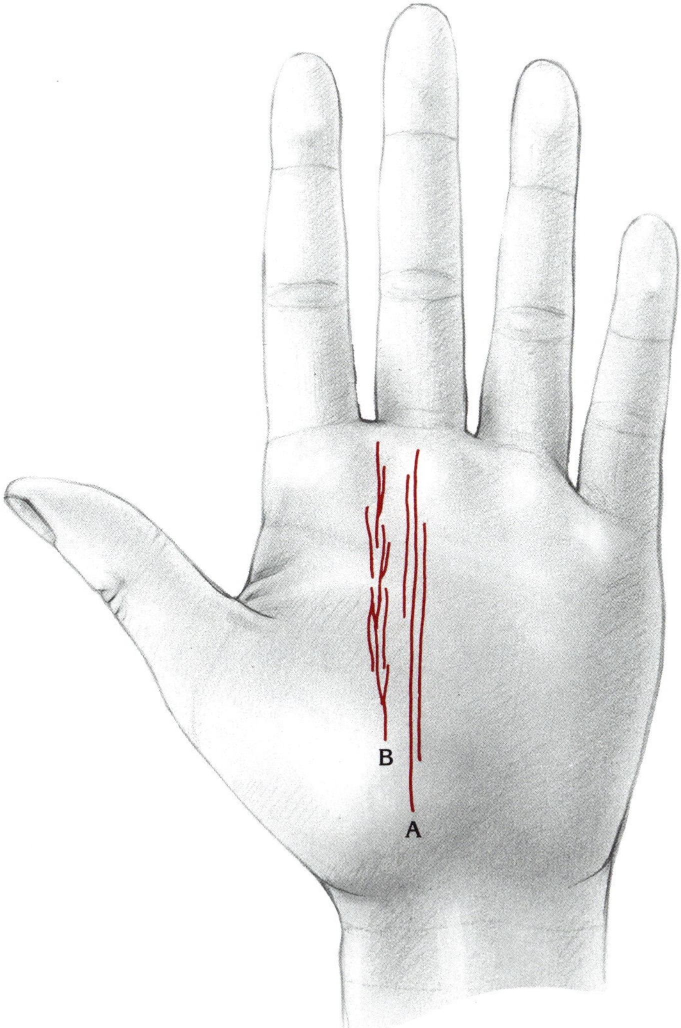

Parallelen und Bündel

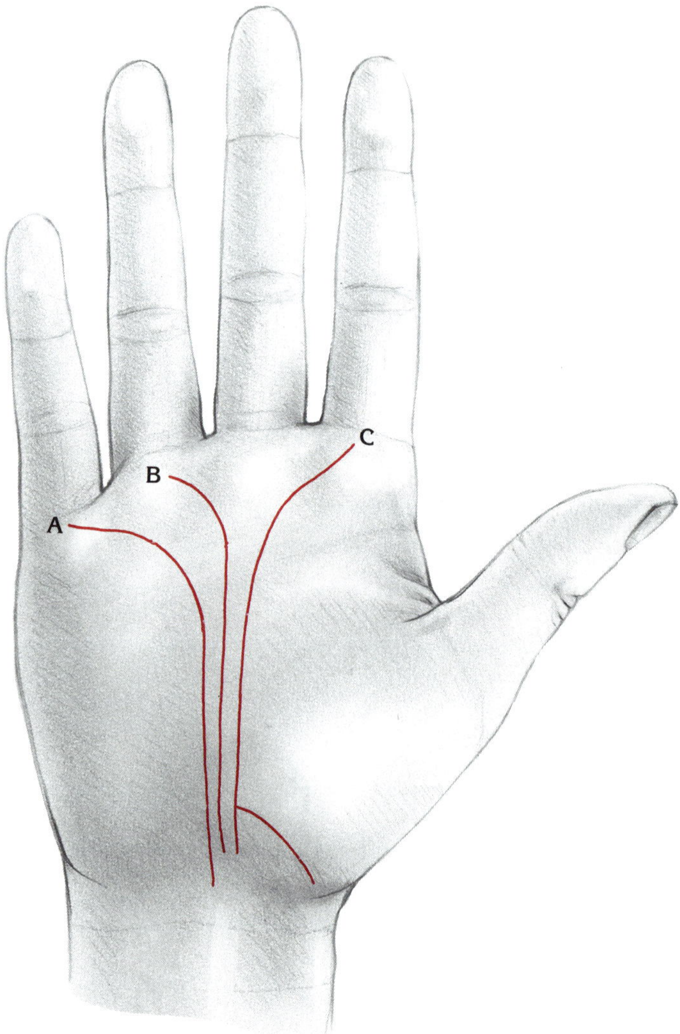

Verschiedene Verläufe

reich (es kann auch der Mondberg sein) mit dem Apollobereich (B), dann wird sicher die ideelle, vielleicht auch die künstlerische Ausrichtung mit Gespür (oder Phantasie = Mondberg) und Verantwortungsintensität oder Ernst angenommen und bewältigt.
Liegt der eine Pol dieser Linie etwa im Jupiterbereich (C) und der andere Pol – mit Verästelungen – im Venusballen, dann ist die Entfaltungsverantwortung sicher groß. Dies ist ein Zeichen für Führungsautorität, aber doch mehr im subjektiven Sinn, also mehr für sich selbst. Hier wäre es gut, wenn in dieser Linie eine Insel läge, die diese Handeigner immer wieder zur Besinnung ruft.

Bei dieser Gelegenheit sei noch einmal erwähnt, daß die Furchen oder Falten Intensitätsströme sind, die uns anzeigen, wohin diese Intensität fließt oder ob sie unterbrochen wird. Dies ist für diese Linie so wichtig, weil sie im Grunde (zumindest ist sie so angelegt) durch die Mitte der Hand verläuft, da wo der Brennpunkt der Vierteilung liegt, also in der Erdebene. Hier sammelt sich ja alle Energie, die von den Bergen in dieses Tal strömt. Diese Linie leitet die Energie mit am meisten weiter. Dabei kommt es auf die Kreuzungen mit den anderen großen Linien an, was ja zu Bildern von Dreiecken, Vierecken usw. führt, wie wir bei den Figurenbeschreibungen sehen werden.
Wir sprachen auch von der Entwicklungslinie, weil die Saturnalis ja die „große“ Vertikale sein kann (nicht muß). Gerade bei einer ausgeprägten Vertikalen ist die Entwicklung so wichtig. Je selbstverständlicher sich jemand zeigt, um so weniger ist die Forderung zu einer Entwicklung vorhanden, das kann man positiv sehen oder auch nicht. Hier kommt es auf das Niveau des Handeigners an, auf das Bild der ganzen Hand.
Die Deutungsauffassung in bezug auf die Schicksalslinie hat sich in den letzten Jahrzehnten gravierend weiterentwickelt. Früher wurde vor allem das Ego in der Hand gesehen, nicht aber die Sehnsucht zur Ergänzung, die ja erst – bei Vollzug oder Vollendung – das Ego befreien kann. Wenn das Ich aber eine natürliche Ausrichtung zum Du hat, in sich keine Furt kennt, die das Ich vom Du trennt, dann braucht es auch keine Schicksalslinie (um das Pferd einmal verkehrt herum aufzuzäumen). Ist eine Linie da, zeigt sie sicher die Aufgabe an, das Trennende zu überwinden.

Und hier kommen wir damit zwangsläufig zum Schluß dieser Betrachtung wieder auf die linke und rechte Hand zu sprechen. Höchst selten fehlt diese Linie bei besagten Handeignern nämlich in beiden Händen, zumindest in einer Andeutung, in einer Zerfaserung ist sie in einer Handinnenfläche zu sehen; nur in welcher: links oder rechts? Fehlt diese Linie in der rechten Hand, dann weiß das Bewußtsein um die Notwendigkeit der Ergänzung und stellt sich darauf ein. Wenn sich aber diese Linie (ob nun im Ansatz oder nicht, das ist ja nur entscheidend für die Intensität) in der linken Hand zeigt, dann ruht im Unterbewußtsein doch eine Barriere zum Du, die zeitweise dadurch zum Ausdruck kommt, daß diese Handeignerin, dieser Handeigner sich fragen: „Warum gebe ich eigentlich alles dem Du hin, warum verwirkliche (um ein modernes Schlagwort zu gebrauchen) ich mich nicht stärker selbst?“ Fehlt die Linie in der linken Hand, dann ist das Unterbewußte auf das Du als Selbstverständlichkeit eingestellt; ist diese Linie – wie stark auch immer – in der rechten Hand zu sehen, dann spielt sich eben das Problem mehr bewußt ab. Haben wir Linien in beiden Händen, dann muß die Aufgabe zum Du auf beiden Ebenen bewältigt werden. Damit kommen wir wieder zum ersten Begriff zurück, den wir für diese Linie so betonten: zur Verantwortung. Die Verantwortung für das Ich liegt in der Verantwortung in Richtung zum Du. Diese Linie ist also auch die Linie der Reife in uns, der wichtigsten Reifungsaufgabe, der wir uns stellen müssen. Erst nach Abschluß dieser Entwicklung ist die Angst wohl halbwegs (nie ganz) überwunden. Und sie wird – zumindest im bewußten Bereich – überwunden, wenn Verantwortung aus der eigenen Mitte heraus für die Bindung des Ichs zum Du übernommen wurde.

Die Apollolinie

Auch diese Linie, die nicht in jeder Hand sein muß, hat viele Namen. Sie wird die Sonnen- oder auch die Venuslinie genannt. Letztere Bezeichnung stammt wohl aus der erwähnten Tatsache her, daß hier später der Ehering getragen wurde. Der Name Ringfingerfurche ist verständlich, wie auch die Bezeichnung Kunstlinie oder Idealfalte. Die Apollolinie stellt ebenso eine Vertikale dar, wie die Merkur- und die eventuell vorhandene Uranuslinie. Auch hier streiten sich manche Gelehrten um Anfang und Ende, doch für uns gilt zu diesem Thema, was wir unter der Saturnalis dazu gesagt haben. Diese Linie hat in der Regel einen Pol beim Apollofinger und der andere Pol strebt in Richtung Daumenballen.

Sie liegt also mit einem Pol auf der Du-Seite, kann vollständig in diesem Bereich fließen oder eine Verbindung mit dem Ich-Bereich besitzen. Die Linie des Apollo zeigt uns an, welcher Pol mit unserer ideellen und künstlerischen Ausrichtung verbunden ist. Ist es der Venusbereich, also der Daumenballen (A), dann haben wir eine schöne Verbindung diagonal über die Hand, und dies wird uns sicher eine ideelle Gefühlsausrichtung anzeigen, auch künstlerische Begabung.

Verbindet diese Linie den Instinkt mit dem Sonnen-/Apollobereich (B), dann haben wir es wohl mit einem künstlerischen Instinkt besonderer Begabungsqualität zu tun.

Wenn sie Sonnen- und Mondbereich verbindet (C), dann lassen sich Träume und Phantasien verwirklichen, dann ist jedoch auch das Echobedürfnis sehr groß. Ist diese Linie nicht vorhanden, bedeutet dies keine Katastrophe, diese Menschen haben auch ihre Ideale und ihre künstlerischen Vorstellungen, aber sie werden – aus welchen Gründen auch immer – kaum Zeit und Muße oder Gelegenheit finden, diesen Ausrichtungen oder Interessen nachzugehen. Hier geht es ja um die Intensitätsmöglichkeiten der Apolloausrichtungen und Begabungen.

Diese Linie verleiht – so sagt man nicht zu Unrecht – eine gute, würdige Ausstrahlung, sie gibt – ist sie intensiv und länger – diesen Handeignern einen besonderen Flair, ja eine Aura! Aber eines zeigt sie nicht an: Ruhm und Ehre – die Möglichkeit vielleicht, doch dazu müssen wir uns außer dem Apollo- auch den Jupiterfinger mitansehen. Die Intensität eines Engagements hat noch nichts mit der vorhandenen Kraftfülle zu tun. Im Gegenteil: zu große Intensität kann die Kräfte früh erschöpfen.

Man sagt, Träger dieser Linie hätten eine Gabe des Humors, der Heiterkeit, vor allem aber das Vermögen, über sich selbst lachen zu können, was ja die Grundlage jeden echten Humors darstellt. Das ist wohl richtig, aber eine tiefe Saturnalis kann dies dann doch wieder sehr einschränken. Die Gefahr aus einzelnen Merkmalen allgemeine Schlüsse zu ziehen, ist gerade bei der Handbetrachtung und Ausdeutung leider sehr stark verbreitet.

Gar nicht selten ist diese Linie sogar stärker als die Schicksalslinie, was ja eine Aufgabenbefreiung anzeigt, von der wir im Kapitel über die Saturnlinie gesprochen haben. Aber dann lautet die Aufgabe: Ideale verwirk-

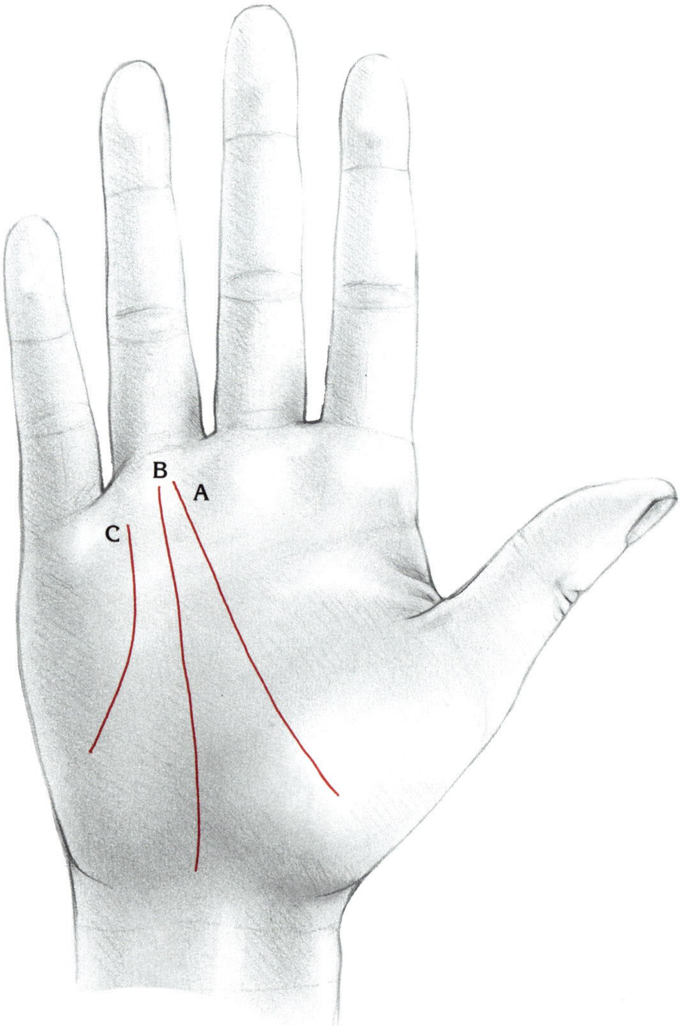

Sonnenlinien

lichen, die einem innewohnenden künstlerischen Kräfte zu nutzen.
Die Verbindung von Sonnen- zum Mondbereich (G) zeigt auch eine Verbindung der Ausstrahlung zum Gemüt, zur Stimmungslage an, was sicher einen Grundoptimismus beinhaltet, oft ein tröstendes Merkmal für einen langen Saturnfinger mit einer starken Schicksalslinie. (Abbildung nächste Seite.)
Manche Sonnenlinien verbinden den Apollobereich mit der Herz- (A) oder der Kopflinie (B).
Bei der Kopflinienverbindung besteht eine starke ideelle Überlegungsintensität, bei der Verbindung zur Herzlinie starke ideelle Grundausrichtungen, die die Realität oft außer acht lassen.
Liegt der eine Pol der Sonnenlinie in der Schicksalslinie, dann ist mit einer ideellen Verantwortungsintensität zu rechnen, aber auch mit einer Aufgabenstellung, die dem Handeigner über den Kopf wachsen kann (C).
Ist die Sonnenlinie eine Verbindung zwischen Apollobereich und Lebenslinie, dann wird die intensive Lebensvitalität mit verbunden, diese Menschen könnten an ihrem Idealismus zerbrechen, weil sie für sich und (projiziert auf andere) für die Umwelt zuviel Erwartungen hegen (D). Für diese Menschen bricht die Welt oft zusammen, wenn es ungerecht oder nur scheinbar ungerecht auf dieser Erde zugeht. Sie investieren soviel Idealismus und beste Vorstellungen in ihr Leben, daß man sie verhältnismäßig leicht durch radikale Realitätseinstellung aus dem Sattel werfen kann.
Auch eine Verbindung des Apolloberges mit dem Plutoberg (E) zeigt die ideelle Machtdurchsetzung, die sich oft schlimmer auswirken mag als eine mehr realitätsbezogene Durchsetzung. Hier könnten wir einen Hinweis auf Fanatiker des Ideellen sehen.
Verbindet diese Linie (F) den uranischen Bereich mit dem Apollo-Bereich, dann haben wir es wohl mit einer künstlerischen Einfallskraft zu tun, die so leicht nicht umzusetzen ist. Sie kann zu stark auf das Echo ausgerichtet sein, denn sie bewegt sich überwiegend im Du-Bereich unserer Handinnenfläche. Dann wäre allerdings diese Linie auch sehr lang und damit markant, was ja wiederum für eine starke Intensität dieses Menschen spricht. All dies ist aber noch *keine* Garantie für einen Erfolg oder eine dauernde Stellung an der Spitze der Gesellschaft! (Abbildung nächste Seite.)
Auch stellt diese Linie, was hier und da zu lesen ist, keine Garantie für Glück dar, bestenfalls ist eine hinreichende Glücksbereitschaft vorhanden. Wenn wir vom Glück sprechen, dann müssen wir uns daran erinnern, daß das Wort „Glück" heute oft für etwas verwendet wird, das von außen kommt. Glück – so heißt es – ist auch etwas Unverdientes. „Der hat mehr Schwein als Verstand", so lautet ein Slogan, der eigentlich alles beinhaltet. Aber was von außen kommt, etwa ein Lottogewinn, der ja dummerweise für ein Glück angesehen wird, steht nicht in der Hand! Es geht hier um das innere Glück, wobei wir das Wort „Glück" besser durch das französische „Fortune" ersetzen.
Fortune kommt von innen heraus. Fortune hat man oder man hat es nicht. Das ist ein Geschenk. Vielleicht

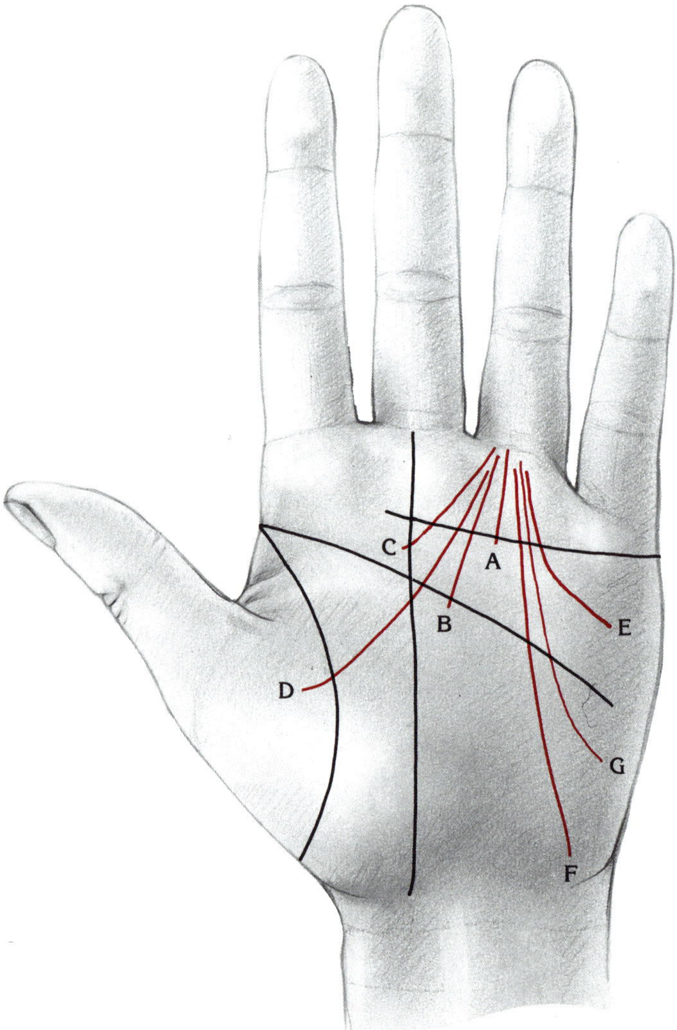

Sonnenlinien A–G

kann man sich Fortune aneignen durch immerwährende Arbeit an sich selbst. Dieses Fortune ist in der Apollolinie zu sehen, ein Geschenk also; es liegt an den betreffenden Personen, das auszunützen. Wenn eine Linie anzeigt, welche Intensität für bestimmte Lebensbereiche vorhanden ist, so ist ja damit noch nicht gesagt, daß diese Intensität auch **genützt** wird! Oft fressen einen die anderen Aufgaben im Leben derart auf, daß man keine – obwohl vorhandene – Kraft hat, sich für sogenannte „höhere" Dinge zu interessieren oder gar zu engagieren.
So also ist zu verstehen, daß man einst sagte, eine starke Apollolinie sei ein Merkmal für Ruhm. Das kann es sein, aber muß es nicht! Immerhin ist die Voraussetzung für ein positives Echo vorhanden, weil eben die Intensität gegeben ist, seine Kräfte zu mobilisieren. Auch dies ist ja eine Voraussetzung für gutes Ankommen in der Umwelt, für einen Widerhall beim Du, bei der Ergänzung, beim Partner.

Die Sonnenlinie kann auch Parallelen haben (A), das heißt, hier ist eine Vielgleisigkeit vorhanden, die in eine Richtung zielt.
Ist diese Linie unterbrochen (B), dann haben wir es oft mit einem Wechsel in der künstlerischen Interessenrichtung zu tun. Das kann beim Künstler wie beim Kunstgenießer zu Tage treten. Oft weist dies auch auf eine sprunghafte Intensität, mit der Ziele verfolgt werden. Ein Bildhauer sagte einmal: „Ja, es gab bei mir einen Knacks. Erst habe ich ziemlich werkgetreu gearbeitet, aber über Nacht war mein Interesse hierfür erloschen, nun arbeite ich nur noch abstrakt." Dieser Bruch kann auch auf eine große innere idealistisch ausgerichtete Enttäuschung hinweisen, auf eine Umstellung nach Enttäuschungen.
Ist die Linie zittrig (C), dann haben wir es mehr mit einer suchenden Intensität zu tun, die Konzentration auf eine innere Aufgabe idealistischer Art fällt schwer. Vielseitigkeit kann hier zur Unsicherheit führen. Ansätze sind en masse vorhanden, aber es fehlt oft der Impuls für eine Konzentrationsrichtung. Das ist als Möglichkeit zu verstehen, nicht als ein „Muß"! Immer wieder erscheint es ja wichtig, uns Anlagen bewußt zu machen. Dies führt uns natürlich wieder zur linken und zur rechten Hand.

Eine stärkere Sonnen/Apollolinie in der linken Hand weist darauf hin, daß diese Handeigner die unbewußten Sehnsüchte nicht einfach übergehen dürfen. Sie sollten sich zumindest nach Feierabend mit aller Intensität für ein ausbaufähiges künstlerisches oder ideelles Hobby interessieren.

Wenn die eher zittrige Apollolinie in der rechten Hand zu sehen ist, dann sind diese Personen wohl kaum kritikfest. Wird ihr idealistisches Bemühen kritisiert, dann verlieren sie oft die Balance. Liegt diese Linie mehr in der linken Hand, dann steigt eine Kritik aus dem Unterbewußtsein hervor, das heißt, diese Menschen könnten von inneren Zweifeln so zerfressen sein, daß sie keine Experimente wagen, die sie aus dem Alltag herausführen. Sie reden dann zwar viel von ihren Plänen, aber wenn es um die Verwirklichung geht, passen sie,

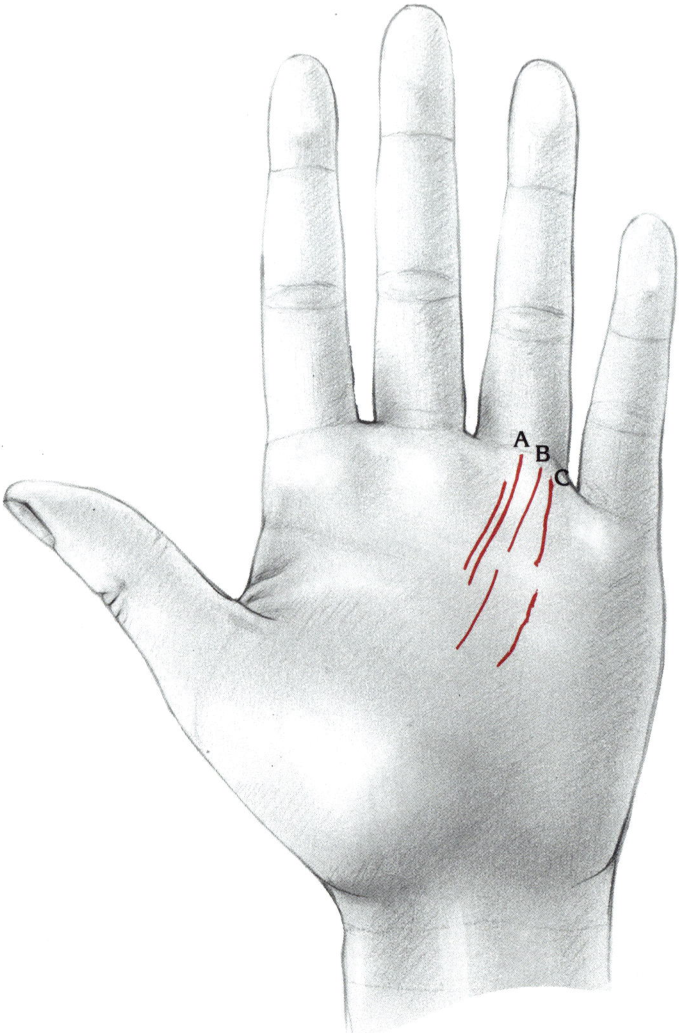

Parallelen und zittrige Linien

obwohl sie im realen Leben großen Erfolg haben.

Gabelungen der Sonnenlinien, die wir nun nicht mehr bildlich darstellen müssen, weisen auf vielseitige Interessen hin, auf vielseitige Hobbys, auf die Kraft vieles anzupacken. Diese Menschen vermögen über dem Alltag zu schweben, sie tragen oft sogenannte Wunschvorstellungen in sich, jedoch nicht, wenn eine Gabelung den Saturnbereich miteinbindet.
Je näher diese Linie einem Berg kommt oder in einem Berg zerfließt, um so stärker ist der Impuls des Kräftewachrufens. Reicht die Linie bis an das Wurzelglied des Apollofingers heran, dann werden diese Menschen (zum Glück) nie aufhören, ihren Träumen real nachzujagen, sie bleiben, wie es im Volksmund so schön heißt, stets am Ball.

Schließlich ist auf die Zeichen zu achten. Quadrate geben künstlerische Krisen wieder, die jedoch zu neuen Entwicklungen führen. Inseln an oder auf dieser Linie haben häufig Menschen, die künstlerisch erst spät zum Zuge kommen, sogenannte Spätentwickler. Aber ihre Endspurtkraft ist dann doch recht beachtlich. Inseln heißen gerade in diesem Linienbereich Besinnungs- und Reifepausen, auch wenn dies den betreffenden Handeignern oft recht schwer fällt oder gefallen ist.
Ist die Linie klar, aber mit vielen Punkten versehen, dann besteht die Gefahr des Zuviel, des Streß; ein Kreuz ist dann oft hilfreicher als ein Stern.
Bei den Querlinien ist schließlich darauf zu achten, was sie verbinden und ob sie überwiegend den unteren Bereich der Hand mit einbeziehen oder den oberen.
Verästelungen nach oben weisen auf mehr Ehrgeiz hin als Verästelungen nach unten. Trifft man diese an, und diese Handeigner versichern, sie würden zwar ein Musikinstrument glänzend spielen, aber sie brauchen und wollen nicht mit dieser Kunst in der Öffentlichkeit glänzen, dann besitzt diese Aussage sicher einen recht hohen Wahrheitsgehalt. Zuviele Verästelungen oder Querstriche oder Gabelungen zeigen aber die Gefahr einer Verzettelung an, ja eine Neigung zur Ablenkbarkeit.

Die Merkurlinie

Diese Linie wird auch Kleinfingerfurche genannt, auch Bewegungslinie, Kaufmannsfalte, Gesundheitslinie oder Magenfalte. Alle diese Bezeichnungen weisen darauf hin, was jeweils in diese Linie hineingesehen wurde, obwohl sie oft nur sehr klein, manchmal gar nicht vorhanden ist. Sie kann völlig im Schatten der Apollinie aber auch der Uranuslinie stehen, oft wird sogar die Uranuslinie als Merkurlinie gedeutet. Diese Falte wird als Vernunftshinweis genommen, ja beim Fehlen dieser Furche redet man sogar darüber, daß es diesen Handeignern an Intellekt fehlen soll.

Nein, die Merkurlinie zeigt uns die Intensität an, mit der Menschen ihre Kopfarbeit verrichten, mit der sie die Vernunft zu Wort kommen lassen, mit der sie pragmatisch handeln. Fehlt diese Linie, dann spielt das „Reinvernünftige" sicher nicht so eine große Rolle, aber auch hier ist es eben wichtig zu sehen, ob dies für die linke Hand zutrifft oder für die rechte Hand.

Fehlt diese Linie in der rechten Hand oder ist sie hier nur im Ansatz erkennbar, während sie in der linken Hand recht stark ausgeprägt ist, dann kann daraus geschlossen werden, daß diese Handeigner zwar aus dem Unterbewußtsein, aus dem seelischen Erbgut sehr vernünftig, ja folgerichtig handeln, daß sich dies aber im realen Leben, in der Alltagspraxis nicht zu zeigen braucht. Diese Linie ist auch eine Linie, die im Du-Bereich vorhanden ist.

Der Streit, wo sie entspringt und wo sie endet, ist genauso müßig wie bei allen vertikalen Linien, weil es allein auf das ankommt, was diese Linie miteinander verbindet oder zusammenhält. Da gibt es nun sehr viele Möglichkeiten, die gar nicht alle aufzuzeigen sind, was übrigens alle Linien betrifft. Hier geht es also um die praktische, vernünftige Intensität, aber mit Ausrichtung auf das Du, auf das Echo, der Umwelt.

Eine Merkurlinie, die in den Daumenballen führt (A), wird intensiv das Pragmatische mit dem Gefühlsleben verbinden, hier müßten sich Zuneigung und Alltagsleben recht gut vereinen lassen.

Anders ist es, wenn diese Linie den Merkur- und den Neptunbereich verbindet (B), und wenn auch nur in der Hinwendung, dann können wir von einer intensiven Verbindung des Instinktes zum Intellekt sprechen, was sicher auch schöpferische Tiefen beinhaltet.

Eine äußerst kapriziöse, originelle und sprunghafte Denkweise findet häufig eine Bestätigung durch die Merkurlinie mit den Polen im Uranus- und im Merkurberg (C).

Wenn diese Linie den Mondbereich mit dem Merkurischen zusammenführt (D), dann haben wir es sicher mit einer schöpferischen Phantasie zu tun, mit einem Denken, das von Träumen angeregt werden kann.

Ist diese Linie kurz, reicht aber dafür in den Plutoberg (E), dann werden wir hier einen Hinweis für das Machtdenken, was auch ein Anspruchsdenken an das Du darstellen kann, finden.

Sicher ist es recht aufschlußreich, ob sich diese Linie nur im Du-Bereich aufhält, was eine zu stark aufs Echo ausgerichtete Lebensart signalisie-

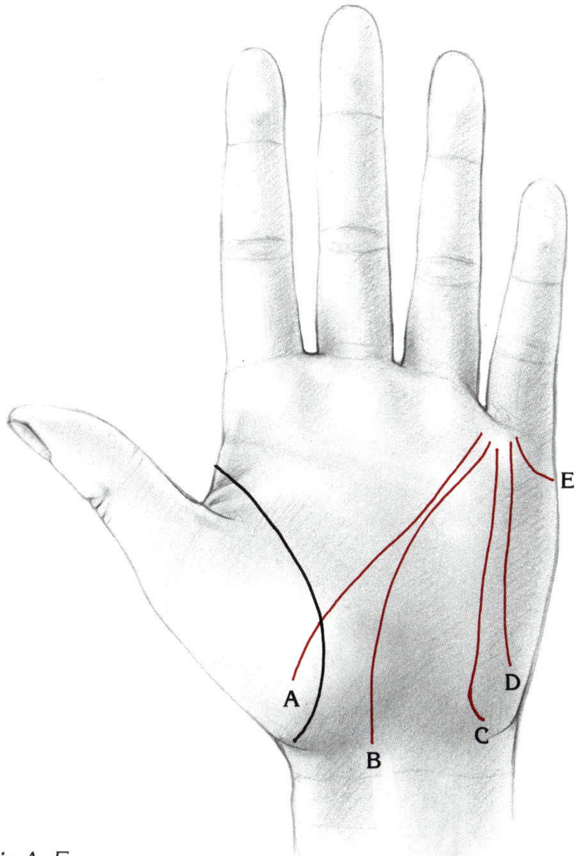

Merkurlinie A–E

ren könnte. Bei kurzen Merkurlinien ist für so eine Beurteilung die Richtung maßgebend, die ja nach jedem Pol hin meist klar auszumachen ist. Lange Merkurlinien schneiden also die Saturnlinien (Herzlinie sowieso) und können so den Ich-Raum wenigstens berühren. Merkur symbolisiert ja die neutrale Kraft und Einstellung, ein Diener, der allen Herren dient, wirklich ein Göttersymbol der Verbindung. Die Denkkraft ist hier daher nicht auszumachen, dafür schauen wir auf das Wurzelglied des Kleinfingers. Es geht um die Intensität, mit der wir das Pragmatische, das Vernünftige anerkennen und ausführen.

Nur müssen wir aufpassen, daß das Fehlen oder nur schwache Vorhandensein einer Merkurlinie nicht heißt, daß wir es mit dummen Leuten zu tun haben! Diese Handeigner haben halt ihre eigene Logik, die in

sich durchaus folgerichtig sein kann. Da diese Falte auch als Karrierefurche bezeichnet wird, nimmt man an, daß hier die materielle Karriere zu ersehen ist, wie in der Apollolinie der Ruhm. Beides stimmt nicht. Auch der Begriff Geschäftslinie ist eher irreführend. Es geht um die pragmatische Einstellung, die ja äußerst vehement sein kann. Dies ist meist der Fall, wenn diese Linie mit als stärkste Linie vorhanden ist. Dann bemühen sich diese Menschen, die Alltagsbewältigung mit der Schicksalsbewältigung gleichzusetzen. Oft wird dann zuviel analysiert, ja zerdacht, so daß die Intensität für das Leben selbst auf der Strecke bleibt.
Bricht diese Linie bei der Schicksalslinie ab, dann ist die Intensität des Denkens mit der inneren Angst des betreffenden Handeigners verbunden, zeigt aber die Möglichkeit an, durch intensives Nachdenken seiner Urangst auf die Spur zu kommen.

Aufmerksame Leser werden bemerken, daß wir uns manchmal wiederholen müssen, weil die Verbindungen sich wiederholen und manches bereits unter dem Kapitel der anderen Linien gesagt wurde.
Reicht also bei einem Handeigner etwa diese Linie nur zur Herzlinie, dann erschöpft sich die Intensität des Denkens oft in der Aufnahme des Lebensgefühles. Alles scheint dann von ganzem Herzen und ganzem Verstand dem Du zugewendet zu sein, was sowohl Anspruch (Zeigefinger schauen) wie Opferbereitschaft (Apollo- und Saturnfinger betrachten) heißen kann, da wir nie den Gesamtblick aus dem Auge verlieren dürfen.

Diese Linie hat ferner recht häufig eine Parallele aufzuweisen, was auch Zweigleisigkeit im Denken anzeigen kann. Aber diese Menschen bemühen sich dabei um Objektivität, also auch den anderen in seinen Standpunkten zu verstehen, so daß diese Handeigner schnell eine Verhandlungsbasis finden können.
Zerrissene Merkurlinien, die wir auch nicht mehr abbilden müssen, zeigen sprunghaftes Verhalten an, oft auch im Alltag, was manchem auf die Nerven fallen kann. Es ist schwer, diese Leute zu einer ständigen Richtung zu bewegen. Sie verhalten sich oft wie bockige Esel, die durchaus ihren guten Instinkt haben und so dumm gar nicht sind, wie oft angenommen wird. Personen, die sprunghaft sind, wirken unruhig, sie haben eine nervöse Ausstrahlung, obwohl sie sich selbst in ihrer Haut sehr wohl zu fühlen scheinen.
Früher sagte man, die Brüche in dieser Geschäftslinie würden Berufswechsel darstellen. Da wir in einer Zeit leben, in der immer weniger Menschen ohne Berufswechsel auskommen, müßten neuerdings fast alle Leute diese Brüche deutlich in ihren Merkurfalten aufweisen, was nicht der Fall ist.

Wichtiger scheinen die Verästelungen zu sein. War bei anderen Linien ein Zuviel gefährlich, so möchte man sich dies für die Kleinfingerfurche sogar wünschen, weil das doch auf viele Interessen und Anregungsannahmen hinweist. So ist eigentlich eine Verästelung einer Verwurzelung gleichzusetzen, das heißt, je mehr Wurzeln, um so stärkere Lebensausbreitungsmöglichkeiten sind vor-

handen, die dem Handeigner sicher letztlich zugute kommen.
Bei dieser Linie ist es ganz vorteilhaft, sich noch einmal mit dem Problem der Linienlosigkeit zu beschäftigen. Wer keine Merkurlinie hat, ist nicht dumm, wer überhaupt wenig Linien hat, lebt nicht etwa ohne Intensität. Im Gegenteil, diese Intensität ist oft sehr stark, weil sie sich nicht verzettelt. Menschen mit wenig Linien und einem klaren Handbild sind nicht naiv, wie ebenfalls gern voreilig geschlossen wird. Und auch nicht, daß sie sich das Leben leicht machen, während die mit den vielen Linien eher den Ernst des Lebens empfinden. Haben wir also keine Merkurlinie, braucht das Denken und Handeln diesem Handeigner absolut nicht fremd zu sein!
Wichtig scheinen auch hier die Zeichen (Omen) in der Hand. Vor allem eine Insel gibt nachdenkliche Ruhepunkte in der Intensität des Handelns, im pragmatischen Vorgehen. Kreuze zeigen Prüfungen an, Sterne echte Geistesblitze. Quadrate mögen für Forscher und Bastler gut sein. Ein Gitter läßt vermuten, daß das Denken sich labyrinthähnlich zeigt, ein Drehen im Kreise, ein Schmoren im eigenen Saft.

Viele Linien zum Merkurfinger (A), die auf oder neben dem Merkurberg liegen, regen die Kraft dieses Berges an, sie zeigen oft mehr intensives Denken und Handeln an als eine lange Merkurfalte. Wenn dies in der linken Hand zu sehen ist, dann haben wir es mit einem äußerst wachen Unterbewußtsein zu tun, diesen Leuten entgeht nichts, wenn sie auch vieles zunächst gar nicht bewußt registrieren, aber diese Personen verfügen meist über ein fotografisches Gedächtnis, das sich noch nach Jahren abrufen läßt.
Merkur galt in der Literatur als windiger Geselle, auch in den Mythen besaß er selten den besten Ruf. Heute würden wir diesen Typ nicht in Göttergestalt, aber in einem bürgerlichen Gewand als Trickser bezeichnen. Diese Trickser, diese Geschäftemacher, beste Vertreter und Taxifahrer übrigens, um nur zwei Beispiele zu nennen, haben fast alle eine sehr beachtliche Merkurlinie, was ja heißt, daß sie ihren Verstand intensivst leben; sie denken immer daran: Wie kann ich meinen Kopf am besten nutzen! Insofern mag sogar die Bezeichnung „Falte der Händler“ berechtigt sein, zumal sich ja immer herausstellt, daß an alten Aussagen der Kern meist richtig ist. Auch Buchhalter, Steuerprüfer sollten diese Linie markant besitzen oder Impulse zum Merkurberg aufweisen.

Eine Parallellinie der Merkurlinie verdient noch Beachtung, wenn sie markant und zur Kleinfingeraußenseite hin bemerkbar ist (A). Es handelt sich um die sogenannte Via Lasziva, die einen nicht so guten Ruf genießt, und der hängt mit dem Wort „lasziv“ zusammen. Dieser Name wird übrigens von einigen Autoren für die Neptunlinie verwendet, was nicht einmal so abwegig erscheint, denn auch Neptun hat etwas mit dem Lasziven zu tun. Aber diese Linie verläuft mehr in der oberen Hand und als Vertikale, also als Längslinie. Da sie neben der Verstandesintensitätslinie herläuft, dazu meist auch noch im Plutoberg anzutreffen ist, ist sie ja eine Parallele

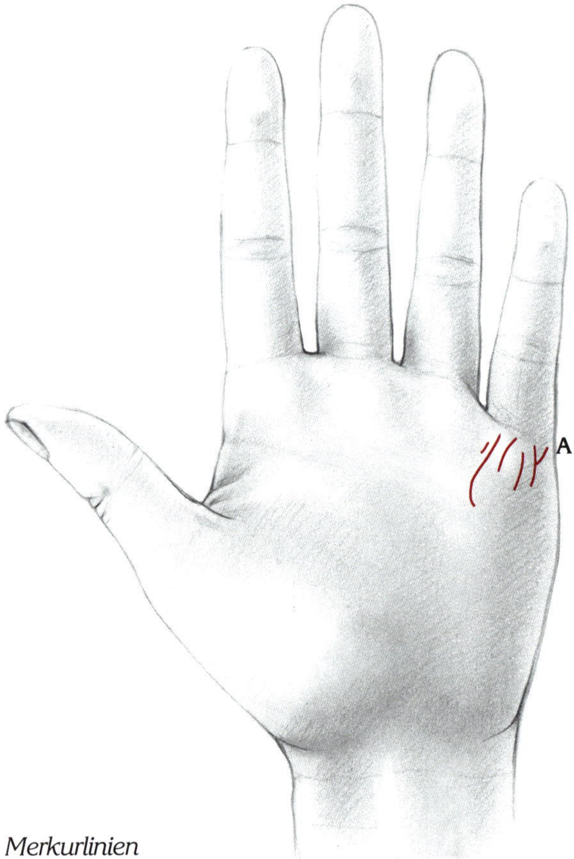

Schwache Merkurlinien

zum Pragmatischen ohne Verbindung zum Ich.

Sehr häufig sagt man Menschen mit dieser Linie daher auch nach, daß sie die Gefahr in sich hätten, sich anderen gegenüber gehen zu lassen, das heißt, nicht genügend an sich zu arbeiten. Die Neigung, eher liederlich als genau zu handeln, soll hier gegeben sein.
Nun das ist wohl sicher übertrieben oder zu pointiert formuliert. Es besteht vielleicht insofern eine Gefährdung, als es diesen Personen schwer fällt, sich in die Selbstdisziplin zu nehmen, weil sie von außen stark beeinflußbar sind nach dem Motto: Es wird schon werden!
Man lasse sich also von dem Wort „lasziv“, das im Sprachgebrauch eine andere Bedeutung hat, nicht beeinflussen.
Aber diese Via Laszivа stärkt auch

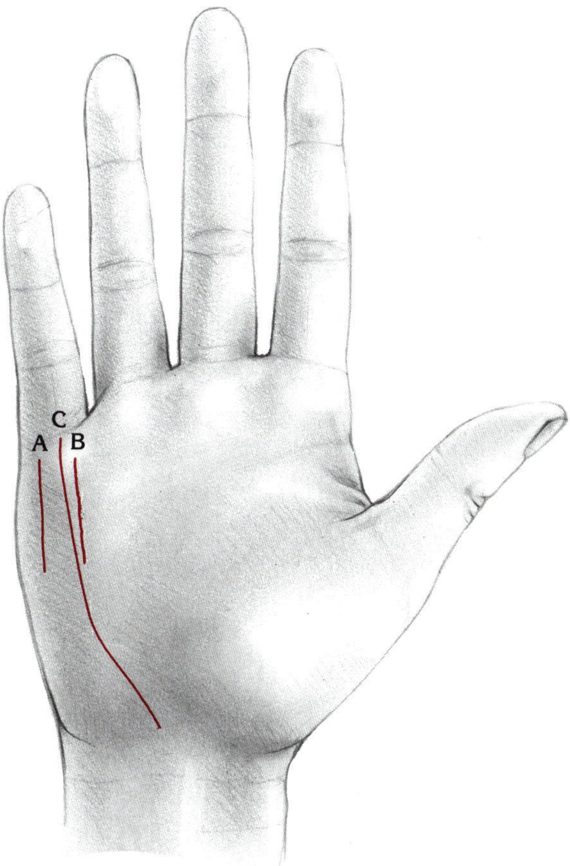

Parallelen zur Merkurlinie

die Intensität des Denkens, indem sie eben das Außen aufnimmt, nur kommt es hier auf den Grad der Aufnahmebereitschaft an. Wir sagten, vielleicht gefährdet, aber nur dann, wenn der prüfende Saturn nicht zu Worte käme, weil sein Finger zu kurz und zu schmal gebildet ist. Hier Ausschweifungen zu sehen, wäre reine Mantik.

Eine gleichlaufende Linie innen von der Merkurlinie (B) verstärkt dagegen die Disziplin des Denkens und verhindert ein zu großes Ausufern der Denkvorstellungen und Illusionen, besonders wenn die Merkurlinie den Neptunbereich, den man auch Ort des Ursprungs oder Grube des Wassers nennt, mit erfaßt (C).

Die Uranuslinie

Diese Falte wird auch die Mediallinie genannt, die Einfühlungsfalte, auch der Ring des Uranus. Eine Linie, die nicht sehr häufig zu sehen ist, obwohl die Meinung vorherrscht, daß die jüngere Generation diese Linie mehr als früher aufweist. Diese Annahme kommt daher, daß sich heute schon viele Twens und Teens für okkulte Ausrichtungen wach zeigen, und diejenigen, die von ihnen zur Handbetrachtung kommen, haben in der Tat recht häufig wenigstens den Ansatz dieser Linie. Uranus wird ja als Herrscher des Tierkreisabschnittes Wassermann soviel mit dem danach benannten, kommenden Zeitalter in Zusammenhang gebracht, daß diese Linie heute mehr beachtet wird als früher.
Sie kann sich etwa als Ring abzeichnen, der auf oder um den Uranusberg liegt, dort sozusagen zu entspringen scheint. Aber diese Linie kann sogar große Dimensionen annehmen und länger und machtvoller als die Merkurlinie sein, was keine Verwunderung hervorrufen dürfte, da ja der Uranus in der Astrologie als die höhere Stufe des Merkur gilt.

Welche Kraft soll Uranus symbolisieren? Antwort: Die Intuition! Daneben aber auch die Plötzlichkeit, die Wende, den Umsturz, das Neue, das wie aus dem heiteren Himmel da ist und nun zur Kenntnis genommen werden muß. Vor allem aber die Idee, der Gag, die Einfallskraft des Geistes. Dies bedeutet: Erst wenn sich jemand den Kopf über eine Sache zerbrochen sowie hin- und hergedacht hat und dabei das Unterste zum Oberen kehrt und umgekehrt, der bekommt dann den Einfall, die blitzartige Idee. Aber ohne Vordenken kommt dies nicht. Jede Erfindung, jeder dichterische Einfall, jeder humorige Gag ist eine Produktion der ernsthaften Beschäftigung mit diesem Metier. Die Intuition ist etwas Erarbeitetes, also nichts Inspiratives, das aus dem Instinkt aufsteigt. Das Intuitive ist vom Denken abhängig, das Uranische vom Merkurischen!
Dies müssen wir uns immer verdeutlichen, bevor wir von dieser Linie sprechen, weil sonst ihr Sinn nicht klar wird.

Diese Linie kann sich wie ein Halbring zeigen, ja auch wie ein dreiviertelgeschlossener Ring (daher auch der Name Uranusring) und dabei bis in das Handgelenk reichen (A).
Konzentriert sich diese Linie aber als Ring auf dem Uranusberg, zeigt dies zwar Einfälle über Einfälle, kann aber auch verwirrender Art sein, als ob sich diese Intuition immer wieder im Kreise zu drehen scheint (A 1).
Diese Furche kann aus dem Mondbereich kommen, was auf Phantasie in der Einfallskraft schließen läßt (B).
Diese Linie kann mächtig sein und den Merkurberg mit dem Uranusbereich verbinden (C), wobei sie selbst von erfahrenen Handbetrachtern mit der Merkurlinie verwechselt werden kann.
Neben der Uranuslinie kann die Merkurlinie völlig verschwinden, was dann bedeutet, daß die Plötzlichkeit der Einfälle oft das logische Denken ersetzt, aber andererseits auch viel hilfreiche Wege offenbart.

Es gibt durchaus Personen, die über-

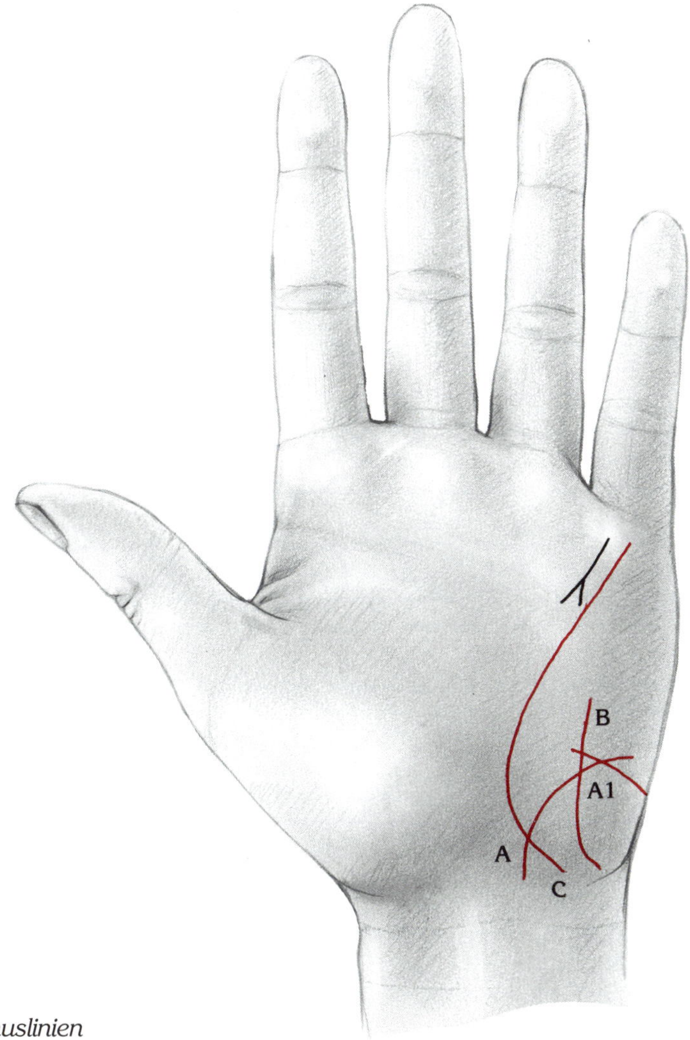

Uranuslinien

wiegend uranisch reagieren, was ja seine eigene Logik enthält. Diese Menschen sind wach und auch klug reagierend, allein das Sprunghafte fällt auf. Sie warten nicht, bis ein Thema zu Ende diskutiert ist, sie ahnen Antworten von anderen Gesprächspartnern, so daß es ihnen schwer fällt, denen noch konzentriert zuzuhören. Sie scheinen auch im Schlaf keine Ruhe zu finden, denn ihr Kopf ist immer hellwach. Für andere Leute sind die Reaktionen dann oft erschreckend sprunghaft, und es gehört wohl eine Zeit der Reife dazu, ehe diese Handeigner gelernt haben, ein Gespräch konzentriert zu führen, sich einer Diskussion unterzuordnen. Nun ist ja diese Linie so häufig nicht zu finden, zumindest keine ausgeprägte, so daß diese Menschen einem gar nicht so oft begegnen.

So gut es bisher klingen mag, eine Uranuslinie zu besitzen, diese Menschen sind doch gefährdet. Der Grund: Sie verlassen sich zu leicht auf ihre Einfälle. Sie bereiten sich nicht auf wichtige Prüfungen oder Gespräche vor, in der Meinung: „Mir fällt schon das Richtige ein." Das ist um so gefährlicher, je öfter es gut geht; erst im späteren Alter lernen diese Menschen, daß Einfallskraft allein nicht genügt.
Vor allem Künstler gehen so an manche Arbeit heran, die dann in sich nicht genügend aufgebaut ist. So schön Geistesblitze sind, sie allein garantieren noch keine Lebensklugheit. Mancher Verleger oder Intendant oder Kulturförderer kann davon ein Lied singen. Diese Menschen wirken oft genial (oder es scheint so, als hätten sie einen Anflug davon), aber die Enttäuschung ist dann meist bitter, denn Genialität ist zum Talent gehörender Fleiß. Hier helfen oft Querlinien oder Kreuze, aber auch Kreuzungen, das fesselt diese Menschen an die Realität, sonst schweben sie im luftigen Raum, kaum erdverbunden. Manches Leben dieser Art gleicht einem Ritt über den Bodensee.
Das heißt also: Handeigner mit starker Uranuslinie müssen sich selbst sehr hart an die Kandare nehmen, sie können sich auf die Dauer nicht darauf verlassen, daß ihr Durchlavieren stets einen Ausweg findet. Das beginnt – vielleicht wichtig für Eltern – oft schon in der Schule, da diese Kinder meinen, sie bräuchten keine Schularbeiten zu machen, weil sie alles verstanden haben. Das haben sie auch, aber es sitzt nicht, der Lehrstoff ist nicht fest in ihnen verankert.

Eine gute intuitive Gabe kann ein guter Ausgangspunkt sein, aber allein bringt das nichts ein. Daher scheinen hier eher Quadrate nützlich zu sein – im Gegensatz zu Sternen. Gut auch Inseln, weil die ja einen Besinnungsstop bedeuten, der sicher grundsätzlich der Einfallsintensität gut täte.
Zu beachten ist auch hier wieder, ob die Linie der Medialität in der linken oder in der rechten Hand stärker ausgeprägt ist. Oft ist sie sogar nur in einer Hand zu sehen. In der rechten Hand erscheint dann die Intuitionsgabe ausbaufähiger, weil bewußter zu machen, während diese Linie in der linken Hand doch eher Einfälle aus dem Unterbewußtsein anzeigt, und zwar in Form von Träumen, Versprechern oder anderen Freud'schen Fehlern, die schwerer zu steuern sein mögen. In Verbindung mit einem wachen und bewußten Handeln lassen sich auch Plötzlichkeiten besser einbauen und auf die Möglichkeit der Verwirklichung überprüfen.
Geben wir noch ein Beispiel:
Wenn diese Linie, die auch sprunghaft – also zerrissen – zu sehen sein kann, die Herzlinie kreuzt (A), dann werden auch die Gefühlsintensitäten recht sprunghaft sein.

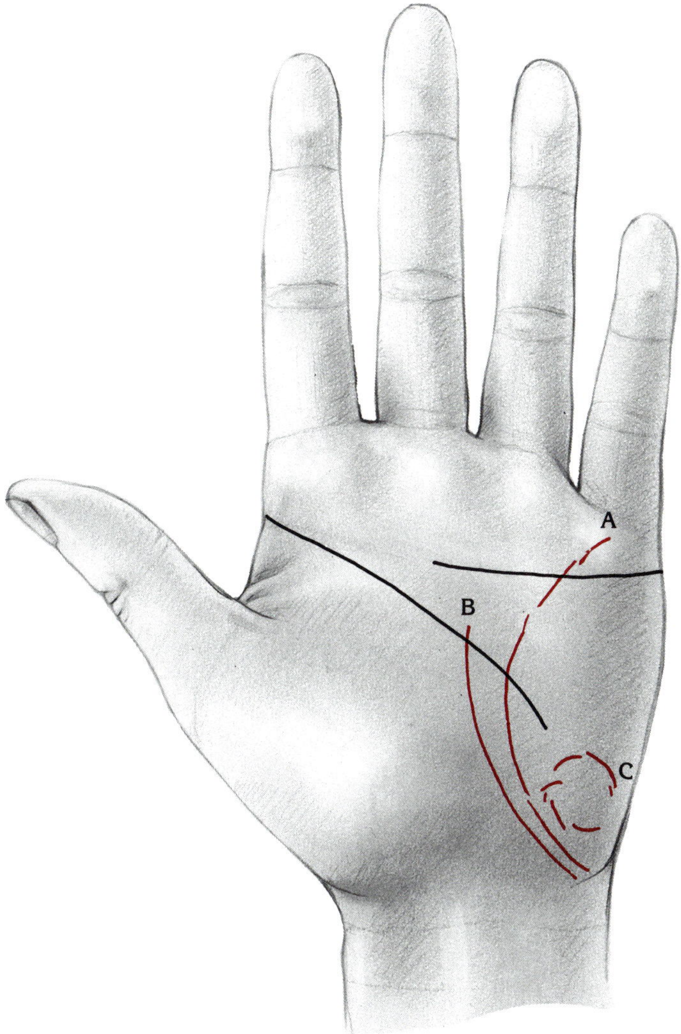

Varianten der Uranuslinie

Kreuzt diese Linie die Kopflinie (B), dann ist das wohl – nach der Erfahrung – für die Einfallsintensität recht vorteilhaft, weil diese durch die gedanklichen Kräfte sozusagen gefiltert werden kann.

Durch die Drehbewegung einer zerrissenen Uranuslinie auf dem Uranusberg (C) wird deutlich, daß hier eine Art Wirbelintensität vorhanden ist, die mehr hinabreißt als sie aus der Ruhe gebären kann.

Diese Einfälle dürfen nun auf keinen Fall mit Inspirationen verwechselt werden, mit Gesichten – wenn man so will –, also mit einer Art von Offenbarung, die aus dem Instinkt hervorsteigt, aus Urängsten oder Urhoffnungen und Erwartungen. Diese Inspirationen sind – wenn überhaupt – aus der Neptunlinie herauszulesen, die aber schon zu den Linien zu zählen ist, wo eine Portion Skepsis über die Deutungsmöglichkeiten angebracht erscheint.

Linien, die mit Vorsicht zu bewerten sind

Es handelt sich hier im Grunde um den Rest der Linien, die wir zwar in unserer Übersicht, die 21 Linien zählte, aufgeführt, doch bis jetzt nicht vorgestellt haben. Nennen wir an erster Stelle die **Neptunlinie,** die von einigen Autoren auch als die Via Lasziva benannt wird. Hier geht es um die Intensität des Instinkts, wiederum nicht um den Instinkt selbst. Auch die hellseherischen Fähigkeiten, die dieser Linie angedichtet wurden, sind hier nicht zu erkennen. Da sollte schon auf dem Neptunberg ein Stern zu erblicken sein oder eine Insel!

Diese Neptunlinie entspringt aus dem Raum des Neptunberges. Sie steigt oft auf und verläuft zum Mondberg (A) hin (Uranus wäre kaum für diese Linie typisch). Sie kann aber auch bereits am Rande des Daumenballens sichtbar sein und den Mondberg mit erfassen (B). Das wäre sogar richtiger, denn Neptun gilt als höhere Stufe der Venus, aus dem Fühlen für etwas entwickelt sich der Instinkt. Aus dem Fühlen für das Tierkind hat die Tiermutter ihren Beschützerinstinkt entwickelt und den Instinkt vor Gefahren. Das Gefühl des Gebärens lebt deswegen so tief in der Mutter drin, weil damit ja der Tod überwunden wird. So ist diese Linie wirklich voller Intensität, wenn sie die Lebenslinie und die Schicksalslinie (falls vorhanden) kreuzt (B).

Wichtig sind auch Verästelungen, besonders die aus dem Handgelenkbereich nach oben zu streben scheinen (B 1).

Wird die Schicksalslinie geschnitten (C), dann ist der Lebensinstinkt in sich fest verwurzelt, die Inspirationen, die aufsteigen, kommen aus dem kollektiven Unterbewußtsein. Diese Linie kann auch in zwei Teilen zu sehen sein (D), wobei der Abstand ziemlich groß ist, dann haben wir es mit einer geteilten Instinktlinie zu tun, die nicht so hoch zu werten ist wie eine lang durchgehende. Diese Linie verbindet im Grunde das Fühlen (Venusberg) und das Gemüt (Mondberg). Wird das Fühlen und das Gemüt, also die Stimmungslage, zu stark bei einem Menschen intensiviert, kann dies zu einer zu heftigen unrationalen Lebensauffassung führen, zu einer Depression gar, die dann auch zu seiner Sucht werden kann. Nur Ausnahmemenschen (und wirklich nur diese) haben echte, weiterführende Gesichte oder Inspirationen! Im Grunde zeigt diese Linie – weil wir nur Durchschnittsmenschen sind – an, daß die Gefahr der Selbsttäuschung, der Halluzination gegeben ist, auch die Gefahr der eingebildeten Krankheiten. Daher ist es meist besser, wenn diese Linie nicht, oder wenn, dann nur in Teilen vorhanden ist. Selbsttäuschungen führen zu Täuschungen, das Ende jeder Täuschung ist eine Enttäuschung.

Neptuns Gabe ist das Auffinden von Leitsternen, denn Neptun wurde auch als Herr des Himmelsmeeres angesehen. Und die Linie, die man am Himmel deutlich sieht, ist die Milchstraße; kein Wunder, daß diese Linie einst als Milchstraßenlinie bezeichnet wurde, und in der Milchstraße, am Firmament findet man sich wirklich schwerlich zurecht.

Daher wird sie im positiven Sinn als eine Linie der Suchenden bezeichnet, wobei wir aber bedenken müs-

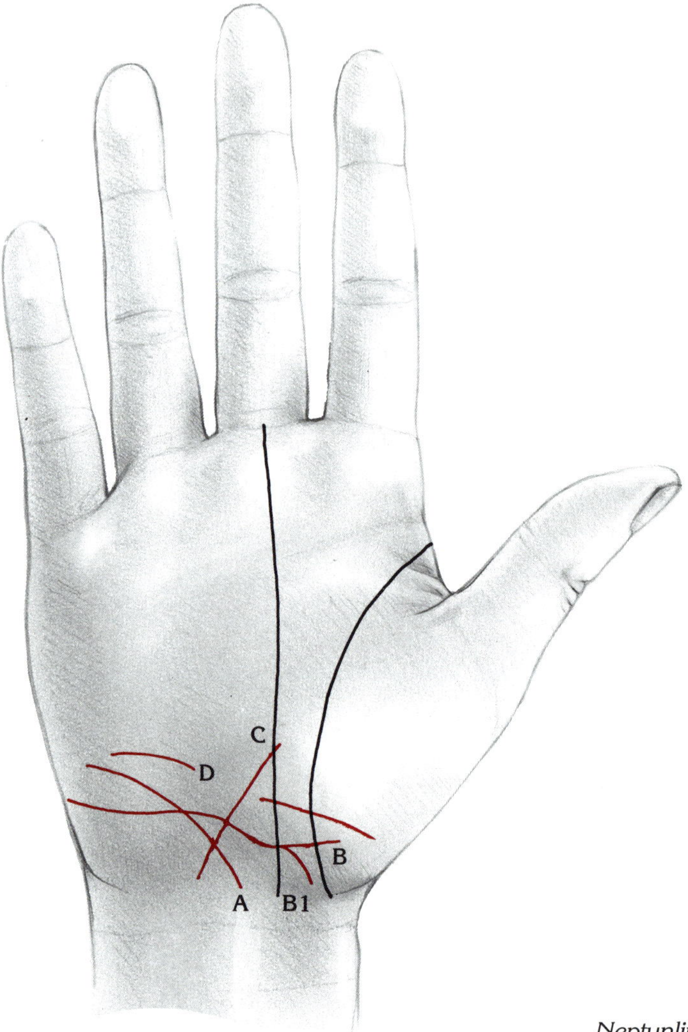

Neptunlinien

sen, daß das Wort *Sucht* sich aus dem Wort *Suchen* herausgebildet hat. Wer also diese Linie bei sich entdeckt und bemerkt, daß sie voller Intensität ist, der schaue als Ausgleich sozusagen auf die Merkurlinie oder auf den Merkurberg. Auch der Saturnfinger kann, wenn er groß und mächtig ist, anzeigen, daß hier die Gefahren aus einem Verantwortungsgefühl abzufangen wären.

Kommen wir zu den Linien auf dem

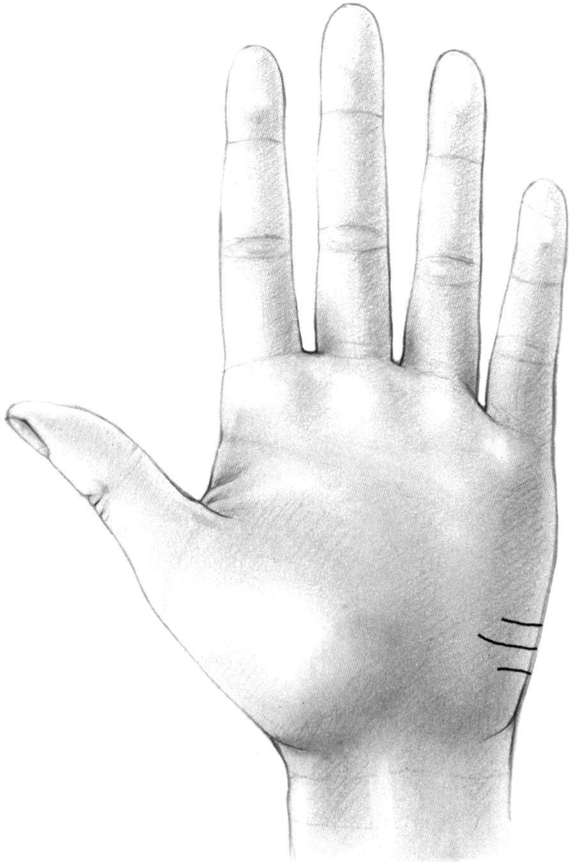

Reiselinien

Mondberg, die sich von der Außenseite zur Handmitte hin zu bewegen scheinen. Diese Linien sind als **Reiselinien** bekannt, wobei es sich mehr um innere Reisen, also um die Phantasie, die schöpferische Kraft handelt. Finden sich diese Linien, dann mag hier eine gewisse Intensität vorhanden sein, die schöpferische Kräfte in einem Menschen – mehr als durchschnittlich – weckt.

In der linken Hand sind sie eher ein Omen für unbewußte Phantasien, während sie in der rechten bewußtere Kräfte an die Oberfläche treten lassen. Diese Handeigner können wirklich aus ihren Träumen viel erkennen und lernen, ja diese kreativ verwerten. So könnte man hier sogar – was gar nicht falsch wäre – von Traumlinien sprechen.

Fast jeder hat gehört, daß es Linien in der Hand geben soll, die die Ehebindungen anzeigen, und zwar die Zahl der Bindungen. Also, ob jemand eine oder zwei oder mehr Ehen führen wird, oder geführt hat.
Diese **Ehelinien** sollen auf der Außenhand *über* der Herzlinie beginnen, und sie treten erst dann besonders hervor, wenn man die Hand zur Faust ballt. In der Literatur nennt man diese Linien auch **Kontaktlinien**, wohl im Sinne von Lebensbindungen, weil die *nur* standesamtliche Ehe bestimmt nicht in der Hand zu finden ist. Hat man die Linien per Faustballung entdeckt, ist es gut, sie bei gestrecktem Kleinfinger zu betrachten, weil so die mehr oder weniger starke Intensität besser zu erkennen ist.
So geht es also nicht nur um die Zahl der festen Verbindungen, sondern um die Intensität zum Du. Viele Linien mit starker Prägung zeigen auf eine starke, zu betonte Kontaktaufnahmesucht hin, so daß diese Menschen vielleicht in ihrer Du-Suche schwer zur Ruhe kommen. Sie können bei einem Du, welches sie gefunden haben, nie die ersehnte Ergänzung finden, sie suchen immer weiter. Allein aus diesen Überlegungen wäre hier ein eventueller und auch sehr vager Hinweis in punkto Treue zu sehen. Die Ablenkungssehnsucht oder die Einstellung, daß die Kirschen in Nachbars Garten immer noch die besseren seien, könnte man hier als ein Merkmal annehmen, das aber nicht überschätzt werden darf! Immerhin befinden wir uns im Merkurbereich, wo eine Vernunftsbegrenzung gegeben ist.
Senken wir unseren Blick nun etwas tiefer, dann sehen wir – außen an der Handkante entlanglaufend – eine Längslinie, die mehr oder weniger lang ist. Diese Linie wird als **Plutolinie** bezeichnet (nicht zu verwechseln mit Via Lasziva!). Manchmal wird sie auch Religionslinie genannt, da sie die Glaubensfähigkeit belegen soll, die aber eigentlich aus der Hand nicht erkennbar ist. Sicher ist, daß diese Linie noch in der Mitte des Lebens entstehen kann! Nach Gesprächen mit Personen, bei denen das deutlich zutraf, kam heraus, daß immer eine Lebenskrise vorausging, bei der es auf die Durchsetzung ankam. Oft fiel das Wort von der Selbstverwirklichung. In diesem Fall wäre der Name Plutolinie sogar recht gut gewählt. Wenn eine Linie aber im Leben kommen kann, dann kann sie auch wieder vergehen, so ist es bei allen Linienveränderungen der Hand.

Noch umstrittener sind die **Beistandslinien,** die auch als Samariterlinien bezeichnet werden (A). Sie steigen in der Handinnenfläche von der Ehelinie senkrecht zum kleinen Finger auf, sind also außen nicht zu sehen. Linien, die sich auf der Handaußenseite befinden, haben mit den Beistandslinien nichts zu tun.
Diese Linien wurden früher als *Kinderlinien* bezeichnet, danach wurde angeblich schon im Altertum die Zahl der Kinder prophezeit. Heute gilt dies bei den vielen Verhütungsmitteln, die im Gebrauch sind, sicher nicht mehr. Wenn überhaupt, ist hier insofern eine Beistandsintensität herauszulesen, da diese Linien sich nahe der Außenseite befinden und in Richtung auf den Merkurfinger zeigen, also dem Denken zur Umwelt

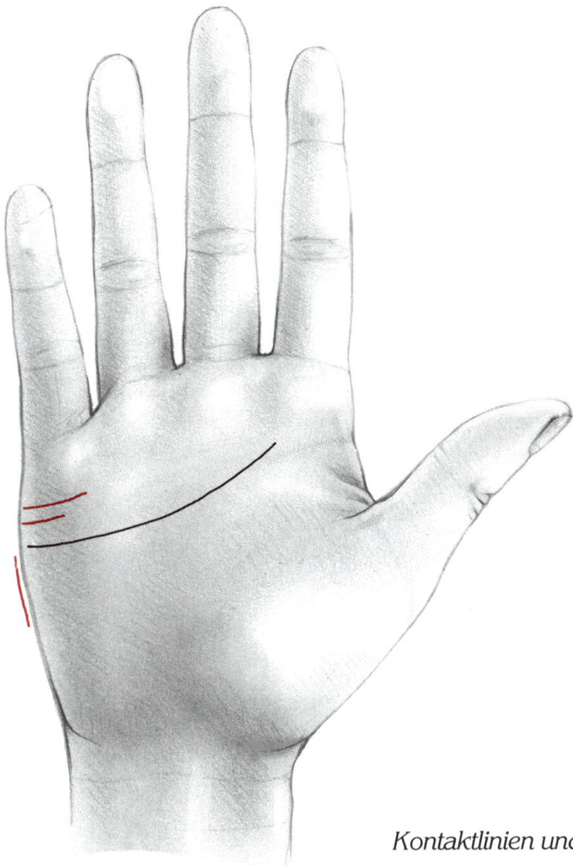

Kontaktlinien und Plutolinie

eine gewisse Kraft verleihen können. Es bringt im Grunde nicht viel, wenn wir diese Linien beachten, wir erwähnen sie nur, weil sie in der Literatur zu finden sind. (Abbildung Seite 298.)

Wichtiger scheinen die Linien, die einen ganz anderen Namen führen: **Gürtel oder Ringe.** Wir beginnen mit dem **Venusgürtel.**

Dieser Gürtel ist die große Linie, die vom Merkur/Apollobereich bis hin zum Saturn/Jupiterbereich verläuft (oder umgekehrt) (B). Hier sind die Fingerberge als Kraftzentren miteinander verbunden. Dieser Gürtel soll also alle Kräfte gemeinsam intensivieren. Geschieht dies, kommt der Mensch allgemein gesehen sicher zu ganz großen Leistungen, weswegen man einst auch sagte, daß hier die Großen dieser Welt zu erkennen wären. Es ist dabei ein Unterschied, ob diese Linie glatt und eindeutig zu er-

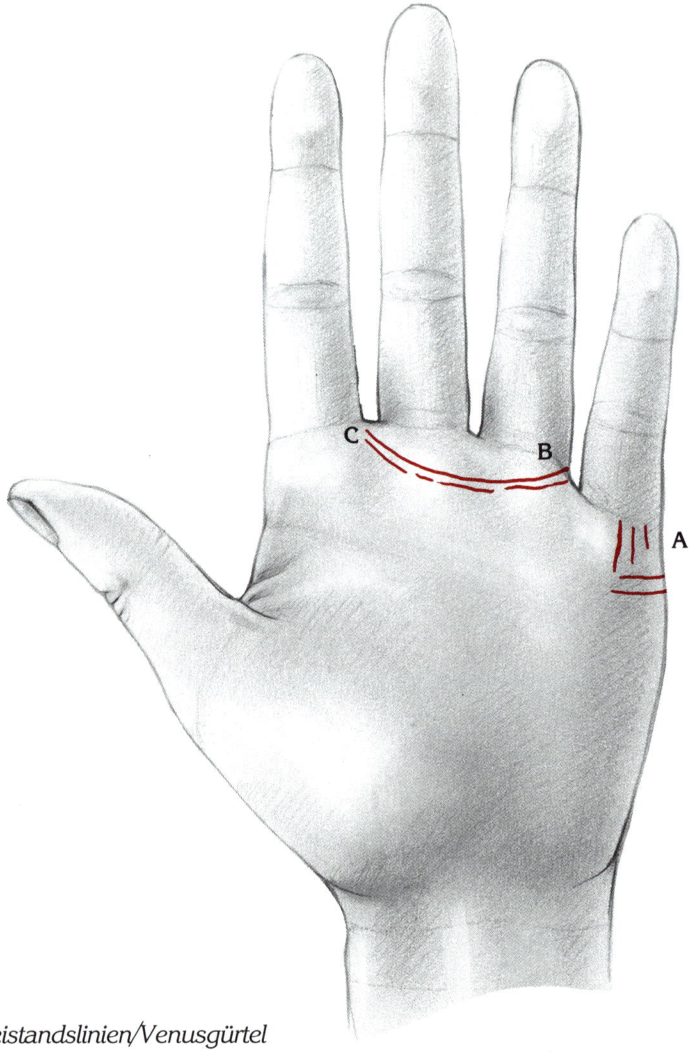

Beistandslinien/Venusgürtel

kennen ist (B) oder ob sie eher nur zerrissen verläuft. Ist das letztere der Fall (C) wird die Intensität doch nicht so geschlossen zu mobilisieren sein, dann zeigt diese Linie eher ein sprunghaftes Wecken von Energien an, das sich sogar höchst unerfreulich äußern könnte. Im Endeffekt heißt es doch wenig Kontinuität, was dann sogar selbstzerstörend sein kann. Es ist wichtig, ob dieser Ring von Querlinien *gesprengt* wird (so

ein Fachwort). Ist dies der Fall, dann wäre wohl von einer recht starken Belastung zu sprechen. Es könnten sich gerade durch die Weckung der Kräfte innere Hindernisse einstellen, weil sich ja jedes sprunghafte Zuviel schädlich auswirken kann.
Gelegentlich ist dieser Gürtel zweifach (B und C) zu sehen, ganz selten dreimal; dann scheint es sich doch um eine außergewöhnliche Persönlichkeit zu handeln, und wenn es nur deswegen ist, weil man deren Hand höchst selten zu Gesicht bekommt.

Wie richtig man übrigens einst dachte, geht aus einem Lehrbuch hervor, das vor diesem dreifachen Gürtel sehr warnte, weil diese Leute dem Irrsinn nahe sein sollten. Das ist so natürlich übertrieben, aber drei dieser Venusgürtel würden doch eine Übersteigerung anzeigen, die zu denken geben muß.
Hier handelt es sich nämlich symbolisch gesehen um den Einschluß der Sonnen- und der Saturnkräfte eines Menschen. Beide sind in sich sehr konträr, früher sagte man, da trifft Wärme auf Kälte, das Zeugende auf das Sterben, das Weiterstrebende auf das Bewahren.

Diese gegensätzliche Intensität kann sich selbst schaden, auch zum Ausflippen führen, wie man es heute bezeichnen würde. So ist umstritten, wie der Venusgürtel eigentlich zu werten ist, aber Sonne und Saturn geben die Antwort, die lautet: Wo viel Licht ist, ist auch viel Schatten, und es entscheidet ja oft nur ein Fünkchen, ob jemand genial oder wahnsinnig genannt werden kann.

Ein anderer Ring oder Gürtel wurde mit dem Namen Saturns belegt. Dieser **Saturnring** schließt den Saturnfinger ein (A).
Allerdings kann dieser Ring auch aus zwei Linien bestehen, die sich vereinigen, und dann sieht es sogar oft wie ein Dreieck aus (B). Hier soll es sich um eine starke saturnische Intensität handeln. Das heißt, diese Kräfte werden besonders aktiviert. Solche Menschen wirken nicht sehr lebensfroh, zu ernst, sie haben viel mit sich zu tun, oft sind sie voller Ängste. Das ist auch das Symbol dieses Gürtels. Sie öffnen sich nicht, sie sind sehr verschlossen. Daher wirken diese Personen auf andere oft als Eigenbrötler.
Ist dieser Ring (oder zwei, das kommt vor) in der rechten oder linken Hand zu sehen? Befindet er sich links, dann wäre – auch wenn noch so nötig – eine psychologische Behandlung wohl zum größten Teil umsonst, denn diese Menschen öffnen sich einfach nicht. Selbst wenn sie es wollten, das Unterbewußtsein macht das nicht mit. Sie haben eine Scheu, andere tiefer in sich hineinblicken zu lassen. Finden wir diesen Ring in der rechten Hand, dann haben wir es eher mit einem Pokerspieler zu tun, der keine Regung nach außen dringen läßt. Diesen Leuten etwa fiele es irrsinnig schwer, Fehler zuzugeben oder öffentlich die Schuld auf sich zu nehmen. Selbst wenn sie Fehler einsehen, so geben sie dies nicht zu. Sie versuchen dies dann anders irgendwie gut zu machen, aber über ihren Schatten zu springen, das vermögen sie nicht.

Problematisch mag es sein, wenn ein

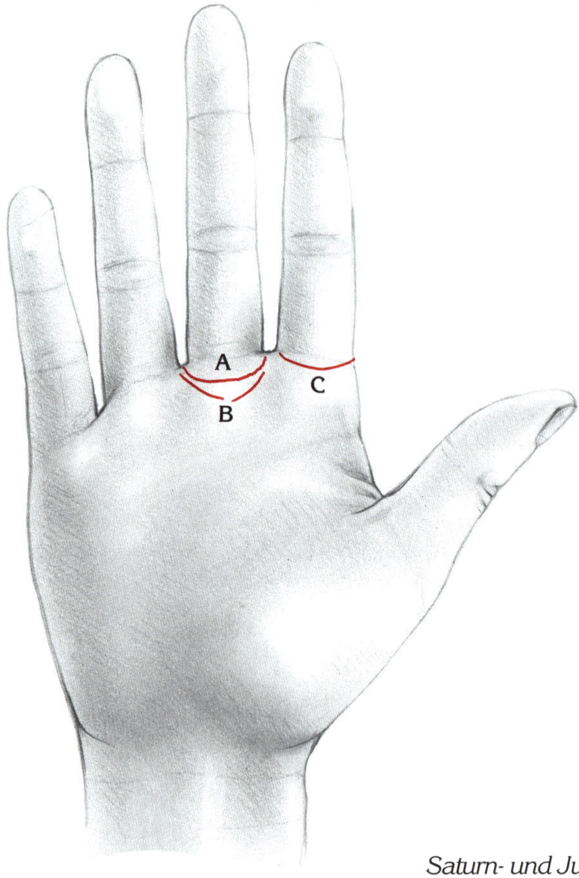

Saturn- und Jupiterring

Venusgürtel mit einem Saturnring zusammenfällt, aber dies hat der Autor selbst noch nicht zu Gesicht bekommen. Für Philosophen, Eremiten und Asketen kann dieser Gürtel übrigens eine hilfreiche Intensität anzeigen, besondere Kräfte der Besinnung wachzurufen und wachzuhalten.

Eine Handeignerin, die man zu den Prominenten zählen kann, besitzt diesen Ring, dazu aber eine ausgeprägte Uranuslinie und einen vollen Venusberg. Sie ist Opernsängerin von besonderer Klasse, hervorragend in ernsten Rollen, aber privat durchaus voller Leben und Lebensfreude, wenn ihr auch kaum ein lautes Lachen abzuringen ist. Hier geht es also um die Intensität des Lebensernstes, auch der Verantwortungsübernahme, und diese Menschen entwickeln dann ihre größten Kräfte, wenn sie sich bewähren müssen.

Einen anderen Ring können wir als **Jupiterring** bezeichnen. Hier haben wir es mit einem Halbkreis innen um den Jupiterberg zu tun (C), also einer Intensität in punkto Entfaltungskraft.
Sicher sind diese Handeigner sehr ehrgeizig, sie denken stark an ihre eigene Karriere (mit Einschränkungen vielleicht), und sie haben eben die Gabe, für ihre persönliche Laufbahn stärkste Kräfte in sich abzurufen. Oft gehen sie bis an den Rand des Abgrundes, sie wagen alles, aber sie sind dabei doch mehr Einzelgänger. Sie verlassen sich nur auf sich, sie vertrauen kaum einem und haben dadurch wohl eine Fähigkeit in sich entwickelt, die nie ein gutes Echo bekommt: Sie sind mißtrauisch.
Schon mancher Manager ist hier gestorben, und seine Frau hat nicht gewußt, auf welcher Bank ihr Erbe liegt. Diese Menschen streben in die Höhe, oft weit hinaus über die Grenzen ihres Landes, deswegen wurde dieser Gürtel auch als Fernwehgürtel angesehen. Sie lesen viel, hören viel, wollen vor allem immer gut unterrichtet sein, ohne selbst auch nur eine Information weiterzugeben. Die Angenehmsten sind sie also nicht, wenn es nur nach der Beurteilung dieses Ringes ginge. Aber zum Glück hat ja jede Hand mehrere Merkmale, und jeder Pol hat unweigerlich seinen Gegenpol. Die größte Gefahr dieser Menschen ist die Eigenüberschätzung, und da helfen keine Warnungen, die werden einfach in den Wind geschlagen, weil diese Personen alle Warnungen als Fallen betrachten. Da ist einmal einem Bauunternehmer geraten worden, sich nicht zu schnell zu erweitern, zu vergrößern. Dieser Ratschlag wurde verlacht und Freunden gegenüber geäußert: „Der hat ja nur Angst, daß er bald mit mir nicht mehr mithalten kann". Nun, inzwischen mußte genau dieser Unternehmer bereits zweimal Konkurs anmelden.

Nun ist noch ein Ring am Jupiterfinger zu sehen, der aber außen verläuft. Es handelt sich um den sogenannten **Ring des Salomon.** Dieser Außengürtel, der den Finger wie ein Ring ganz umschließen kann, wird als höhere Stufe des Jupiter angesehen, wie Uranus als höhere Stufe des Merkur, Neptun als höhere Stufe der Venus und Pluto als höhere Stufe des Mars gilt. Das geht allerdings nicht auf, weil Salomon keine Gottheit war, aber nehmen wir es einfach einmal hin, auch wenn es archetypisch nicht stimmt. Hier also ist die Weisheit verkörpert. Weisheit übrigens, die auch lachen kann.
Da dieser Ring von außen sichtbar ist, wäre er wirklich ein Merkmal, das jeder leicht überprüfen kann. Er wird als Ring der Macht bezeichnet, und dann soll er noch etwas Besonderes signalisieren: die Kraft des Okkulten. Menschen mit diesem Ring schreibt man eine besondere Macht zu, die Macht der Mystik, die Macht der Heilenden. Außerdem soll er den Handeigner abschirmen, um die Magie des okkulten Geheimnisses zu bewahren. Der Ring des Salomon muß sich übrigens am Wurzelglied befinden und darf nicht mit den Beugefalten eines Fingergelenks verwechselt werden!

Finden wir Salomon-, Jupiter- und Saturnring an einer Hand, dann soll damit ein großer Weiser gefunden sein. Aber diese Vorstellung gehört sicher mehr in das Reich der Fabel. Vorstellbar ist allerdings, daß durch die Intensität, die diese Linien anzeigen, so viel Kraft von diesen Persönlichkeiten ausgeht, daß man ihnen ohne weiteres einen Herrschaftsanspruch unterschieben möchte, ja diesen auch bei solchen Leuten anerkennen würde.

Dann gibt es noch viele Linien, auch bisher nicht benannte Linien, die von der Großbetrachtung ablenken. So tauchen Ringe am Apolloberg auf, manche Querlinien werden als Ringe angesehen. Die Deutung dieser Ringe, die nicht in die Literatur eingegangen sind, die aber fraglos existieren, wie die Merkurringe etwa, weisen uns immer auf eine Intensitätskonzentration hin, wie wir sie beim Saturngürtel und beim Jupiterring besprochen haben. Beim Ring des Jupiter und noch mehr beim Ring des Salomon müssen wir wieder unterscheiden, ob dieser Ring in der linken oder in der rechten Hand existiert. Ist also der Ehrgeiz (Jupiterring) mehr bewußt oder unbewußt? Der bewußte Ehrgeiz ist leichter zu packen und zu korrigieren als der unbewußte Ehrgeiz, der immer wieder – und offensichtlich bei der falschesten Gelegenheit – ausbricht. Dies muß der Handeigner annehmen und unterscheiden lernen.

Sagenumwoben sind auch die sogenannten **Finanzlinien,** die die Handdeutung in einen gewissen Verruf gebracht haben, denn natürlich kommen sehr viele Ratsuchende zu Handlesern und Deutern, um zu hören, wann es ihnen auch finanziell besser gehen würde. Diese Linien liegen unterhalb des Saturnfingers, des Mittelfingers also, und sollen dort senkrecht oder auch schräg verlaufen, oft sind sie in Richtung des Jupiter-, manchmal auch in Richtung des Apollofingers zu sehen. Nun gibt es hier drei Deutungsmöglichkeiten, die wir untersuchen müssen.

Eigentlich ist ziemlich unergründlich, warum diese Linien mit Finanzen in Verbindung gebracht werden. Eine Erklärung ist, daß Saturn einst das Üble anzeigte (zum Glück hat sich dies seit dem Aufkommen der modernen Psychologie durch Freud und Jung geändert). Wir haben es hier nämlich mit Linien aus dem Saturnbereich zu tun. Nun kamen früher die Leute immer zu Handlesern, wenn sie in Not waren. So wurde erst einmal auf das Unheilverkündende geschaut, also auf alles rund um den Saturnbereich (A).
Die Linien zum Saturnfinger selbst wurden als Anzeichen größter Sparsamkeit gedeutet, wobei es offen blieb, ob dies aus Notwendigkeit geschah oder aus Geiz. Äste zum Jupiterfinger sollten auf Großmut und Großzügigkeit hindeuten, Äste zum Apollofinger gar auf Verschwendung.
Linien etwa, die sich mit trichterförmigen Schräglinien zu einem Finger emporrecken, sind immer auf den Finger oder den Fingerbergbereich zu beziehen, denn es gibt diese Linien durchaus auch zum Apollo- oder zum Jupiterfinger. Wenn wir nun davon ausgehen, daß dies Inten-

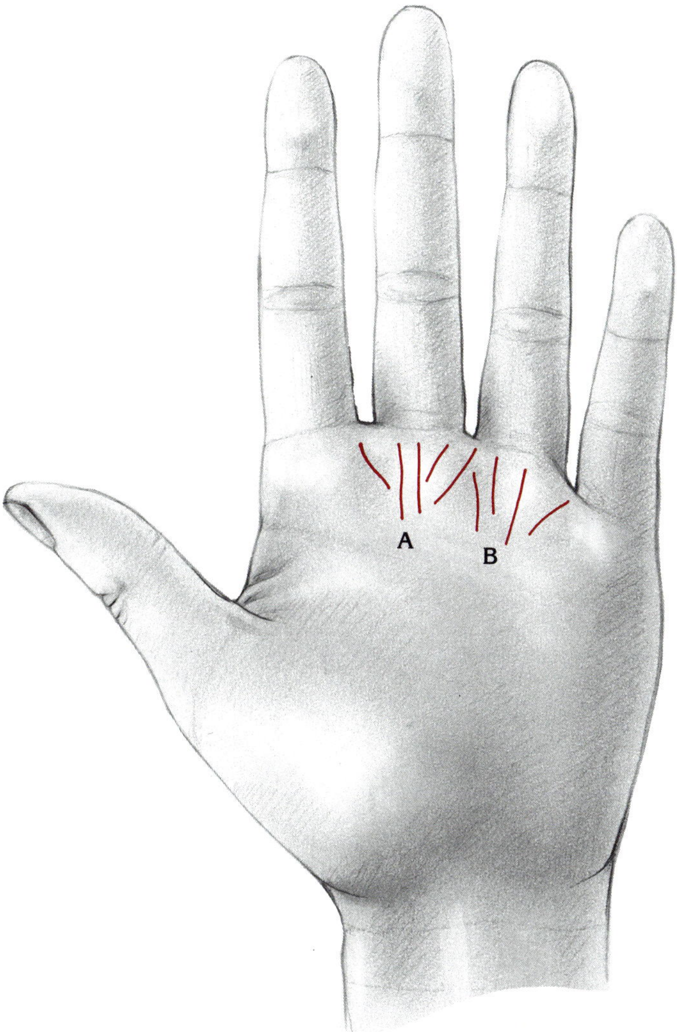

Sogenannte Finanzlinien

sivstlinien sind, wird deutlich, was damit gemeint ist: beim Saturnbereich als Symbol der Mitte, beim Symbol des Maßhaltens ging es immer um die Bewahrung. In bezug auf Geld bekam dies die Deutung von Sparsamkeit, von Geiz.
Beim Apollofinger etwa zeigen diese Linien eine ideelle, künstlerische Intensität an, damit auch ein Streben nach höheren Dingen, wo das Materielle einfach nicht mehr diese Rolle spielen darf; also wurde dies übersetzt als Symbol der Verschwendung (B).
Bei denselben Linien im Jupiterfingerbereich geht es um den Ehrgeiz, der mit allen Mitteln arbeitet, sogar mit einem sich in höhere Kreise einkaufen, mit einer – wenn auch meist gespielten – Großzügigkeit, die die Formen der Bestechung annehmen kann. Hier liegen die Gründe für die Bewertung, nur wurde eben meist das Psychologische dieser Grundausrichtung nicht gesehen.
Das Problem war, daß einige Menschen eben unverdientes Glück hatten, das dann immer mit Apollo in Zusammenhang gebracht wurde, was zu den Aussagen eines großen Gewinns führte, wenn Menschen senkrechte Linien im Apollobereich hatten. Nicht zur Kenntnis genommen wurde dabei nur, daß jeder Verdienst auch einen Grund hat, der im Einsatz eines Menschen liegt! Und dieser Einsatz ist in den Linien, von denen wir hier sprechen, zu sehen, weil sie ja etwas über die Intensität allgemein aussagen, die in einem Menschen lebt. Viele Linien heißen sicher viel Intensität, aber eben unkonzentrierte, zerfließende, nicht zusammenfassende Intensität, und so ist es auch zu erklären, warum oft Personen mit einer verhältnismäßig klaren Hand Erfolg haben oder glücklich zu nennen sind. Sie können ihre Intensität konzentrieren. Mit Finanzen direkt haben also diese Linien nicht das geringste zu tun, aber mit einem Einsatz, der irgendwann einmal sich auch finanziell auszahlen dürfte. Wo dies der Fall ist, in welcher Richtung, das ist hier dann doch in etwa abzusehen. Darum geht es also. So sind diese Linien weniger Finanzlinien als Einsatzlinien, sie zeigen eine Konzentrationsmöglichkeit zum Einsatz, die aber auch genutzt werden sollte.
Auch hier wieder bitte darauf achten, ob sich diese Einsatzlinien in der linken oder rechten Hand befinden. Finden wir sie in der linken Hand, dann besteht eine starke unbewußte Kraft, von der manche Handeigner einfach nichts wissen, weil sie sich mit dem Unterbewußtsein nur ungenügend auseinandergesetzt haben, also kaum ihr Reservoir nutzen konnten.

Schließlich untersuchen wir unsere Hände noch auf Linien, die uns auffallen, die aber nicht in einem Lehrbuch beschrieben werden. Diese Linien sollten jedoch sehr ausgeprägt, also nicht zu übersehen sein! Nennen wir diese Linien einfachheitshalber **Intensitätslinien,** obwohl auch die uns bekannteren Linien einen Intensitätshinweis bieten. Die Frage, was uns diese Linien zu sagen haben, dürfte nicht schwer zu beantworten sein, wenn wir uns nur vergegenwärtigen, was diese Linien verbinden. Läuft diese Linie etwa vom Saturnberg zum Plutoberg und haben wir

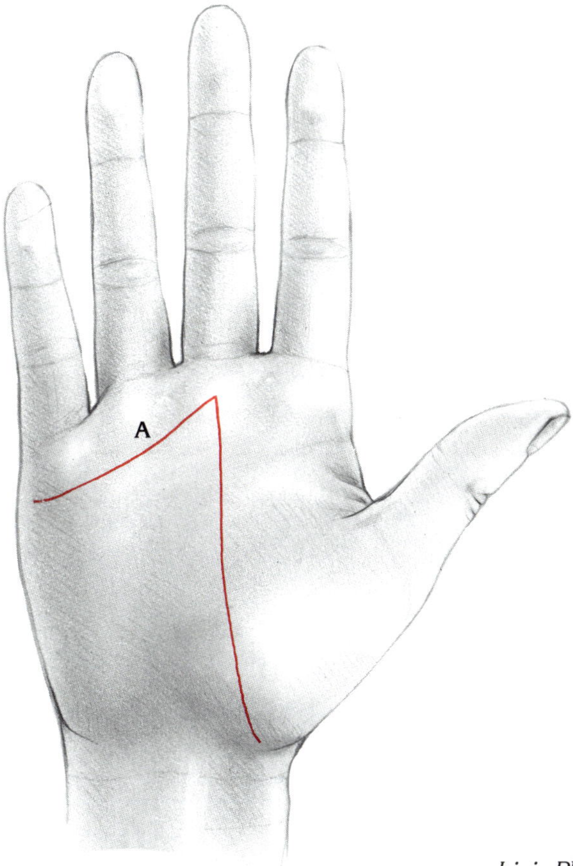

Linie Pluto/Saturn

trotzdem eine starke senkrechte Saturnlinie in der Hand, dann können wir sie als Pluto/Saturnlinie bezeichnen (A).
Aber allein dadurch, daß wir die Linie nach ihren Polen bezeichnen, ihr damit bereits einen Namen geben, haben wir die Lösung in der Hand. Vorhanden wäre hier also eine starke Intensität zwischen Durchsetzung und Verantwortung, also können wir zusätzlich von einer Durchsetzungsverantwortung sprechen, und da die Saturnalis ins Handgelenk läuft, wissen wir, daß das Saturnische sehr auf Tradition und Erbgut beruht. Dieser Mensch wird sich getreu seiner Erziehung und seines Erbteils durchzusetzen trachten, ohne dabei die Welt aus den Angeln heben zu wollen. Die Deutung für eine Linie muß einfach in sich logisch sein.

Die Linien am Handgelenk

Kommen wir nun zu Linien außerhalb der Handinnenfläche. Es handelt sich um den Linienkranz, der am Handgelenk zu sehen ist und auch auf der Handaußenseite sichtbar sein kann, wenn auch hier schwächer. Diese Linien sind als die **Raszetten** in die Geschichte der Handlesekunst eingegangen. Man erkennt diese Raszetten sehr gut in der Innenseite, wenn die Hand – dem Körper zugehalten – ein wenig nach innen gebogen wird. Die Meinung über dise Armbänder, wie sie richtigerweise auch genannt werden, ist sehr umstritten und unterschiedlich. Da unsere Vorfahren ja einst nur vom „Bild" herkamen und alle natürlichen Bilder als *Vor*bilder, ja als Gebote ansahen, war es für sie selbstverständlich, diese Armbänder durch einen Schmuck zu unterstreichen. Daher kamen die Armreifen, sagt die Überlieferung. Nun, das können wir dahingestellt sein lassen, aber das führt uns zu einer wichtigen Überlegung: Hier wurde etwas Trennendes überbrückt.

Raszetten sind nämlich auch Trennungslinien, da sie genau hier die Trennung von Arm und Hand verdeutlichen. Sie sind natürlich auch Falten, die mehr oder weniger durch die Beweglichkeit der Hand entstehen. Würden wir unsere Hand im praktischen Gebrauch regelmäßig nach außen beugen, wären diese Armbänder auch auf dem äußeren Handgelenk viel stärker sichtbar. Damit haben wir bereits einen wichtigen Deutungshinweis: die Beweglichkeit einer Hand, die ja auf eine grundsätzliche, also innere Beweglichkeit schließen läßt. Beweglichkeit ist eine Lebensvoraussetzung, was starr ist, befindet sich meist bereits im Stadium des Absterbens. Daher wurde in den Raszetten die gesamte Lebenslänge gesucht, nach dem Motto: je mehr ausgeprägte Armbänder (Raszetten), je länger lebt der Handeigner, um so größer seine Vitalität.

Das ist natürlich mit etwas Skepsis anzusehen, wenn es auch eine uralte Weisheit beinhalten soll, doch der praktischen Erfahrung hält diese Aussage nicht stand. Aber in die Armbänder ist manch Sonderbares hineingeheimnist worden. Gute Raszetten, so hieß es, könnten eine schwache Lebenslinie aufwerten, denn diese Armbänder wurden stets mit der Lebenslinie in Verbindung gebracht, wobei es ein wichtiger Hinweis sein sollte, wenn die Vitalis hier einmündet. Dann galten diese Raszetten als Gesundheitsbänder, und sogar die Zahl der Kinder sollte auch hier ablesbar sein. Was müßten da gewisse Scheichs für Armbänder haben!

Haben wir starke Raszetten – meist sind es zwei starke, aber es können auch drei sein – die herausragen, und zwischen diesen laufen weitere Linien, dann verrät uns dies eine Handlungsintensität. Wir sind nämlich wieder fast am Ausgangspunkt angelangt, da das Wort Handeln sich aus dem Wort Hand ableitet. Wer seine Hand viel einsetzt, sie stark gebraucht, der muß einfach auch starke Raszetten haben, was noch nichts mit den Zwischenarmbändern zu tun hat (A).

Manche der markanten Armreifen wirken sehr verkettet (B). Hier be-

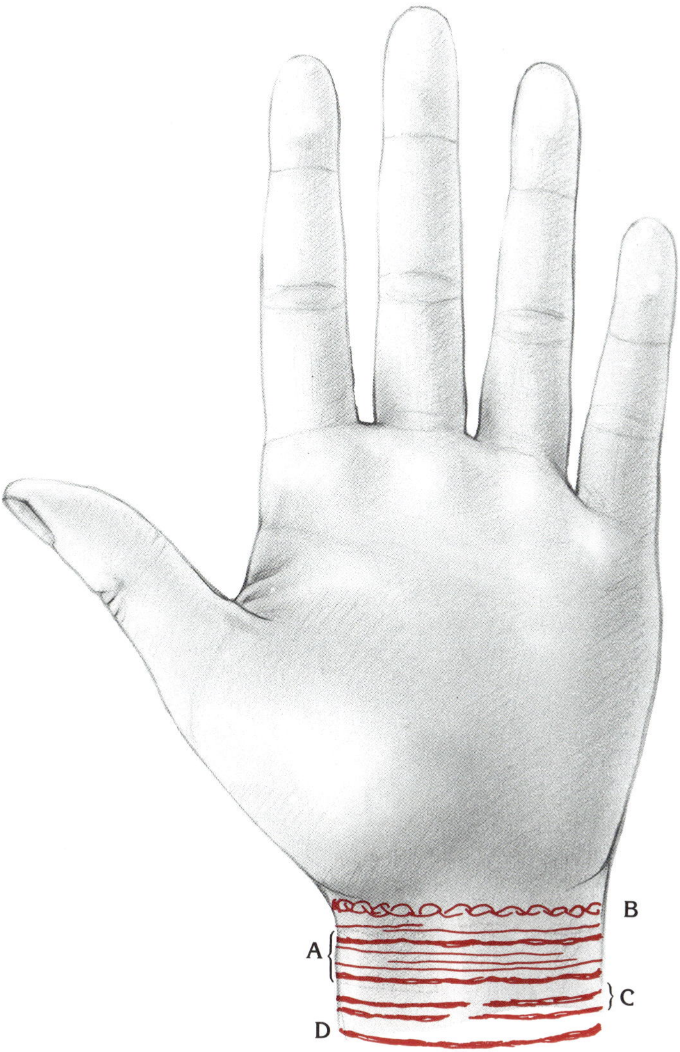

Raszetten

steht eine besonders starke Handlungsintensität, die es aber nicht so leicht haben wird, sich umsetzen zu lassen, denn eine Verkettung zeigt uns ja an, daß etwas mühsam vonstatten geht, dafür aber am Ende von Erfolg gekrönt sein dürfte. Manche Raszetten sind doppelt – etwas gespalten (C), was auf ein starkes Handlungsbedürfnis schließen läßt, das sich eher sprunghaft, ja abgerissen zeigen dürfte. Und je weiter diese Raszetten im Arm selbst gelegen sind, um so stärker sitzt der Handlungswille im Handeigner drin (D).

Man erkennt bei jungen Menschen deutlich die Raszettenzeichnung, und das gibt schon gute Hinweise auf den Lebensablauf. Ein erfahrener Lehrer schätzt auch frühzeitig ab, wie sich die Weiterentwicklung seines Schülers gestalten wird. (Selbstverständlich gibt es Ausnahmen.)

Grundsätzlich gilt: Je älter ein Handeigner, um so ausgeprägter seine Hand, seine Linien. Doch die Grundzüge, der Grundverlauf ist von Anfang an gegeben, auch für gewisse Raszettenausbuchtungen.
Da wölbt sich ein Armband kugelförmig oder harmonisch weit zur Hand (A) oder nach oben hin (schnurgerade verläuft kaum eine Raszette). Dies bedeutet nicht, wie zu lesen, eine schwere Geburt, weil das Becken der Frau nicht ganz korrekt liegt, sondern hier wird das Handeln, zumindest was die Intensität angeht, das ganze Leben hindurch gleichmäßig bleiben.
Buchtet sich dieses Armband nur in der Mitte aus (B), dann ist daraus zu schließen, daß sich in der Lebensmitte eine Explosion der Handlungsintensität offenbart, die schnell vergehen kann.
Zum Arm hin ausgebuchtete Raszetten weisen auf das Gegenteil hin (C). Die Intensität in punkto Entschlußkraft ist wohl nicht so stark, hier wird mehr auf Geduld und den Zeitablauf gesetzt.
Zur Hand ausgeweitete Raszetten zeigen also eher eine Ungeduld an, zum Arm hin ist mehr Geduld zu sehen, aber es gibt natürlich Menschen, die vor lauter (vorgeschobener) Geduld nie richtig die Initiative ergreifen.
Ist in einer Hand nur die Mitte eines Armbandes zum Arm hin ausgebuchtet (D), dann weist dies auf Pausenbedürfnisse hin, vielleicht auch auf eine Vitalkrise in der Lebensmitte.
Was sich etwa nach oben in die Hand hineinwölbt, hat eventuell Nervosität zur Folge; was sich in den Arm hinein ausbuchtet, kann sich als Zeichen für Phlegma entpuppen.
Raszetten, die unterbrochen sind, müssen keine Gesundheitsprobleme aufzeigen, auf die Sprunghaftigkeit der Handlungsintensität ist schon hingewiesen worden.
Zeitschlüssel, die früher verwendet wurden, hat die beobachtende Erfahrung schon längst überworfen. Da hieß es, jede starke Raszette bedeutet 20 Jahre Leben. Als die Lebenszeit kürzer war als heute, stimmte es schon nicht; aber heute, da Fortschritte in der Medizin und der Zivilisation diese durchschnittliche Lebenszeit zwischen 70 (für Männer) und 80 (für Frauen) ansetzt, gilt dies überhaupt nicht mehr, daher ist gerade bei solchen banalen Auszählungen mehr als Vorsicht geboten.

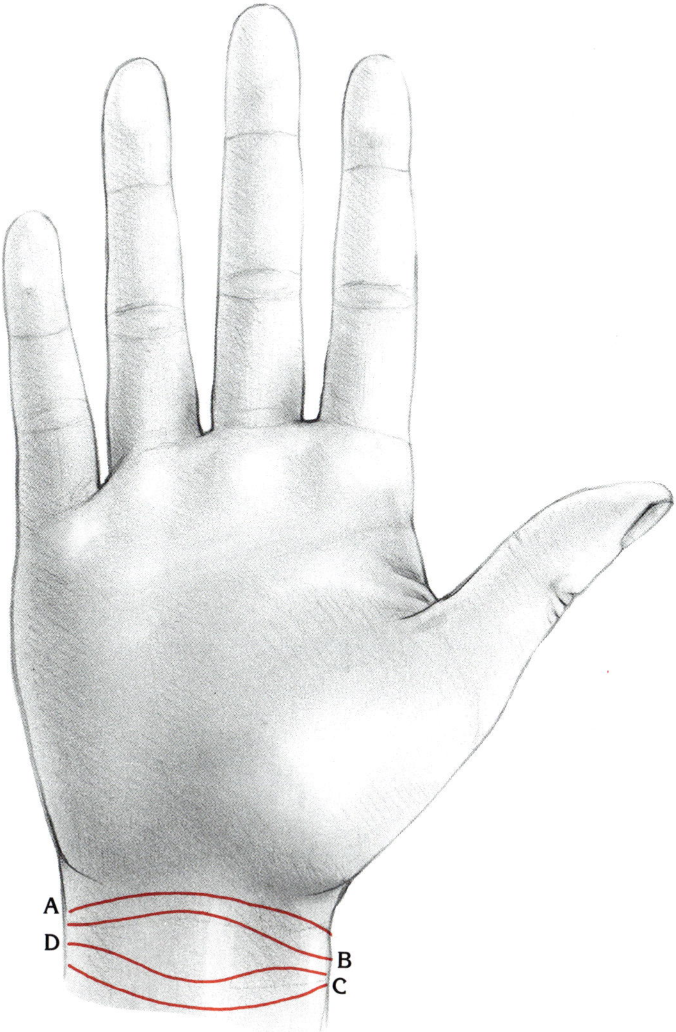

Raszettenausbuchtungen

Eine andere alte Erfahrung allerdings muß die heutige Erfahrung bestätigen. Ein verkettetes Armband, es können gar zwei sein, deute auf ein höchst arbeitsames Leben hin, das sich jedoch am Lebensabend auszahlen soll. Sicher ist, daß diese Handeigner eigentlich keinen Lebensabend im Sinne von Ausruhen kennen, sie werden immer arbeiten. Wir wissen ja nun alle, daß sich jeder Mensch seine Falten erwirbt, die er verdient. So gibt es im Gesicht Lachfalten, aber auch die Falten eines Griesgrams. Wer immer kritisch eingestellt ist, vielleicht Kritiker von Beruf oder Kontrolleur ist, dem prägt sich dies auch im Gesicht ein, sein Mund wird schmal, seine Augen können kaum mehr lachen, denn sie müssen einfach immer das Negative sehen.
Erwähnt werden muß noch, daß die Raszetten stets für wichtig gehalten wurden, auch im klassischen Griechenland, ja schon in Ägypten wurden sie als königliche Armbänder bezeichnet. Es waren die Falten, gegen die niemand etwas hatte, im Gegensatz zu den Gesichtsfalten.
Drei auffallende Raszetten galten früher als magisches Armband. Was heißt das nun? Die Raszetten sind ja vom Arm aus gesehen die ersten Linien der Hand, beziehungsweise nahe der Hand. Hier ist also auch die Ur-Intensität zu sehen, denn die Armbänder liegen sogar noch vor dem Ort des Ursprungs, wie ja der neptunische Bereich genannt wird.

Dann lenken diese Armbänder den Blick noch auf eine andere wesentliche Erscheinung. Wie nämlich wächst die Hand aus dem Arm heraus? Oft verjüngt sich der Arm, das Handgelenk wirkt eher fein, elegant. Wir kennen auch fast brutal wirkende Handgelenke. Ferner solche, da kein Knochen sichtbar wird, weil alles unter einer Fleischschicht verborgen ist. Auch kann ein Handgelenk zu zart erscheinen, ein anderes macht einen mehr rohen Eindruck. All das sind spontane Bilder, die der Kopf sofort aufnimmt und als erste Reaktion verarbeitet.
Aus dem Handgelenk ist auch die Geistigkeit zu ersehen, so bekommen wir schnell den Eindruck, ob jemand alles vor dem Handeln erst durchdenkt, oder ob er einfach handelnd zuschlägt. Ballen manche Leute eine Faust, wirkt dies mit dem Handgelenk wie aus einem Guß, es scheint ein richtiger Hammer zu sein, der da zum Vorschein kommt. Dies alles sind Bilder, die wir nicht nach mathematischen Gesichtspunkten messen oder klären können, die uns aber einen guten ersten Eindruck hinterlassen, der dann Grundlage für weitere Folgerungen ist. Sicher ist es aber notwendig, dazu den Beruf zu wissen, ob wir es mit einer Arbeiter-, einer Bauern- oder aber mit einer Stadt- beziehungsweise einer Schreiberhand zu tun haben. Diese Beachtung ist sehr wesentlich, um nicht vorschnell zu falschen Schlüssen zu kommen.

Bilder in der Hand

Jeder hat wohl schon als Kind einmal in seine Hand gesehen. Bereits in den 30iger Jahren machte ein Sekthersteller Reklame mit dem Slogan, daß seine Spitzenmarke so gut wie in jeder Hand zu finden sei. Wer schaute da nicht in seine Hand und entdeckte tatsächlich ein mehr oder weniger deutliches „M". Auch wen geometrische Figuren interessierten, konnte voll Verblüffung feststellen, daß Quadrate und Dreiecke im Großformat in der Hand zu finden sind. Handinnenflächen wurden mit dem Streckennetz einer Metro verglichen, andere meinten, manche Hand sähe wirklich wie ein Rangierbahnhof aus. Der Phantasie sind also keine Grenzen gesetzt.

Der Handbetrachter, der in der Innenfläche jede Linie für sich untersucht hat, muß am Ende der Handbetrachtung das Gesamtbild zu erfassen suchen, wobei auch hier gleich wieder auf die Unterschiede von linker und rechter Hand hingewiesen sei. Welche Hand wirkt klarer, übersichtlicher, welche dagegen verwirrend und mehr einem Labyrinth gleichend als einem klaren Reliefbild? Ist die linke Hand übersichtlich, was die Innenfläche betrifft, so ist das Unterbewußtsein sicher klarer, übersehbarer als ein Seelenleben, das sich durch ein Verwirrnetz von Linien und Zeichen hervortut.

Dasselbe bezieht sich auf die rechte Hand, wenn es hier auch mehr um das bewußtere Handeln im Leben geht. Ist die linke Hand verwirrend, die rechte aber vergleichsweise übersichtlich, dann mag zwar das seelische Erleben sehr kompliziert sein, aber es äußert sich im praktischen Leben nicht so, diese Menschen haben wirklich ihre „zwei" Leben. Bei Autoren findet man dies oft, die aus dem Unterbewußtsein schöpfen, aber die Aufgabe angenommen haben, das Erahnte verständlich umzusetzen. Sind beide Hände klar oder beide kompliziert wirkend, dann gibt es diese zwei Leben sicher so nicht.

Wir wiederholen noch einmal: Die linke Hand zeigt *nicht* nur die *Anlagen* und die rechte Hand *nicht, was man daraus gemacht hat,* das ist eine Vormeinung, ja ein Vorurteil, das sich immer wieder durch die Bücher schleppt.

Ist die linke Hand klar, die rechte unübersichtlich, dann hätte die Handeignerin, der Handeigner aus den offensichtlich klaren Anlagen eine komplizierte Maschinerie gemacht. Das geht nicht auf, auch nicht die Tatsache, daß wir Links- von Rechtshändern unterscheiden müssen. Auch die Linkshänder haben ihr Herz links zur Mitte hin, und auch die Gehirnsubstanzen befinden sich in der gleichen Anordnung wie die der Rechtshänder.

Von **Buchstaben** haben wir gesprochen, als es um das „M" in der Hand ging. Auch hier kann man sagen: Je größer und klarer das „M", um so großzügiger sind diese Menschen, weniger im materiellen als im menschlichen Sinn. Einst wurde der Buchstabe M als Symbol des Menschseins angenommen, bis man daraufkam, daß es viele Hände ohne ein klares M gab und man solchen Leuten ja nicht das Menschlichsein absprechen kann. Dieses M bil-

det sich aus der Herz-, der Kopf-, der Schicksals- und der Lebenslinie. Also aus den drei so gut wie immer vorhandenen Linien und der großen Vertikalen, wenn diese vorhanden ist. Das M ist dann klar, wenn die Schicksalslinie keinen Sprung in diesem Buchstaben macht (oder eine andere Linie). Auch kommt es darauf an, ob dieses M harmonisch in der Hand liegt.
Andere Handbetrachter wiederum suchen nun noch nach einem „A" in der Hand und nach einem „O". Ist beides vorhanden, wird vom A und O gesprochen, dem Wissen also über den Anfang und das Ende, das der Handeignerin, dem Handeigner eine Einsichtsgabe verleihen soll. Das „O" ist dabei gar nicht so leicht zu entdekken, leichter ist es ein „R" zu finden. Auch ein „N" ist gelegentlich vorhanden und wurde früher gern mit den Namen des Ehegatten in Verbindung gebracht, man fragt sich nur, mit dem Vor- oder dem Nachnamen. Es gibt sogar Hinweise dafür, daß Buchstaben nahe der Lebenslinie sich auf die Eltern, Buchstaben nahe der Herzlinie auf die Lebenspartner beziehen. Nun, der Phantasie sei hier keine Grenze gesetzt! Eines ist nämlich sicher, und deswegen erwähnen wir diese Buchstabensuche hier, durch sie bekommt der Handbetrachter Übung, sich in eine Hand zu vertiefen, sein Blick wird geschärft, und das ist die Voraussetzung für die Kunst des Handlesens!

Die Handtische

Bedeutungsvoller und aufschlußreicher sind dagegen geometrische Figuren in der Handinnenfläche. Zunächst wollen wir uns den Vier- und Rechtecken zuwenden, dann den Quadraten und später den Dreiecken. Aber es handelt sich jetzt nicht mehr um die kleinen Zeichen (Omen), die wir am Anfang dieses Buchteils vorstellten, sondern um große, deutliche Bilder, die durch die großen und prägnanten Linien gezeichnet werden. Also um ein Intensitätsbild.

Besonderes Interesse erweckt da ein langgestrecktes Viereck, das als **Handtisch** in die Geschichte der Handlesekunst eingegangen ist, und das meist durch die Kopf- und Herzlinie gebildet wird, also in der oberen Hälfte der Innenhand liegt.

In Richtung Jupiterberg geht es immer um unsere eigene Entfaltung, also um die des Ichs; in Richtung Kleinfinger immer um die Öffnung zum Du. Es ist aufschlußreich, welche Öffnung weiter ist, zum Merkurberg hin oder zum Jupiterberg.
Wo zeigt sich die stärkste Verengung, wenn der Tisch sehr schmal ist?
Das ist dann auf den Finger zu beziehen, der dieser Verengung am nächsten liegt. Hier werden Kräfte aufeinandergepreßt, was einen Druck erzeugt, als ständen die Handeigner immer unter Dampf. Im Grunde geht es also um das Zusammenspiel von Herz- und Kopflinie, unter teilweiser Einbeziehung der vertikalen Falten.

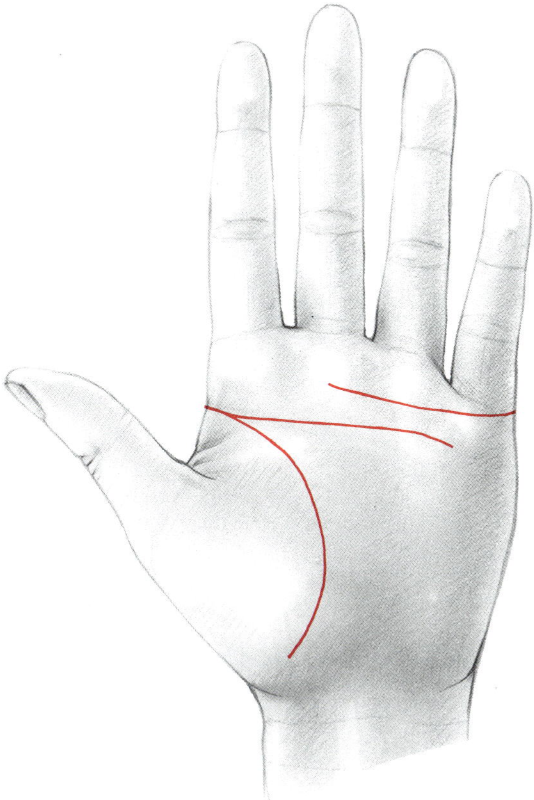

Handtisch I

Dieses Viereck wird vorwiegend durch den Abstand von Kopf- und Herzlinie bestimmt sowie durch deren halbwegs waagerechten Verlauf. Der Raum soll in der Hand harmonisch wirken und nicht zu schmal bemessen sein. Ist dies der Fall, dann zeigt dieser Handtisch ein gutes Verhältnis zwischen Überlegung und Herzenswünschen an, was ja jedem eine Freiheit des Denkens vermittelt.

Wie lang der Handtisch ist, wird durch die Länge der Herz- und Kopflinie bestimmt, besonders durch die Länge der Herzlinie. Ein ungeteilter Handtisch erregt unsere Aufmerksamkeit.

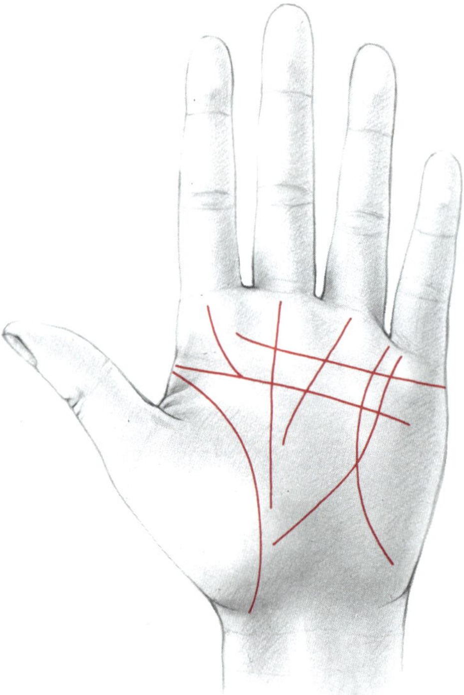

Handtisch II

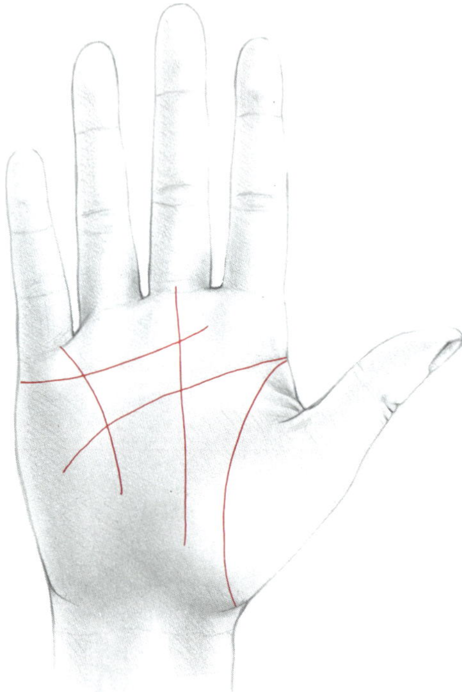

Handtisch III

Im Gegensatz dazu kann er sehr zerstückelt wirken; nämlich, wenn die Herz- und Kopflinie von der Merkur-, der Uranus-, der Sonnen-, der Schicksalslinie und sogar einer Linie zum Jupiterfinger durchschnitten werden. Dann ist der Handtisch zerstükkelt, wir haben ihn nicht mehr, er ist nicht vorhanden.
Aber kein Grund zur Panik:
Der Handtisch bietet uns nur eine Zusatzinformation!

Aber er kann auch klar gegliedert sein, wenn er nämlich nur durch die Schicksalslinie und vielleicht die Merkurlinie zerteilt wird. Oft haben wir es dann mit einem langen und einem kurzen Viereck zu tun, und wir müssen sehen, welches Viereck die Hand prägt. Das kleinere Viereck kann eine Quadratform haben oder ihr nahekommen, das würde auf eine gute Intensitätsverteilung schließen lassen.
Häufig tritt dieser Handtisch zusammen mit dem vertikalen Handtisch auf, was einen recht guten Ausgleich von vertikaler und horizontaler Intensität aufzeigt. Aber auch auf eine Fülle von Pflichten hindeutet, die zu erfüllen sind (nächste Seite).

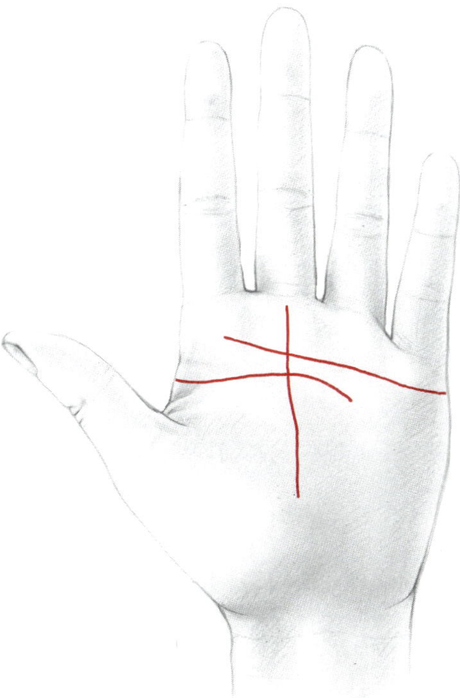

Handtisch IV

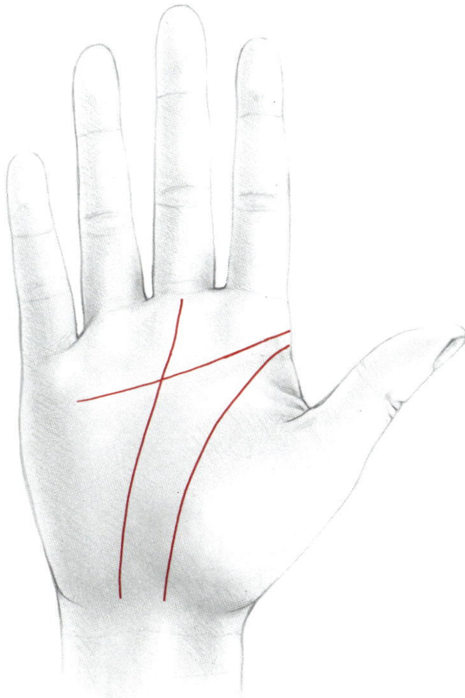

Vertikaler Handtisch

Ist der Handtisch schmal, weil Herz- und Kopflinie zu eng aneinanderliegen, dann ist von einem Tisch kaum mehr zu sprechen. Es ist anzunehmen, daß gedankliche Intensität Herzensintensitäten beeinflussen oder umgekehrt, das entscheidet aber die stärkere Linie.

Wesentlich ist jedoch, ob sich die Handtische zum Jupiter- wie zum Merkurfinger hin öffnen, weil dann die Aufnahme- und Handlungsmöglichkeiten groß – eben offen – sind. Verengen sie sich an den Enden, wird sich dieser Mensch zugeknöpfter zeigen und könnte sich irgendwie bedrängt fühlen.
Nicht so klar – seltener – und etwas geschwungen zeigt sich meist der **vertikale Handtisch,** er wird von der Lebenslinie und der Schicksalslinie gebildet und nach oben meist von der Kopflinie begrenzt.
Hier haben wir es also mit einer Innenfläche zu tun, die sich aus der Vitalintensität und der Schicksalsintensität bildet. Ein Hinweis auf eine verantwortungsvolle Lebensgestaltung, die zu sehr durch eine Verstandesintensität begrenzt werden könnte.
Wenn dieser Handtisch sich nach un-

ten öffnet, dann strömen tiefverwurzelte Kräfte in diesen Raum, die dann von der Intensität des Intellekts verarbeitet werden müssen.

Es kommt hier sehr darauf an, ob viele Quer- und Kreuzungslinien die Gesamtintensität auffressen, verzehren, was zu vorzeitiger Ermüdung führen kann. Das soll man sich bewußt machen und keine fatalistischen Folgerungen ziehen!

Wiederum zu beachten ist, in welcher Hand wir diesen Tisch finden, der uns ja grundsätzlich eine gute Basis anzeigt, einen Hinweis für eine innere Ordnung und Konzentrationsmöglichkeit, die eben nur nicht zu beschränkt, das heißt, zu verengt sein darf. Ist ein Tisch geschlossen oder eng, dann muß sich der Handeigner um bewußte Offenheit bemühen (rechte Hand) oder sich um seine Seele kümmern (linke Hand).

Die Dreiecke

Als gutes Omen wurde immer angenommen, wenn die großen Linien ein schönes großes oder ein kleines Dreieck bilden. Das Dreieck galt als das Symbol für das Streben nach Vollkommenheit, das ja seinen vollendeten Ausdruck in den Pyramiden fand. Im Dreieck ist die Basis symbolisiert und das Streben zur Spitze, die Dreieinigkeit, wie auch die heilige Zahl Drei, die wichtigste Zahl, weil sie die Fortpflanzungszahl darstellt, denn aus Zwei mach Drei, so liest man es schon im Hexeneinmaleins.

Am Himmel bilden die beiden größten alten traditionellen Planeten Jupiter und Saturn mit ihren Zeitgesetzen ein großes Dreieck, und das große, heute noch für jedermann sichtbare Sommerdreieck zeigt uns Jahr für Jahr an, wann die fruchtbare Zeit auf Erden (für die nördliche Halbkugel) gekommen ist. Viele Dreiersymbole begleiten uns, angefangen von den drei heiligen Königen bis zum Zeitbegriff Vergangenheit – Gegenwart – Zukunft.
Kein Wunder, daß ein Dreieck daher immer auch in der Hand als glücksverheißend gilt. Es kommt aber bei diesen Dreiecken darauf an, ob sie klar und übersichtlich in die Handfläche eingezeichnet sind.
Da diese Dreiecke so beliebt sind, versuchen viele Handeigner, sie bei sich zu entdecken, und sie zeigen sich dann enttäuscht, wenn jemand sagt, diese Linie sei zu schwach oder zu zerrissen oder gar gespalten.

Wir unterscheiden das große und das kleine Dreieck. Das große ist dabei kein ganz korrektes Dreieck, da es als Basis die Lebenslinie hat (A), die ja doch meist leicht geschwungen ist. Die anderen Linien stellen (in der Regel) die Kopflinie und die Merkur- oder Uranuslinie dar (B + C). (Abbildung nächste Seite.)
Dieses **große Dreieck** ist so klar kaum zu finden, weil Linien hindurchführen, trotzdem wird es immer dann anerkannt, wenn es halbwegs gleichschenklig ist. Die Basis ist die Vitalitätsintensität, eine gute Basis, aber wir müssen beachten, daß ja die Lebenslinie meist in C-Form, also geschwungen verläuft. Kopf- und Merkur-, beziehungsweise Uranuslinie können gerader verlaufen, zumindest auf dem Sektor, wo sie das große Dreieck mitbilden. Auf der Grundlage der Vitalität also strebt der Mensch mittels seiner Kopfintensität plus seiner Verstandesintensität oder Einfallsintensität in die Höhe, wobei die Spitze dieses Dreiecks auf die Du-Seite weist; oft sogar auf den Apollofinger hin, was viel seltener ist, aber daher um so wertvoller gewertet wird, da auch noch eine ideelle Grundausrichtung mitangezeigt ist.
Die Herzlinie kann kaum einbezogen werden, weil sie höchst selten die Vitalis trifft. Es ist zu betrachten, ob die Spitze rechteckig zuläuft, ungefähr im 90-Grad-Winkel und ob die Schenkel, also das Stück der Kopf- und der Merkur- oder Uranuslinie, möglichst gleich lang sind.
Wer dieses Dreieck in seiner Hand hat, und es ist nicht von anderen großen Linien durchbrochen, der hat sicher ein gutes Verhältnis zwischen den erwähnten Intensitäten, also auch gute Aussichten aus seinem Leben etwas zu machen, minde-

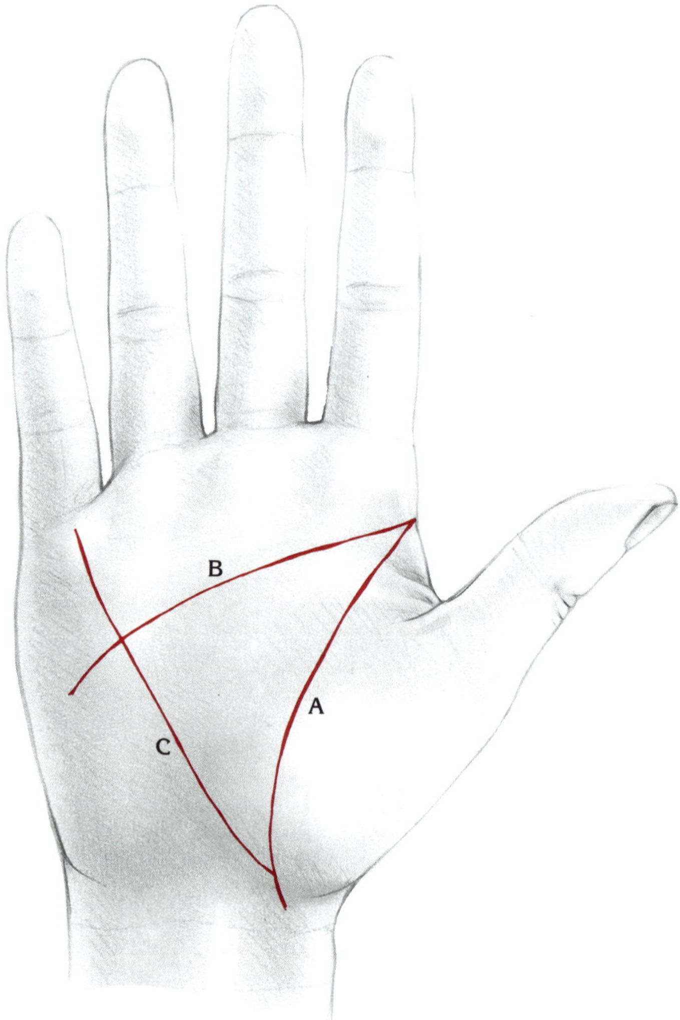

Großes Dreieck

stens fehlen ihm dazu die Voraussetzungen nicht. Der Grund ist einleuchtend, denn beide Kräfte, die zur Mitte streben, sollen da auch in etwa gleich intensiv anzutreffen sein.
Das große Dreieck wird auch häufig als Triangel bezeichnet, und es ist nicht in jeder Hand vorhanden, auch nicht immer in beiden Händen zugleich, wenigstens selten in der gleichen exakten Qualität und Linienführung. Wenn nämlich die Merkur- oder die Uranuslinie nicht lang genug nach unten führen, also nicht die Lebenslinie treffen, ist das Dreieck unten offen, es hat ein Loch.
Entscheidend ist, wenn dies Dreieck geschlossen ist, der rechte Winkel von cirka 90 Grad. Der 90-Grad-Winkel hat immer etwas mit einer Entscheidung zu tun, auch mit einer Krise. Dieses Wort stammt aus der griechischen Sprache und heißt soviel wie Entwicklung. Das Vorbild für diese Anschauung war die Form des Mondes: Wenn er Halbmond ist, dann befindet er sich im 90-Grad-Winkel zur Sonne, und nun ist es entscheidend, wohin er sich entwickelt, zum Voll- oder zum Neumond.
Wenn dieses große Dreieck vorhanden ist, aber einen schwachen Punkt aufweist, einen Knick, eine Spaltung, einen Riß, der nur parallel weiterläuft, dann sahen einst die alten Handleser hier den Schwachpunkt (sie sprachen vom Bruch) im Wesen des Handeigners. Und hier kann jeder für sich nachprüfen, wo dieser bei ihm liegt. Etwa in der Kopflinie, in der Vitalis, oder im Merkur-, Uranusbereich. Oft helfen hier Einblicke innerlich kolossal weiter, weil mancher sogenannte Schicksalsschlag hier seine Erklärung findet.

Ist dieses Dreieck schon nicht allzu häufig zu sehen, so ist das kleine Dreieck in Vollendung noch seltener. Einmal darf hier – nach alten Regeln – keine auch nur leicht gebogene Grundlinie oder Basislinie zu erkennen sein. Auch diese Linie sollte möglichst gerade laufen und sich im richtigen Verhältnis zu den Schenkeln des Dreiecks verhalten.
Das **kleine Dreieck** wird auch als **Auge Gottes** bezeichnet. Ein Name, der groß klingt, und meistens auch zu große Erwartungen auslöst. Dieser Begriff „das Auge Gottes“ geht auf alte ägyptische Quellen zurück, da ja auch das Udjatauge in (wenigstens leichter) Dreieckform gemalt wurde, sicher als Anbetungsdarstellung, weil im Dreieck selbst ja die Gottheit gesehen wurde. Aber daß Gott in der Hand von Menschen zu finden ist oder durch die Hand schaut, mag aus dem Wort hervorgehen: „Der Herr hat in die Hände aller Menschen seine Zeichen gesetzt, damit jeder Einzelne seine Werke erkennen könne.“
Dieses kleine Dreieck, das auch das „hohe Dreieck“ genannt wurde, wird gebildet durch die Schicksalslinie als Basis, durch die Kopflinie und die Merkur- beziehungsweise Uranuslinie. Die Basis bildet hier also nicht die Lebenslinie, die Vitalintensität, sondern sozusagen schon eine höhere Stufe, die Schicksalsintensität, die Saturnlinie. Die beiden Schenkel werden wieder, wenn auch durch kleinere Abschnitte von Kopf- und Merkur- oder Uranuslinie in die Handinnenfläche gezeichnet (A).

Dieses Dreieck muß gut sichtbar sein, gehen Linien hindurch, dürfen diese nicht sehr hervorstechen. Ein

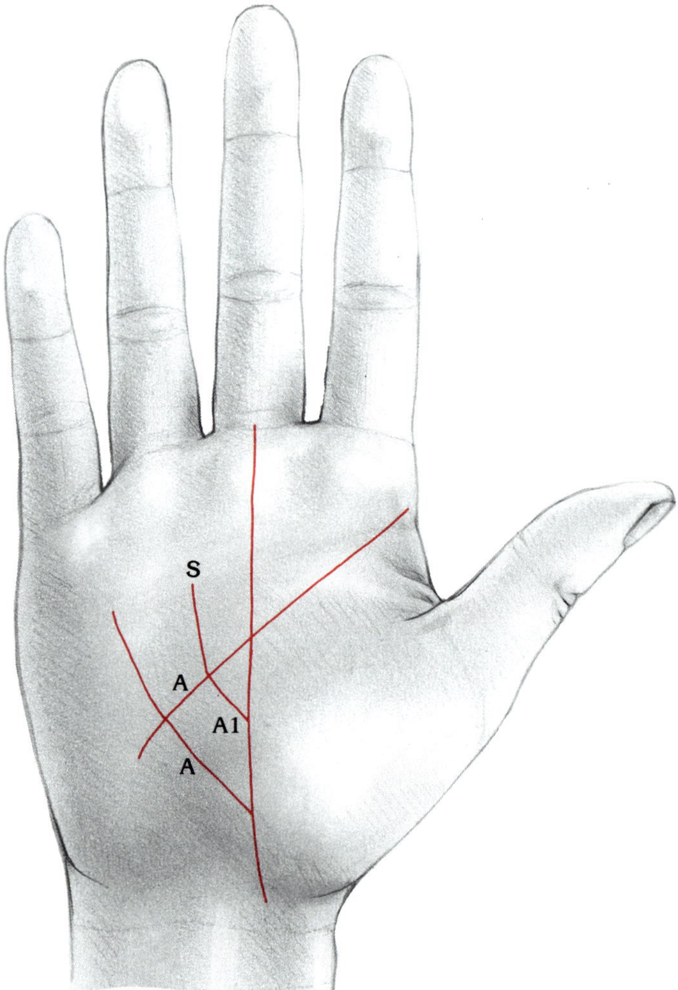

Auge Gottes

Dreieck also, das man nicht suchen muß.
Oft befindet sich in diesem Dreieck noch ein kleineres (etwa durch die Sonnenlinie) (S), das aber merklich kleiner sein muß, immerhin bildet dann statt der Merkur-, Uranuslinie die Sonnenlinie oder eine andere kleine Linie den zweiten Dreiecksschenkel (A 1). Die Schenkel sollten möglichst gleich lang sein und wieder einen 90-Grad-Winkel bilden. Der Begriff „Auge Gottes" ist sicher viel zu hoch gegriffen, aber auf der Schicksalslinie aufbauend, vereinen sich hier Verstandes- und Bewußtseinsintensität. Das bedeutet nichts anderes, als daß diese Menschen die Fähigkeit besitzen könnten, aus ihrem Schicksal, aus ihren Fehlern zu lernen. Damit erringen sie – meist erst im späten Alter – nach alter Tradition die Gunst des Schöpfers, daher der Name. Denn das Lernen aus Fehlern ist ja das Entscheidende, weil Fehler einen immer wieder erst einmal recht gründlich zurückwerfen.

Es geht hier also um einen Lernprozeß, nicht um eine sogenannte Auszeichnung oder Bevorzugung. Dieser Lernprozeß kann jedoch zum Lehren führen, das ist dann eine andere Sache. Da dieses Dreieck in der Mitte der Hand liegt – meist ist die obere Basisecke sogar annähernd mit dem Mittelpunkt der Hand, also auch mit dem Kreuz in der Hand identisch –, geht es auch um die Mitte an sich.

In diesem Dreieck nun verbirgt sich in der Regel auch eine **Pyramide.** Man möchte von einer auf den Kopf gestellten Pyramide sprechen. Die Spitze ist die untere Basisecke, dort also, wo sich die Schicksalslinie mit der anderen Linie trifft, wobei es sich meist um die Merkur- oder die Uranuslinie handelt. Diese Spitze zeigt nach unten zur Handwurzel, das Ziel wäre also in sich, in den Tiefen, auch in den vergangenen Erfahrungen zu suchen. Die Basis dieses Dreieckes ist aber nicht die Kopflinie – sie ist es auch, aber das ist nur die **kleine Pyramide in der großen Pyramide.** In der großen Pyramide haben wir es also mit der Schicksalslinie zu tun und mit der Herzlinie.

Der Abschluß nach oben ist die Herzlinie, die ja die Intensität zum Du ausdrückt, und unten, auf die Handwurzel zeigend – oft auf den Ort des Ursprungs hin –, treffen sich Saturn- und Uranus- oder Merkurlinie. Es ist hier meist nie ein so harmonisches Dreieck zu finden, wie das zitierte Auge Gottes, das mehr in die horizontale Richtung weist. Aber man kann von einer Grube sprechen, von einem Trichter, der zum Ursprung vordringen will, also eher vertikal ausgerichtet. Das ist auch umgekehrt anwendbar: Diese Handeigner haben den Wunsch, aus kleinsten Anfängen nach oben aufzusteigen, um da eine Tragfläche zu finden. Hier hat man es oft also einmal mit Aufsteigern zu tun (zumindest vom Wollen her) oder mit Personen, die sich stets von rückwärts in die Tiefe orientieren, etwa im Sinne von Archäologen oder Historikern.
Bei den Dreiecken geht es um das Streben, bei den Vierecken mehr um das reale Handeln, bei Quadraten um eine Sammlung, eine Schulung,

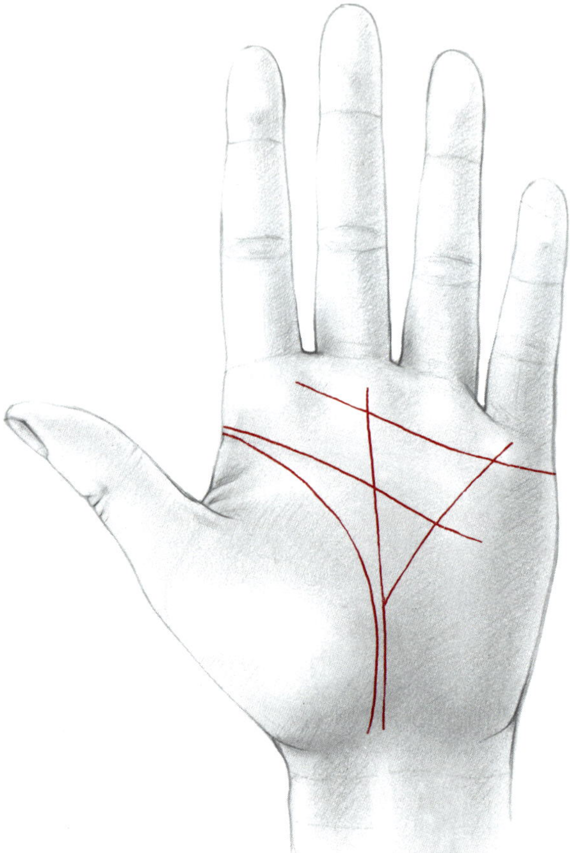

Kleine und große Pyramide

einen Erfahrungsstau. (Wir sprechen nur von den Zeichen, die durch **große** Linien gebildet werden).

Wir kommen zu einem letzten Problem. Es ist nicht alles aus der Hand herauszulesen, das ist schon gesagt worden. Auch kann nicht jedes Zeichen vollständig ausgedeutet werden. Jeder Handbetrachter wird Situationen erleben, da er gefragt wird: „Was bedeutet diese Ecke, dieser Punkt?“ Eine Antwort ist durchaus nicht immer zu finden! Es ist dann besser zu sagen: „Ich weiß es nicht.“ Man sollte nur Aussagen machen, von deren Richtigkeit man überzeugt ist! Alles andere klingt nach Scharlatanerie, und dieser Gefahr sollte sich niemand aussetzen.

V. TEIL

Beispiel einer Kurzanalyse

Vorbereitungen zur Handanalyse

Man konzentriert sich auf den Handeigner, die Handeignerin. Prüft man seine eigene Hand – dazu soll dieses Buch ja in erster Linie anregen –, konzentriert man sich auch und versucht möglichst neutral zu sich eingestellt zu sein. Wenn man fremde Hände betrachtet und ausdeuten möchte, sind gewisse Angaben erforderlich: Beruf, Alter, Lebensziel und einige Auskünfte über das Elternhaus wären angebracht. Bevor sich jemand eine Hand anschaut, sollte dieser Betrachtung ein kurzes Gespräch vorausgehen, wobei man die Gesten und Gebärden beobachtet; dazu gehört auch der Händedruck, den man sich gegenseitig zu Anfang eines Gespräches gibt. Sehr nützlich ist es, sich von den Außenhänden eine Fotografie zu machen, auch wenn diese nicht gerade künstlerisch wertvoll ausfällt, aber man erinnert sich später besser daran.

Für die Innenhand ist es gut, sich einen Handabdruck zu machen, so wie er hier im Buch abgebildet ist. Hierfür müssen Ringe und Armbänder abgelegt werden.

Ein Abdruck von Innenhänden ist leicht gemacht. Man benötigt dazu schwarze Wasserfarbe, am besten in Tuben abgefüllt, um besser dosieren zu können. Dann wird ein kleines Linoleumstück gebraucht, auf dem die Farbe mit einem kleinen Handroller verteilt wird, bevor sie auf der Innenfläche der Hand verrieben wird. Für den Abdruck empfiehlt es sich, die Fläche, auf der der Abdruck erfolgen soll, also die Tischfläche etwa, vorzubereiten. Dazu nimmt man einige alte Zeitungen oder ein Schaumgummistück und legt dies unter das Papier, auf dem der Abdruck erfolgen soll. Das ist gut, um die Erdebene der Handinnenfläche auszufüllen. Am Abdruckpapier spare man nicht. Am besten bewährt sich weißes Japanpapier, das handgeschöpft ist. Die Größe: ein Block im DIN-A-4-Format. Die Hand wird nun möglichst locker und flach auf das Papier gelegt, man drückt von oben auf den Handrücken etwas nach, wobei der Druck weniger auf die Fingerspitzen verstärkt wird, sondern mehr auf die Fingerberge, also auf die Knöchel.

Aufpassen, daß die Hand nicht verrutscht! Die ganze Hand soll aufliegen, also keine Hohlhand bilden.
Langsam, aber zügig wird die Hand aufgehoben, und zwar von den Fingern her, als letztes folgt der Handrumpf am Handgelenk. Die Farbe läßt sich leicht abwaschen.
Bei der Handanalyse geht man in der Reihenfolge vor, wie wir das bisher beschrieben haben. Wir geben ein Beispiel, das jeder für sich abändern kann, das sich aber in der Praxis bewährt hat. Dabei sollte man wirklich mit den Außenhänden anfangen und nicht zu früh in die Innenhand schauen.
Ein Handbetrachter braucht Zeit! Am besten fängt man mit seinen eigenen Händen an.

In unserem Beispiel handelt es sich um die Hände eines älteren Kunstsachverständigen, der aus einer Familie von höheren Verwaltungsangestellten stammt.

Kurzanalyse

Im Vergleich der linken und rechten Außenhände bemerken wir, daß der linke Saturn-(Mittel-)finger etwas herausragt, was besagt, daß im Unterbewußten ein starkes Pflicht- und Verantwortungsbewußtsein besteht. Der Ringfinger rechts ist im Verhältnis eine Spur länger, der Zeigefinger der linken Hand wirkt eine Spur kürzer, wobei auffällt, daß sich der Zeigefinger rechts hinter dem Saturnfinger zu verstecken scheint. Dies weist auf eine gewisse Schüchternheit in der Ich-Entfaltung hin, der eher vorsichtig nachgegangen wird, wobei es fraglich bleibt, ob sich diese Haltung nicht erst im Lauf des Lebens entwickelt hat.

Auffallend ist aber, daß der linke Merkurfinger bedeutend länger (½ Zentimeter) und auch dicker ist als der der rechten Hand. Die bewußte Verstandeskraft ist also geringer als die unbewußte. Bei Plänen, Überlegungen, Handlungen sollte dieser Handeigner immer alles erst überschlafen und seine Seele, sein Unterbewußtsein befragen. Er darf sich mehr auf den Instinkt als auf die Vernunft verlassen. Der kleinere Merkurfinger rechts sagt aber auch aus, daß eine Ängstlichkeit zur Außenwelt besteht; Mißerfolge sind zu erwarten, was auch eine größere Nervosität erzeugen kann – beziehungsweise sind die Mißerfolge, ist die Ängstlichkeit auch auf eine große Grundnervosität zurückzuführen.

Die Hände sind von der Form her eckig-konisch gemischt, also eine Mischform, wie wir sie meist antreffen, jedoch mit stärkerem konischen Einschlag. Das heißt, der Handeigner versucht, seinem Leben eine klare Form zu geben, aber das Einfühlende, eine Sensibilität und künstlerisches Interesse ragen heraus, und die Gefahr besteht, daß nicht jede Prüfung ohne Schaden in punkto Nervosität und Substanzverlust überstanden wird. Die Sehnsucht nach Rückendeckung wird groß sein.

Dieser Handeigner (abgekürzt nur noch HE genannt) wird beim Vorwärtskommen eher die sanfte Gewalt vorziehen, also sich einfühlen beziehungsweise abwarten, um dann mit Vorsicht weiter zu sehen. Eine gewisse Selbstironie könnte ihm dabei helfen, wenn diese auch nicht so ganz echt ist, sondern mehr für die Öffentlichkeit als Abwehrfunktion praktiziert wird. Er versucht, die Umgebung manchmal durch viel- und nichtssagende Gesten zu verwirren (mehr aus dem Wesen als aus der Hand ersichtlich). Doch ist er bemüht, sein Leben in Ordnung ablaufen zu lassen, was so leicht nicht sein wird. Schließlich wird er sich einfügend vorwagen (was die Form der Nägelglieder aussagt).

Im Anblick machen die Finger einen etwas längeren Eindruck als der Rumpf, was eine geistige Ausrichtung anzeigt und auch auf Zähigkeit schließen läßt, die oft nötig sein wird, da manchmal frühe Erschöpfung droht (spitzzulaufende Mittelglieder im Verhältnis zum Wurzelglied). Die Hände selbst sind im Verhältnis mittelklein, das läßt auf eine recht kritische Einstellung schließen, wenn auch in ideeller Richtung, da die Finger konischen Einschlag haben.

Die Finger sind im Bogen angesetzt,

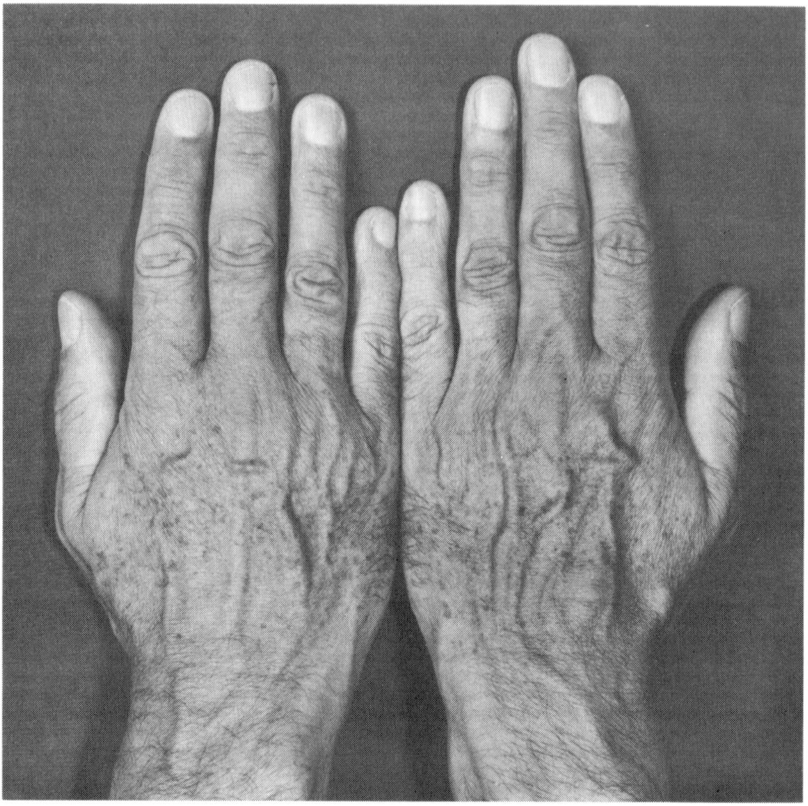

rechte Hand *linke Hand*

So können die zwei Hände nur von einem Betrachter gesehen werden.

wobei die Zeigefinger hoch angesetzt erscheinen, was auch auf ein Ego-Entfaltungsstreben hinweist. Aber die Finger sind, da tiefer Knöchelansatz, sehr im Rumpf integriert, das bedeutet, der HE wird sich kaum von seiner Erbmasse, von der Tradition, von den Gegebenheiten loslösen können.

Zeige- und Mittelfinger fallen durch starke Wurzelglieder auf, die im Verhältnis zum Ring- und Kleinfinger wuchtig erscheinen. Hier staut sich also Kraft, was sich in verantwortungsvoller Entfaltung für sich und andere zeigen wird, wenn auch – da gestaut – in Schüben, die abrupt erfolgen können. Die Nagelglieder sind eher eckig, so daß der HE sich – wenn es drauf ankommt – eingliedert und auf seine Ordnung besteht. Die Nägel wirken groß, weil sie breit sind, das heißt, ein ausdehnender Anspruch an die Außenwelt wird schon gestellt.

Die Form der Nägel ist rechteckig, sie spiegeln eine gesunde Härte wider – auch gegen sich selbst –, und zwar aus einer Grundkraft heraus: Wehrbereitschaft, Standhaftigkeit, nicht kleinlich. Hier wird der konische Einschlag der Hand etwas relativiert.
Wenn wir die Finger insgesamt betrachten, dann zeigen die Wurzelglieder bei allen Fingern eine recht starke Kraft, wenn auch beim Saturnfinger sowie beim Jupiterfinger etwas zu geballt angelegt. Die Mittelglieder sind eher in Richtung Feinfühligkeit ausgerichtet – die Kraft des Apollo- und des Merkurfingers fließt folgerichtig in das Tastende, Feinfühlende –, während es beim Saturn- und Jupiterfinger eher zu einer Ballung kommt. Hier muß das Feinfühlende, das Geistige immer erst erarbeitet werden.
Außerdem verengt sich der Übergang vom Wurzel- zum Mittelglied zu plötzlich, daher kommt es hier zu Staus, als ob zwei Autobahnen an einer Baustelle sich zu einer vereinen. Dies bedingt besonders starke Einfühlung und auch Geduld, wenn es um Verantwortung und Entfaltung geht.
Kommen wir zu den einzelnen Fingern, beginnen wir beim Daumen.

Beide Daumen sind nicht sehr unterschiedlich – weder in der Größe noch in der Breite, wenn der Daumen der linken Hand auch eine winzige Idee kleiner scheinen mag, aber das ist zwischen links und rechts oft anzutreffen.
Die Daumen sind ziemlich kräftig, wenn auch nicht überbetont. Mit Brachialgewalt wird dieser HE seinen Willen kaum durchsetzen wollen, wenn auch die Antriebskraft motorisch erscheint. Durchsetzungsvermögen ist also zu sehen, kaum wird dies aber auf Kosten einer Gemeinschaft gehen, zu weit entfernt sich dieser Handeigner nicht von seiner Basis, die er irgendwie immer finden will und auch finden wird.

Die Daumen beider Hände sind mittelhoch angesetzt und eher konisch, auf die gesamte Hand bezogen: also eine einfühlende Begabung im Durchsetzen und ein Schwanken zwischen Unabhängigkeit und auch der Sehnsucht, in eine Gemeinschaft aufgenommen zu werden, wobei gewisse Hemmungen entstehen können.
Das untere Glied des Daumens ist länger als das Nagelglied, was obige Aussage bestätigt, daß die Kraft nicht mit Gewalt nach außen durchbricht. Die Nägel wirken groß und breit, viele Längsrillen (auf den Bildern nicht erkennbar) zeigen eine starke Nervosität, gerade dann, wenn es gilt, sich in der Öffentlichkeit durchzusetzen. Der Mond ist verhältnismäßig klein (auch auf den Fotos kaum erkennbar), also keine zu vitale Lebenskraft.
Die Daumennägel verraten schon einiges Wertgefühl. So leicht wird dieser HE nicht aufgeben. Die Daumennägel liegen eng an, also wird sich dieser HE auch eher etwas zuge-

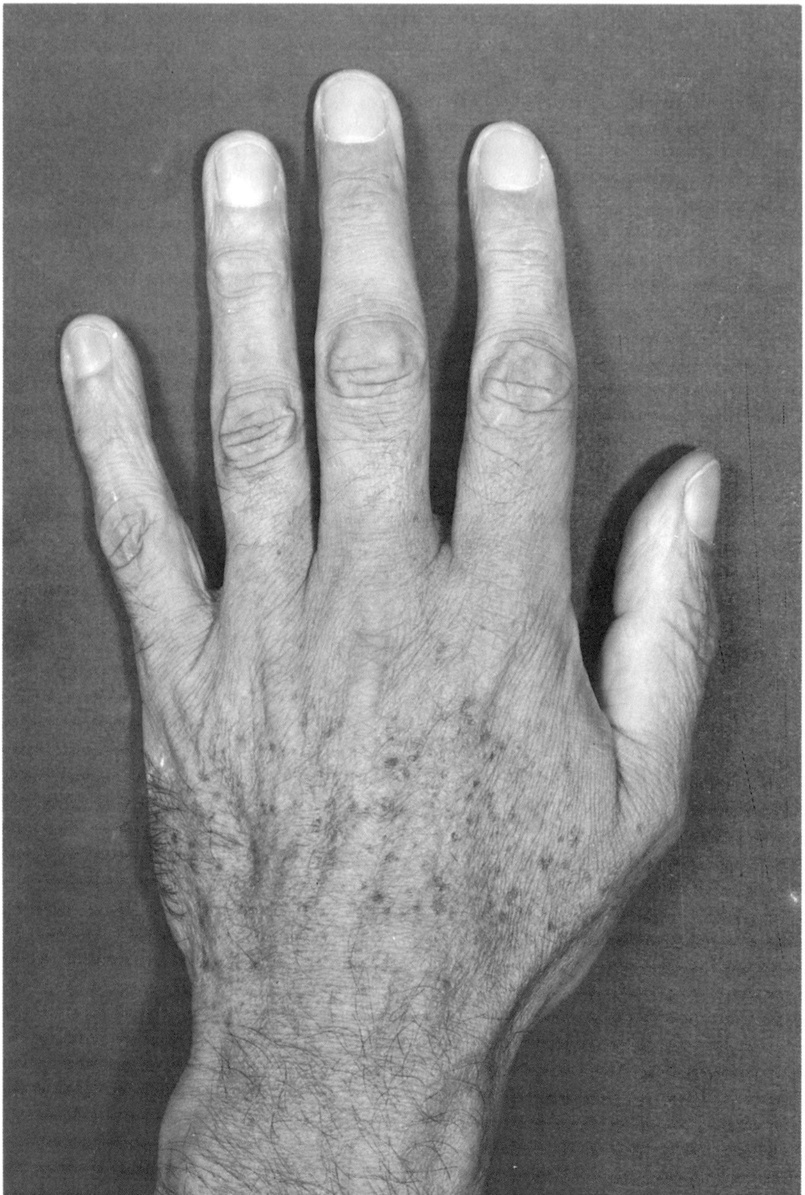

Linke Außenhand

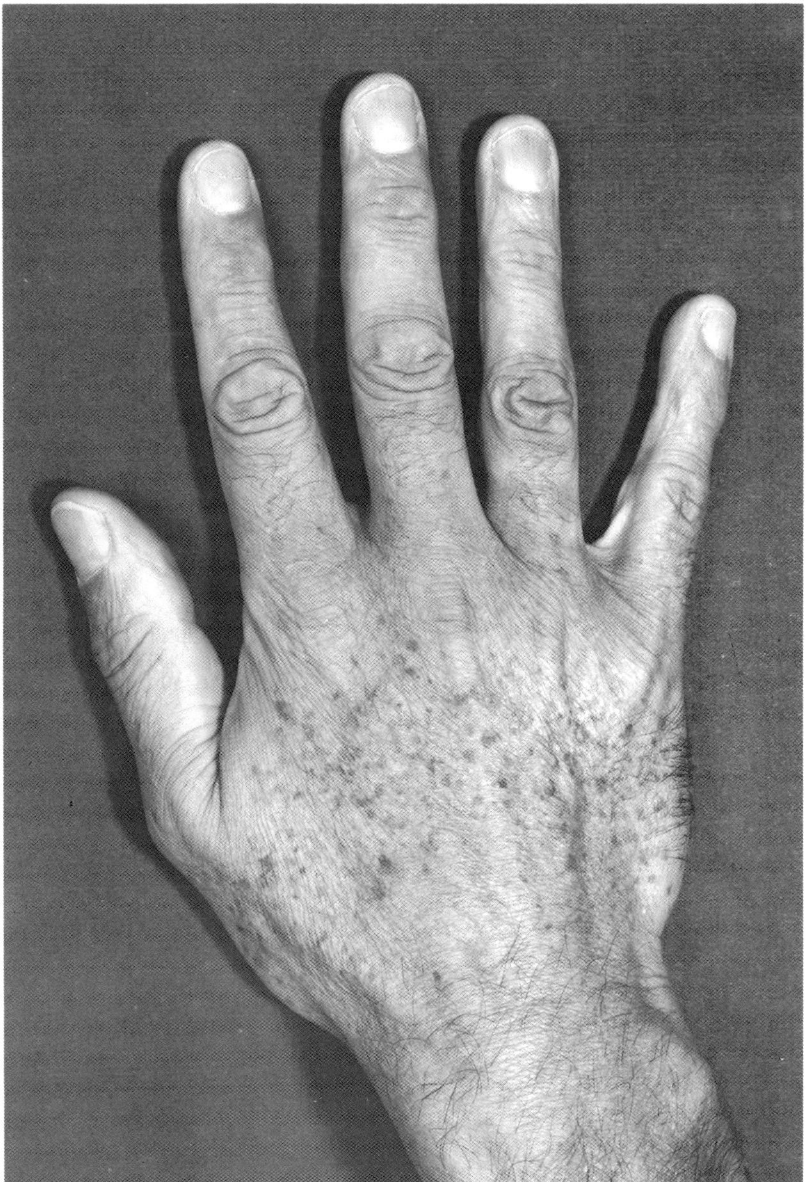

Rechte Außenhand

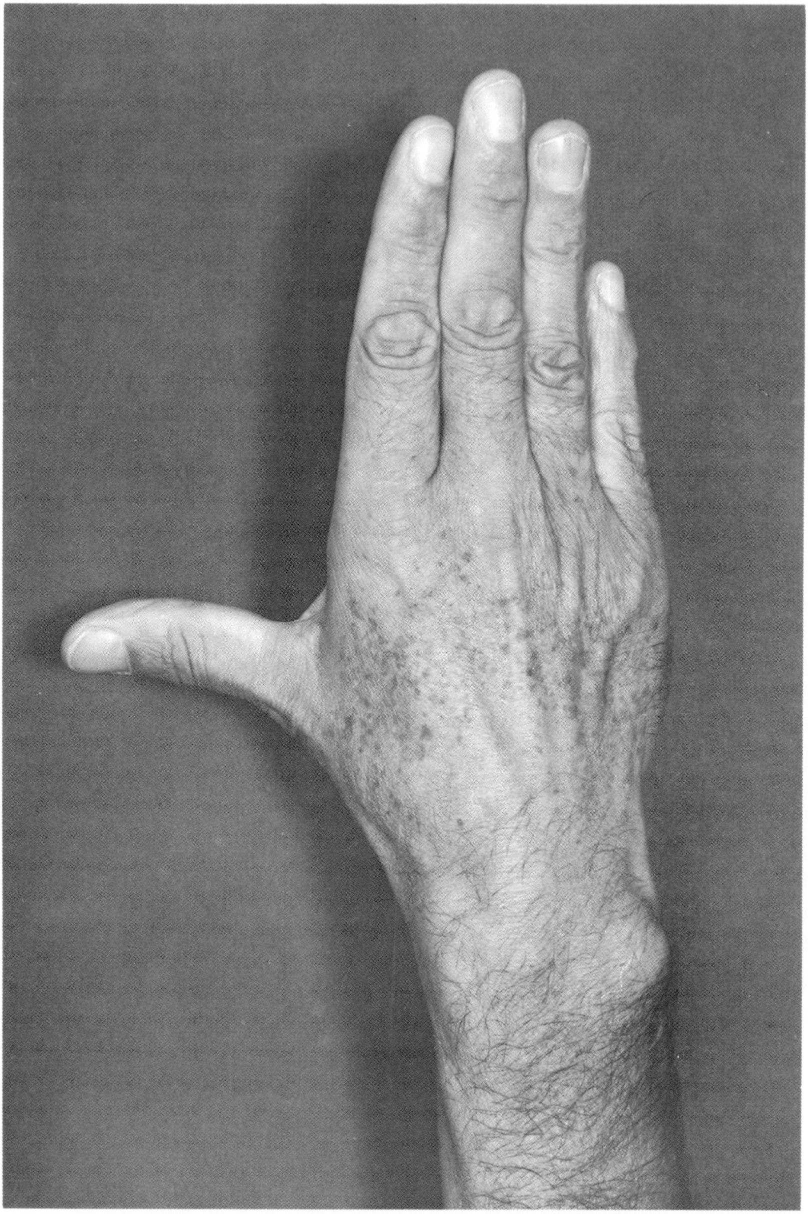

Daumen abgespreizt

knöpft zeigen, wenn es um seinen Willen geht, so leicht läßt er sich nicht in die Karten sehen.
Die Rundung am Nagelglied zeigt dann doch das Bedürfnis an, sich in der Umwelt harmonisch eingebettet zu fühlen, das Schwanken zwischen dem Harmoniebedürfnis und der notwendigen Disziplin des Egos ist also das wesentliche Merkmal, das wir hier erkennen können.
Da beide Daumen wie Zwillinge aussehen, kann man daraus schließen, daß in punkto Willensdurchsetzung und Antrieb zwischen dem Bewußten und dem Unterbewußten kaum große Differenzen auftreten.

In der Haltung erscheint der Daumen nicht sehr abgespreizt, so daß wir es hier mit keinem Einzelgänger zu tun haben, wenn sich auch der Daumen um fast genau 90 Grad abspreizen läßt.
Aber im praktischen Leben ist dies so gut wie nie zu sehen, und das ist das Entscheidende.

Hier kann man dies deutlich sehen, daher ist diese Einfügung wichtig. Darauf sollte jeder Handbetrachter achten, daß – wenn der Daumen weit abgespreizt werden kann – ein Unabhängigkeitsbedürfnis vorhanden ist.

Kommen wir nun zur Betrachtung des *Zeigefingers* links und rechts. Auch die Zeigefinger weisen zwischen links und rechts keine großen Unterschiede auf, also wird sich auch im HE selbst für die Entfaltung kein Widerspruch zwischen der bewußten und der unbewußten Einstellung ergeben. Beide Wurzelglieder sind stark ausgeprägt, vielleicht eine Idee zu stark gegenüber dem Mittelglied. Die Entfaltungskraft ist also groß, eine Spur zu groß, weil sich diese nicht immer leicht in die Praxis umsetzen lassen wird. Das zweite Glied ist aber länger als das Wurzelglied, das bedeutet, der HE wird schon die Zeit finden (müssen), um seine Kräfte feinfühlig, geistig, sensibel einzuordnen. Die materielle Kraft wird also geistig umgesetzt, eine gewisse Lebensklugheit wird wohl erst schwerer errungen werden. Das Nagelglied ist klein, der Nagel aber breit und eckig: Die Ordnung in der Entfaltung wird gesucht, der HE kann sich zurückhalten. Auffallend ist es, daß gerade die Nagelglieder sich ganz dem Saturnfinger zuneigen, als ob die Entfaltung im letzten Moment auch immer noch den notwendigen Ernst suchte. Verantwortungsgefühl und Pflichttreue ist also erkennbar – unbewußt, wie bewußt. Das Nagelglied weist uns ferner darauf hin, daß das Ordnungsprinzip anerkannt und angenommen wird.

Damit kommen wir zum *Mittelfinger.* Dieser Finger ragt gewaltig heraus. Er ist die Spitze (dies ist meist der Fall, aber nicht so markant). Er ist – wenn auch leicht gebogen – doch gerade wirkend, mit leichter Neigung zum Apollofinger. Dies läßt uns erkennen, daß die Bereitschaft vorhanden ist, auch für das Du Verantwortung zu tragen und Pflichten zu erfüllen.
Auch hier ist im Verhältnis das Wurzelglied zu kräftig für das Mittelglied, was auf die Gefahr hinweist, daß hier mehr Pflichten übernommen werden mögen, die die Umsetzung in der

Praxis dann schwierig erscheinen lassen. Aber das Bedürfnis nach Autorität ist vorhanden, was sich auch erfüllen dürfte. Beide Finger sind sich ähnlich, wenn auch der linke Saturnfinger (wie erwähnt) noch mehr herauszuragen scheint.
Die Länge der Mittelglieder signalisiert, daß sich dieser HE persönlich engagiert, auch expandieren will, aber das recht kurze Nagelglied zeigt uns doch, daß sich der HE schließlich der Realität anpassen wird. Ehrgeiz ist also stark vorhanden, aber er wird kurz vor dem Ziel nicht ohne Rücksicht auf Verluste eingesetzt. Bei der Verwirklichung des Verantwortungstragens geht dieser HE oft geradezu generalstabsmäßig vor, das heißt, er plant und wägt ab, es besteht die Angst in ihm, wichtige Kleinigkeiten übersehen zu haben.

Die *Apollofinger* sind recht gerade. Hier sind die Wurzelglieder nicht so betont. Das heißt, das Ideelle, das Musische fließt besser von der Wurzel zur Spitze, die Umsetzung in die Praxis erfolgt recht leicht.

Zusammen mit den *Merkurfingern* deutet dies darauf hin, daß eine künstlerische Gestaltung möglich ist, die aber nie über das Ziel hinausschießt, weil auch die Nagelform ekkig ist und das Nagelglied doch im Verhältnis kleiner als das Mittelglied ist. Ideelle und musische Gedanken und Vorstellungen werden also dann doch recht gut und vernünftig und genau umgesetzt. Bei künstlerischen Arbeiten (etwa Begutachten alter ägyptischer Kunstgegenstände) ist eine genaue Recherchierung die Grundlage der Beurteilung. (Diese Aussage gilt natürlich nur, weil der Beruf bekannt ist).
Der rechte – bewußtere – Apollofinger hat sogar ein Nagelglied, das etwas zur Spatelform neigt, hier ist also auch Ehrgeiz zu sehen, der vielleicht nicht so erfüllt werden kann.

Die *Merkurfinger* – nach außen gerichtet, also auf das Echo, das Du hinzielend – wirken beweglich, schnell, was eine geistige Flexibilität und eine schnelle Beweglichkeit anzeigt. Es sind zwischen Mittel- und Nagelglied, aber auch zwischen Mittel- und Wurzelglied, Ansätze von Knoten zu erkennen, die doch ein Durchdenken anzeigen, wenn auch die etwas kleinen Merkurfinger darauf schließen lassen, daß das systematische, wissenschaftliche Denken nicht die große Gabe dieses HE darstellt. Auch die tieferen Ansetzungen der Merkurfinger bedeuten ja eine gewisse Hemmung, ein Heraustreten erst nach genügender Versicherung oder eigener Arbeitsleistung, ja eine Prüfungsangst dürfte stets vorhanden sein.

Wir können von einer Ängstlichkeit im intellektuellen Bereich sprechen, was gerade im Bewußtsein so zum Tragen kommt, da der Merkurfinger der rechten Hand ja etwas verkümmert erscheint. Die bewußte, das heißt die praktische Lebensbewältigung, ist nicht so leicht auszuführen; da wird es Schwierigkeiten geben, hier ist die Beziehung zur Realität doch nicht so gut. Da also das Intellektuelle nicht so kräftig angezeigt ist, dürfen wir annehmen, daß dieser HE oft eher von den Stimmungen her reagiert, weil eben das Vernünftige nie so dominiert. Daher ist dieser HE wohl auch für die sogenannten Freud'schen Fehler prädestiniert, weil das Unbewußte (linker Merkurfinger) viel gewandter und beredter erscheint als der bewußte, rechte Merkurfinger, also die Versprecher werden diesen Menschen begleiten und auch Hemmungen; es wird ihm bei den Ausführungen oft an der nötigen Ruhe fehlen, da immer eine gewisse Prüfungsangst durchschlagen könnte, zumindest befürchtet er dies selbst.

Soweit die Außenhand, die uns insgesamt ein geistiges Bemühen anzeigt, die starke Bereitschaft – auch für andere – Verantwortung zu übernehmen, in der ein starkes Ego-Entfaltungsbedürfnis, das sich mehr in Schüben äußert, also eher vulkanartig hervorbricht. (Kleine Bemerkung am Rande: In der Praxis zeigte sich dies, daß der HE nach einem Stau auf der Autobahn stets mit Vollgas weiterfährt.) Dies erscheint auch sinnbildlich für das ganze Handeln typisch, aber die Verantwortung wird dabei nie außer acht gelassen.

In der **Innenhand** (auf unserem Foto) erkennen wir auf den Fingern Längslinien, aber in durchschnittlicher Stärke. Auf dem Wurzelglied des rechten Zeigefingers sind einige tiefere Linien dieser Art, wie dies auch auf dem linken Zeigefinger zu sehen ist. Die Kräfte in den Fingern fließen also.
Auf dem rechten Apollofinger finden wir aber doch mehrere Querlinien, auch auf beiden Merkurfingern, was später bei den Handabdrücken noch deutlicher zu betrachten sein wird. Gerade also in den Fingern, da es vom Wurzelglied her ohne Stau fließt, zeigen sich Schwierigkeiten und Hemmungen vor der Zielverwirklichung. Hier sei auch schon darauf hingewiesen, daß auf den Papillaren einiger Finger, besonders des Apollofingers das Wirbelmuster zu erkennen ist. Dies zeigt einen in sich geschlossenen Kern, der mehrmals geschützt ist; auch hier also wieder die Grundeinstellung bestätigend, daß der HE sich nicht gerne ungeschützt in die Öffentlichkeit begibt, wenn auch der Wirbel mit zur Spirale neigt, was dies ja doch etwas auflokkert und auf ein gutes Gedächtnis hinweist. Der künstlerische Wille, den uns der Apollofinger anzeigt, wird also oft unterbrochen, erschwert, je abgebaut werden können, was zu besonderer Leistung zwingt.
Zu den *Fingerbergen.* Diese scheinen links ausgeprägter als rechts. Rechts geht der Merkurberg zum Apolloberg über, das heißt, die Energie des Denkens ist also stark künstlerisch orientiert. Dies ist der erste Berg. Der zweite ist der Apolloberg, der sich bis zum Saturnberg hinzieht, der aber nicht vorhanden ist. Immerhin – die künstlerische Energie richtet sich schon nach der Verantwortung aus oder wird sogar durch die Übernahme dieser gestärkt. Der Saturnberg fehlt. Dafür erscheint der Jupiterberg sehr groß und ausgeprägt, sich auf den Saturnbereich hin ausdehnend; also eine starke Entfaltungsenergie, die wir hier antreffen.
Die *Mondberge* sind sehr groß, wir haben es also mit einem HE zu tun, dessen Gemüt und Phantasieveranlagung voll erscheint, im Bewußten wie im Unterbewußten. Dies gilt auch

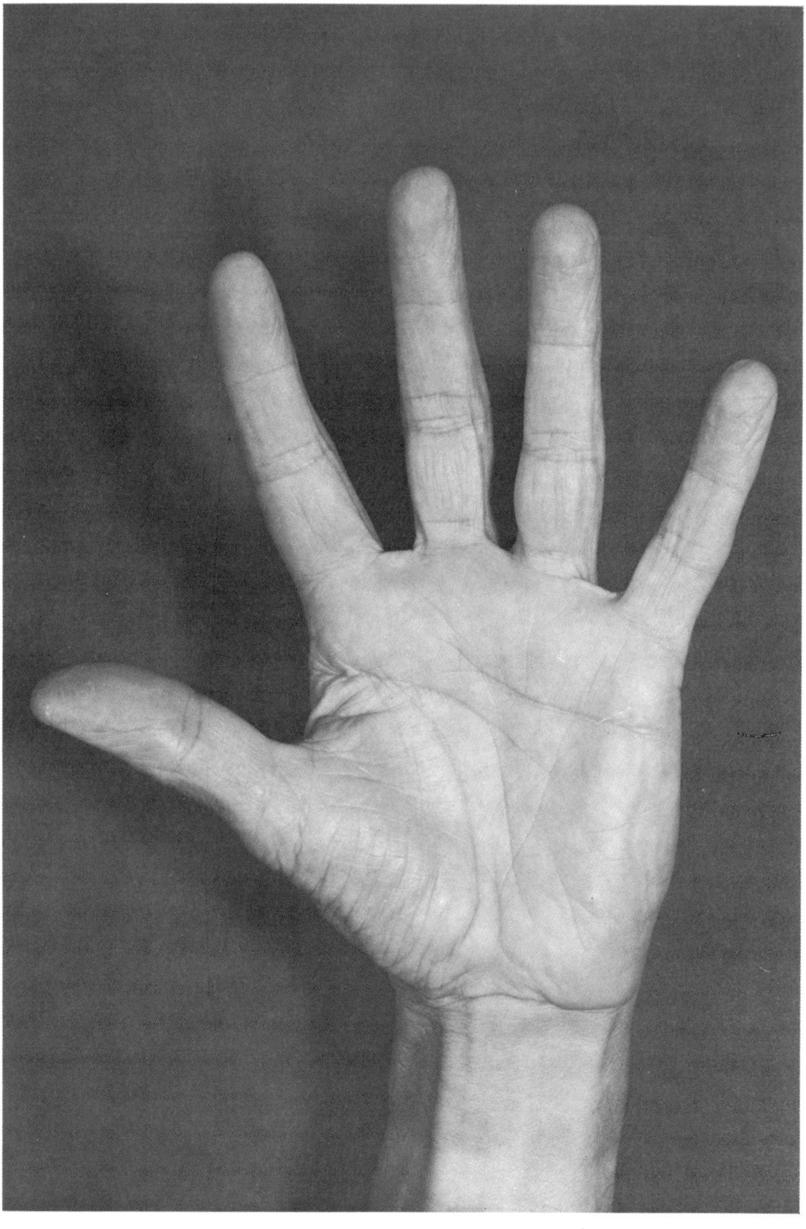

Linke Innenhand

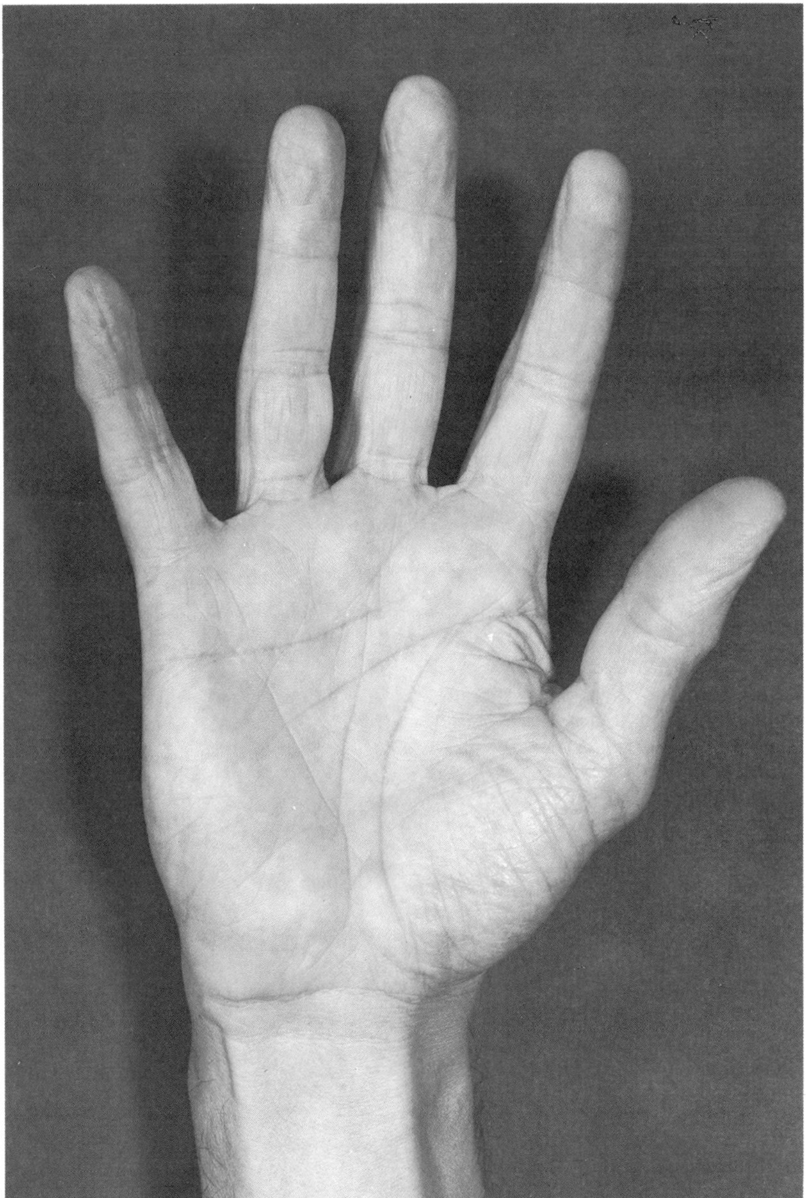

Rechte Innenhand

für den *Uranusberg* beidhändig, während der *Plutoberg* ein wenig mager wirkt, ein wenig flach, er scheint ausgespart zu sein, die Durchsetzung ist also manchmal vielleicht nicht ausreichend.
Der *Neptunberg* oder der Ort des Ursprungs ist vorhanden. So bilden die Berge rundum ein recht gutes Relief, wenn auch der Plutoberg ausfällt. Links sind die Berge ausgeprägter, also sitzt im Unbewußten mehr Energieantrieb als dies im Bewußtsein deutlich werden mag. Dies heißt auch, daß unbewußt viel zu viele Erwartungen existieren mögen, wodurch Konflikte vorprogrammiert erscheinen.
Betrachten wir nun das *Gesamtbild* beider Hände noch vom Foto her. Die linke Hand zeigt mehr Feinfühligkeit, eher eine aufgerissene Seele. Die rechte Hand wirkt dagegen realistischer, knapper, karger. Im bewußten Verhalten wird sich dieser HE bestimmt pragmatischer verhalten, ohne sein Seelenleben deutlich zu machen; eine Art von Schutzvorrichtung, die angeboren erscheint.
Die linke Hand wirkt insgesamt voller, was das bisher Gesagte nur bestätigen mag. Neben dem Foto wollen wir uns nun aber dem deutlicheren Handabdruck zuwenden.

Schauen wir uns einmal den Abdruck der **rechten Innenhand** an.
Man erkennt eine ziemlich klare Hand, nicht sehr verwirrend. Dieses Liniengeflecht ist überblickbar. Es ist sogar zu sehen – dies im Vergleich mit den Fotos –, daß die Handebene recht tief ist. Das heißt, wir haben verhältnismäßig hohe Berge, wie schon besprochen. Ein altes Wort sagt, daß diese Menschen nicht gerade Millionäre werden würden. Worauf dies beruht, ist kaum auszumachen, aber es wird stimmen, da wir nur wenige Millionäre im Verhältnis zur Gesamtbevölkerung haben. Die Stärke der Wurzelglieder ist hier nicht so klar zu erkennen wie auf dem Foto, weil beim Abdruck die Hand immer etwas anders liegt. Man sieht aber deutlich, daß die Daumeninnenseite nicht flach aufgelegt werden kann.
Dies ist auch bei der **linken Hand** zu erkennen, die wir uns nun im Vergleich anschauen wollen. Diese Innenhand erscheint nicht nur voller, sondern auch mit viel mehr Linien versehen. Der Unterschied wird vor allem bei der Herz- und Kopflinie deutlich. Die Schicksalslinie ist rechts klarer und ausgeprägter, ebenso die Uranuslinie, was aber nichts über die Qualität an sich aussagt!
Es empfiehlt sich, nun das Gesamtbild aufzunehmen und dann erst Linie für Linie durchzugehen.

Die **Lebenslinie** links spiegelt mehr Erleben wider, während sie rechts unproblematischer erscheint. Das „C“ ist zwar in der rechten Hand gut erkennbar. Der untere C-Bogen fehlt in der linken Hand, da greift die Lebenslinie mehr zur Mitte hinaus, aber sie bleibt doch auf der Ich-Seite der Hand. Damit ist auch der *Venusberg* zwar groß, aber seine Ausprägung ist nicht auffallend. Mit seiner Gefühlswelt dürfte der HE keine so großen Schwierigkeiten haben, wenn auch viele Impuls- und Energielinien hier beidhändig ein Gitter zeichnen.
Energie- und Impulslinien kreuzen sich, behindern sich. Impulse, die von

unten aufsteigen, können die Gefühlsenergien, die zum Du fließen, hindern, was ja dann ein Gitter ergibt. Die Linien von unten sind eher die egozentrischen Impulse, weil sie auf der Ich-Seite liegen, während die Linien vom Ballen Richtung Lebenslinie, ja Gefühlsintensitäten darstellen, die zur Du-Richtung streben.
Aber dieses Gitter findet man fast immer, und jeder weiß ja, wie sehr oft Gefühlsintensitäten und persönliche Impulsintensitäten sich kreuzen, behindern, ja widersprechen.
Die Lebenslinien beider Hände haben viele Punkte, was doch auf Schicksalseindrücke auch schwererer Art hinweist, die aber verkraftet werden können. Die bewußte Lebenslinie (rechte Hand) verläuft länger ausgeprägt, und bekommt einen Zweig zur Uranuslinie.
Die Kreuzungspunkte weisen auf Lebensabschnitte besonderer Intensität hin, die aber nur im persönlichen Gespräch zu klären sind.
Eine **Antriebslinie** (oder Marslinie) ist nicht vorhanden. (Siehe Seiten 342–343).

Beide **Kopflinien** beginnen zusammen mit der Lebenslinie. In der linken Hand ist die Bindung lockerer, also im Unterbewußten. In der rechten Hand, also im Bewußten, bedeutend stärker und länger. So hat der HE sicher die Bindung zum Elternhaus in seinem Bewußtsein als eng, auch als belastend empfunden.
Beide Kopflinien senken sich aber in Richtung Mondberg, also besteht eine große Intensität, den Gemüts- und Phantasiebereich ebenfalls in den Kopf aufzunehmen.
Links geht diese Linie sogar noch tiefer in den Mondberg hinein (was die Richtung betrifft). So wird die unbewußte Überlegungsintensität auch sehr die Stimmungen, das Seelische aufnehmen.
Immerhin ist in der rechten (der bewußten) Hand zu sehen, daß die Kopflinie klarer, freier und gerade verläuft. Auch hier viele Punkte, also Krisen und vertiefte Intensitätsphasen. (Siehe Seiten 344–345).

Die **Herzlinien** sind recht unterschiedlich. Rechts kommt sie weit vom Du und strebt zum Jupiterberg, wird dann von diesem sozusagen überdeckt. Der Berg läßt sie nicht weiter, sie endet daher abrupt. Da sie auch schon beim Ringfinger etwas absinkt, ist ihr Verlauf eher schalenförmig, so als traute sich der HE nicht, seinem Herzen immer intensiv zu folgen, er will wohl erst nehmen, bevor er gibt.
Beim Saturnfinger, linke Hand, verengen sich Herz- und Kopflinie, was ja auf einen Stau hinweist, denn hier, wenn die Verantwortung ins Spiel kommt, ist die Intensität höchst geballt, und die Herzintensität und Kopfintensität prallen (fast) nah aufeinander. Links drängt sich dies zwar auch unter dem Saturnfinger, aber die Herzlinie strebt danach mehr nach oben, während die Kopflinie – wenn auch in sich nicht so klar wie in der rechten Hand – sich mehr senkt.
Beide Handtische sind offen, wenn auch alles durch eine Verengung muß, aber Impulse vom Ich und vom Du nimmt dieser HE stark auf, oft erscheint das in der Auswirkung dann zu geballt.
Die linke Herzlinie wird von kleineren Parallellinien begleitet, und einige

Äste steigen nach oben und unten, also versucht sich die Herzintensität (nicht im körperlichen Sinn) nach oben zu entfalten, aber auch Wurzeln zu schlagen. (Siehe Seiten 346–347).

Die **Schicksalslinie** verbindet den unteren Mondbereich über die Kopf- und Herzlinie hinausgehend mit dem Saturnbereich. Ab der Kopflinie ist eine Parallele, und ab der Herzlinie springt sie mehrfach zu Saturn, Apollo und Jupiter. Das Schicksal wird also ernst und folgerichtig hingenommen (rechte Hand).
Im Unterbewußten (also links) zeigt sich, daß sich der HE mehr mit dem Schicksal herumschlägt, während er sich im bewußteren Rahmen damit abzufinden scheint. Auch links springt die Schicksalslinie an der Kopflinie, verbindet diese mit der Herzlinie, während dann die Äste hoch in den Jupiterberg streben. Dies bedeutet einmal eine Hinwendung des Schicksals in den Ich-Bereich, kann aber auch heißen, daß dieser HE das Du nicht mit seinem Schicksal belasten will, vieles also erst einmal in sich selbst trägt und abklärt. (Siehe Seiten 348–349).

Die **Apollolinie** verbindet die Herzlinie mit dem Apolloberg (rechts), die Intensität ist nicht so groß.
Links ist die Linie länger, mit mehr Verästelungen versehen. Sicher ist der HE mit künstlerischer Intensität begabt, aber diese wird in der Ausübung nicht sein Leben bestimmen.
Er wurde auch erst Kunstsachverständiger, nachdem es ihm nicht gelang, als bildender Künstler Fuß zu fassen. So sagen es die bösen Münder. Er selbst sagte, daß er nach vielen Kulturreisen erkannte, daß in ihm nicht die Kraft vorhanden ist, die ihn musisch schöpferisch werden ließ, daher wollte er lieber archetypisches Erbe pflegen und wieder bekannt machen. (Siehe Seiten 350–351).

Die **Merkurlinien** sind sehr unterschiedlich.
In der rechten, der bewußten Hand finden wir nur eine kurze Merkurlinie, das entspräche dem zu kleinen Merkurfinger.
In der linken Hand ist die Merkurlinie dagegen sehr lang. Das unbewußte Denken und Handeln ist also sehr groß und ausgeprägt. Die Merkurlinie links bindet den Neptunbereich ein, so daß wir im Unterbewußten ein gutes instinktives Handeln haben, das im Bewußten (rechts) fehlt. (Siehe Seiten 352–353).

Dafür ist rechts die **Uranuslinie** außergewöhnlich ausgeprägt. Sie verbindet den instinktiven Bereich mit dem Mondbereich, dem Plutobereich und dem merkurischen Bereich. Diese Linie zeigt eine beachtliche Einfalls- und Intuitionskraft an. Dieser HE ist weder intellektuell noch systematisch im Denkverhalten, sondern schöpft fast alles aus der Intuition. Oben liegt dicht neben dieser Uranuslinie die Merkurlinie, so daß das Uranische gut ins Praktische umgesetzt werden kann.
Links finden wir die Uranuslinie vom Uranusbereich hin zur geraden Merkurlinie. Diese Uranuslinie ist in der lebenden Hand nur mit der Lupe zu verfolgen, manchmal scheint dieser uranische Fluß ausgetrocknet zu

sein oder unterirdisch weiter zu fließen, so von der Schicksalslinie zur Merkurlinie. Immerhin – das Uranische ist sehr betont, wenn auch überwiegend bewußt. Das gibt dem Handeigner sicher viel Einfallskraft, prächtige Erkenntnisse, aber auch ein sprunghaftes Verhalten und immer wieder neue Ziele und damit neue Anfänge, die intensivst verfolgt werden. (Siehe Seiten 354 – 355).

Die **Neptunlinie** ist rechts sehr stark ausgeprägt, links verschlungener, das heißt, bewußt wie unbewußt existieren starke Beziehungen zum Instinkt.

Bleiben die (Reise-) **Phantasie/ Traumlinien** auf dem Mondberg. Sie wirken links aufgerissen, aber es sind wohl Intensitätslinien, die das Gemüt, die Phantasie des Unterbewußten treffen. Rechts sind sie klarer.
Der Ort des Neptun ist ein fruchtbarer Bereich, da hier viele Linien zu sehen sind, die unten mit oben verbinden, so wird der Instinkt im Leben des HE eine große Rolle spielen, was mehr mit der Lupe an der lebenden Hand als durch den Abdruck zu ersehen ist, da der Abdruck zum Handgelenk hin oft nicht so deutlich wird. (Siehe Seiten 356 – 357).

Noch ein wesentliches Merkmal sind die beiden klaren **Dreiecke.** Sie sind besonders in der rechten Hand zu sehen, die sogenannten Augen Gottes. Eine Anzeige für die Konsequenz des intensiven Studiums, des ewigen Lernens. Der HE hat die Fähigkeit, aus seinen Fehlern Einsichten zu gewinnen, und er könnte im Alter vielleicht in irgendeiner Form die Gunst des Schicksals an sich erfahren. Dieses Dreieck und andere in der Hand zeigen, daß der HE selbständig arbeiten und alles Gelebte auch als Erfahrung verwerten kann.

Die **Raszetten** sind im Handabdruck nicht zu sehen, es sind drei an der Zahl, die oberste auf beiden Händen sehr verkettet. Sicher langsames Herauswachsen aus der Tradition und sich doch immer an sie gefesselt fühlend. (Siehe Seiten 358 – 359).

Rechts gibt es noch eine sogenannte unbekannte Linie, die wir am unteren Plutoberg entdecken.

Nach oben können wir den Bogen bis unter den Ringfinger verfolgen, dann sehen wir sie weiter zwischen Apollo- und Merkurfinger. Nach alten Erfahrungen kann es sich auch um eine uranische Linie handeln. Es wird eine Linie sein, die sich noch verändert. Immerhin zeigt sie eine Bindung von Pluto- und Apollo-Merkur-Bereich an. Eine Intensität also, die auch eine Abschirmung bedeutet, denn diese Linie schirmt ja den Bereich oberhalb der Anfangskopflinie völlig ab, wenn sie auch die Du-Seite öffnet, aber diese Eindrücke werden so leicht nicht übers Ufer zum Ich treten können. (Siehe Seite 360).

Aus all diesen Mosaikteilchen soll sich der zukünftige Handdeuter sein Gesamturteil bilden, und dies auf den folgenden Seiten skizzieren, denn nur selbständiges Üben und Formulieren führt zum Ziel.
So spricht die Hand zu uns, wenn man sich nur erst einmal mit ihrer Sprache vertraut gemacht hat.

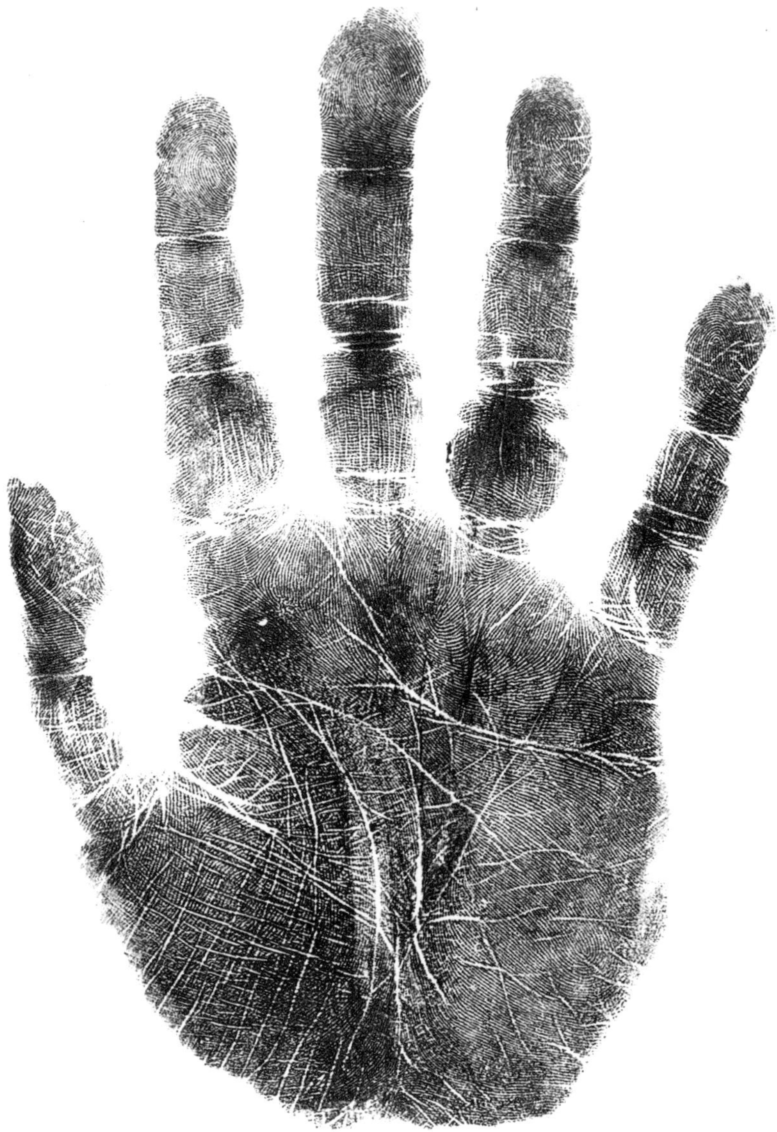

Handabdruck links

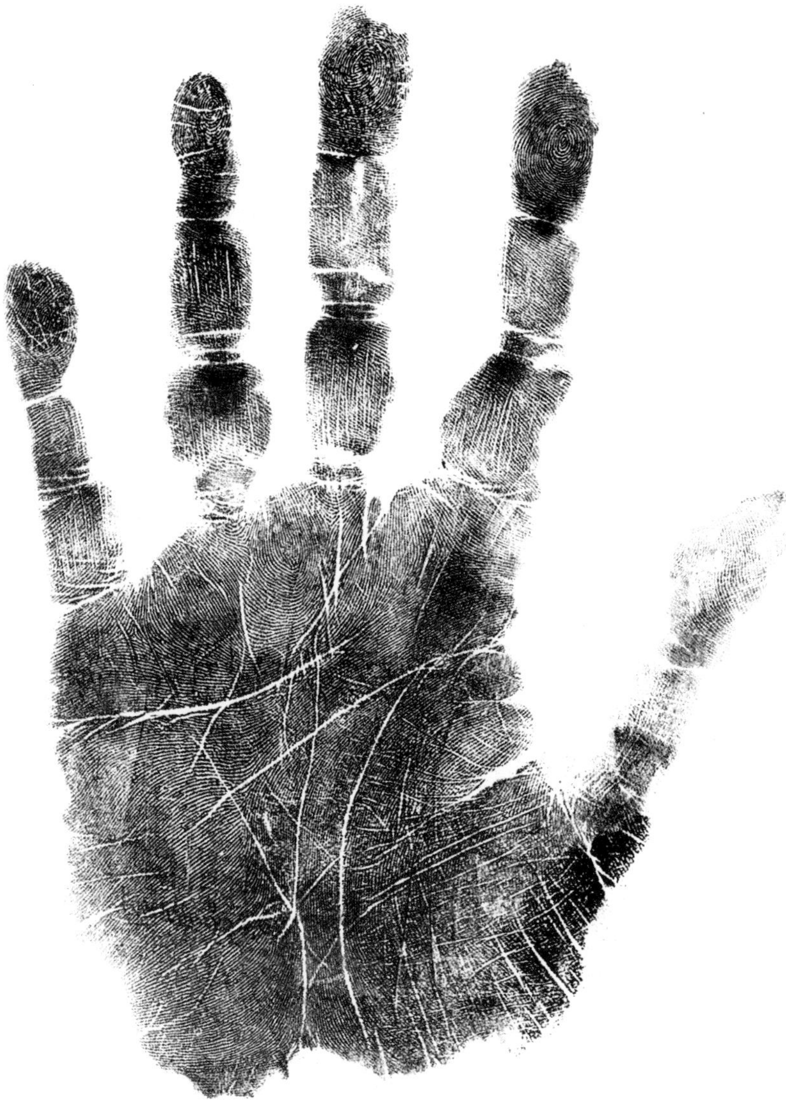

Handabdruck rechts

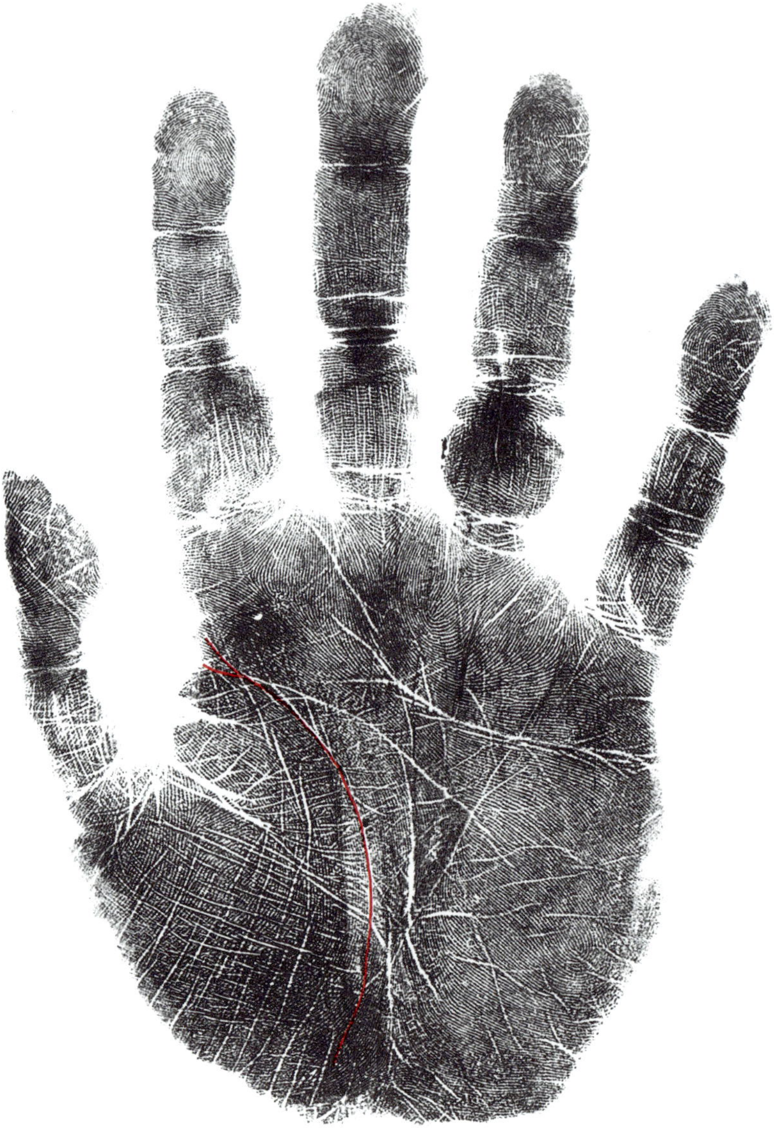

Lebenslinie und Impulslinien links

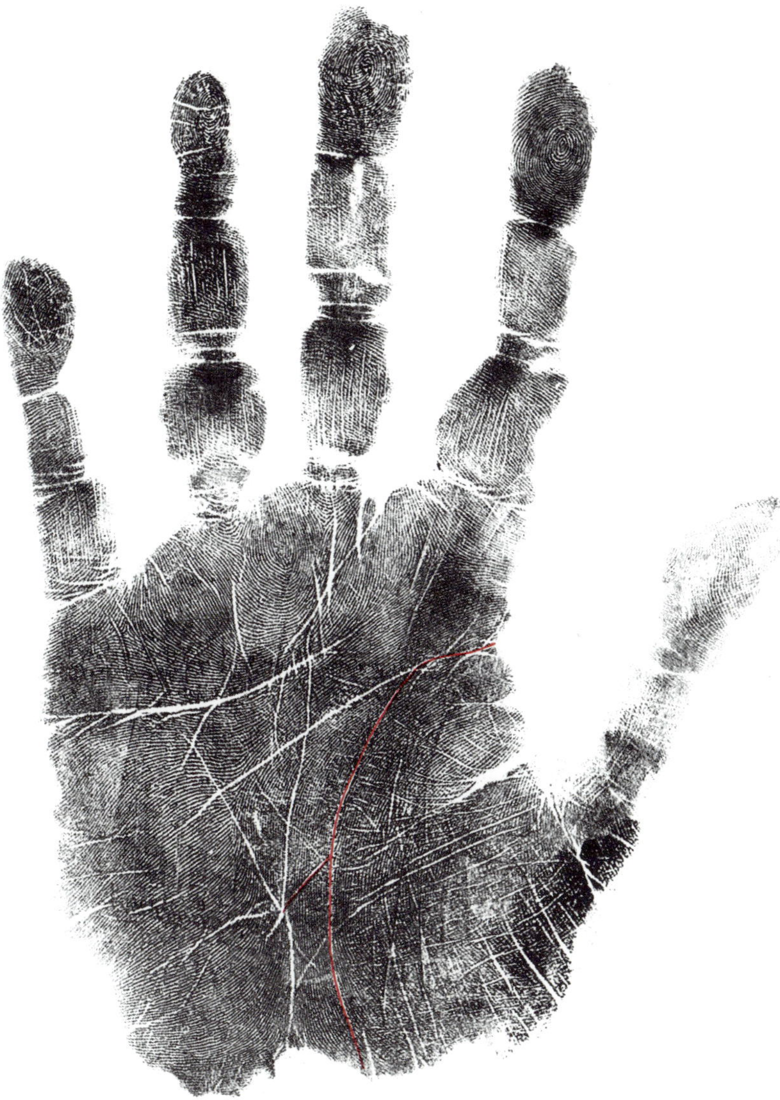

Lebenslinie und Impulslinien rechts

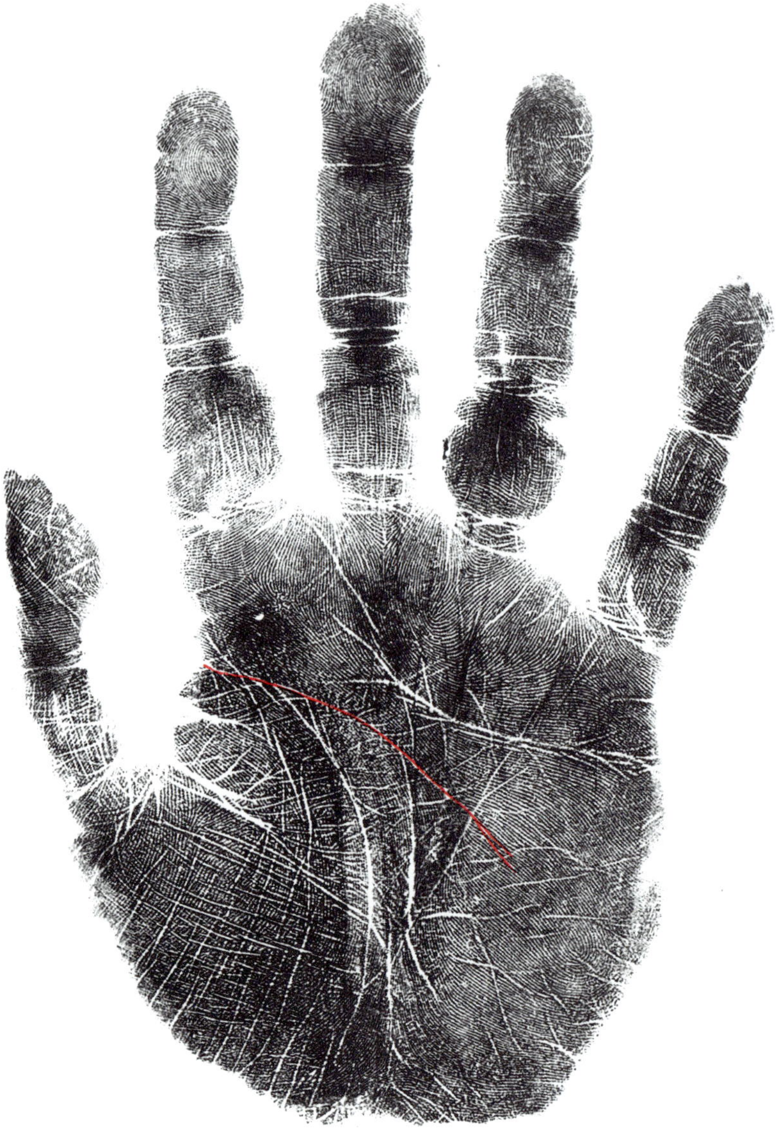

Kopflinie linke Hand

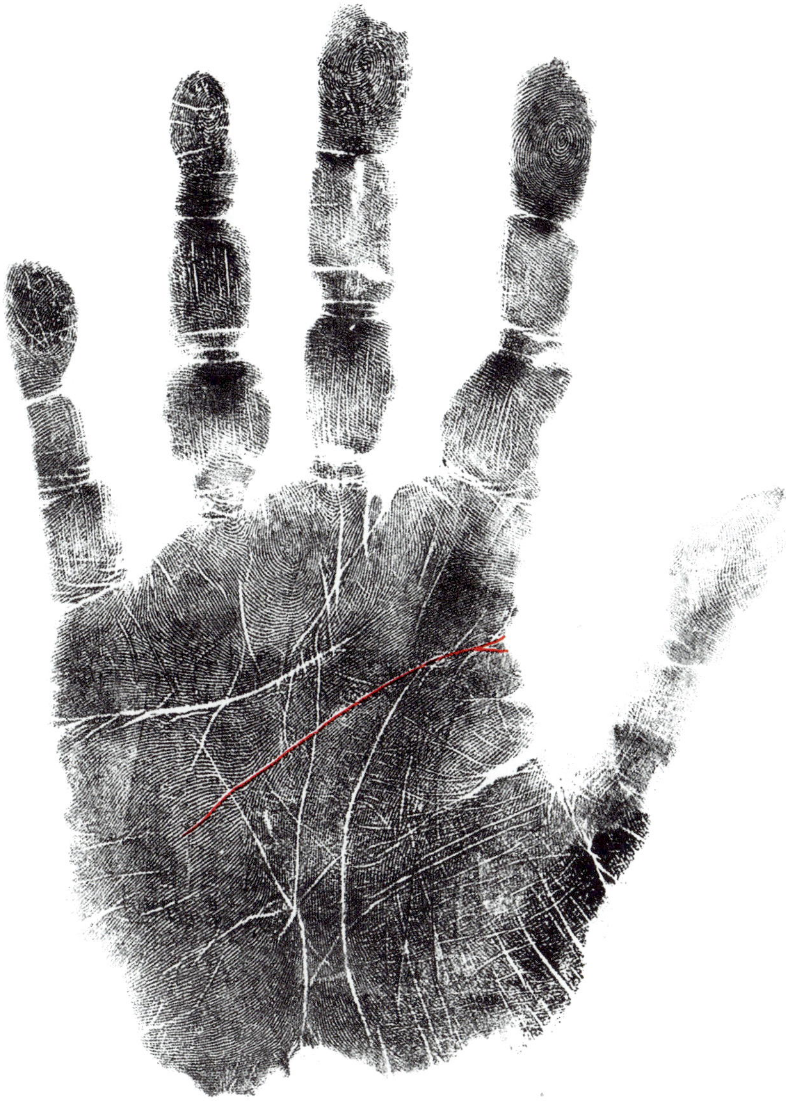

Kopflinie rechte Hand

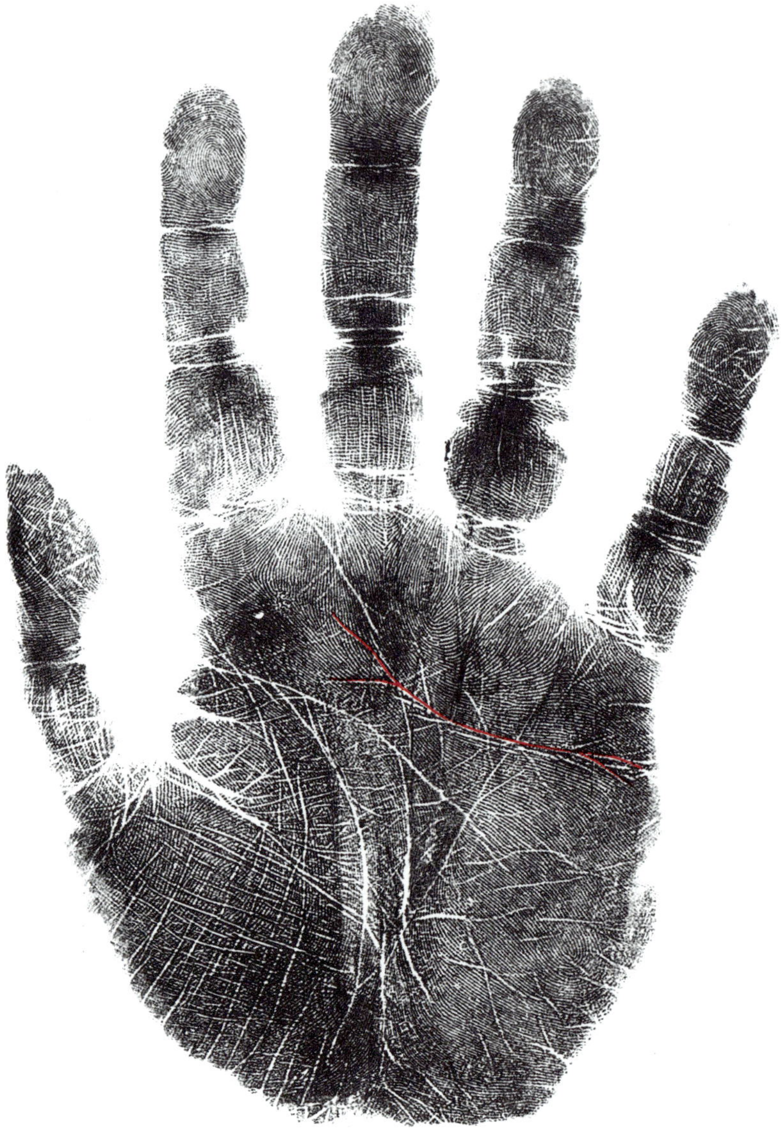

Herzlinie linke Hand

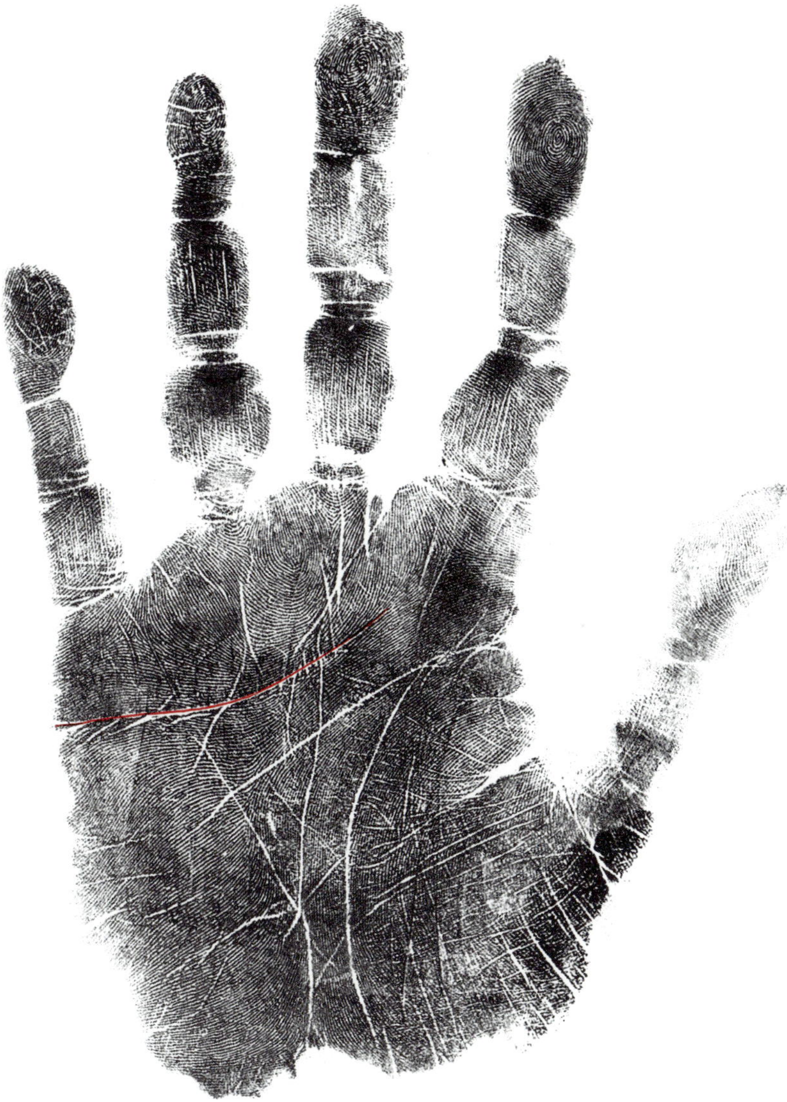

Herzlinie rechte Hand

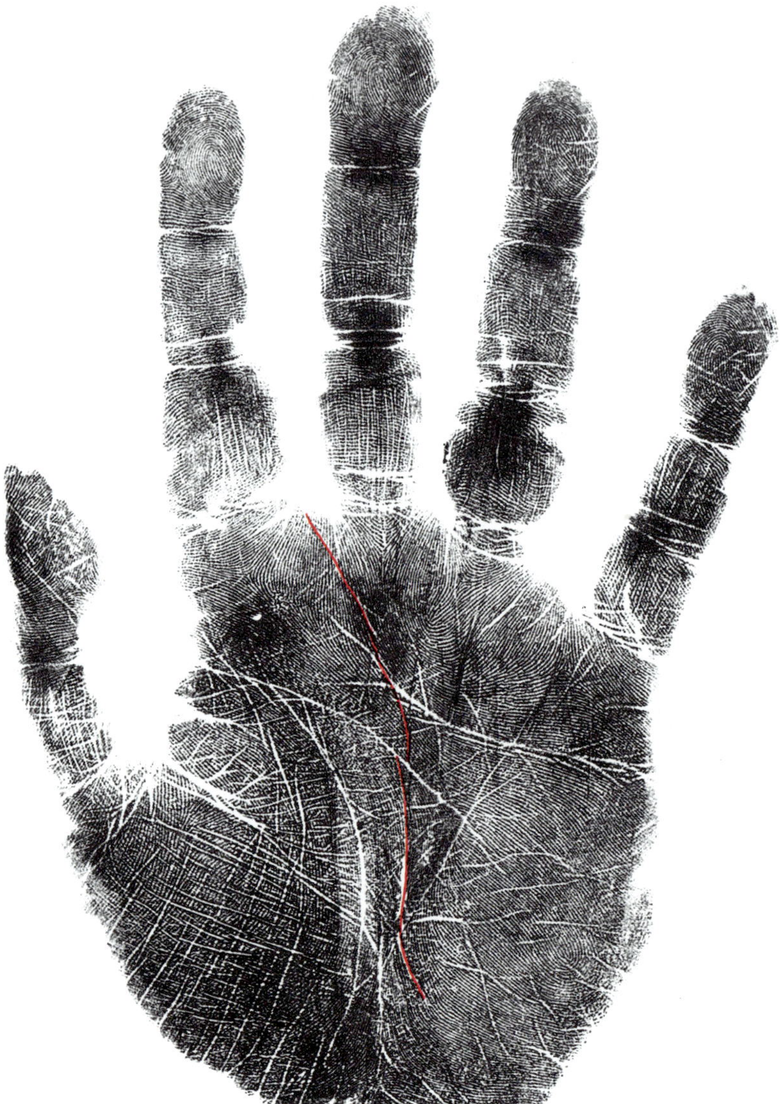

Schicksalslinie linke Hand

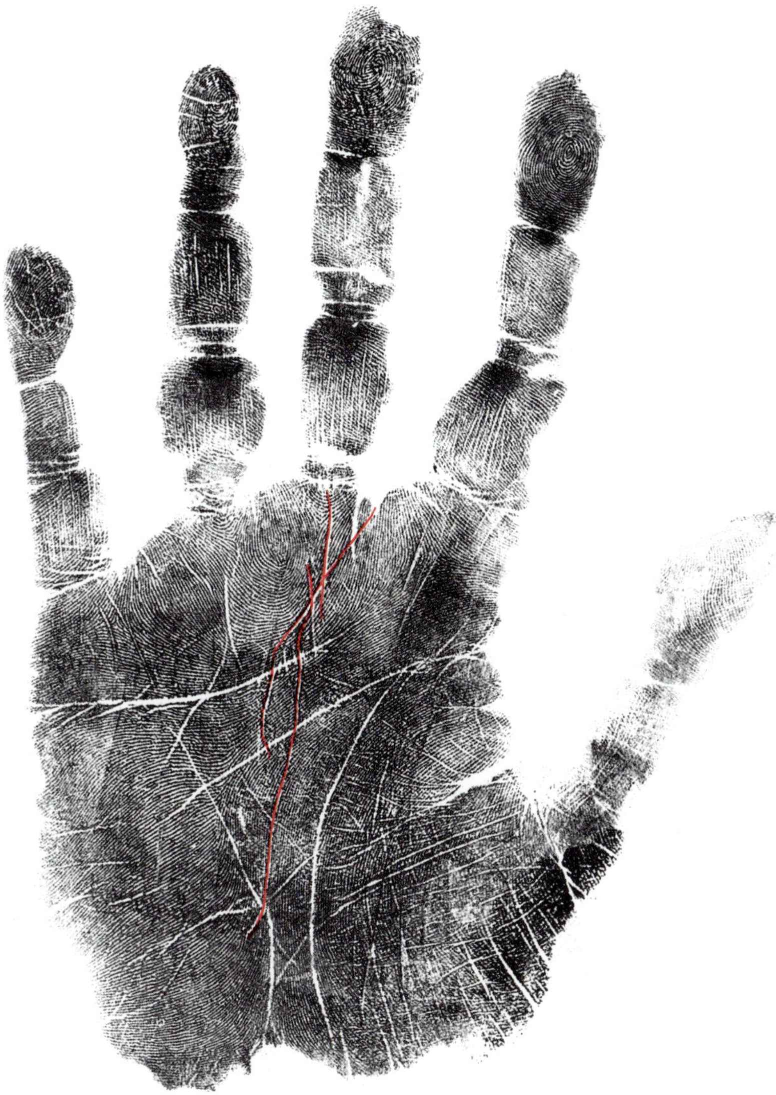

Schicksalslinie rechte Hand

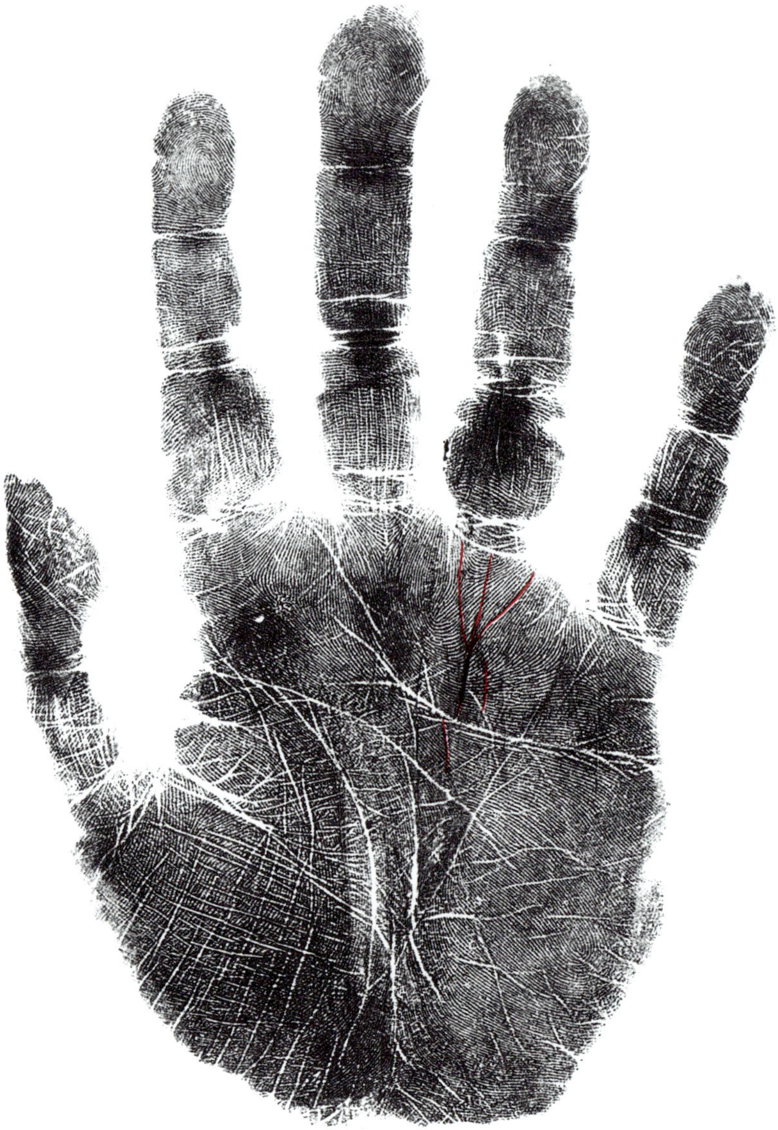

Apollolinie linke Hand

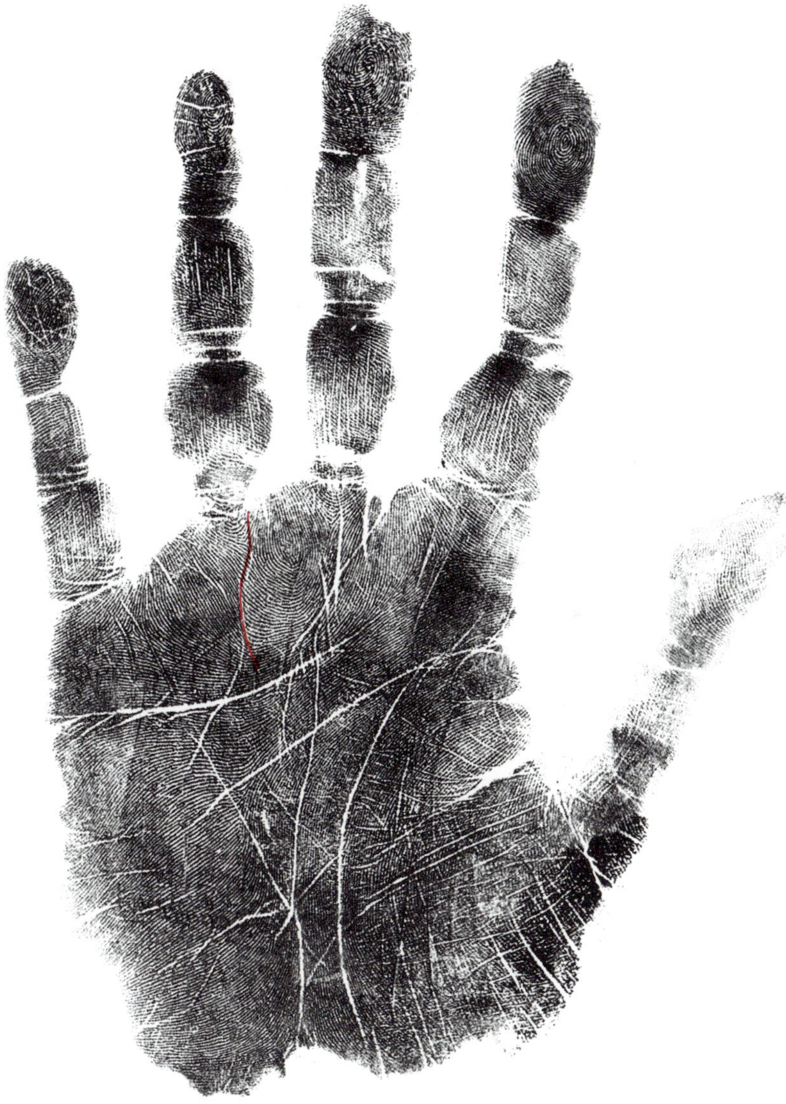

Apollolinie rechte Hand

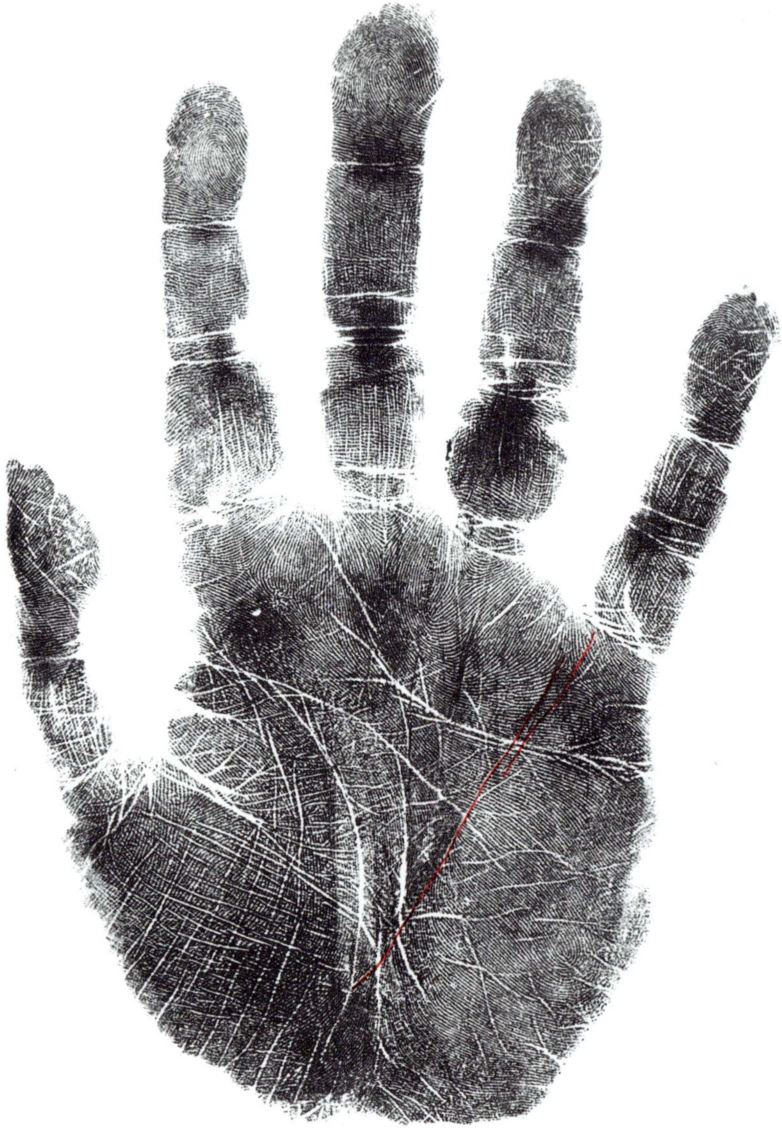

Merkurlinie linke Hand

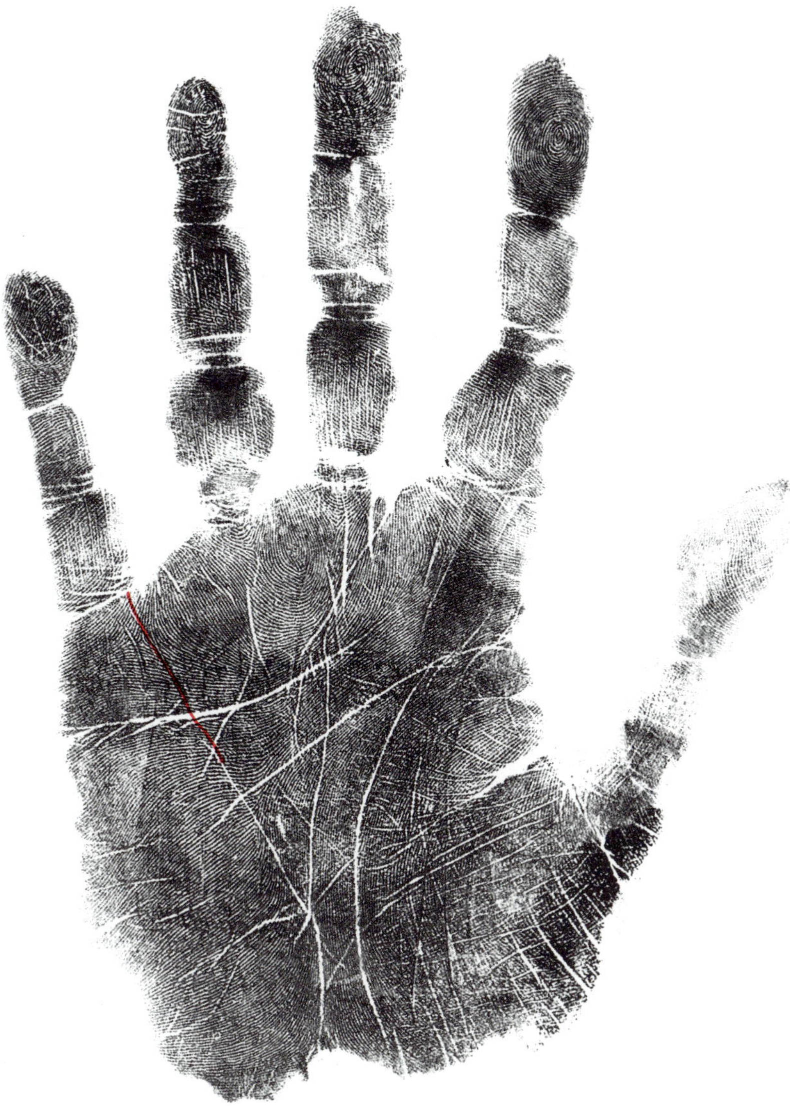

Merkurlinie rechte Hand

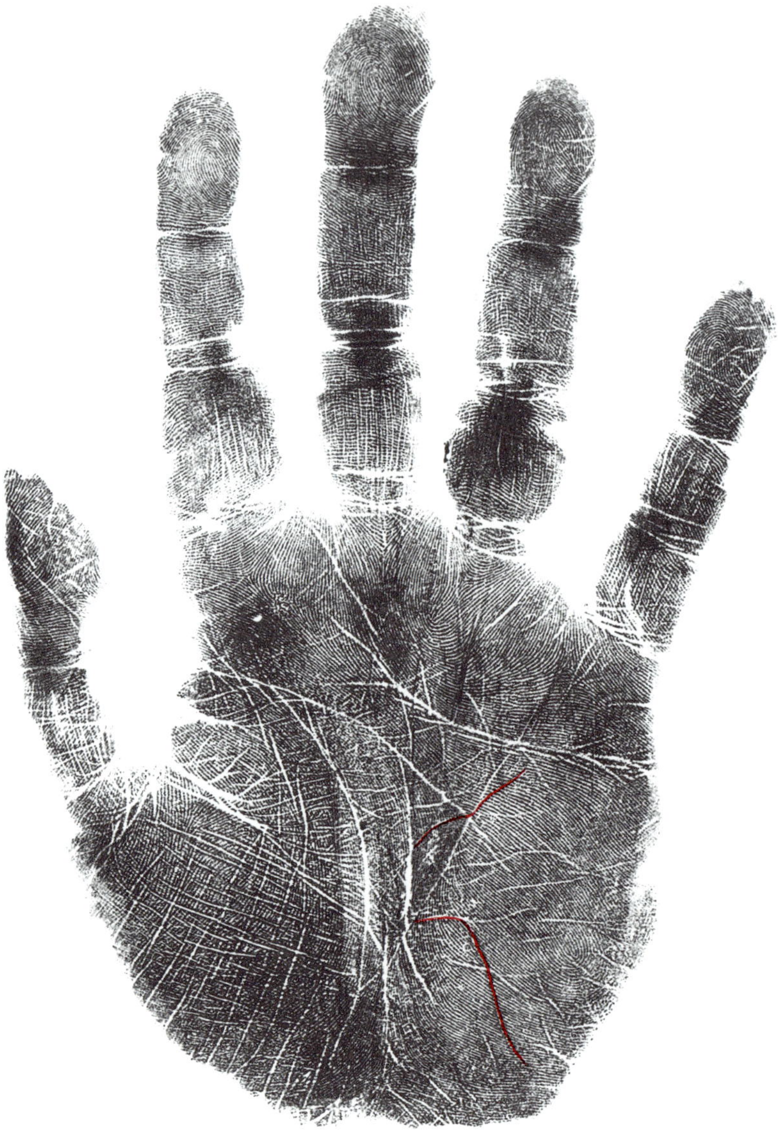

Uranuslinie linke Hand

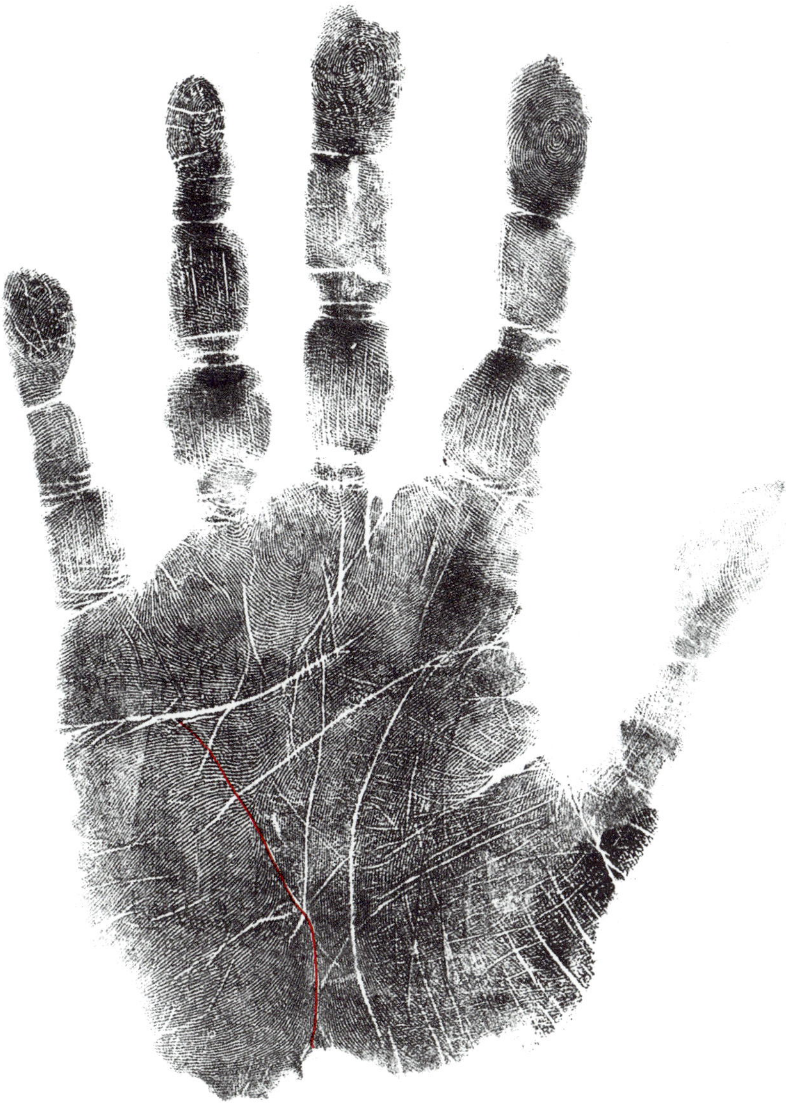

Uranuslinie rechte Hand

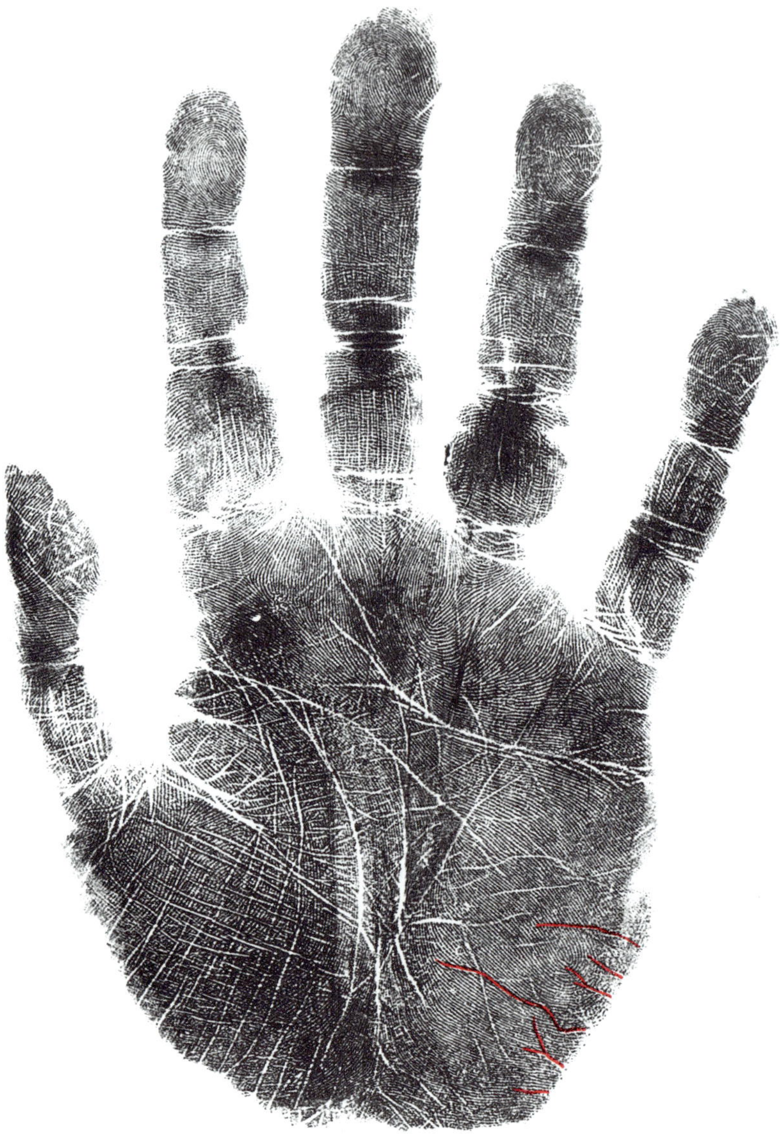

Neptunlinie/Phantasielinien linke Hand

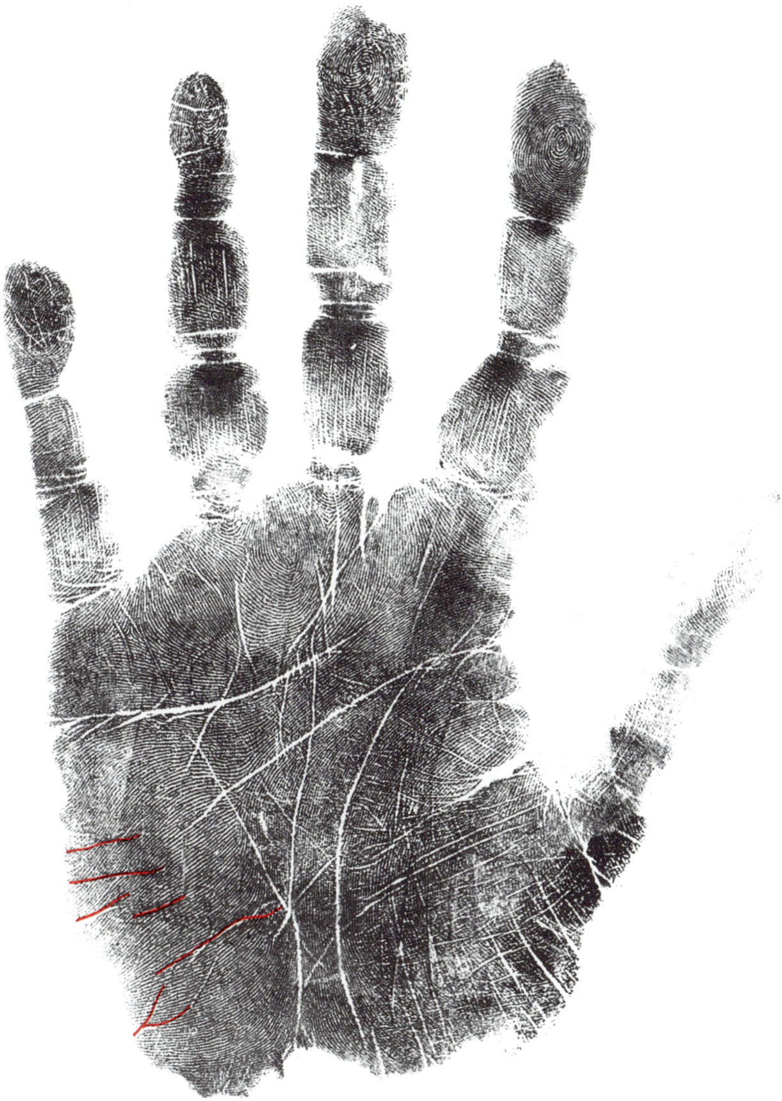

Neptunlinie/Phantasielinien rechte Hand

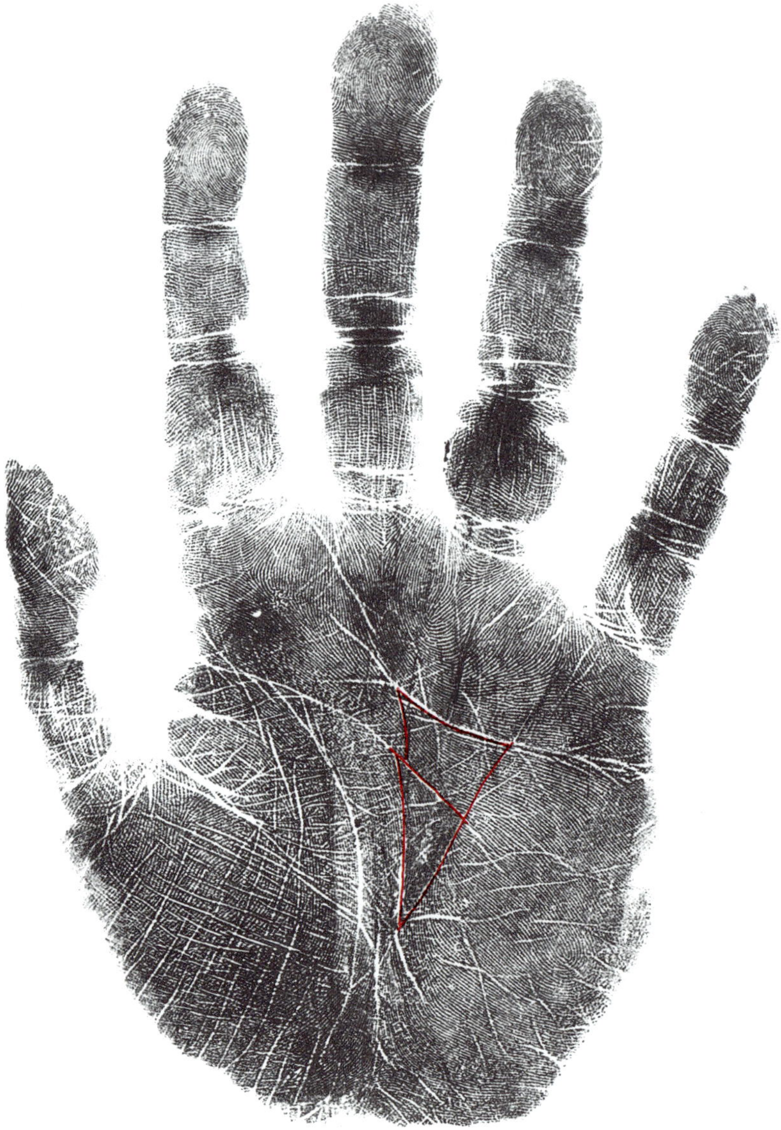

Zwei Dreiecke linke Hand

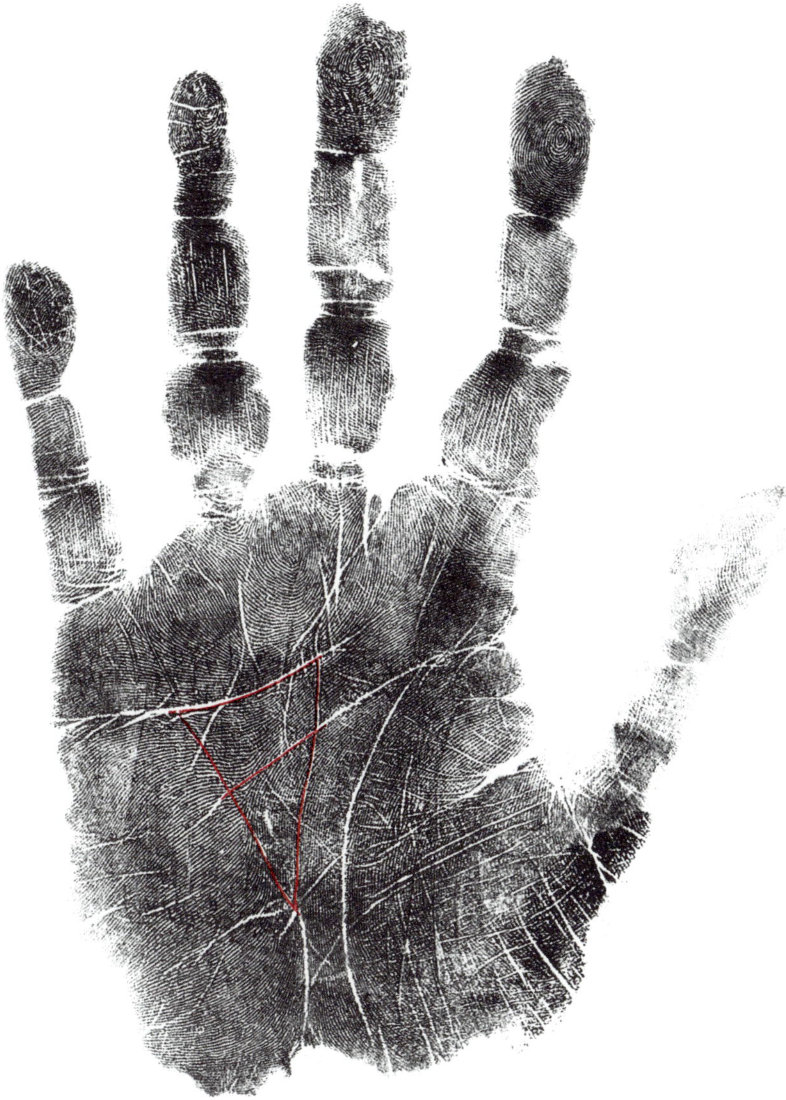

Zwei Dreiecke rechte Hand

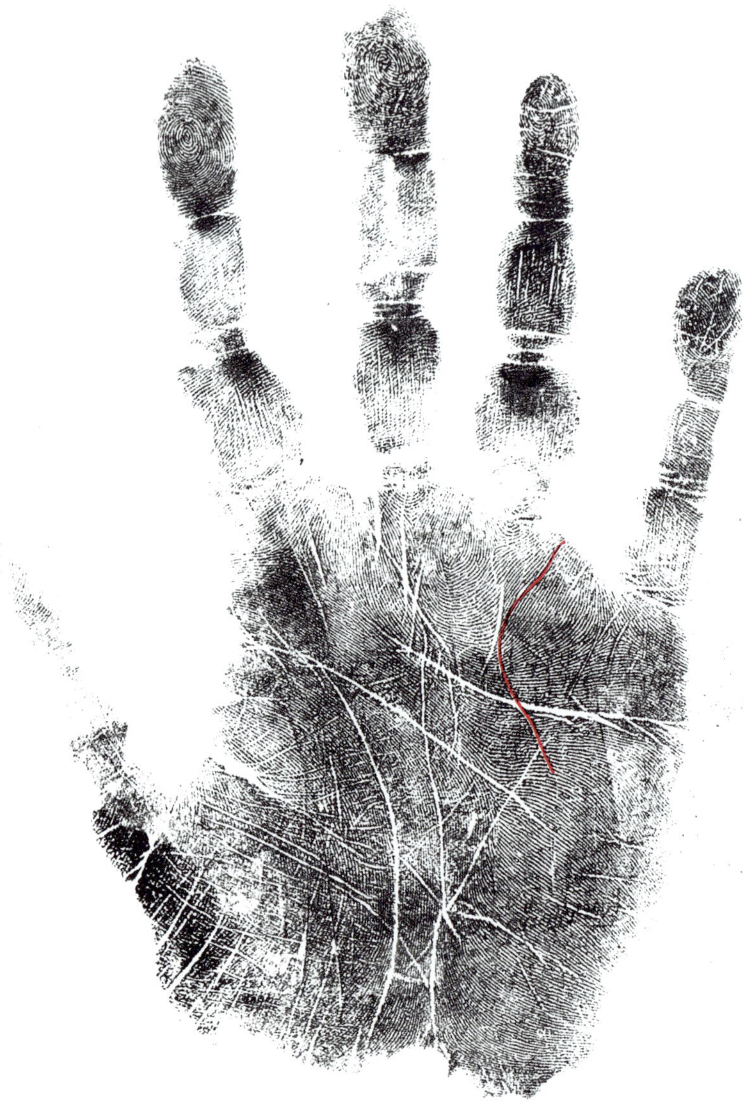

Unbekannte Linie rechte Hand

Literaturhinweise

Dr. Alfred J. Bierach
Hinter der Maske: der Mensch
Durchschauen Sie Verstellung
und Rollenspiel!
Ariston Verlag, Genf/München

Marta Kennedy Brady
Lies Dein Schicksal aus der Hand,
Falken Verlag,
Niedernhausen/Taunus

Norbert Glas
Die Hände offenbaren den
Menschen,
J. Ch. Mellinger Verlag, Stuttgart

Ernst Issberner-Haldane
Die wissenschaftliche
Handlesekunst,
Falken Verlag,
Niedernhausen/Taunus
Hermann Bauer Verlag, Freiburg

Rita Issberner-Haldane
Atlas der Chirologie,
Hermann Bauer Verlag, Freiburg

Hanns Kurth
Was deine Hände sagen,
Wilhelm Goldmann Verlag,
München

Myrah Lawrance
Handanalyse –
Eine Methode, um sich
und andere zu erkennen,
Ariston Verlag, Genf/München

Dr. med. Georg Lomer
Die Sprache der Hand,
Verlag Baumgartner,
Warpke-Billerbeck

Henri Mangin
Wie die Hand so der Mensch,
Rascher Verlag, Zürich

Henri Mangin
Medizinische Hand-Diagnostik,
Rascher Verlag, Zürich

Georg Adolf Narciß
Es liegt in der Hand,
Ehrenwirth Verlag, München

Ursula von Mangoldt
Wer bin ich?
Herder Verlag, Freiburg

Ursula von Mangoldt
Das große Buch der Hand,
Wilhelm Goldmann Verlag, München

Ursula von Mangoldt
Schicksal in der Hand,
Barth Verlag, München

Bernd A. Mertz
Falken-Handbuch „Astrologie“,
Falken Verlag,
Niedernhausen/Taunus

Bernd A. Mertz
Grundwissen der Astrologie
Schicksal – Partnerschaft – Zukunft,
Ariston Verlag, Genf/München

Erhard Thiel
Die Körpersprache verrät
mehr als tausend Worte,
Ariston Verlag, Genf/München

Hellmut Wolff
Gib Deine Hand,
Eser Verlag, Markt Rettenbach